THE LITTLE FLOWERS OF ST.FRANCIS

성 프란체스코의 작은 꽃들

KB192249

아시시의 성 프란체스코

세계
기독교
고전

5

THE LITTLE FLOWERS OF ST.FRANCIS

성 프란체스코의 작은 꽃들

우골리노 | 박명곤 옮김

CH북스
크리스천
다이제스트

세계 기독교 고전을 발행하면서

한국에 기독교가 전해진 지 벌써 100년이 넘었습니다. 그동안 수많은 기독교 서적들이 간행되어 한국의 교회와 성도들에게 많은 공헌을 해 왔습니다. 그러나 기독교 역사 100년을 넘어선 우리의 교회와 성도들에게 더 큰 영적 성숙과 진정한 신앙을 심어주기 위해서는 가치있는 기독교 서적들이 많이 나와야 한다고 생각합니다. 그리하여 영혼의 양식이 될 수 있는 훌륭한 기독교 서적들이 모든 성도들의 가정뿐만 아니라 믿지 아니하는 가정에도 흘러 넘쳐야만 합니다.

믿는 성도들은 신앙의 성장과 영적 유익을 위해서 끊임없이 좋은 신앙 서적들을 읽고 명상해야 하며, 친구와 이웃 사람들의 구원을 위하여 신앙 서적 선물하기를 즐기고 읽도록 권해야 할 것입니다. 이것은 하나님의 백성으로서 살기 원하는 사람은 누구나 마땅히 해야 할 의무라고도 하겠습니다.

존 웨슬리는 "성도들이 책을 읽지 않는다면 은총의 사업은 한 세대도 못 가서 사라져 버릴 것이다. 책을 읽는 그리스도인만이 진리를 아는 그리스도인이다"라고 말했습니다. 우리는 이제 한국에서 최초로 세계의 기독교 고전들을 총망라하여 한국의 교회와 성도들에게 소개하고자 합니다. 전세계의 기독교 고전은 모든 기독교인들에게 영원한 보물이며, 신앙의 성숙과 영혼의 구원을 위하여 이보다 더 귀한 것은 없을 것입니다.

이러한 취지로 어언 2천여 년의 세월이 지나는 동안 세계 각국에서 저술된 가장 뛰어난 신앙의 글과 영속적 가치가 있는 위대한 신앙의 글만을 모아서 세계 기독교 고전 전집으로 편찬하고자 합니다.

우리는 이 세계 기독교 고전 전집을 알차고, 품위있게 제작하여 오늘날 한국의 교회와 성도들에게 제공하고 후손들에게도 물려줄 기획을 하고 있습니다. 우리는 다시 한번 다니엘 웹스터가 한 말을 깊이 생각해 보아야 할 것입니다.

"만약 신앙 서적들이 우리나라 대중들에게 광범위하게 유포되지 않고, 사람들이 신앙적으로 되지 않는다면, 우리나라가 어떤 나라가 될지 걱정스럽다 … 만약 진리가 확산되지 않는다면, 오류가 지배할 것이요, 하나님과 그의 말씀이 전파되고 인정받지 못한다면, 마귀와 그의 궤계가 우세할 것이요, 복음의 서적들이 모든 집에 들어가지 못한다면, 타락하고 음란한 서적들이 거기에 있을 것이요, 우리나라에서 복음의 능력이 나타나지 못한다면, 혼란과 무질서와 부패와 어둠이 끝없이 지배할 것이다."

독자들의 성원과 지도 편달을 바라마지 않습니다.

CH북스
발행인 박명곤

차례

제1부
성 프란체스코의 작은 꽃들

Ⅰ. 성 프란체스코와 그 첫 제자들의 놀라운 행적

Ⅱ. 마치스 지방 수사들의 기적 이야기

제2부

거룩한 오상(五傷)에 대한 명상

제3부
주니퍼 형제의 생애

제4부
레오 형제가 쓴 길레스 형제의 생애

제5부
길레스 형제 어록

제6부

부가적 장(章)들

서 론

지난 몇 백 년 동안 「성 프란체스코의 작은 꽃들」은 전 세계에서 광범위하게 읽혀졌다. 아시시의 작은 빈자(貧者)였던 성 프란체스코는 예수 그리스도 이후로 기독교 역사상 가장 존경받는 인물이다. 그러나 이 세계 문학상의 위대한 고전 작품과 그 저자에 관한 사실은 현대 프란체스코 수도회의 연구 학자들에 의해 밝혀진 바에 의하면 거의 확실하지 않다.

그러므로 우리는 서론에서 성 프란체스코의 생애와 이 책의 저자와 그리고 이 책이 프란체스코 수도회의 초기 역사서에 있어서의 비중과 역사적 가치와 라틴어 역본과 이탈리아어 역본, 그리고 현대에 있어서 그 책의 세계적인 인기, 그리고 이 새로운 번역본의 특별한 특징과, 끝으로 피오레티[작은 꽃들, 名文選(앤솔로지)이란 뜻의 이탈리아어]의 문학적·영적 가치에 대하여 간단히 서술하고자 한다.

우선 무엇보다도 가장 공통적인 오해를 불식시키는 것이 좋을 것 같다. 성 프란체스코의 작은 꽃들은 성 프란체스코 자신이 기록한 것이 아니라, 성 프란체스코가 죽고 1세기 후에 살았던 이탈리아의 한 수도사에 의해 기록되었다는 것이다.

❋ **아시시의 성 프란체스코**

모든 세계의 사람들이 그리스도의 진실한 거울로서 사랑하는 이 비범한 사람은 원래 방탕한 건달이었다. 그는 1182년 중부 이탈리아의 아시시에서 태어났다. 그의 아버지는 피에트로 디 베르나도네(Pietro di Bernardone)라는 중류층의 아마포 상인이었다. 프란체스코는 온유하고 상냥하고 장난을 좋아하던 소년이었다.

그는 성 조지 교회 학교에서 라틴어를 배웠으며, 이따금씩 프랑스에서 장사를 했던 그의 아버지는 그에게 불어를 가르쳤다. 어렸을 때 그는 음유시인들이 부르는 위대한 서사시에 나타난 중세 기사들의 높은 윤리적 이상에 깊은 영향을 받았다.

그들의 이상은 숭고한 목적에 대한 희생적인 헌신, 영주에 대한 충성심, 모든 사람에 대한 분별 있는 예의, 그리고 가난한 자와 약자들에 대한 풍성한 사랑 등이었다. 젊은 프란체스코는 갑옷을 입은 용감한 기사로서 명예와 영광을 얻을 것을 꿈꾸었다.

그러나 그의 군대 경력은 짧고 실망스런 것이었다. 아시시와 페루자와의 전쟁에서 포로가 되어, 그는 전쟁 포로로서 좌절의 시기를 보냈다. 중병을 앓고 난 후 그는 교황을 위하여 싸우려고 했다. 그러나 그가 스폴레토 근처에서 받은 계시는 인간보다도 주님을 섬기도록 바꾸어 놓았다.

그리고 고향으로 돌아가서 홀로 기도하는 중에 그리스도와 교통하기 시작하였다. 그는 십자가에 달리신 주님이 수난 당하시는 잊지 못할 환상을 보았다.

그때부터 프란체스코는 특이할 정도로 가난한 사제들과 빈민들을 돕기 시작하였고 거지들과 어울리기도 했다. 로마에 있는 성 베드로의 무덤까지 순례하는 동안 온종일 거지의 옷을 입고 지냈다. 후에 아시시 근처에서 그는 문둥병을 앓고 있는 사람을 포용하였다. 그가 오래된 산 다미아노 성당에서 하나님의 인도하심을 열심히 간구하고 있을 때 십자가에 못 박히신 예수님은 그에게 말씀하셨다.

"프란체스코야, 가서 내 교회를 보수하라. 네가 보는 바와 같이 내 교회가 황폐해지고 있다."

이내 그의 욕심 많은 아버지는 아들의 지나치게 돈을 과도하게 쓰는 자비심과 이상스런 신적 소명에 깜짝 놀라서 그를 주교의 궁정으로 불러 그가 사용한 모든 돈들을 회수하려 하였다. 그러나 프란체스코는 완전히 벌거벗고, 하나님을 위해 세상을 완전히 포기할 것을 상징적으로 선언하였다. 이러한 회심의 절정은 1206년에 일어났는데, 그때 그는 25세였다. 이때부터 거의

20년 동안의 왕 되신 그리스도에 대한 그의 충성스런 기사적 봉사가 시작된 것이다.

그는 수도사의 의복을 입고 2년이 넘게 문둥병자를 돌보고, 아시시 근처의 작은 세 교회를 보수하는데 힘을 기울였다. 그 세 교회는 산 다미아노 교회와 산 피에트로, 그리고 포르티운쿨라 즉 천사의 성 마리아 교회였다.

1209년 2월 24일 성령께서는 그에게 미사를 통하여 복음으로 하나님이 그를 부르신 그의 특별한 생활 방식을 가르쳐 주었다(마 10:9).

그는 그때 아시시에서 간단하고 형식에 구애받지 않는 설교를 시작하고 있었다.

몇 주일 후 세 제자(버나드, 베드로 카타니, 길레스)가 그와 함께하여, 그들은 곧 첫 번째 선교 여행을 떠났다. 프란체스코와 길레스는 안코나의 마치스 지방으로 가고, 다른 두 사람은 다른 곳으로 갔다. 8명의 또 다른 지원자가 새생활을 시작한 후, 1210년 그들은 복음서에 근거한 간단한 규칙을 제정하였다. 그들은 로마로 여행하여 그곳에서 교황 인노센트 3세로부터 구두 승인을 받았다. 아마도 이때 프란체스코는 부제로 임명되었을 것이다. 그는 겸손하여 사제가 되지 않았다.

아시시로 돌아와서 12명의 수사들은 얼마동안 리보 토르토(Rivo Torto)에 있는 작은 오두막집에서 극히 가난하게 살았다. 그때 그들의 숫자가 불어나면서 그들은 포르티운쿨라로 이사했다. 그곳은 수바시오 산의 베네딕트 수도회에 의하여 그들에게 기증된 것이었다. 그곳 성당에서 1212년 프란체스코는 18살의 아시시 출신의 클라라라는 귀족 소녀에게 수녀복을 허락하였다. 그녀는 수녀의 제2 수도회의 창설자가 되었다.

성 프란체스코는 외국 선교를 다루는 기관을 그 규칙에 포함시킨 첫 번째 수도회의 창설자였다. 1212년과 1년 후에 그는 북 아프리카와 스페인에 있는 회교도들에게 가서 복음을 전하고, 그곳에서 순교하기를 원하였으나 실패하였다. 그가 1212년 로마의 라테란 회의에 참석하고 있었을 때, 성 도미니크와 영원한 우정을 맺었다.

그 후 그는 교황 호노리우스 3세로부터 포르티운쿨라의 승인서를 얻었다. 1217년 총회가 유럽 대륙과 성지에 지회와 선교회를 창설하였을 때 그는 지원하여 프랑스로 갔다.

후고린 추기경(후에 교황 그레고리 9세)은 그를 설득하여 이탈리아에 남아 있도록 하였다. 거기서 그는 1218년까지 설교하였다. 그러나 그 다음해 자신의 대리자를 남겨 두어 수도회를 다스리게 하고, 다시 십자군에 참여하여 포위된 이집트의 다미에타라는 곳에 가서 목숨을 걸고 회교 군주에게 전도하였다.

성 프란체스코는 1220년 이탈리아로 돌아와서 말라리아와 녹내장에 걸려 고통을 겪었는데, 그때 그의 생애에 있어서 가장 큰 영적 시련이 시작된다. 그의 첫 번째 전기 작가에 의하면, 그는 그의 일부 수사들이 "단단한 칼로 나를 찌르고 그것으로 나를 도려내고 있다"고 불평하였다. 몇 달 안에 그는 교황청으로부터 후고린 추기경을 수도회의 수호자로 지명한다는 허락을 받았다. 그 후 그의 자리에 베드로 카타니를 지명하고 프란체스코는 물러났다.

1221년 카타니가 죽은 후에 유명한 엘리아스 형제가 이어 받았는데, 그는 1221년 길고 웅변적인 규칙을 제정하였으나, 1223년 그것이 최종적으로 승인될 때까지 그 규칙을 2번이나 다시 수정하고 다시 써야만 했다.

성 프란체스코가 2년 이상이나 고통을 받은 "영혼의 어두운 밤", 이 큰 시련의 성격을 이해하기 위해서 우리는 그가 전통적인 수도원의 순결, 가난, 그리고 순종의 양식에 소개한 새로운 형태의 신앙생활에 관한 명백한 이해를 갖지 않으면 안된다.

그의 생각에는 프란체스코 수도회의 기본적 개념이란 아주 단순했다. 즉 그것은 복음서에 나타난 그리스도의 사도들의 생활 방식을 그대로 문자적이고 의도적으로 모방하는 것이었다. 실제로 이것을 생활에 적용할 때, 거의 동일한 비중으로 기도와 설교로 나누어진 순회 전도의 생활이었다.

그리고 손수 일을 하여 생활하거나, 혹은 구걸하여 생활했다. 그것은 자발적인 자기희생과 모든 소유물의 포기를 강조하였으며, 오직 자신을 부인하고 다른 사람들을 그리스도와 하나가 되도록 하는 한 가지 목적에 힘을 기울였다.

근래 초기 프란체스코 수도회의 문서에 대한 객관적 연구는 일부 수도사들, 즉 1219년의 두 총장과 후에는 엘리아스 형제에 의해 대표되는 일부 수사들은 이러한 이상을 이해하거나 수용하지 못했음을 명백하게 드러내었다. 대신에 그들은 전통적 수도회의 금욕주의와, 더욱 활동적이고 특별히 더욱 지적(知的)인 과업을 수행하는 수도 생활을 조화시켰다. 결과적으로 성 프란체스코는 그의 교단 안에 그가 확신하기로는 하나님이 그에게 취하라고 하신 생활 방식을 수정하려고 하는 영향력 있는 무리들이 있는 것을 발견하였다.

결국 그는 본래의 이상을 그가 할 수 있는 한 지키면서, 그의 친구인 후고린 추기경의 신중한 중재와 지도에 겸손히 순종하였다. 그 추기경은 프란체스코에게 어느 정도의 수정은 불가피하다고 설득하였다. 그리하여 그 수도회는 그 당시에 심각하게 부족한 상태였던, 교육사업과 선교사업에 전적으로 협조함으로써, "교회를 가장 효과적으로 보수할 수 있었다."

후고린 추기경과 함께 성 프란체스코는 1221년에 평신도 제3 수도회를 창설하였다. 포버렐로, 즉 성 프란체스코는 그가 중대한 계시를 받고, 그리스도 자신이 그 수도회의 머리가 되시고, 모든 수사들이 창설자인 프란체스코를 신실하게 따를 것이라는 확신을 하나님으로부터 받았을 때에야 비로소 영혼의 평화를 가지게 되었다.

이러한 "어두운 밤"으로부터 나오면서, 성 프란체스코는 그가 1223년 크리스마스 이브에 그레키오에서 마련한 실재를 재현한 마구간 앞에서 베들레헴의 아기를 그의 팔 안에 안을 때 신비로운 기쁨을 체험하게 되었다. 그때 드디어 그는 단테가 말한바 "최후의 봉인"을 준비하고 있었다. 즉 하나님이 1224년 9월 알베르나 산 위에서, 그의 몸에 5군데의 거룩한 상처를 주심으로써 그에게 허락하신 신비로운 연합이었다.

그는 더욱 심해지는 고통스런 질병들을 앓는(눈, 위, 간, 그리고 비장과 수

종) 다른 2년 동안 아름다운 '형제 태양의 찬가'를 지었으며 감동적인 유언을 남겼다. 그후 성 프란체스코는 1226년 10월 3일 평화스럽게 그가 사랑하던 포르티운쿨라 수도원에서 숨을 거두었다. 그의 친구 교황 그레고리 9세는 2년 후에 그를 성인으로 공포하였다.

이상 간략하게, 세상에서 그리스도를 가장 잘 본받은 사람의 생애를 살펴보았다. 여태까지 기록된 이 사람의 가장 생생한 프로필을 알기 위해서는 「피오레티, 즉 성 프란체스코의 작은 꽃들」로 돌아가야 한다.

✳ 작은 꽃들의 정원

성 프란체스코의 작은 꽃들은 지구상에서 가장 아름다운 정원들 중의 하나라고 여겨지는 마치스 지방에서 단테의 시대에 만발하였다. 안코나와 페르모의 접경 지역에 있는 마치스는 아페니느 산맥과 아드리아 해안 사이에 놓여 있는 중부 이탈리아의 별로 알려지지 않은 지역으로써 뛰어나게 아름다움을 지닌 장소로 서늘할 때 하나님이 산책하시던 정원같은 곳이라고 일컬어져 왔다.

맨발에 이상한 옷을 걸친 아시시의 두 젊은이가 1209년 봄 무렵에 산등성이를 넘어 이 지상의 낙원으로 왔다. 프란체스코와 길레스가 가파르고 황량한 산봉우리의 그늘 속에서 몹시 구불구불한 산길을 따라 걷고 있을 때 온화하고 고요하며 매우 사랑스러운 그곳의 모든 뛰어난 정경이 눈앞에 펼쳐졌다.

길다란 나무가 우거진 언덕들의 물결이 그곳에서 겨우 30마일 가량 떨어진 아드리아 해변의 빛나는 파도가 굽이치는 곳까지 뻗어 있음을 보았을 때, 또한 20여 군데의 작은 마을들이 언덕 위에서 찬란한 태양의 밝은 햇살을 받고 있는 모습을 보았을 때 그들의 마음은 두근거리기 시작했다. "산 위의 동네가 숨기우지 못할 것이요"란 말씀처럼 언덕 위에 마을들이 있었고 이곳의 깊고 따스한 골짜기와 비탈진 목장들은 밀과 포도덩굴로 무성했다.

두 명의 수도사들이 포플라나무, 참나무, 너도밤나무 등이 뒤덮인 거대한 숲 속을 지나 걷고 있는 동안, 그들은 인동덩굴, 클로버, 산 백합, 그리고 신

선한 바다의 미풍과 뒤섞인 흰장미의 부드럽고 달콤한 향내를 깊이 들이마셨다.

오래된 역대기에 기록된 대로 "프란체스코는 프랑스어로 크게 노래를 부르며 주님을 찬양하고 그의 선하심을 찬송했다. 그들은 마치 가장 훌륭한 보물을 얻기라도 한 것처럼 그들의 마음이 지극한 환희와 기쁨으로 넘쳐흐르는 것을 느꼈다. 진실로 그들은 세상적인 모든 것을 포기했기 때문에 그토록 참되고 커다란 기쁨을 느낄 수 있었던 것이다."

불과 몇 주일 전에 아시시에서 버나드 형제와 베드로 형제와 함께 오직 하나님 한 분만을 사랑하기 위하여 그들은 지극한 빈곤 속에서 새로운 삶을 살기 시작했던 것이다. 이제 하나님의 섭리는 이에 대한 보상으로 그들에게 이와 같은 보물, 즉 장차 그들의 영역이 될 선택된 땅의 하나인 이 지상의 낙원을 그들에게 주려 하고 있다.

프란체스코는 그때 길레스에게 예언하기를, "우리 수도회는 그물을 던져 많은 양의 물고기를 잡아 올리는 어부와도 같게 될 것이다"라고 말하였다.

왜냐하면 마치스의 정원에서 그는 자신의 혁명적인 영적 메시지의 씨앗들이 다른 어느 곳에서보다도 더 풍성한 열매를 맺을 수 있는 비옥한 토양을 발견했기 때문이었다.

심리적으로 볼 때 마치스의 마을 주민들과 순박한 농부들은 그와 매우 닮아 있었다. 그들도 역시 시적(詩的)인 환상과 예민한 상식이 배합된 천성을 부여받은 보기 드문 실질적인 신비주의자들이었으며, 종교적 통찰력과 완고한 실용주의가 풍부하게 내재되어 있었다.

소박하고 솔직하며 쾌활하고 친절하고 마음이 따뜻한 그들은 자연을 사랑하고 그들의 토지에서 자연과 가깝게 살아가면서, 프란체스코가 하나님과의 신비한 결합을 통하여 그들에게 전달하는 프란체스코의 영적인 평화의 메시지와 하나님의 피조물에 대한 선의(善意)를 열정적으로 받아들였다.

실제로 프란체스코의 첫 번째 전기 작가는 프란체스코가 마치스를 통과하여 여행을 계속하였을 때, "사람들은 그를 보고 그의 말씀을 들으려는 열렬한 소망 속에서 서로서로 그의 뒤를 따랐다. 또한 약 30명 가량의 사람들이 (성직자들이나 평신도들) 프란체스코로부터 그 수도회의 경건한 규례를 받아들였다"라고 기록해 놓았다.

이윽고 마치스의 숲과 언덕들에는 보잘것없는 작은 수도처들이 여기저기 산재하기 시작하였으며 초기 프란체스코파 수사들은 이러한 장소를 단지 "은둔처"라고 불렀다. 1282년경까지 마치스 지방 내에 85개소라는 놀라운 숫자의 작은 수도처들이 생겼는데 이는 토스카나나 움브리아보다 두 배나 많은 숫자였으며 100년 후에는 90개소에 이르렀다.

마치스의 수사들은 특별히 깊은 명상을 중요시하였으므로 이러한 집들의 대부분은 말할 필요도 없이 고독하게 외떨어진 암자들이었다. 이처럼 명상을 즐기는 중요한 경향을 예증하기 위하여, 이 책 속에는 "숲 속에서 기도하는" 수사들의 모습이 16군데 묘사되고 있다.

그러므로 그러한 수사들이 성 프란체스코가 지닌 숭고한 영성의 핵심을 매우 올바르게 파악하고 있었음은 명백한 사실이다. 말하자면 무엇보다도 먼저 내면생활에 대한 절대적이고도 무조건적인 중시, 끊임없는 하나님과의 내적 결합, 언제나 겸손하게 구세주에 대하여 명상하는 삶, 하나님과의 친밀하고도 사랑이 넘치는 영적 교통 등등이 바로 그것이며 그들은 이것을 "기도의 정신"이라고 불렀다.

또한 프란체스코는 수도사들의 여러 가지 직업으로 인하여 그들의 마음속에 타오르는 경건한 신앙의 불길이 꺼져서는 안된다고 거듭 주장했다. 이처럼 살기 위해서는 모든 시대의 깊은 명상가들이 그러했던 것처럼, 어떤 다른 장소보다는 숲 속이나 언덕 위에 지은 조그만 암자에서 사는 것이 훨씬 낫다는 사실은 명백했다. 또한 잘 알려져 있지는 않지만 프란체스코 자신도 최소한 25개 정도의 은둔처를 직접 만들고 자주 그곳에 머물렀다는 사실이 매우 중요하다.

그럼에도 불구하고 그는 또한 이탈리아 방방곡곡뿐만 아니라 프랑스, 스페인, 시리아, 이집트 등지에 이르기까지 복음전파를 게을리하지 않았다. 그의 20여년에 걸친 전도사역은 말씀 전파를 위한 여행과 그가 좋아하는 은둔처에서의 명상이 끊임없이 서로 교체되고 반복되며 이루어진 것이었다.

그러나 그처럼 행동적인 전도여행과 명상하는 생활의 새로운 결합 속에 초기 100년 동안 프란체스코 수도회를 거의 갈라 놓았던 비극적 분열의 열쇠가 놓여 있었다. 이 점이 마치스의 한 열렬한 수사에게 직접적으로 영감을 주어 1330년경 "프란체스코의 작은 꽃들"을 쓰게 했던 것이다.

여러 가지 요인들에 기인하여, 이를테면 ― 우리들의 타락된 인간성은 말할 필요도 없고 ― 성인의 지극히 숭고한 이상과 생활 방식이라든가 놀랄 정도로 급속한 수도회의 팽창 등등의 요인들로 인하여 프란체스코의 사후(死後)에 그의 수많은 추종자들 가운데서 대략 세 가지 정도의 뚜렷한 분파가 나타나게 되었다.

즉, 첫째로 교회가 도시에서나, 대학, 또는 외국선교지 등에서 수도사들에게 부여하는, 점점 증가하는 다양한 전도사역을 수행하기 위해서는 최소한의 개조는 필요하다고 진실하게 주장하는 온건주의자들.

둘째로 성 보나벤투라 같은 금욕주의적 온건파 지도자들의 주장과는 멀리 떨어져서 프란체스코 수도회의 청빈이나 명상들은 명목 뿐 실질은 모두 내던져버린 자유주의자들.

셋째로 이들 두 분파에 반대하여 소위 '제랑뜨'(Zelanti)라고 불리는 신성주의자들(Spirituals), 곧 광신적인 요아킴(Joachim) 추종자들과 명상주의자들로서 성 프란체스코의 규율이나 교훈은 하나님의 복음과 같은 수준의 것이며, 단테가 언급했던 "예언의 능력을 부여받은 자"로 여겨지던 12세기의 유명한 갈라브리아의 요아킴 수도원장의 저서에서 이미 예언한 바에 따라 이러한 성 프란체스코의 규율이나 교훈이 곧 다가올 새로운 시대에 필연적으로 교회 및 사회의 완전한 갱생을 초래할 것이라고 생각하는 사람들이었다.

✳   **"저자에 관하여"**

　　이들 세 분파 사이의 오랜 갈등이 계속되었던 서글픈 시대에 대한 간략한 개관은 이 책의 역사적인 기능, 근본적인 주제, 여러 가지 특수성, 개괄적인 비유나 암시 등을 이해하기 위해서 필요하리라고 여겨진다. 그러나 단조롭게 사건들의 연대기를 제시하는 대신에 여기에서는 "작은 꽃들"의 라틴어 원본인 악투스(Actus)의 저자였던 우골리노 드 몬테 산타 마리아 형제가 경험한 중요한 사건들을 독자들로 하여금 직접 상기시키고자 한다.

　　불행하게도 이 저자의 생활이나 행동에 대하여 소개할만한 자료는 거의 남아 있지 않다. 그럼에도 불구하고 그의 저서 덕분에 우리는 그의 가까운 친구들이라든가 이전 세대의 연관된 사람들에 관해서 많은 것을 알 수 있다.

　　그들 중 몇몇 사람들은 마치스에서 프란체스코 수도회의 역사상에 뛰어난 역할을 행하기도 했으며, 그들의 생활이나 본보기가 저자의 견해와 저서들에 대해 매우 중대한 영향을 끼치기도 했다.

　　여태껏 알려지지 않았던 1294년부터 1342년간의 기록이 1957년에 지아친토 파냐니(Giacinto Pagnani) 신부에 의해 지방의 문서보관소에서 발견되었는데 ― 다행스럽게도 그 문서가 내게 소개되었다 ― 그의 성은 보니스캄비(Boniscambi)였으며(사르나노의 브룬포테가 아님) 그의 가족들은 지금은 몬테지오르지오라고 불리는 마치스의 지오르지오 市內에 있는 몬테 산타마리아 소도시의 부유하고 저명한 시민들이었다고 쓰여 있다.

　　그의 출생연도와 사망연도는 기록상에 남아있지 않지만 1270년경에 사망한 펜나의 요한 형제를 그가 알고 있었던 것으로 보아 그 자신은 적어도 그로부터 몇 년 전에 수도회에 가입한 것이 확실하다. 또한 그가 1342년경에도 여전히 살아 있었다는 사실을 우리는 알고 있다.

　　그러므로 그의 실제적인 행동 영역은 신성주의자들(Spirituals)과 연루된 극적 갈등이 바야흐로 절정에 이르렀던 1270년에서 1340년까지의 결정적인 시대에 이르렀던 것이다. 1280년 무렵까지 성 프란체스코와 함께 생활했던 최초의 프란체스코파 수도사들은 대부분 사망했다.

우골리노는 그들 중에 어느 누구도 만난 적이 있다고 주장하지 않았지만, 그의 절친한 친구이자 평수사였던 마사의 야고보는 성 클라라를 비롯해서 레오 형제, 마세오 형제, 길레스 형제, 주니퍼 형제, 시몬 형제 등을 알고 있었다. 더구나 우골리노는 최초의 프란체스코회 수도사들을 잘 알고 있는 그 다음 세대의 수도사들 중 최소한 세 명 이상의 수도사들과 친분을 맺고 있었다.

젊은 우골리노는 대개 마사의 야고보로부터 〈포버렐로(작은 꽃들), Poverello〉에 대하여, 세라노의 토마스와 성 보나벤투라에 의해 기록된 불충분한 공식적 전기들에 포함되지 아니한 매우 아름답고 감명 깊은 이야기들을 많이 듣게 되었다. 이즈음에는 성 보나벤투라의 레젠다(Legenda 전설집, 성도전[聖徒傳])만이 수도회에 의하여 승인되어 있었다.

그러나 1276년의 프란체스코 수도회 총회는 성 프란체스코와 그의 동료들의 생애에 대하여 좀 더 증보된 자료들의 필요성을 제기하였다. 아마도 우골리노 형제가 마치스의 은둔처에서 긴긴 겨울 저녁마다 장작불을 둘러싸고 앉아서 연로한 수사들이 말하는 이야기들을 듣고 그 공개되지 않은 일화들을 적어 나가기 시작한 것이 바로 그때였을 것으로 짐작된다.

매우 유능한 작가였던 그는 포버렐로의 기본적인 윤곽에 깊이와 활력과 채색감을 덧붙여 줄 이 새로운 자료들을 기록하는 데 결코 실패하지 않았던 것이다. 더구나 이 자료들은 프란체스코 수도회의 초창기의 그가 흠모하는 수사들, 특히 레오 형제, 마세오 형제, 버나드 형제, 길레스 형제, 루피노 형제들과 그들의 모험들에 대하여 많은 것을 제공해 주었다.

마사의 야고보 형제가 말해 준 몇 가지 유쾌한 이야기들은 성 프란체스코가 아시시 위쪽 수바시오 산 위에 있는 카세리(Carceri)와 같은 그들의 작은 은둔처에서 최초의 수사들과 더불어 지낸 그의 삶을 잘 표현해 주고 있다.

무엇보다도 우골리노 형제는 그의 몇몇 자료 제공자들로부터 성 프란체스코와 초기 몇 년간 충실하게 그를 따랐던 수사들의 기쁨과 감사로 넘치는 생활에 대하여 많은 자료들을 입수했던 것이다. 이는 후에 그의 책을 통하여 세상 사람들에게 소개되었다.

✴ 신성주의자들(Spirituals)

긴긴 겨울 저녁 동안 수사들, 또는 숲 속에서 야고보 형제와 더불어 나눈 대화들로부터 우골리노는 또한 의심할 여지없이 포버렐로의 생애 동안에 일어나기 시작한 수사들 사이의 고통스러운 분열의 시초에 대해서 많은 것을 알게 되었다. 프란체스코의 죽음 이후 그와 가장 가까운 동료들 사이에서 일어난 동요에 대해서는 이미 잘 알려져 있다.

버나드 형제와 마사오 형제, 리시에리 형제는 많은 억압으로 고통을 받았다. 마침내 버나드 형제는 아시시를 떠나지 않을 수 없었고, 독재적인 엘리아스 형제가 1239년에 수도회 총장의 자리에서 면직되고 뒤이어 파문을 당하기 전까지는 감히 돌아올 수조차 없었다.

성 프란체스코가 살아 있는 동안, 가장 오래된 문서들에 의하면 그와 엘리아스 형제와의 관계는 상호 존경과 애정으로 이루어졌다고 기록되어 있다. 그러나 프란체스코가 죽고 난 후, 엘리아스의 억제되지 못한 자만심과 야망은 지배적인 욕심으로 드러나게 되었던 것이다.

그러므로 그의 놀라운 타락과 죽음 직전의 참회 등은 그에 대하여 옳든 그르든 많은 종류의 이야기가 나돌게 된 결과를 초래하였으니 이는 당연한 귀결이라 하겠다. 또한 신성주의자들은 후에 그를 적대자의 상징처럼 취급하였다.

그러나 여기서 성 프란체스코와 친밀한 제자들 중에, 그들이 비록 신성주의자들의 청빈과 자기부정의 생활을 위한 열정에 대해서 어느 정도 동감하기는 했어도, 다른 사람들의 교리적인 잘못이나 반역적인 행위들에 대해 비난한 사람은 여태 아무도 없었다는 사실이 명백히 강조되어야 한다. 그럼에도 불구하고 솔직한 길레스 형제가 그러했듯이 그들은 수도회 내에서 이완되는 무리들에 대하여 명백한 비난을 서슴지 않고 드러냈다.

엘리아스 수도회 총장이나 그 후계자의 지배 아래 아시시의 시몬, 루시도

장로, 그리고 몬테 루비아노의 마태 등을 포함하여 마치스에 있는 약 70여명의 신성주의자들은 혹독하게 처벌을 받고는 추방당하고 말았다. 그러나 새로 취임한 총장 파르마의 요한(1247~57)은 그들을 용서하고 해방시켜 주었다. 그러나 불행하게도 그는 매우 거룩한 사람이었으나 명백하게 요아킴주의(Joachimism)의 교리적인 오류에 물들어 있었다.

이로 인하여 그는 결국 사임하게 되었고 그의 후계자인 성 보나벤투라(1257~74) 아래서 재판을 받게 되었다. 추기경의 중재 덕분으로(후에 그 추기경은 교황 하드리안 5세가 되었음) 요한은 간신히 그의 남은 여생동안 그레치오의 은둔처에서 생활을 할 수 있게 되었다.

이 책의 48장에 나오는 마사의 야고보 형제가 보았던 유명한 ‘나무의 환상’(Vision of the Tree)은 신성주의자들이 그들의 친구인 파르마의 요한 형제가 겪는 시련과 고통에 대해서 깊은 분노를 갖고 있었음을 나타내 주고 있다.

1274년경 우골리노가 수도회에 가입한지 얼마 되지 않았을 무렵 마치스에서는 새로운 위기가 발생했다. 리용의 제2차 종교회의에서, 종합적이고 합법적인 재산소유권을 수도회에 부여할 것이라는 소문(후에 근거 없는 것으로 밝혀졌다)은 신성주의자들로 하여금 그러한 통제는 결코 받아들일 수 없다고 주장하게끔 만들었다.

그 지역의 수사들이 두 분파로 나뉘게 되자 감정이 폭발하고 말았다. 마침내 클라레노의 안젤로와 마세라따의 비베라또 등 후에 알려진 두 지도자들을 포함하여 주도적인 신성주의자들은 그 지역 지도자들에 의해 이단과 불복종이라는 죄명으로 무기징역을 선고받았다.

그러나 1289년 새로 취임한 총장이 이 지방을 방문했을 때 그들을 해방시켜주고 아르메니아의 선교사로 임명하였다. 그러나 여전히 죄인으로 추적을 받게 되자 그들은 1294년에 이탈리아로 되돌아와서는 마치스와 움브리아에 남아 있는 몇몇 지도적 신성주의자들, 예를 들면 오피다의 콘래드, 몬테치오의 피터, 유명한 움브리아의 시인 수도사 야고보네 다 토디 등의 자문을 구하였다.

이들 모두는 리베라토와 안젤로가 매우 성스러운 노 수도사인 교황 셀레스틴 5세와 상의를 해야 한다는 데 동의했다. 교황은 그들에게 하나의 독립된 수도회로서 성 프란체스코의 규칙과 말씀에 따라 생활하도록 허락했고 이 수도회는 "셀레스틴 교황의 청빈한 은둔자들"이라고 불리게 되었다.

그러나 그 후 몇 달 안되어 이 연로한 교황은 소위 단테가 "위대한 반역"이라고 비통하게 칭했던 일을 하게 되었고 결국 사임을 하고 말았다. 그의 후계자인 보니파스 8세가 이 "청빈한 은둔자들"의 수도회를 철폐해 버렸을 때, 그들 몇 명은 그리스로 망명을 했다.

그 이후로 수도회는 기존 교회에 대한 반역자의 위치가 되어 버렸다. 결과적으로 그들의 후계자들은 두 분파로 나누어지고 말았다. 그 하나는 '클라레니' 파로서 몇몇 교구에서 관용되었으며(이들은 후에 라 포레스타와 사르나노에서 발견되었다), 후에 프란체스코 수도회의 엄수파 수사들에 가담하였고, 또 하나는 '프라티셀리'라고 불리는 몇몇 이단지파들이었다.

신성주의자들에 대한 주요 전문가인 리바리오 올리거가 지적한 바와 같이, 그들의 운동은 그 구성원들의 이상주의에도 불구하고 다음과 같은 심각한 오류에 빠져 들었기 때문에 실패하고 말았다. 즉 그들은 여러 가지 복합적인 생활에도 불구하고 명상의 생활을 지나치게 강조했으며, 수도회의 규칙을 하나님의 복음과 동일시하였고, 영적 교회를 탄압하는 육적 교회에 대한 요아킴주의의 분리 사상을 채택했던 것이다.

무엇보다도 가장 큰 실수는 성 프란체스코가 기존교회의 권위에 대해서 언제나 겸손하고 이성을 초월한 순종을 강조했음에도 불구하고 그들은 성 프란체스코의 이름으로 기존교회에 대한 복종으로부터 탈피할 수 있다고 생각했던 것이었다.

✳ 우골리노 형제와 신성주의자들

프란체스코 수도회 역사상 이 중요한 전환점에서, 어떤 방법으로든지 신성주의자들의 금욕적인 이상에 동조를 표했던 우골리노 형제와 몇몇 다른 수사들은 그들이 초창기 수사들의 정신을 대표하는 만큼 영혼을 괴롭히는 결정에 맞부딪히게 되었다. 셀레스틴 수도사들에 가담할 것인가, 아니면 프란체스코 수도회에 남아 있을 것인가?

바로 이 무렵, 1295년 가을에 마치스에서 가장 유명한 신성주의자들 가운데 하나인 오피다의 콘래드는 그의 친구이자 남부 프랑스의 유명한 신성주의자 지도자인 쟝 삐에르 올리비에로부터 중요한 편지를 받았다. 콘래드는 1285년에서 89년 사이에 피렌체와 마운트 알베르나에서 그와 밀접한 친분을 갖게 되었는데, 이때 이탈리아의 뛰어난 신성주의자 우베르티노 다 카살레와도 함께 친분을 가졌다.

이 장문(長文)의 편지에서 올리비에는 콘래드나 마치스의 다른 신성주의자들에게 수도회를 떠나지 말라고 촉구했다. 그는 "경건한 길레스 형제나 레오 형제, 혹은 그들과 마찬가지로 경건한 프란체스코의 다른 많은 제자들이 그와 같은 것들을 이유로 일찍이 수도회를 떠난 적이 있는가?"라고 썼다.

그 당시 콘래드는 레오 형제를 잘 알고 있었다. 실제로 레오 형제가 1270년에 사망하기 전에 프란체스코는 환상으로 콘래드에게 나타나서 그에게 말하기를, 레오 형제를 찾아가 그에게서 자신의 일생에 대한 여러 가지 기록들을 수집해 달라고 말하였다고 한다.

올리비에의 편지가 콘래드로 하여금 수도회를 떠나지 못하게끔 만들었다고 말할 수는 없지만, 실제로 콘래드와 그의 절친한 동료이자 저명한 신성주의자들 가운데 하나인 몬테키오의 피터는 정통 프란체스코 수도회에 남아 있었고, 외면적으로 클라레노의 안젤로, 우베르티노다 카살레 등의 휘하에 있는 분리파 신성주의자들과는 관계를 끊고 있었다.

그들의 결정이 우골리노 형제에게 미친 영향은 아무리 강조해도 지나치지 않으며, 그 이후로 우골리노 형제는 그들을 그가 존경하는 영웅이자 성웅으로 기록하게 되었다.

콘래드, 피터, 우골리노가 가졌던 자신들의 정체성에 대한 인식은 1309년과 1324년 사이에 아비뇽의 교황청에서 세상 사람들 앞에 불길처럼 일어난 구두논쟁의 시기에 더욱 깊은 확신으로 발전하게 되었다. 그 당시 교황청은 기독교인과 프란체스코 수도회의 청빈생활이 지니는 교리적인 의미를 재확립해야만 했다.

수도회 내의 여러 분파 사이에 일어난 이 정치적 분쟁의 시기는 반신성주의 교파의 총장이 바바리아의 영주와 결탁하여 대립교황(antiPope)을 선출했을 때 바야흐로 그 절정에 다다랐다.

이 당시에 저자인 우골리노 형제가 나폴리에 있었다고 하는 사실은 이 책을 이해하는데 중대한 의미를 지니고 있다. 왜냐하면 그 당시 나폴리는 경건한 왕 루베르트의 치하에 있었는데, 그 부인은 프란체스코 수도회를 적극 지원하는 세 번째 아내인 산차 왕비였다. 그들은 둘 다 신성주의자들에 대하여 공감을 가지고 있었으나 또한 충성스러운 가톨릭교도로 남아 교황과 수도회의 지도자들과 친밀한 관계를 가지고 있었다. 우리는 우골리노 형제가 이 책을 쓰기 위하여 그곳에 갔다고 추측할 수가 있다.

우리가 아는 것은 1319년에 그가 마치스 지방의 두 도시 간에 평화조약을 목격했다는 것이다. 그리고 1331년에 그는 파문당한 프란체스코 수도회 총장의 일당인 안드레아 다 가그리아노에 대하여 나폴리에서 간단히 증언하였다는 것이다. 우골리노 형제가 교회와의 연합 가운데 남아있는 수도회에 공개적으로 같은 입장에 섰다는 것을 주목할 만한 사실이다.

이 책의 41장의 끝부분에서 보면, 그는 이 장을 1327년 이후에 쓴 것으로 보인다. 최근에 발견된 자료에 의하면, 그는 1342년에 마치스로 되돌아갔다. 그리고 그는 그의 걸작 '성 프란체스코와 그의 제자들의 행적'을 남기고 역사에서 사라졌다. 그리고 이 책은 후에 이탈리아어 요약본으로 나왔는데 그것이 '성 프란체스코의 작은 꽃'들이다.

성 프란체스코에 대한 모든 책 중에서 가장 인기 있는 이 책을 씀으로써, 그 열정적이고 재능 많은 수사는 참된 프란체스코의 정신을 구현해 준 셈이 되었다. 그는 그것을 마사의 야고보와 오피다의 콘라드, 그리고 알베르나의 요한과 산차 왕비와 더불어 같은 생각을 지녔었다.

그리고 그는 성 프란체스코의 생활방식을 모든 수사들이 자신의 능력껏 최대한 본받으며, 개인적인 성결을 추구함으로써 수도회를 내부에서 개혁해야 한다고 생각했다. 아마도 그가 늙었을 때에, 그의 생애 동안에 수도회를 근본적으로 뒤흔들어 놓은 그 비극적인 논쟁을 목격한 후에, 그는 어릴 때부터의 마치스의 좋은 친구였던 알베르나의 요한의 생각에 동감하게 되었다.

요한은 모든 성인들이 그러하듯이 그의 형제들을 판단하기를 거부하고 1322년 그가 죽기 전에 다음과 같이 선언했었다.

"아들들아, 그대들은 다른 사람을 판단하는 자리에 그대 자신을 올려놓지 말라. 단지 그대들의 뜻을 하나님께 아뢰라…내가 수도회에 가입하였을 때, 나는 하나님께 이 은혜를 받았다. 그리하여 나는 내가 수도회 안에서 본 모든 일에 있어서 하나님께 찬양과 감사를 드렸다. 그리고 결과적으로 나는 항상 평안 가운데 살아왔다."

알베르나의 요한의 이러한 태도는 우골리노 형제에 대하여 큰 영향을 미쳤고, 또한 다른 여러 수사들, 즉 신성주의자가 아닌, 특별히 팔레로네의 야고보와 펜나의 요한같은 사람들의 모범은 그의 책을 단순한 신성주의자들의 소책자가 아니라 참된 프란체스코 수도회의 정신을 보여 주는 걸작으로 이끌어 주는 요소가 되었다.

또한 그들의 영향은 그의 영혼과 작품에 다음과 같은 생각을 고취시켰다. 즉, 교회에 대한 절대적이고 겸손한 순종과 엄격한 청빈과 더불어 활동적인 생활과 명상적인 생활 사이의 신중한 균형이 참된 프란체스코 수도회의 정신이며, 창시자 프란체스코의 사상과 삶이라는 것이었다.

대부분 성 프란체스코와 그의 제자들에 관한 아름다운 이야기들은 마사의 야고보 덕분에 기록이 되었는데, 우골리노 형제의 이 책은 14세기와 15세기의 가장 인기 있는 프란체스코 수도회의 자료 중의 하나가 되었다. (지금까지 15세기의 이탈리아어 번역본이 80종이나 남아 있다.)

그 책의 대부분이 몇 가지의 프란체스코 수도회의 역사를 편집한 것과 합쳐졌다. 그리하여 다른 훌륭한 영적인 작품들과 더불어, 이 책은 15세기 초기의 세 사람의 성인, 즉 시에나(Siena)의 버나딘과, 마치(March)의 야고보 그리고 카피스트라노(Capistrano)의 요한의 주도하의 중대한 엄수파(Observant)의 개혁에 큰 역할을 하였다.

그러므로 우골리노 형제는 포버렐로에 대하여 더 광범위하고 생생한 모습을 보여 주고, 또한 수도회와 교회의 충성스런 회원으로 남아 있으면서 순수한 프란체스코 수도회의 정신을 위하여 고난을 받은 초기의 제자들과 후기의 제자들을 명예롭게 함으로써, 프란체스코 수도회의 갱생에 큰 공헌을 하였다.

✳ **역사적 가치**

오늘날 세계에서 가장 뛰어난 가치를 지닌 그 작품의 구성 요소는 프란체스코가 죽은 후 약 1세기 후에 쓰여진 이 책 안에 최초로 나타난, 성 프란체스코와 관련된 26가지 사건[장(章)이 아니고]들이다. 독자들은 이러한 비교적 후기의 작품이 역사적으로 얼마나 믿을만한 것인지 알 권리가 있다.

우골리노의 주요한 정보 제공원이었던 마사의 야고보 형제는 얼마나 믿을만한가? 명백히 우리는 모든 그의 환상과 말들이 다 성령에 의하여 감동을 받았다고 문자적으로 받아들일 수는 없다. 그도 역시 다른 모든 기록물 저자와 마찬가지로 오류가 있을 수 있다. 그러나 최근 몇십 년 간 햇빛을 본 4가지 종류의 다른 자료는 그의 글의 신빙성을 더해 준다. 적어도 개요상으로 그러하다.

길레스 형제와 루이 왕과의 소위 만남이라는 것은 명백히 다른 길레스와 혼동이 되고 있는 것 같다. 그리고 「행적」안에서 엘리아스 형제에 대한 이야기는 비록 그것이 그 당시에 널리 받아들여지기는 했지만, 본질적인 것은 맞더라도 세부적인 것은 부정확하다는 것이 의심할 여지가 없다. 논쟁적 요소가 있다는 것은 부인할 수 없는 사실이지만, 그것은 그 작품의 전체 75장 가운데 10장에 불과하다. 그리고 몇 장은 우골리노가 쓰지 않았을 것이다.

의심 없이 이 작품이 기적을 너무 강조하는 경향을 보이고 있으며 어떤 장(章)들은 거의 전설에 가까운 것처럼 보이고, 그리고 어떤 구절들은 순전한 문학적 채색인 것처럼 보이는 것이 사실이라고 우리가 인정한다할지라도 근본적인 문제는 남아 있다.

이 책에 대한 최근의 연구가들이 성 프란체스코와 그의 제자들에 대한 우리의 지식에 유일한 자료가 되는 이 책의 가치에 대해 무엇을 말할 수 있을 것인가! 그 판단의 본질은 이 작품이 민중의 전승이 아니라 성 프란체스코의 가장 친한 제자들, 즉 레오와 마세오와 길레스 형제 같은 불과 몇 사람을 거쳐 저자에게 직접 구전으로 전달된 전통이며, 이 구전이 때로는 연대와 자리에 있어서 부정확할지라도 전반적으로는 믿을만하다는 것이다.

이러한 점들을 생각해 볼 때 성 프란체스코의 이해에 대한 이 작품의 특별한 공헌에 대한 명백한 역사적 가치는 많은 훌륭한 학자들에 의하여 인정받아왔다. 물론 때로는 다른 의견을 가진 학자들도 있다.

그러면 왜 흥미 있는 많은 이야기들이 레오, 안젤로, 그리고 루피노 형제를 포함한 그의 많은 제자들의 증거에 기초를 둔 프란체스코 첫 번째 공식적 전기에 기록되지 않았을까 하는 이상한 사실을 어떻게 설명할 수 있을까? 그 대답은 매우 간단하다. 그것은 사실 심리적인 문제이다.

프란체스코의 가장 친한 친구들은 당연히 최근에 성인품에 오른 성인이 늑대와 악수를 했다던가, 혹은 40일 간을 금식했다던가, 혹은 그의 제자를 사거리에서 빙빙 돌게 하였다던가, 혹은 반바지 차림으로 교회에 가서 설교를 하였다던가 하는 것을 말하기를 주저하였을 것이다. 그리고 공식적인 전기 작가도 그것을 기록하기를 주저하였을 것이다.

그와 같은 아주 재미있는 일화들을 첫 번째 공식적 전기 작가가 몰랐을 수도 있지만, 그러한 이야기들은 의도적으로 삭제되었을지도 모른다. 특별히 성 프란체스코와 같은 원초적인 성자의 경우에 그러하다. 그래서 프란체스코에 대하여 거의 알려지지 않은 수많은 일화들이 계속 기록되어졌다.

사실, 그것은 너무 많아서 오늘날까지 아직 알려지지 않고 있는 두 권의 책, 즉 아무도 모르는 성 프란체스코와 성 프란체스코의 50가지 동물 이야기에서 100가지 이상의 일화를 수집할 수 있었다.

또한 같은 기준이 다음과 같은 사실에 적용될 수 있다. 즉, 프란체스코가 한 사람 혹은 두 사람의 친밀한 제자에게 말해준 영적 체험들을 그들이 몇십 년이 지나기 전까지는 공개적으로 그것을 말하기를 주저했을 것이다.

✳ 행적 (The "Actus")

중세의 원고들을 복사하였던 수사들은 불행히도 복사기와 같지 않고 마치 신문기자들이 재집필하는 것과 같은 기능을 수행하였다. 그들은 원고를 요약하거나 그 단어와 문장 구성 혹은 제목들을 더 낫게 수정하기를 주저하지 않았다. 또한 그들은 인간이었으므로 가끔 잘못 읽고 잘못 복사하기도 했다.

일반적으로 수사들은 익숙하지 않은 개인이나 장소의 이름을 새롭게 바꾸곤 했다. 더욱 혼돈스러운 것은 가끔 그들은 자유롭게 장(章)들의 순서를 바꾸고, 또한 그들이 쓰고 있는 그 사본의 끝에 공간이 생길 때에는 거기에 다른 것들을 집어넣기도 했다. 그래서 그 다음 복사자는 그것을 재차 복사하기도 했다.

이러한 복사의 기능의 결과로 우리는 오늘날 우골리노 형제의 원래의 행적(Actus)에 얼마나 많은 장(章)이 있었는지 우리는 정확히 모른다. 왜냐하면 학자들은 사비티어(Sabatier)판에 나타난 76장 중 약 6장이 복사자에 의해서 더해진 것으로 믿고 있다. 그러나 여태까지의 행적 사본에 발견되지 않는, 적어도 4가지의 일화는 우골리노가 쓴 것이라고 프란체스코 수도회의 역사가 루크 워딩(Luke Wadding)은 주장하고 있다. 그러므로 전체 숫자는 약 75가지가 된다.

그러나 우골리노의 작품이 두 가지 뚜렷한 부분으로 구성되어 있다는 것은 명백하다. 그것은 사실 어떤 사본에서는 소제목으로 구별되었다(이 책도 그러하다).

⑴ 성 안토니, 성 클라라 그리고 아시시의 시몬 형제와 같은 동시대 사람들을 포함하여 성 프란체스코와 그의 제자들을 다루고 있는 장들

⑵ 2세대 혹은 3세대 후에 마치스 지방에 살았던 거룩한 수사들을 다루는 장들. 그들 대부분 저자와 동시대 사람들이었다.

그러나 이 두 부분을 연결시키는 문체의 강한 내적 통일성과 주제는 이 작품이 전체적으로 한 주요작가, 즉 우골리노 디 몬테 산타 마리아 형제에 의하여 기록되었음을 암시한다. 그는 그 자신의 이름을 이 작품에서 두 번 거론하고, 그 자신을 열두 번 언급하고 있다(두 번을 빼고서는 모두가 둘째 부분에 나타난다). 또한 우골리노가 부르는 대로 받아 쓴 기록자에 대한 언급이 한 번 있다. 일부 다른 짧은 단락들은 삽입일 수도 있다.

✳ 「피오레티」와 「오상(五傷)에 대한 묵상」

1370년부터 1385년 사이에 우골리노 형제가 이 작품을 완성하고 50년 후에 한 재능 있는 수사가 익명으로 정열을 가지고 이 작품의 대부분을 이탈리아어로 번역하기로 결심하였다. 그가 누구인지는 아직도 모른다.

어원학자에 따르면 그는 움브리아에 가까운 토스카나의 동남쪽 지방 출신이라고 한다. 그는 알베르나 산에서 많은 시간을 보냈음에 틀림없다. 우리는 그가 사용한 라틴어 사본을 가지고 있지 않지만 그가 요약하지 않고 충실하게 번역했다는 것은 명백하다. 그 문체의 소박하면서도 우아한 단순성과 매력은 그 당시의 중세 이탈리아 문학의 위대한 작가 중의 한 사람으로 인정받게 한다. 그는 페트라르카 복카치오와 동시대 사람이었다.

그는 이 작품의 양 부분에서 가장 뛰어난 53장만을 선택하여 그것들을 한 꽃다발로 묶었다. 그리고 그는 그것을 피오레티(작은 꽃들)라고 불렀는데 그 제목은 그 당시 유행했던 것이었다. [그것은 영어로 앤솔로지(Anthologh), 즉 명문집(名文集)을 뜻한다 — 역자주]

그리고 그는 계속해서 오상에 대한 묵상이라는 제목의 새로운 글을 전부 편집하기 시작하였는데, 그 안에서 그는 기술적으로 「행적」에서 다섯 장과

첼라노의 토마스, 성 보나벤투라 그리고 14세기의 프란체스코 수도회 문서, 그리고 지방의 전승 중에서의 본문을 합쳐서 영감이 솟아 흐르는 새로운 작품을 만들어냈는데, 그것은 비록 연대나 지리상으로 가끔 오류가 있을지라도 우리가 소유하고 있는 모든 프란체스코 문학 중 가장 아름다운 책으로 묘사되어 왔다.

✳   **부록**

　1세기 안에 여러 중요한 부록들이 첨가되어 15세기의 사본 안에는 피오레티와 오상(五傷)에 대한 묵상 외에 다음과 같은 부록이 첨가되어 있다.

　1. 주니퍼 형제의 생애

　2. 길레스 형제의 생애

　3. 길레스 형제의 어록

　4. 여러 부가적 장(「행적」과 다른 14세기 프란체스코 수도회의 문서에서 나온 부가적 자료)

　첫 번째 세 가지 부록은 우골리노 형제나 피오레티의 익명 번역자에 의해 집필되지 않았지만, 그것은 우골리노의 작품과 유기적 유사성을 가지고 있다. 그것은 성 프란체스코의 가장 가까운 두 제자의 생애와 어록을 수록하고 있기 때문이다.

　주니퍼 형제의 생애는 아주 가치 있는 자료의 한 본보기라고 할 수 있다. 그것은 그 내용의 사건 1세기 후에 발견되어 현재까지 남아 있는 사본이다.

　초기 사본에는 이 시골뜨기 수사인 주니퍼 형제의 쾌활한 행적에 대하여 약간만 언급되어 있을 뿐이다. 거기에는 그럴만한 충분한 이유가 있다. 훌륭한 영적 지도력에 있어서 주니퍼 형제보다 더 뛰어난 모범은 없었다.

　길레스 형제의 초기 전기는 두 가지가 있다. 1262년 길레스 형제가 죽은 후 레오 형제가 쓴 짧은 것과, 연대기에 나와 있는 긴 전기이다. 피오레티의 초기 필사본과 인쇄된 사본은 양쪽 전기로부터 발췌하여 싣고 있다. 우리는 이 번역판에서 레오 형제의 작품을 구할 수 있는 모든 사본 중에서 가장 완전한 라틴어 판에서 번역을 하고, 연대기로부터 필요로 할 때 장의 제목들을 취하였다.

피오레티의 대부분의 현대판에 나와 있고, 모든 외국 번역본의 기본이 되고 있는 길레스 형제의 어록 중 불완전한 이탈리아 번역본은 아주 부정확하고 그 문체와 정신에 있어서 원본에 불충실하다. 오직 딱딱하고 단순한 라틴어만이, 버나드 쇼의 날카로운 위트와 체스터튼(G. K. Chesterton)의 역설적 사랑을 지닌 거룩한 프란체스코 수도회의 평수사들의 정신의 핵심과 신랄함과 능력을 전달할 수 있다. 그래서 성 보나벤투라조차 그들을 존경하였다. 우리는 라틴어판에서 처음 21장을 번역하였다.

피오레티의 어떤 중세 사본과 현대판은 부록으로 한 가지에서 스무 가지를 포함하고 있는데, 그것들은 대개 유명한 태양 찬가(Canticle of Brother Sun)를 포함하고 있다. 태양 찬가와 행적(Actus)으로부터 빌려온 두 장(章) 이외에 그것들은 대부분 우골리노의 작품과 직접적이든 간접적이든 연결이 거의 없다. 그것들은 초기 수사들에 대한 여러 가지 일화들을 모은 것들이며, 14세기에 만들어져서 프란체스코 수도회의 역사에 있어서 가장 훌륭한 자료가 되었다.

그 부록의 문제는 「작은 꽃들」의 현대 편집자들에게 선택의 여지를 남겨 준다.

1. 모든 자료를 제거한다.

2. 피오레티의 20가지 모든 부록을 포함한다.

3. "태양 찬가"와, 피오레티와 오상에 대한 묵상에 나와 있지 않은 「행적」의 19장을 포함한다.

4. 부수적인 37장을 포함한다.

벤베누토 부게티의 이탈리아어판은 둘째를 따르고 있다. 비록 그가 부록을 "귀찮은 것"으로 여기고 있지만 알렉산더 마세론과 오멜 엥글버트의 최근 프랑스어 판은 부게티의 모범을 따르고 있으며 부제로 완전판(Complete

Edition)이라고 써 붙였다. 프란체스코 수도회의 한 비평가는 오히려 그것을 오염된 판(Contaminated Edition)으로 읽어야 한다고 말했다. 최근에 화란어 판은 세 번째를 택하여, 행적의 완전한 번역을 제공하였다.

✳ **「피오레티」가 세계의 고전이 되다**

피오레티의 첫 번째 인쇄된 판은 1476년 이탈리아 빈센자에서 간행되었다. 그로부터 15세기에만 17판이나 간행되었다. 그러나 곧 성 프란체스코 자신도 작은 꽃들(Little Flowers)과 함께 종교 개혁자들의 공격을 받게 되었다. 피에르 파오로 베르게리오(1498~1565; Pier Paolo Vergerio)는 특별히 피오레티를 열정적 비판의 목표로 삼고, 그 책을 모독적이며 우스꽝스런 우화의 충격적인 집합체라고 규정하였다. 그 중에는 황금의 말과 보석들이 포함되어 있다고 인정하기는 했지만.

어떤 비평가들은 심지어 아무 비평도 없이 금서목록에까지 포함되었었다고 주장했다. 그러나 그것은 어느 금서 목록에도 포함되었던 적이 없었다. 이러한 공격 때문에, 그것은 16세기에 단지 6번만 간행되었고, 17세기에는 서의 잊혀져 버렸다.

18세기에 볼랜드주의자(Bollandist)[1]를 포함하여 이상주의적 학자들은 이책을 경멸적으로 취급하였다. 1718년 필리포 부오나로티(Filippo Buonarroti) 판의 간행과 더불어 다시 인기를 누렸지만 그들은 그것을 무시

---

1) 볼랜드주의자(Bollandists) : 요한 반 볼랜드(1596~1666)는 「거룩한 행적」(*Acta Sancotorum*)의 첫 번째 편집자이다. 그 이후의 작품의 예수회 편집자들을 볼랜드주의자라고 한다. 성인들의 생애에 대한 비평판을 참된 자료에 근거하여 만들려는 계획은 헤리베르트 로스웨이드(Heribert Rosweyde: 1569~1629)에 의하여 간행되었다. 그러나 그는 그것이 간행되는 것을 보지 못하고 죽었다. 그리고 볼랜드와 그의 후계자들이 거의 모든 도서관과 서가를 찾아서 조직적으로 믿을 만한 자료들만을 모아서 특별히 안트워프에 특수 도서관을 설립하였다. 그리고 볼랜드주의자에 의한 작품은 예수회가 1773년 벨기에에서 핍박을 받을 때 중단되었다. 그러나 1832년 다시 재개되었다.

하였다.

현대판 피오레티 연구의 역사는 1822년 안토니오 케사리(Antonio Cesari) 판의 간행과 더불어 시작되었다. 그러나 그것은 폴 사바티르(Paul Sabatier)와 다른 학자들이 라틴어 원본에 주의를 돌리기까지 별로 큰 열매를 맺지 못하였다.

그 당시 학자들은 그들이 생각하기에 워딩(Wadding)[2]이 사용했던 행적 이전의 있지도 않은 자료를 헛되이 찾았었다. 1902년 사바티르의 행적의 초판이 간행되었을 때 관심은 크게 고조되었다.

그러나 그것은 구할 수 있는 적은 종류의 사본에만 근거한 것이었다. 그리고 그것들은 피오레티에서 몇 장이 빠져 있다. 그러나 그 몇 장의 라틴어 본문이 가치 있는 소위 작은 사본(Little Manuscript)에서 발견되어 1914년에 간행되었다.

1920년대에는 피오레티의 원산지(토스카나 혹은 마치스 지방)와 역사적 가치에 대한 불필요한 논쟁이 일어났다. 불행히도 미결의 문제들 때문에 학자들의 관심은 사라져 버리고 1950년 이후가 돼서야 학자들의 연구와 더불어서 관심이 고조되기 시작하였다.

그 동안에 피오레티는 이탈리아 국민의 일과기도서가 되었다. 그리고 유럽과 미국의 독자들에게 있어서 가장 좋아하는 책들 중의 하나가 되었다. 1952년 이 책에 근거한 영화가 이탈리아에서 만들어졌는데 주인공의 역할만 빼고 모든 역할을 프란체스코 수사들이 맡았다. 미국에서는 고전 서적 재단(Great Books Foundation)이 최근에 「성 프란체스코의 작은 꽃들」을 독서

---

2) 루크 워딩(Luke Wadding, 1588~1657); 프란체스코 수도회의 역사가. 워터포드 출신으로, 그는 1608년 프란체스코 수도회에 가입하여, 1613년에 사제가 되었다. 그는 살라만가에 있는 아일랜드 대학의 학장을 역임하였으며 뛰어난 역사신학자로서 특별히 둔스 스코투스의 전집과 프란체스코 수도회의 초기 역사에 대한 자료를 완벽하게 전집으로 편집하였다. 그리고 그는 다른 프란체스코 수도회의 사람들의 작품과 생애를 편집하였다.

프로그램에 포함시켰다.

✳ 「성 프란체스코의 작은 꽃들」에 대한 새로운 견해

지나간 100년 동안에 영어로 7종 이상의 번역판이 간행되었다. (2종만 빼고 모두 비가톨릭이었다.) 그러나 모든 번역판 중 아무 것도 — 어떤 영어로도 극히 드물지만 — 독자들에게 우골리노 형제의 작품을 충실하게 재현하고, 올바른 이해를 전달하는데 필요한 훌륭한 특징을 지니지 못했다.

그러므로 본 역자는 이 인기 있는 책의 새로운 역본을 준비하는데 있어서 현대 프란체스코 수도회의 연구의 공헌을 구현시키는 유용한 특징을 준비하였다.

이 번역판은 피오레티의 장(章)별 구조를 따르면서 행적을 라틴어 원본에 근거하고 있다. 그것은 사바티르의 예비판이나 다른 8가지의 인쇄본에도 라틴어 원본을 쓰고 있다. 그래서 그것은 많은 중요한 이문(異文)을 수정할 수 있는 유리한 점이 있다. 그래서 중요한 구와 절과 심지어는 한 구문 전체를 더 포함하기도 한다. 그것은 때로는 피오레티나 이탈리아 번역자가 사용한 어떤 다른 라틴어 사본에는 빠진 것이다.

그러나 이탈리아어판의 본문은 라틴어판보다 명확성이나 미적인 면에 있어서는 더 낫다. 이 번역판은 의도적으로 인위적인 중세 영어를 모방한 빅토리아식 영어를 피하고 최근의 구어체 영어를 채택하였다. 후자는 덜 우아할지 모르지만 원본에 훨씬 더 충실한 이점이 있다.

불행히도 아직까지 파샬 로빈슨이 1912년에 말한 것이 사실이다.

"행적-피오레티(Actus-Fioretti)의 역사적 가치에 대한 어떤 완벽한 비평적 연구도 존재하지 않는다."

점점 늘어나는 인기와 세계 문학의 고전으로서의 그 위치에서 볼 때, 프란체스코 수도회 학자들은 독자들에게 각 장의 철저하고 학문적인 연구의 빚을 지고 있는 것으로 보인다.

✳ 문학적 영적 성격

행적(Actus)의 저자의 뛰어난 심리적 통찰력과 재능, 그리고 이탈리아어 번역자의 문체의 문학적 단순성과 우아함은, 왜 피오레티가 초기 이탈리아 문학계의 고전으로 간주되어 왔는지 이유를 충분히 설명해 주고 있다. 그러나 어떻게 최근에 이 작품이 세계 문학의 고전의 위치까지 부상하였는지 설명하기 위해서는 더 깊은 이유가 숙고되어야 할 것이다.

여기서 우리는 성 프란체스코 자신과 전 시대를 통한 그의 신실한 모든 제자들의 인기의 비결을 생각해 보게 된다. 최근의 책들 가운데 별로 나타나지 않는 두 가지 기본적인 요소가 아마도 국적과 문화가 다른 현대 모든 독자들에게 성 프란체스코의 작은 꽃들에 대한 사랑을 낳게 하였다고 보여진다. 즉 충격스러울 정도의 자연스런 인간성과 솟아오르는 영적 능력이 그것이다.

성 프란체스코와 그의 제자들에 관한 아름다운 일화들은, 모든 인기 있는 오락과 책들이 포함하고 있는 흥미를 끄는 요소가 많다. 즉 극적인 움직임과, 생생한 인간성, 격렬한 감동, 또한 즐거운 유머 등이다. 더욱이 그것들은 복음에 나타난 대로 가식 없는 어린아이와 같은 순수함으로 나타난 것이다.

확실히 근본적으로 피오레티는 아주 충실하게 인류의 가슴 속에 영원한 자리를 점한 성 프란체스코의 자석과 같은 영성을 반영하고 있는 것이다. 어떠한 다른 책보다도 이 책은 성 프란체스코를 세계에 가장 잘 소개하였다. 왜냐하면 그것은 성 프란체스코의 정신과 메시지의 정수를 파악하고 전달하는데 크게 성공하였기 때문이다.

오늘날 그 어느때보다 인간성은 고통을 받고 있다. 왜냐하면 그러한 정신과 메시지가 없이 절망 가운데 살려고 노력하기 때문이다.

그러한 정신과 메시지는 그리스도의 것과 동일하며 그것은 프란체스코의 신비로운 개인적 매력에 의하여 전달되었다. 우리의 불행한 세계는 그 어느 때보다도 프란체스코로부터 많은 교훈을 배워야 할 필요가 있다.

참된 기쁨과 평화는 프란체스코와 같이 완전한 무아심과 헌신과 겸손함으로 하나님을 사랑하고 알고 섬기는 데서만 발견된다.

오늘날 영적으로 굶주리고 있는 수백만의 사람들이 하나님과 사람과 모든 피조물에 대한 프란체스코의 순결한 사랑만이 모든 인류를 그들의 창조주와 이웃에 대한 봉사 가운데 하나로 묶을 수 있는 유일한 숨겨진 능력의 근원이라고 믿고 있는 것은 올바른 일이다.

가공할 만한 무기가 수많은 생명을 살상하는 현대와 같은 무자비한 시대에, 150만 이상의 남녀들이 전 세계에 하나님과 그들의 이웃을 섬기며 프란체스코 수도회와 그들의 단체를 통하여 봉사하고 있다는 것은 우리에게 깊은 인상을 주며 고무적인 사실이다. 그 외에 가톨릭교회의 안과 밖에는 아시시의 작은 빈자를 사랑과 존경으로 공경하는 많은 사람들이 있다. 왜냐하면 성 프란체스코의 아름다운 생애는 그들에게 기독교가 이 비극적 세계에 찬란하게 생명을 유지할 수 있다는 증거가 되기 때문이다.

신약성경 이외에 어느 책도 성 프란체스코의 작은 꽃들만큼 강력하게 웅변적으로 사람들에게 영감을 주는 메시지를 전달하지 못한다. 왜냐하면 그 책에는 여태까지 예수 그리스도를 가장 충성스럽게 본받았으며 가장 완전하게 따랐던 사람의 약동하는 가슴의 맥박이 뛰고 있기 때문이다.

결론적으로, 여기에 아시시의 성 프란체스코의 독특한 특징을 가장 잘 나타내주는 프란체스코 수도회의 이야기가 있다. 이것은 또한 작은 꽃들의 기본적인 주제를 요약하고 있다.

"어느 날 밤, 제3 수도회에 소속된 거룩한 베드로 페티나미오 형제가 시에나(Siena)의 성당에서 기도하고 있을 때, 그는 우리 주 예수 그리스도께서 많은 성도들을 데리고 교회 안으로 들어가는 환상을 보았다. 그리고 그때마다 그리스도는 그의 발을 들어 그의 발자국을 땅바닥에 남겨 놓았다. 모든 성인들이 자기 발을 주님의 발자국의 자리에 올려놓았다. 그러나 어느 누구도 완벽하게 맞아 들어가지 못했다. 그때에 성 프란체스코가 와서 그의 발을 예수 그리스도의 발자국에 놓았을 때 정확히 들어맞았다."

제 1 부

성 프란체스코의 작은 꽃들

```
******
******
******
******
******
******
******
******
```

1224년 9월 14일 알베르나 산에서 5군데의 거룩한 상처,즉 오상(五傷)을 받는 성 프란체스코
지오토 작(作),1296~9년경. 아시시의 성 프란체스코 성당 소재

Ⅰ. 성 프란체스코와 그 첫 제자들의 놀라운 행적

✳ **1. 성 프란체스코의 12제자에 대하여**

먼저 성 프란체스코는 그의 삶의 모든 행동에 있어서 그리스도를 따르려고 했다는 것을 알아야 한다. 그리하여 마치 그리스도가 12제자를 택하신 것처럼, 성 프란체스코도 완전한 청빈을 따르기로 한 12사람을 택하였던 것이다.

그리고 그리스도의 12사도 중의 한 사람이 배반하고 스스로 목매달아 죽은 것처럼, 성 프란체스코의 12제자 중에 지오반니 디 카펠라 형제가 그 무리를 떠나 결국 스스로 목매달아 죽었다. 어느 누구도 하나님의 은혜를 끝까지 보존할 수 있다고 자신할 수 없다는 것을 생각하고 그들은 큰 교훈을 배웠고 더욱 겸손하고 두려워해야 할 이유를 발견하게 되었다.

그리스도의 사도들이 성령에 충만한 거룩한 사람들이었던 것처럼, 이들도 세상이 사도 시대 이후로 가져보지 못한 거룩한 사람들이었다. 그들 중의 한 사람, 길레스 형제는 사도 바울처럼 3층천에 끌어올려졌던 경험이 있었고, 키 큰 빌립 형제는 선지자 이사야처럼 천사가 그 입술에 숯불을 대는 경험을 했다. 또 실베스터 형제는 순결한 영혼의 소유자인데 마치 모세처럼, 하나님과 친구로서 대화를 나누었다.

또 어떤 사람은 그 총명함으로 마치 독수리(사도 요한)처럼 하나님의 지혜의 빛에 올라갔었다. 그는 겸손한 형제 버나드였는데, 오묘한 방법으로 성경을 해설하고는 했다.

어떤 사람은 아직 세상에 살아 있는 동안에 하나님에 의해 거룩하게 되어지고 천국에서 성인의 칭호를 받았다. 그는 루피노 형제였으며, 아시시의 귀족이며 그리스도에게 가장 충성된 사람이었다.

이와 같이 모든 사람들이 거룩함의 증거를 지니고 있다. 이제부터 그것을 기술하려 한다.

2. 버나드 형제의 완전한 회심에 대하여

그들 가운데서 나이로나 거룩함의 특권에 있어서는 가장 먼저인 자가 버나드 형제였다.

성 프란체스코는 일찍이 세상을 버렸음에도 불구하고 여전히 속세인의 옷을 입은 채 오랫동안 명상에 잠긴 얼굴로 아시시의 주위를 돌아다니거나 참회로 인한 고행을 행하였으므로 많은 사람들은 그를 어리석은 사람이라고 여겼으며, 그의 친척들이나 이웃들 심지어는 낯모르는 사람들까지도 그를 미친 사람이라고 비웃으면서 욕설을 퍼부었고 돌과 진흙을 던지며 쫓아내곤 하였다.

그러나 하나님의 양식을 먹고 성령으로 인한 영혼의 평화 가운데 굳건히 서 있었던 성 프란체스코는 커다란 인내심으로 모든 모욕과 비웃음을 묵묵히 참아냈으며, 마치 귀머거리나 벙어리인 것처럼 얼굴에는 기쁜 표정을 잃지 않았다.

어느 날 시 전체를 통틀어 가장 부유하고 가장 지혜로운 귀족들 가운데 하나로 꼽히며 모든 사람들이 그의 판단을 존중하는 아시시의 버나드 경이, 성 프란체스코의 세상에 대한 완전한 경멸과 그가 모욕 받는 동안 보여 주는 커다란 인내, 모든 사람들이 2년 동안이나 그를 비웃고 무시함에도 불구하고 항상 더욱 겸손하고 평온하다는 사실에 대하여 곰곰이 생각하기 시작했다.

그는 마침내 "이 프란체스코라는 분은 틀림없이 하나님으로부터 큰 은혜를 받았음에 틀림없어"라고 생각하기에 이르렀다.

이런 생각이 떠오르자 버나드 경은 어느 날 저녁 성 프란체스코를 함께 저녁 식사에 초대를 했다. 그 성인은 겸손하게 이를 수락했으며 그날 저녁 버나드 경과 함께 저녁 식사를 했다.

그러나 버나드 경은 은밀하게 성 프란체스코의 거룩함을 시험하고자 하였으므로 그날 밤 그의 집에서 자도록 프란체스코에게 권유했다. 성 프란체스코가 겸손하게 응낙하자 버나드 경은 자신의 방에 침대를 마련해 주고는 밤새도록 등불을 켜 놓았다.

버나드 경이 방 안으로 들어가 버리자 성 프란체스코는 자신이 입은 하나님의 은총을 감추기 위해서 즉시 침대 위에 몸을 던지고는 곧 잠들은 것처럼 보이고자 했다. 그러나 버나드 경은 그날 밤 밤새도록 그를 몰래 지켜볼 계획을 세웠다. 그는 꾀를 내어 자신도 일찍 잠자리에 들어 곧 골아떨어진 것처럼 보이기 위해서 큰 소리로 코를 골기 시작하였다.

성 프란체스코는 하나님의 비밀을 완전히 감춘 채 침대 위에서 자는 척하고 있다가 버나드 경이 초저녁에 일찍 잠에 골아떨어진 것으로 생각하고는 살며시 침대에서 일어나 기도를 하기 시작했다. 하늘을 바라보며 두 손을 올린 채로 그는 "나의 모든 것 되시는 하나님이시여!"라고 말하면서 깊은 경건함과 강한 열정을 가지고 기도하기 시작했다.

그는 많은 눈물을 흘리며 기도했고 변함없는 경건함과 열정으로 그와 같은 기도를 계속하여 마침내 새벽기도 시간에 이를 때까지 "나의 하나님, 나의 모든 것 되시는 분이시여!"라는 말만 반복할 정도였다.

하나님은 위험에 빠진 세상을 불쌍히 여기시어 아시시의 작은 빈자인 프란체스코 자신을 통하여 세상의 구원을 위한 대책을 마련하고자 준비하고 계셨던 것이다. 프란체스코는 하나님의 선하심을 찬미하고 명상하는 동안 이 말을 반복하였다.

예언의 영에 의하여 깨달음을 입은 프란체스코는 하나님께서 그의 수도회를 통하여 이루고자 하시는 커다란 일들을 예견할 수 있었다. 예언의 영이 인도하심 아래 그는 자신의 무능력과 미덕의 부족함을 느꼈고 하나님께 깊이 의지함으로써, 인간의 나약한 힘으로는 아무 것도 이룰 수 없으나 하나님의 전능하신 힘과 무한하신 사랑이 그에게 힘을 주시고 그를 도우사 그 자신은 아무 것도 이루지 못할 일들까지도 이루게 하실 것을 굳게 믿었다.

이로 인하여 그는 "나의 모든 것 되시는 하나님이시여!"를 계속 반복하게 된 것이다.

이제 버나드 경은 램프의 불빛을 통해서 성 프란체스코의 매우 영감이 넘치는 행동들을 볼 수 있었다. 성 프란체스코의 말들에 대하여 주의 깊게 명상하고 그의 경건한 신앙심을 살펴보는 동안에, 버나드 경은 그의 마음 속 깊은 곳에서 성령에 의하여 감동을 받았고 그의 삶을 변화시킬 만한 영감을 느꼈다.

아침이 밝았을 때 그는 성 프란체스코를 찾아가서 이렇게 말했다. "프란체스코 형제님, 나는 세상을 떠나 당신께서 내게 무엇을 명하시든지 당신을 따르기로 마음속에 확고한 결심을 했습니다."

성 프란체스코는 이 말을 듣자 진심으로 기뻐하면서 말하였다.

"버나드 경, 당신이 말한 것은 너무나 크고도 어려운 일이니 그것에 관해서 우리 주 예수 그리스도의 충고를 구함이 마땅할 것입니다. 그분께서는 이 일에 대한 그분의 뜻과 우리가 어떻게 이 일을 행해야 할지를 우리에게 보여주실 것입니다. 우리 함께 훌륭한 사제가 계시는 주교의 교회로 가서 그분께 미사를 드려 달라고 부탁합시다.

그분의 강론을 들은 후 우리는 새벽 3시까지 그곳에서 기도를 할 것입니다. 간절한 기도 가운데 우리는 주 예수 그리스도께, 우리가 미사전서를 세 번 펼쳐 볼 때 그분께서 우리가 택하길 원하시는 바로 그 길을 우리에게 보여주십사고 간구해야 합니다."

성 프란체스코의 말을 듣고 버나드 경은 몹시 기쁘다고 대답하면서 기꺼이 그의 제안을 따르기로 했다.

그들은 곧장 주교의 교회로 가서 미사를 드리고는 새벽 3시까지 계속 기도하기 시작했다. 마침내 미사를 드려주었던 신부가 성 프란체스코와 버나드 경의 요청에 따라 미사전서를 집어 들었다. 십자가 표시를 하고 난 뒤 그는 우리 주 예수 그리스도의 이름으로 세 번 그 책을 펼쳤다.

처음 펼쳤을 때, 그리스도께서 완전함의 길에 대하여 질문한 어느 젊은이에게 들려주셨던 복음 가운데의 말씀이 나타났다. "만일 네가 완전하기를 원하거든, 가서 네가 가진 모든 것을 팔아 가난한 자들에게 나누어 주고 다시와서 나를 따르라."

두 번째로 펼쳤을 때는, 그리스도께서 복음전파를 위해 제자들을 보내실때 그들에게 하신 말씀이 나타났다: "너희는 여행을 위하여 아무 것도 가지지 말라. 지팡이나 주머니나 양식이나 돈을 가지지 말라."

그리스도께서는 이렇게 주의를 시킴으로써 그들이 그들의 모든 소망을 하나님을 받드는 데 두고 오직 거룩한 복음을 전파하는 일에만 전념하시기를 바라셨던 것이다.

세 번째로 펼쳤을 때는 다음과 같은 그리스도의 말씀이 나타났다: "만일 누구든지 나를 따르고자 하거든 자기를 부인하고 자기 십자가를 지고 나를 따르라."

이 같은 말씀들을 보고난 후에 성 프란체스코는 버나드 경에게 말했다. "이 말씀들이 그리스도께서 우리에게 주신 충고입니다. 가서 당신이 들은 대로 완전하게 행하시오. 또한 우리들에게 그분의 복음 사역의 길을 보여 주신 우리 주 예수 그리스도께 찬양을 드립시다!"

이 말을 듣자마자 버나드 경은 곧장 집으로 달려가서는 그의 소유물을 모두 꺼내어 팔기 시작했다. 또한 커다란 기쁨으로 그는 모든 소유물을 가난한 사람들에게 나누어 주었다. 가슴 안쪽에 돈지갑을 넣고 다니면서 그는 과부들과 고아들, 순례자들, 수도원, 병원 등등을 찾아다니며 관대하게 돈을 내주었다. 이런 일을 행할 때마다 성 프란체스코는 늘 그와 동행하면서 충실하게 그를 도와주었다.

그러자 로드 실베스터라는 이름의 한 남자는 성 프란체스코가 많은 돈을 가난한 사람들에게 나누어 주는 것을 보고는 탐욕스런 마음에 사로잡혀 성 프란체스코에게 말했다.

"당신은 당신이 교회를 수리하기 위해서 내게서 가져다 쓴 돌의 값을 아직 지불하지 않았소."

성 프란체스코는 그의 탐욕스런 마음에 놀라면서도 참으로 복음 — 구하는 자에게 주어라 — 을 지키고자 하는 하나님의 종으로서 그와 논쟁하기를 원치 않았으므로 버나드 경의 가슴에서 돈을 꺼내어 실베스터의 가슴속에 잔뜩 넣어 주었다. 그리고 나서 "만일 더 필요하거든 당신께 더 주겠소"라고 말했으나 그는 아주 만족해서 집으로 돌아갔다.

그날 저녁 실베스터 경은 자신이 낮에 행한 일에 대하여 곰곰 생각해 보고는, 자신의 탐욕스런 마음을 후회하면서 버나드 경의 열렬한 믿음과 성 프란체스코의 경건함에 대해서 깊은 생각에 잠겼다. 그런데 그날 밤부터 삼일 동안 밤마다 그는 하나님으로부터 환상을 받았다.

성 프란체스코의 입에서 금빛 십자가가 나오더니 그 꼭대기는 하늘에 이르렀고 옆으로 누워 있는 십자가의 팔이 동에서 서로 이 세상 끝까지 뻗쳐 있는 것 같았다. 이런 환상으로 인하여 그는 주 예수님에 의해 큰 감동을 받았고 그도 역시 하나님을 위해서 그가 소유한 모든 재산을 처분하여 가난한 사람들에게 나누어 주었다.

후에 그는 수사가 되었는데, 프란체스코 수도회 중에서 그는 너무나 경건하고 은혜로 충만해 있었으므로 마치 친구처럼 하나님과 더불어 이야기를 하기도 했다. 이러한 일은 성 프란체스코 역시 여러 번 경험한 일로서 앞으로 이에 대해서 이야기하고자 한다.

실베스터 경과 마찬가지로 버나드 경은 하나님을 위하여 그의 모든 소유물을 나누어 준 후에 하나님으로부터 매우 충만한 은혜를 입어 곧잘 주님에 대한 명상에 완전히 빠져들곤 했다.

성 프란체스코는 늘상 그에 대해 말하기를, "그는 참으로 모든 존경을 받을 만한 자이며 이 수도회를 세운 사람은 바로 그 사람이다"고 하였다. 이는 그가 최초로 그의 모든 소유물을 가난한 자들에게 나누어 줌으로써 복음에 나타난 대로 청빈의 삶을 살기 시작했고, 아무 것도 자신을 위하여 남겨 두지 아니하고 벌거벗은 몸으로 십자가에 못 박히신 주님의 팔에 자신을 바쳤기 때문이었다.

주님께서는 영원 세세토록 찬양을 받으실지어다! 아멘.

✽ 3. 성 프란체스코와 버나드 형제의 겸손과 순종에 관하여

십자가에 못 박히신 그리스도의 지극히 경건한 종인 프란체스코는 그의 엄격한 고행과 끊임없는 눈물로 눈이 멀어 거의 볼 수 없게 되었다.

어느 날 그는 그가 있던 곳을 떠나 하나님에 관해서 대화를 나누기 위하여 형제 버나드가 머무르고 있는 곳으로 갔다. 그곳에 도착했을 때 그는 버나드가 하나님과의 깊은 묵상에 잠겨 숲속에서 기도하고 있는 것을 발견했다.

성 프란체스코는 숲으로 가서 그를 불러 말했다. "오라 그리고 이 눈먼 자와 대화를 나누자."

그러나 버나드 형제는 성 프란체스코에게로 가지 않았는데 왜냐하면 그때 그의 의식은 하나님께로 높이 들려 세상과 단절되었었기 때문이다.

버나드 형제는 성 프란체스코가 이미 여러 번 경험한 것처럼 하나님에 관하여 대화하는데 뛰어난 능력을 지니고 있었고 이 때문에 성 프란체스코는 자주 그와 함께 하나님에 대한 대화를 나누고 싶어 했던 것이다. 그래서 잠시 후 그는 버나드 형제를 두세 차례 다시 불렀고 "와서 이 눈먼 자와 얘기하자"라는 똑같은 말을 되풀이하였다.

그러나 버나드 형제는 그의 말을 전혀 듣지 못했고 대답을 하거나 오지도 않았다. 그래서 프란체스코는 매우 실망했고 내심 버나드 형제를 세 번이나 불렀음에도 불구하고 아무런 대답도 없었던 것에 대해서 의아해 하며 불만을 품고 그곳을 떠났다.

성 프란체스코는 의아하게 생각하며 얼마쯤 가다가 함께 온 동료에게 "여기서 나를 잠시만 기다려 주게." 하고 말한 다음 근처의 조용한 곳으로 가서 왜 버나드 형제가 그에게 대답하지 않았는지 가르쳐 주기를 하나님께 기도하기 시작했다.

기도 중에 하나님으로부터 한 음성이 그에게 들려왔다. "가련한 자여, 너는 왜 근심하는가? 네가 버나드 형제를 불렀을 때 그는 나와 연결되어 있었고 따라서 너에게 대답할 수 없었느니라. 그러므로 그가 너에게 대답하지 않았다고 하여 놀라지 말라. 왜냐하면 그는 전혀 주변을 의식할 수 없었으므로 너의 음성을 듣지 못했기 때문이니라."

하나님께로부터 이 대답을 듣자마자 성 프란체스코는 그가 조금 전까지 버나드 형제에게 가졌던 서운한 생각을 겸손히 사죄하기 위하여 그에게 급히 달려갔다.

그러나 거룩한 버나드 형제는 프란체스코가 오는 것을 보자 얼른 그에게로 달려가 그의 발 아래 몸을 던졌다. 그리하여 성 프란체스코의 겸손과 버나드 형제의 사랑과 존경심이 한데 어울렸다. 그때 성 프란체스코는 그를 일으켜 세우고 잠시 전에 가졌던 생각과 분노에 대하여 매우 겸손히 그에게 사과하고 또한 하나님께서 어떻게 그를 꾸짖으셨는지 그에게 이야기하면서 다음과 같이 말했다. "거룩한 순종으로 내가 그대에게 명하는 모든 것을 해주기 바라노라."

버나드 형제는 종종 그렇듯이 성 프란체스코가 지나친 것을 명령할까봐 두려웠으며 할 수 있는 한 그런 일은 피하긴 원했다. 그래서 이렇게 대답했다. "선생님, 만일 제가 당신에게 명령한 것을 당신이 한다고 약속하시면 저는 당신께 기꺼이 복종할 준비가 되어 있습니다."

성 프란체스코는 그렇게 하겠다고 대답했다.

그러자 버나드 형제는 말했다. "선생님, 제가 무엇을 해야 할 지 말씀해 주십시오."

그때 성 프란체스코는 말했다. "나의 주제넘음과 무례함을 벌하기 위해서 나는 그대에게 거룩한 순종으로 명하노니 내가 땅에 누워 있을 동안 나의 목과 입을 그대의 발로 밟고 이쪽 편에서 저쪽 편으로 세 번을 넘어가라. 또한 그렇게 나를 밟으면서 그대는 나를 모욕하고 조롱해야 한다. 특히, '누워 있거라. 이 촌놈, 피에트로 베르나르도네의 아들아' 라고 말해야 한다. 또한 그대는 '가장 가치 없는 피조물인 주제에 그렇게도 자만하다니' 라고 말하며 나를 더욱 모욕해야만 한다.”

버나드 형제가 이 말을 들었을 때 이것은 그에게 굉장히 어려운 일이었다. 그러나 거룩한 순종으로 인해 그는 성 프란체스코가 그에게 하도록 명한 것을 할 수 있는 한 가장 공손히 행하였다.

그것이 끝났을 때 성 프란체스코는 말했다. “자, 버나드 형제여, 내가 무엇을 해야 할지 명하라. 나는 그대에게 복종할 것을 약속했다.”

버나드 형제는 대답했다. “거룩한 순종으로 당신에게 명하노니 우리가 함께 있을 때마다 나를 꾸짖어 나의 잘못을 시정하여 주시옵소서.”

성 프란체스코가 이 말을 들었을 때 그는 매우 놀랐다. 왜냐하면 버나드 형제는 너무도 거룩하여 성 프란체스코가 그를 매우 존경하고 있었고 전혀 시정할 만한 점이 있다고 생각지 않았기 때문이다.

그 후 성 프란체스코는 버나드 형제와 너무 오래 함께 있는 것을 피하게 되었다. 왜냐하면 그와의 약속 때문에 성자라고 생각하는 사람을 억지로 꾸짖어야만 했기 때문이었다. 그래서 그는 버나드 형제를 만나고 함께 하나님에 대해 말하는 것을 무척 갈망했지만 오랜 시간을 피하고 될 수 있는 한 일찍 그를 떠나려 했던 것이다. 이처럼 존경받는 스승과 그의 첫 번째 제자 간에 어떻게 해서 갈등이 일어났는지, 특히 두 사람의 순종과 사랑과 인내와 겸손이 어떻게 갈등으로 되었는지를 살펴보면 기이할 정도이다. 그러나 성 프란체스코의 버나드 형제에 대한 깊은 애정과 존경과 겸손은 지극한 것이었다.

그리스도께 찬양과 영광을 돌릴지어다. 아멘.

✳ 4. 성 야고보에게로 간 성 프란체스코, 그리고 천사가 엘리아스 형제에게 물었던 질문에 관하여

수도회의 초창기 시절 수사들도 얼마 없었고 수도원이 아직 다 차기 전 성 프란체스코는 더욱 더 헌신하기 위하여 갈리시아에 있는 성 야고보를 방문하러 갔다. 그때 그는 버나드 형제를 포함하여 몇몇을 동행하였다.

그들이 길을 떠나 여행하고 있는 동안 어떤 곳에서 한 가난한 병자를 발견하였다. 성 프란체스코는 동정을 느껴 버나드 형제에게 "아들아, 나는 그대가 여기에 남아 이 병자를 돌보아 주기를 원한다"라고 말하였다.

버나드 형제는 곧 겸손히 무릎을 꿇고 머리 숙여 거룩한 스승의 명령을 받들어, 성 프란체스코가 다른 동행들과 성 야고보에게 갈 동안 그곳에 남아 가난한 병자를 돌보았다.

그들 일행이 성 야고보의 교회에 이르러 기도와 찬양으로 그날 밤을 보내고 있을 때 하나님께서는 성 프란체스코에게 그의 수도회가 널리 퍼지고 수사도 많이 증가할 것이므로 전 지역에 걸쳐 많은 수도원을 건립해야 함을 계시하셨다.

이러한 하나님의 계시에 따라 성 프란체스코는 여러 지역에 수도원들을 세우기 시작했다.

같은 길을 따라 돌아오고 있을 때 그는 순종으로 도중에 남았던 버나드 형제를 발견했는데 그의 보호 아래 맡겨졌던 가난한 병자는 완전히 치료되어 있었다. 그리하여 다음 해에 성 프란체스코는 버나드 형제가 성 야고보에게 갈 것을 허락하였고 그동안 프란체스코는 스폴레토의 골짜기로 되돌아갔다.

그가 한적한 수도원에서 마세오 형제와 엘리아스 형제, 그리고 여러 다른 수사들과 머무르고 있던 어느 날 프란체스코는 기도하기 위하여 숲속으로 갔다. 그의 제자들은 그를 매우 존경하고 있었으므로 그가 기도하는 도중 하나님께서 그에게 부어 주시는 커다란 은총을 위하여 행여 그의 기도를 방해할까봐 두려워했다.

그때 여행 차림의 매우 잘 생긴 젊은 사람 하나가 그 수도원 문 앞에 와서 급하고도 큰 소리로 문을 오랫동안 두드렸다. 수사들은 그러한 익숙지 못한 문 두드림에 놀랐다.

"그렇게 점잖지 못하게 문 두드리는 것을 보니 자네는 수도원에 온 적이 없는 것으로 생각되네."

그 젊은이는 "그러면 어떻게 두드려야 합니까"라고 물었다.

마세오 형제는 그에게 말하였다. "또박또박 세 번 두드리고 수사가 우리 선생님께 말씀드려 자네에게 오실 동안 기다려야 하네. 만약 선생님께서 오시지 않으면 다시 두드려야 하네."

그러나 그 젊은이는 대답하였다. "나는 장거리 여행을 해야 하기 때문에 매우 급하답니다. 그래서 그렇게 크게 두드렸던 것입니다. 저는 프란체스코 형제와 얘기하기 위해서 왔습니다만 그분은 지금 숲에서 명상 중입니다. 저는 그를 방해하고 싶지 않으니 죄송하지만 가서 엘리아스 형제를 보내 주십시오. 저는 그가 매우 현명하다고 들었으며 그에게 한 가지 질문하기를 원합니다."

마세오 형제는 엘리아스 형제에게 가서 젊은이에게 가보라고 말하였다. 그러나 그는 거만하게 화를 내며 가기를 거절하였다. 마세오 형제는 당황해서 그 젊은이에게 어떻게 얘기해야 될지를 몰랐다. 왜냐하면 그가 "엘리아스 형제는 사정이 있어서 올 수 없다네"라고 말한다면 거짓말하는 것이 되며, 만일 엘리아스 형제가 화가 나서 오지 않으려 한다고 말하면 그 젊은이에게 나쁜 본을 보여 줄까봐 두려웠기 때문이었다.

마세오 형제가 오지 않고 꾸물대는 동안 젊은이는 이전처럼 다시 문을 두드렸다. 마세오 형제는 문으로 가서 젊은이에게 말했다. "자네는 내가 자네에게 가르쳐 준대로 두드리지 않는군."

그런데 사실은 그 젊은이는 하나님의 천사였으며, 마세오 형제의 대답을 미리 알고 말했다. "엘리아스 형제는 내게 오길 원치 않는군요. 그러니 프란체스코 형제에게 가서 함께 대화하고 싶어 여기에 왔지만 그의 기도를 방해하기를 원치 않으니 대신에 엘리아스 형제를 저에게 보내 주십사고 말씀드려 주십시오."

그리하여 마세오 형제는 얼굴을 하늘로 향하여 들고 숲에서 기도하는 프란체스코 형제에게로 가서 그 젊은이의 말과 엘리아스 형제의 대답을 모두 말씀드렸다.

프란체스코 형제는 얼굴을 조금도 움직이지 않고 말했다. "엘리아스 형제에게 가서 순종으로 즉시 그 젊은이에게 가라고 말하라."

엘리아스 형제가 성 프란체스코의 이 명령을 들었을 때 그는 매우 화가 났지만 할 수 없이 문으로 가서 난폭하게 문을 열고는 젊은이에게 말했다. "무엇을 원하는가?"

그러자 젊은이는 "화내지 마십시오. 화는 그 마음을 어둡게 하여 진리를 분별하지 못하도록 합니다"라고 대답하였다.

그러자 엘리아스 형제는 말했다. "원하는 바를 말하라."

그 젊은이는 대답했다. "그리스도께서 그의 사도들에게 말씀하신 것처럼, 거룩한 복음대로 사는 사람들이 그들 앞에 차려진 것을 다 먹는 것이 옳은 일입니까? 또한 복음의 자유와 반대되는 것을 복음을 지키는 사람들에게 강요하는 것이 옳은 일입니까?"

엘리아스 형제는 거만하게 대답했다. "나는 그 대답을 잘 알고 있다. 하지만 자네에게는 말하고 싶지 않으니 어서 가거라."

그러자 젊은이는 "저는 당신보다 이 질문에 대한 대답을 더 잘 알고 있습니다"라고 말하는 것이었다.

엘리아스 형제는 화가 나서 문을 쾅 닫고 가버렸다. 그러나 그 질문에 대해 생각하기 시작했을 때 쉽사리 그 대답을 찾을 수가 없어 당황하였다. 왜냐하면 그가 수도회의 지도자 역할을 대리하고 있었을 때, 성경이나 성 프란체스코의 규칙을 넘어 감히 규례를 만들어 수도회의 수사는 고기를 먹지 말도록 하였기 때문이다.

그러므로 그 질문은 바로 그를 목표로 한 것이었다. 그 문제를 해결할 수 없자 그 젊은이가 겸손했고 또 엘리아스 형제보다 더 그 질문에 대한 대답을 잘 알고 있다고 말한 것이 생각나서 그는 급히 문으로 다시 갔다.

그러나 그가 문을 열었을 때 거기에는 아무도 없었고, 그 주변을 찾았으나 그 젊은이를 발견할 수가 없었다. 왜냐하면 그 젊은이는 천사였고, 그 천사는 엘리아스 형제가 교만하여 천사와 말할 자격이 없었기에 기다리지 않았던 것이다.

이러는 동안에 이 모든 것을 하나님의 계시를 통하여 알게 된 성 프란체스코는 숲에서 돌아와서 엘리아스 형제를 큰 소리로 꾸짖었다. "교만한 엘리아스 형제여, 그대는 잘못을 저질렀도다. 그대는 우리를 가르치러 이곳을 방문한 거룩한 천사를 쫓아 버렸다. 내가 그대에게 말하노니 그대의 그 교만함으로 인해 그대는 그대의 말년을 이 수도회 밖에서 보내게 될 것이다."

이것이 그의 말년에 이루어졌는데 성 프란체스코가 예언한대로 그는 수도회 밖에서 죽었다.

그 천사가 사라진 같은 날 같은 시간에 그는 같은 모양으로 버나드 형제에게 나타났다. 버나드 형제는 성 야고보에게서 돌아오는 중이었으며, 큰 강을 건너지 못해 뚝 위에 서 있었다. 그 젊은이는 버나드 형제에게 인사를 하며 "하나님의 평안이 있기를" 하고 말하였다.

버나드 형제는 그 젊은이의 훌륭한 모습과 자기와 같은 모국어로 인사를 하는 그의 평화롭고 명랑한 태도에 크게 기뻐하며, "훌륭한 젊은이여, 어디서 오는 길입니까?"라고 물었다.

그 젊은이는 대답하였다. "저는 성 프란체스코가 거처하는 수도원에서 오는 길입니다. 저는 그와 얘기하기 위해서 그곳에 갔었으나 마침 그가 숲속에서 하나님을 명상하고 있는 고로 그렇게 할 수 없었습니다. 나는 그를 방해하고 싶지 않았습니다. 그런데 마세오 형제와 길레스 형제 그리고 엘리아스 형제가 성 프란체스코와 그곳에 머무르고 있었고, 마세오 형제는 나에게 수사들이 하는 것처럼 문을 두드리는 법을 가르쳐 주었습니다. 그러나 엘리아스 형제는 내가 그에게 물었던 질문에 대답하기를 원하지 않았고 후에 그것을 후회하여 나를 찾아 듣기를 원했지만 그렇게 할 수 없었습니다."

이렇게 말하며 천사는 버나드 형제에게 말했다. "친애하는 친구여, 왜 강건너기를 두려워하십니까?"

"나는 이 깊은 강이 두렵습니다."

"자, 두려워하지 말고 강을 같이 건넙시다."

천사는 그의 손을 잡고 순식간에 버나드 형제를 안전하게 강 저편으로 옮겨 놓았다.

그때 버나드 형제는 그가 하나님의 천사임을 깨달았고 경건과 존경과 기쁨을 가지고 큰 소리로 외쳤다. "오 하나님의 축복받은 천사여, 당신의 이름을 말해 주십시오."

천사는 말했다. "왜 당신은 나의 이름을 물으십니까? 나의 이름은 기이합니다."

이렇게 말하고 그는 사라졌다. 버나드 형제는 매우 행복하여 그의 남은 여행은 기쁨으로 충만하였다. 그리고 그는 천사가 그에게 나타났던 날과 시간을 기록하였다. 마침내 그가 성 프란체스코가 머무르고 있는 수도원에 왔을 때 그는 이 모든 이야기를 자세하게 형제들에게 말했다. 그들은 똑같은 천사가 그들과 그에게 같은 날 같은 시간에 나타났다는 것을 확실히 깨달았고 다같이 겸손한 마음으로 하나님께 감사했다. 아멘.

✳ 5. 볼로냐에 간 버나드 형제

성 프란체스코와 그의 제자들은 하나님께로부터 부르심을 받았고, 그리스도의 십자가를 그들의 가슴과 행동에 간직할 것과 그들의 말로 복음을 가르치도록 선택되었으므로, 그들은 그들의 습관이나 엄격한 생활, 그리고 여러 가지 행적에서 모두 십자가의 사람들로 나타났다.

그러므로 그들은 세상의 헛된 영예나 존경이나 칭찬보다는 그리스도의 사랑을 위하여 수치와 모욕을 받기를 갈망했다. 오히려 그들은 모욕당할 때 기뻐했고 칭찬받을 때 슬퍼했다. 따라서 그들은 십자가에 달리신 그리스도만을 모시고 세상을 순례자나 나그네처럼 지냈다. 또한 그들은 그리스도이신 참 포도나무의 살아 있는 가지였으므로, 하나님께로 인도한 영혼 안에 선한 열매를 맺었다.

수도회 초창기의 어느 날 성 프란체스코는 버나드 형제를, 하나님께서 그에게 주신 은총에 따라 하나님을 위하여 과실을 맺도록 볼로냐로 보냈다. 버나드 형제는 그리스도의 십자가로 자신을 무장시키고 거룩한 순종을 동행으로 삼아, 십자가의 표지를 만들고 볼로냐로 떠났다.

어린이들이 그의 유별나며 이상한 의복을 보았을 때, 아이들은 그를 마치 미치광이에게 하는 것처럼 놀리고 모욕하기 시작했다. 그러나 참으로 성인이었던 버나드 형제는 아이들의 모든 모욕을 그리스도의 사랑을 위하여 인내와 기쁨으로 참았다.

더 나아가 '사람들의 비난거리요 사람들로부터 버림받은 자'가 되신 그리스도를 좇고 진정 그리스도를 받들기 위하여 그는 일부러 도시의 광장으로 가서 그곳에 앉아 있음으로써 사람들로 하여금 그를 놀릴 더 많은 기회를 주었다.

그가 광장에 앉아 있을 때에 많은 아이들과 어른들이 그의 주변에 모였다. 그들 중 몇몇은 그를 끌어당기기도 하고 어떤 사람들은 그에게 흙과 돌을 던지기도 했으며 어떤 사람들은 그를 거칠게 이리저리 밀기도 했다. 이 모든 모욕 중에도 버나드 형제는 인내로써 참았고 얼굴 가득히 행복한 미소를 띠운 채 결코 저항하거나 불평하지 않았다.

더더욱 그는 이러한 천대를 참기 위해서 며칠간을 같은 장소에 갔으며 아무리 그들이 놀려대도 그의 평화롭고 온화한 모습은 그의 영혼이 전혀 고통받지 않는다는 것을 보여 주었다.

인내는 완전함의 한 결과이며 미덕의 증명이므로 그렇게 오랜 기간 동안 모욕과 무례에서도 방해받지 않는 버나드 형제의 꿋꿋함과 미덕을 보고 느낀 바가 있던 한 박식한 법학 박사는 '저 사람은 성자임에 틀림이 없을꺼야'라고 생각하며 버나드 형제에게 가서 물었다. "그대는 누구이며 왜 이곳에 왔습니까?"

그 대답으로 버나드 형제는 그의 가슴에 손을 넣어 그가 마음속 깊이 간직하고 있고 또 행동으로써 실천하는 성 프란체스코의 규칙을 꺼내서 그에게 읽어 보도록 주었다.

그 판사는 그것을 다 읽고 난 후 완전성의 높은 경지를 생각해 보고는 매우 놀랐다. 그는 지성적인 사람이었기 때문에 후에 그의 동료들에게 돌아갔을 때 최고의 경의와 찬사로써 이렇게 말하였다.

"이것은 내가 여태까지 들어온 것 중에서 가장 높은 형태의 종교적 생활임에 틀림이 없다. 그러므로 이 사람과 그의 동료들은 이 세상에서 가장 경건한 사람들이다. 그러므로 그를 모욕하는 사람은 매우 큰 죄를 범하는 것이다. 왜냐하면 그는 하나님의 위대하며 진정한 친구로서, 모욕보다는 오히려 가장 큰 명예를 받았어야만 하기 때문이다!"

그는 버나드 형제에게 말했다. "존경하는 사람이여, 만일 제가 당신에게 당신이 적합한 방법으로 하나님을 섬길 수 있는 장소를 제공한다면 그것을 받아들이시겠습니까? 나는 내 영혼의 구원을 위하여 당신에게 그것을 기꺼이 드리고 싶습니다."

버나드 형제는 대답하였다. "경애하는 각하, 나는 우리 주 예수 그리스도께서 이렇게 행하도록 당신을 감동케 하셨다고 믿습니다. 따라서 나는 그리스도의 영광을 위하여 기꺼이 당신의 제안을 받아들이겠습니다."

그리하여 그 판사는 매우 기쁘고 즐거워하며 버나드 형제를 그의 집으로 데리고 갔다. 그는 버나드 형제에게 약속했던 장소를 보여 주고 나서 기꺼이 제공하였고, 그 자신의 비용으로 정리하고 준비하였다. 그리고 그 후 그는 버나드 형제와 동료들의 특별한 보호자가 되었다.

버나드 형제는 그의 거룩한 대화로 인하여 사람들로부터 커다란 존경을 받기 시작하여 그를 만지거나 듣거나 볼 수 있었던 사람들은 그 자신이 축복받았다고 여길 정도로 되었다. 그러나 그리스도의 겸손한 참 사도로서 또한 겸손한 프란체스코처럼, 버나드 형제는 거기서 자신에게 주어지는 세상의 명예가 영혼의 평안과 구원을 방해할까봐 두려워하여 그곳을 떠나 성 프란체스코에게로 갔다.

그리고 그는 성 프란체스코에게 말했다. "선생님, 수도원이 볼로냐 시에 세워져 있습니다. 거기에 머무르며 그곳을 유지할 몇몇 수사를 보내 주십시오. 저는 더 이상 그곳에서 선을 행할 수가 없습니다. 저에게 주어지는 그 커다란 명예로 인하여 제가 얻는 것보다 잃는 것이 많을까 두렵기 때문입니다."

성 프란체스코는 하나님께서 버나드 형제를 통하여 이루신 모든 것을 다 듣고 기뻐하며 즐거워하였다. 또한 사람들을 구원하기 위하여 십자가를 따르는 가난하고 보잘것없는 사람들을 널리 퍼뜨리기 시작하시는 하나님께 감사하며 찬송하였다.

그리고 그는 그의 제자들 가운데 몇몇을 선택하여 볼로냐와 롬바르디로 보냈다. 또한 사람들의 헌신이 증가함에 따라 그들은 여러 지역에 많은 수도원을 세우기 시작했다.

우리 주 예수 그리스도께 찬양과 경배를 드릴지어다. 아멘.

✳ 6. 버나드 형제의 아름다운 죽음에 대하여

버나드 형제는 매우 거룩하여 성 프란체스코는 그가 사는 동안 그에 대한 애정 깊은 존경을 가지고 있었고 그와 자주 대화함으로써 그를 높였고 그가 없을 때는 그를 높이 칭찬하였다.

성 프란체스코가 경건하게 기도하고 있던 어느 날 하나님께서는 하나님의 섭리로 버나드 형제가 사탄에 의해 많은 격렬한 공격을 견뎌야 할 것을 계시하셨다. 그러므로 성 프란체스코는 아들 같은 사랑으로 버나드 형제를 크게 동정하여 그를 위하여 하나님께 울면서 기도했고 그를 구주 예수 그리스도께 맡기면서 사탄의 많은 시험에 대해 승리할 수 있도록 간구했다.

성 프란체스코가 이렇게 간절히 간구하고 있던 어느 날 하나님께서는 그에게 이러한 응답을 주셨다. "프란체스코여, 두려워 말라. 버나드 형제가 받고 있는 이 모든 시험은 그가 미덕을 쌓고 영광의 면류관을 얻도록 하나님께서 허락하신 것이다. 결국 그는 그를 공격한 모든 적들에 대해 기쁨이 충만한 승리를 차지하게 될 것이며 장차 하나님의 왕국에서 가장 큰 사람들 중의 한 사람이 될 것이다."

성 프란체스코는 이 응답을 받고 매우 기뻐하면서 구주 예수 그리스도께 열렬한 감사를 드렸다. 그 이후에도 성 프란체스코는 버나드 형제에 관하여 전혀 의심이나 두려움을 갖지 않고 더욱 큰 기쁨으로 그를 사랑했고 더욱 큰 애정과 존경으로 그를 대했다.

그는 버나드 형제에 대한 지극한 애정을 살아 있을 동안뿐만 아니라 그가 임종하는 순간에도 보여 주었다. 성 프란체스코의 임종이 가까웠을 때 구약의 족장 야곱처럼, 그의 헌신적인 제자들이 그 주변에 둘러서서 사랑하는 스승과의 이별을 슬퍼하며 울고 있었다. 그때 그는 물었다. "내 첫아들은 어디에 있는가? 나의 영혼이 죽기 전에 그를 축복할 수 있도록 나에게 데려오라."

그때 버나드 형제는 수도회의 지도자 대리였던 엘리아스에게 말했다. "선생님, 그분이 당신에게 축복을 내릴 수 있도록 그의 곁으로 가십시오."

엘리아스 형제가 프란체스코 오른편에 가서 섰을 때 너무나도 많은 눈물로 인하여 거의 시력을 잃어버린 성 프란체스코는 엘리아스 형제의 머리에 오른손을 얹고 말했다. "이것은 내 첫 아들 버나드 형제의 머리가 아니구나."

그러자 버나드 형제는 그의 왼편에 가서 섰고, 성 프란체스코는 손의 위치를 바꾸어 오른손을 버나드의 머리 위에, 왼손을 엘리아스의 머리 위에 놓고 이렇게 말했다.

"우리 주 예수 그리스도의 아버지께서 그리스도 안에 있는 모든 영적인 하늘의 축복으로 그대를 축복하시기를……

그대는 이 수도회에서 첫 번째로 선택되어 복음적 생활의 본을 보여 주었고 복음에 따르는 가난 속에서도 그리스도를 본받았으며 그대의 소유를 아낌없이 포기했고 그것들을 그리스도의 사랑을 위하여 가난한 자들에게 전부 나누어 주었을 뿐만 아니라 그대 자신을 이 수도회에서 제물로써 하나님께 바쳤으므로 그대가 어디를 가든지, 깨어 있든지 자든지, 살든지 죽든지, 우리 주 예수 그리스도와 그의 가난하고 연약한 종 나의 영원한 축복이 그대와 함께 있으리라.

그대를 축복하는 사람은 누구나 축복을 충만히 받을 것이요 그대를 저주하는 사람은 벌을 받으리라. 그대는 모든 형제들의 우두머리가 되어 모든 수사들로 하여금 그대의 명령에 순종케 하라. 그리고 그대가 원하는 사람을 이 수도회 안으로 받아들일 수도 있고 그를 먼 곳으로 보낼 수도 있다. 또한 어떠한 수사도 그대를 지배할 수 없다. 그대는 그대가 원하는 곳이면 어디든 갈 수도 있고 머무를 수도 있는 자유가 있도다."

성 프란체스코가 죽은 후 수사들은 버나드 형제를 덕망 높은 스승으로 사랑하고 존경했다. 그리하여 버나드의 임종 시에 많은 수사들이 도처에서 그에게로 왔다. 그중에는 마치 천사와도 같고 하나님과도 같은 길레스 형제도 있었다. 그는 버나드 형제를 보았을 때 기쁜 표정으로 말했다. "마음을 드높이, 버나드 형제여."

그리고 버나드 형제는 한 수사에게 길레스 형제를 위하여 명상하기에 적당한 장소를 준비하도록 은밀히 지시했다.

버나드 형제의 죽음이 임박했을 때 그는 주변에서 그를 둘러싸고 서 있는 수사들로 하여금 자신을 일으켜 세우게 하고는 이렇게 말했다.

"내 사랑하는 형제들이여, 그대들에게 많은 것을 말하기는 원치 않는다. 그러나 지금 그대들이 처해 있는 상태에 나 또한 있었고, 그대들 역시 지금 내가 처한 이 상황에 처하게 될 것을 그대들은 명심해야 하느니라.

그리고 나는 이것을 내 영혼에서 발견한다. 즉, 만일 이 세상과 같은 내세가 없었더라면, 나는 우리 주 예수 그리스도를 섬기지 않았을 것이다. 또한 나는 나의 수많은 죄악들을 주 하나님과 예수 그리스도와 그대들 앞에 고백하노라. 나의 사랑하는 형제들이여, 언제나 서로 사랑하기를 부탁한다."

그가 이 말을 마치고 다시 누웠을 때 그의 얼굴은 매우 빛났고 기쁨으로 넘쳤다. 그의 평온하고 기쁜 모습을 보고 주위에 있던 수사들은 크게 감명을 받았다. 이러한 평온과 기쁨 속에서 지극히 거룩한 버나드의 영혼은 영광의 면류관을 쓰고서, 이 세상으로부터 천사들과 복 받은 자들의 세계로 넘어 갔다.

그리스도께 찬양과 영광을 돌릴지어다. 아멘.

✳ 7. 성 프란체스코의 경이로운 40일간의 금식에 대하여

그리스도의 진실한 종 성 프란체스코는 어떤 면에서는 세상 사람들을 구원하는 또 다른 그리스도와 같아서, 하나님 아버지께서는 그로 하여금 그의 많은 행동들에서 그의 독생자 예수 그리스도를 닮고 그와 유사하도록 하셨다. 그리고 그것은 그 거룩한 열 두 제자의 모임에서, 경이로운 오상의 신비에서, 또한 그가 행했던 사순절의 금식에서 나타났다.

성 프란체스코가 페루자 호수 근처에 있는 경건한 친구의 집에서 그와 축제일의 밤을 보내고 있을 때, 그는 하나님께로부터 그 호수에 있는 한 섬으로 가서 사순절을 보낼 것을 영감 받았다. 그래서 성 프란체스코는 그의 친구에게, 그리스도의 사랑으로 그를 작은 배로 아무도 살지 않는 그 호수의 섬으로 아무도 알지 못하도록 성회일(聖灰日, Ash Wednesday) 밤에 그를 데려다 줄 것을 부탁했다.

그리고 그 친구는 성 프란체스코에게 가지고 있는 지극한 헌신으로 그의 뜻을 수행하였다. 성회일에 그는 조심스럽게 그의 요청대로, 밤에 일어나 조그만 배를 준비하여 그 섬까지 그를 데려갔다. 그리고 그때 성 프란체스코에게는 조그만 빵 두덩어리만 있었을 뿐이었다.

그들이 섬에 도착한 후 친구가 다시 집으로 돌아가려 할 때, 성 프란체스코는 그에게 그가 거기 있다는 것을 다른 사람들에게 말하지 말 것과 성 목요일 이전에는 그에게 오지 말 것을 간곡히 부탁했다. 그리고 그 친구는 그 섬을 떠났고 성 프란체스코는 그곳에 홀로 남았다.

그곳에는 그가 머무를 만한 집이 없었으므로 그는 많은 거목들이 빽빽이 들어서 있어 마치 동굴의 형태를 이루고 있는 숲속으로 들어갔다. 그리고 그는 그곳에서 기도와 명상을 시작했다.

그는 그곳에서 빵 반쪽 외에는 사순절을 통하여 아무 것도 먹거나 마시지 않았다. 그의 헌신적인 친구는 약속한대로 성 목요일 날 그를 데리러 왔을 때 남아 있는 빵 한 개와 반쪽을 발견했다.

성 프란체스코가 그 빵 반쪽을 먹은 것도 40일 전에 아무 것도 잡수시지 않으시고 금식하신 그리스도를 공경함으로 먹은 것이라 믿어진다. 그는 그 빵 반쪽으로 그리스도처럼 40일 간을 금식한 데서 오는 자만심을 없애 버린 것이다. 그의 훌륭한 위업으로 인해 하나님께서는 성 프란체스코가 금식을 행한 그 장소에서 많은 기적을 보이셨다.

그때부터 사람들은 그 섬에 집을 짓고 살기 시작했으며 잠깐 만에 훌륭한 성곽을 갖춘 마을이 형성되었다. 얼마 후 그곳에는 아일랜드(섬)라고 불리는 수도원이 생겼으며 지금까지 그 마을 사람들은 성 프란체스코가 사순절을 보낸 그곳을 큰 존경과 헌신을 가지고 아끼고 사랑하고 있다.

그리스도께 영광을 돌릴지어다. 아멘.

✳ 8. 레오 형제에게 오직 십자가 안에만 완전한 기쁨이 있다고 가르친 성 프란체스코

어느 겨울날 성 프란체스코는 레오 형제와 함께 페루자로부터 성 마리아 안젤리로 가고 있었는데 추운 날씨로 말미암아 그들은 매우 고통을 받았다. 성 프란체스코는 약간 앞서서 걸어가고 있던 레오 형제를 불러 이렇게 말했다.

"레오 형제여, 다른 모든 곳에 있는 프란체스코 수사들이 거룩함과 고결함과 덕성에서 위대한 본을 보이고 있다 하더라도 완전한 기쁨이 그곳에 있다고는 기록하지 말라."

잠시 걸은 후 프란체스코는 다시 그를 불러 말했다. "레오 형제여, 비록 프란체스코의 수사들이 눈먼 자에게 광명을 주고, 불구자들을 치료하고, 악마를 쫓아내고, 귀머거리를 듣게 하고, 절름발이를 걷게 하고, 벙어리를 말하게 하고, 더욱이 죽은 지 사흘 된 사람들을 살린다 하더라도 완전한 기쁨이 그곳에 있다고는 기록하지 말라."

잠시 더 가서 프란체스코는 큰 목소리로 외쳤다. "레오 형제여, 비록 프란체스코 수사들이 모든 언어를 알고, 모든 학문과 성경을 알고, 예언할 줄 알고, 미래 뿐 아니라 양심의 비밀과 다른 사람들의 마음까지도 밝힐 수 있다 하더라도, 완전한 기쁨이 그곳에 있다고는 기록하지 말라."

그들이 조금 더 갔을 때 성 프란체스코는 다시 큰 소리로 외쳤다. "하나님의 어린 양 레오 형제여, 프란체스코 수사들이 천사들의 목소리로 말하고, 별의 진로와 약초의 효력과 이 세상의 모든 보물에 대해서 다 안다고 할지라도, 또한 새와 물고기와 동물과 사람과 뿌리와 나무와 돌과 물의 성질을 안다 할지라도 참 기쁨이 그곳에 있다고는 기록하지 말라."

조금 더 갔을 때 성 프란체스코는 여전히 큰 소리로 외쳤다. "레오 형제여, 비록 프란체스코의 수사들이 설교를 잘하여 모든 불신자들로 하여금 그리스도를 믿게 한다 할지라도 완전한 기쁨이 그곳에 있다고는 기록하지 말라."

이런 식으로 얘기하면서 그들이 2마일 쯤 갔을 때 레오 형제는 큰 기쁨에 싸여 그에게 물었다.

"선생님, 완전한 기쁨이 어디에 있는지 저에게 말씀해 주시기를 하나님의 이름으로 간청하나이다."

그때 성 프란체스코는 대답하였다.

"우리가 비에 젖고 매서운 추위로 떨며 진흙으로 뒤범벅이 된 채 몹시 굶주린 몸으로 마리아 안젤리에 도착하여 문을 두드리면, 문지기가 화를 내며 나와서, '너희는 누구냐?'고 묻는다.

'우리는 당신의 형제들입니다'라고 대답하자 그는 '거짓말 하지 마라. 너희는 세상을 타락시키며 가난한 자들에게 적선을 빼앗아 먹으면서 돌아다니는 추잡한 놈들이다. 꺼져 버려'라고 말하면서 문을 열어 주지 않고 우리가 밤새도록 비와 눈이 오는 바깥에서 떨도록 내버려 둔다. 비록 그렇게 대접을 받았지만 우리가 그에게 아무 원망도 하지 않고 그것을 인내심 있게 참으면서 겸손과 사랑을 가지고 이 문지기가 진정으로 우리를 알게 되고 하나님께서 그로 하여금 우리에게 그렇게 말하도록 해 주실 것을 믿는다면, 오, 레오 형제여! 여기에 바로 완전한 기쁨이 있다고 기록하라."

"또한 우리가 계속 문을 두드리고 그 문지기가 화를 내며 우리에게로 와서 저주와 몽둥이로 우리를 쫓아내며, '꺼져라, 이 더러운 도둑들, 병원에나 가라! 너희들은 도대체 누구냐. 너희들은 이곳에서 먹거나 자지 못할 것이다!' 라고 말할 때 우리가 그것을 인내로써 참고 그 모욕을 기쁨으로 받아들이고 우리 마음속에서 사랑할 때 오, 레오 형제여, 그것이 완전한 기쁨이라고 기록하라."

"그리고 그 후 굶주림과 고통스런 추위와 밤이 다가와 우리가 다시 문을 두드리며 하나님의 사랑으로 우리에게 문을 열어 줄 것과 우리를 안으로 들여보내 줄 것을 외칠 때, 그 문지기는 여전히 화를 내며 말한다.

'이 염치없고 뻔뻔스러운 악한들, 너희들이 받아야 될 것을 내가 주겠다' 라고 말하며 몽둥이를 가지고 나와서 두건으로 우리를 감싸 땅바닥에 던져 진흙과 눈 속에서 우리를 굴리며 그 몽둥이로 우리의 몸을 때려 상처투성이로 만들 때, 그 모든 악과 모욕과 매질을 기쁨과 인내로써 참으면서, 그리스도의 사랑을 인하여 그 고난을 인내로써 참고 받아들여야 한다는 것을 생각할 때, 오, 레오 형제여! 그것이 완전한 기쁨이라고 기록하라."

"자 결론을 들어보라. 레오 형제여, 그리스도께서 형제들에게 주시는 성령의 은혜와 선물 중에서 자신을 정복하며 기꺼이 고난과 모욕과 굴욕과 역경을 그리스도의 사랑으로써 참는 것이 그 으뜸이다. 이는 우리가 하나님의 모든 선물에서 영광을 받을 수 없기 때문이다. 왜냐하면 그것은 '너희들이 받지 않은 것을 가지고 있는 것이 무엇이냐' 라고 한 사도의 말처럼 그것은 우리의 것이 아니고 하나님의 것이기 때문이니라.

그러나 우리는 고난과 고통의 십자가에서 영광을 받을 수 있다. 왜냐하면 '나는 우리 주 예수 그리스도의 십자가 외에는 자랑할 것이 없다' 라고 한 사도의 말처럼 그것이야말로 우리의 것이기 때문이니라."

그리스도께 영원히 영광이 있을지어다. 아멘.

✳ ### 9. 하나님은 어떻게 레오 형제를 통하여 프란체스코에게 말씀하셨는가.

수도회의 초기 시절 성 프란체스코가 레오 형제와 함께 조그만 수도원에 있었을 때, 그들은 기도 시간에 사용할 책을 전혀 가지고 있지 못했다. 어느 날 밤 그들이 새벽기도를 암송하기 위해서 일어났을 때, 성 프란체스코는 레오 형제에게 말했다.

"형제여, 우리는 새벽기도에 사용할 일과기도서를 갖고 있지 않다. 그러니 하나님을 찬양하기 위해서 내가 무엇인가를 말할테니 그대는 내가 말하는 것으로써 대답하되 나의 말을 바꾸지 않도록 주의하라. 내가 '오 프란체스코 형제, 너는 이 세상에서 너무나도 많은 죄악을 범했으므로 지옥으로 가야 한다.' 이렇게 말할테니 그대는 "사실입니다. 당신은 지옥 깊은 곳에 떨어져야 합니다"라고 말해야 한다."

순진무구한 레오 형제는 비둘기 같은 단순함으로 대답했다. "좋습니다. 선생님, 주님의 이름으로 시작하십시오."

그때 성 프란체스코는 말했다. "오 프란체스코 형제, 너는 이 세상에서 너무도 많은 죄악을 범했으므로 지옥에 가야 한다." 그러자 레오 형제는 대답했다. "하나님께서 당신을 통해 너무도 많은 선을 행하셨기 때문에 당신은 천국에 갈 것입니다."

성 프란체스코는 말했다. "레오 형제, 그렇게 말하지 말고 내가 '오 프란체스코 형제, 너는 하나님을 거역하여 너무나도 많은 죄악을 범했으므로 하나님의 저주를 받아야 한다' 라고 말하면 그대는 '저주받은 자들 가운데 떨어져야 한다' 고 대답하라."

"알겠습니다. 선생님."

성 프란체스코는 또 울부짖으며 그의 가슴을 치면서 크게 말했다. "오 나의 주님, 온 천지 만물의 하나님, 저는 당신을 거역하여 너무도 많은 죄악을 범했습니다. 그러므로 당신으로부터 저주를 받아 마땅합니다."

그때 레오 형제는 대답했다. "하나님께서는 그대로 하여금 축복받은 자들 가운데서도 더욱 축복받게 하실 것입니다."

프란체스코 형제는 레오 형제가 왜 그에게 하라고 한 정반대의 말을 하는지 이상하며 그를 꾸짖어 말했다.

"왜 내가 그대에게 말한 대로 말하지 않는가? 레오 형제여, 나는 거룩한 순종의 미덕으로 그대에게 명하노니 내가 그대에게 말한 대로 대답하라. 내가 '오 사악한 프란체스코 형제여, 네가 너를 자비롭게 여기시는 위로의 하나님을 거슬려 그렇게 많은 죄를 범했음에도 하나님께서는 너를 동정하실 것이라고 생각하는가' 라고 말하면, 어린 양 레오 형제여, 그대는 '당신의 자비의 가치가 없다' 라고 대답하라."

그러자 레오 형제는 대답했다. "선생님 계속 하십시오. 당신께서 말씀하신 그대로 할 것입니다."

그러자 성 프란체스코는 무릎을 꿇고 두 손을 하나님께로 향하여 든 채 하늘을 쳐다보며 매우 슬프게 말했다. "오 프란체스코 형제여, 사악한 죄인인 네가 그렇게 많은 죄를 범했는데도 하나님께서 너에게 자비를 베푸실 것으로 생각하는가?"

그러나 레오 형제는 대답했다. "하나님 우리 아버지께서는 그의 크신 인자하심으로 그대에게 자비로울 것이며 더욱 많은 은총을 당신에게 베푸실 것입니다."

성 프란체스코는 이 대답에 온유하게 화를 내며 레오 형제에게 말했다. "형제여, 어찌하여 그대는 감히 순종을 거슬려 내가 그대에게 말한 정반대만을 그렇게도 많이 대답하는가?"

그때 레오 형제는 매우 겸손히 그리고 존경심을 가지고 말했다. "경애하는 선생님, 매번 제가 마음속으로 당신이 저에게 말씀하신대로 대답하려고 결심한 것을 하나님은 아십니다. 그러나 하나님께서는 저를 제 뜻대로가 아니라 하나님 뜻대로 말하게 만드십니다."

성 프란체스코는 이 말에 놀라며 다시 그에게 말했다. "형제여, 이번엔 꼭 내가 그대에게 말한 대로 대답하기를 간청한다."

"계속하십시오. 하나님의 이름으로 이번에는 당신이 원한대로 대답할 것입니다."

프란체스코는 울면서 외쳤다. "오 사악하고 가련한 프란체스코 형제, 하나님께서 그대에게 자비를 베푸실 것으로 생각하는가?"

레오 형제는 대답했다. "선생님, 물론입니다. 하나님은 당신을 자비롭게 여기실 것입니다. 그 외에도 당신은 하나님께로부터 당신의 구원을 위하여 큰 은혜를 받을 것입니다. 또한 하나님께서는 영원히 당신을 높이시며 영화롭게 하실 것입니다. 왜냐하면 '그 자신을 낮추는 자는 높아질 것이기 때문입니다.' 나는 하나님께서 나의 입을 통하여 말씀하시므로 다른 것을 말할 수가 없습니다."

이렇게 해서 그들은 많은 눈물을 흘리며 함께 영적인 위로에 감싸여 겸손한 자세로 새벽까지 머물러 있었다.

우리 주 예수 그리스도께 찬양과 영광을 돌릴지어다. 아멘.

✳ 10. 성 프란체스코의 겸손을 시험한 마세오 형제

어느 날 성 프란체스코는 포르티운쿨라 수도원에서 마리그나노의 마세오 형제와 머무르고 있었다. 그는 대단히 거룩하며 분별력이 있고 하나님에 관한 대화에 있어서 은혜로운 자였다. 그리고 그것으로 인해 성 프란체스코는 그를 매우 사랑하였다.

어느 날 성 프란체스코가 기도하고 있던 숲에서 돌아오고 있을 때, 숲의 끝부분에 이르러 마세오 형제를 만났다. 마세오 형제는 갑자기 성 프란체스코가 얼마나 겸손한지 알고 싶었다. 그래서 성 프란체스코에게 반농담조로 말했다. "왜 당신을 따릅니까? 왜 당신을 따릅니까? 왜 당신을 따릅니까?"

성 프란체스코는 대답했다. "마세오 형제여, 도대체 무슨 말이냐?"

"왜 이 세상 모두가 당신의 뒤를 따르는 것처럼 보입니까? 왜 모든 사람이 당신을 보고 듣고 당신께 순종하기를 원합니까? 당신은 잘 생기지도 않았고 박학하거나 지혜롭지도 않고 높지도 않습니다. 그런데 왜 세상은 모두 당신을 따릅니까?" 이 말을 듣자 프란체스코는 영적으로 매우 기뻐했다. 그리하여 얼굴을 하늘로 향해서 들고 오랫동안 그의 마음을 하나님께 모으고 서 있었다.

마세오 형제로부터 돌아서서 그는 무릎을 꿇고 하나님께 감사한 후에 열정적 정신으로 마세오 형제에게 다시 돌아서서 말했다.

"왜 모든 사람이 나를 좇는지 정말 그대는 알고 싶은가? 그것은 도처에서 선과 악을 보시는 하나님의 전지전능하심 때문이다. 그는 그 전지전능하심으로 죄인들 가운데 나보다 더 사악하고 부족한 사람을 보지 못하셨다.

하나님께서는 지혜로운 자들을 부끄럽게 하기 위해서 어리석은 자들을 선택하시며, 높은 자들과 위대한 자들, 힘센 자들을 낮추시기 위하여 세상의 천한 자들, 힘센 자들을 낮추시기 위하여 세상의 천한 자들, 멸시받는 자들을 선택하심으로 그가 뜻하신바 경이로운 일들을 하시기 위하여 세상에서 가장 사악한 나를 선택하셨다.

그러므로 어떠한 피조물도 하나님 앞에서 영광을 받아서는 안 되며, 자랑하는 자들은 주 안에서 자랑하여야 하고, 존귀와 영광을 오직 하나님께 영원히 돌려야 한다. 이는 모든 지고한 미덕들이 하나님께로부터 나오며 피조물로부터 나오는 것이 아니기 때문이다."

성 프란체스코의 이처럼 겸손하고도 열렬한 대답에 마세오 형제는 성 프란체스코가 그리스도의 진실하고도 열렬한 사도로서 참으로 겸손한 인물임을 다시 한 번 깨닫게 되었다.

그리스도께 영광을 돌릴지어다. 아멘.

✳ 11. 어떻게 성 프란체스코는 마세오 형제를 빙빙
   돌게 만들었는가.

한번은 성 프란체스코가 마세오 형제와 함께 토스카나를 여행하고 있었다. 프란체스코는 마세오 형제를 동반자로 데리고 다니기를 좋아했다. 왜냐하면 그는 즐거운 대화를 잘했고, 보기 드물게 사려 깊은 사람이었으며, 프란체스코가 기도의 황홀경에 잠겨 있을 때 사람들을 잘 다루어 군중들로부터 그를 숨겨줌으로써 프란체스코가 방해받지 않도록 잘 처리했기 때문이었다.

어느 날 그들은 길을 걸어가고 있었다. 그들은 어느 삼거리에 도착했는데 그 길은 시에나, 피렌체, 혹은 아레조로 각각 향하고 있었다.

마세오 형제가 물었다. "선생님, 우리는 어느 길로 가야 할까요?"

성 프란체스코는 대답했다. "우리는 하나님이 원하시는 길을 택할 것이다."

마세오 형제는 다시 물었다. "우리는 어떻게 하나님의 뜻을 알 수 있을까요?"

"내가 표적을 보여 주겠다. 거룩한 순종의 미덕으로 그대에게 명하노니 그대가 서 있는 자리에서 아이들처럼 주위를 빙빙 돌라. 그리고 내가 말할 때까지 정지하지 말라."

마세오는 그의 말에 순종하여 돌기 시작했다. 그는 너무 오랫동안 돌아서 어지러워 몇 번 넘어지기까지 했다. 그러나 프란체스코가 그에게 정지하라고 말하지 않기 때문에, 그는 다시 일어나 계속 돌았다.

그가 용감하게 한참 동안 돌고 있을 때 드디어 프란체스코는 말했다.

"정지. 움직이지 말라!"

마침내 마세오는 정지했다. 그러자 프란체스코는 그에게 물었다.

"어떤 방향을 보느냐?"

"시에나 방향입니다."

마침내 프란체스코는 말했다. "그것이 바로 하나님께서 우리에게 원하시는 길이다."

함께 그 길을 따라 가면서, 마세오는 프란체스코가 사람들이 지나다니는 길에서 그에게 시킨 어린애 같은 행동에 대하여 의아스런 생각을 품었다. 그러나 성인에 대한 존경심 때문에 감히 아무 말도 하지 못했다.

그들이 시에나에 가까이 왔을 때, 그곳의 시민들이 성 프란체스코가 온다는 말을 듣고 그를 영접하기 위해 마중 나왔다. 그들은 존경하는 마음으로 프란체스코와 마세오를 팔 가마에 태워 주교의 저택으로 모시고 갔다.

바로 그때 시에나의 어떤 시민들이 서로 크게 싸우고 있었는데 그들 중 두 사람은 싸움 도중에 그만 죽고 말았다. 이 말을 들은 프란체스코는 그곳에 가서 그들에게 간곡히 설교하였다. 마침내 그들은 서로 화해를 했고, 그곳에는 다시 평화와 통일과 조화가 있게 되었다.

시에나의 주교는 프란체스코가 행한 놀라운 행동을 전해 듣고 그를 자기 집으로 초대하여 극진한 환대를 베풀었다. 그러나 스스로를 위하여 아무 것도 구하지 아니하고 오직 하나님의 영광만을 구하는 겸손한 프란체스코는 그 다음날 아침 일찍 일어나 주교에게는 알리지도 않고 마세오와 함께 조용히 그 집을 떠났다.

그들이 길을 걸어갈 때 마세오는 속으로 중얼거렸다. "도대체 이 선인(善人)이 한 일이 무엇인가? 어제는 나를 어린애처럼 빙빙 돌게 만들더니, 오늘은 자기를 극진히 환대해 준 주교에게 감사의 말 한마디 없이 떠나 버리다니!"

마세오에게는 프란체스코가 분별없이 행동한 것같이 보였다. 그러나 그때 그는 하나님의 영감을 받아 자신의 마음을 돌아보고 심하게 자신을 꾸짖었다. "마세오야, 너는 교만하여 하나님의 은총의 행위를 비판하고 있다. 너는 너의 무분별한 교만함으로 하나님을 거스르고 있으니 지옥에 가기에 합당하다! 어제 프란체스코 형제는 거룩한 행동을 하였으니, 천사가 그 일을 했더라도 더 경이롭지는 못했을 것이다.

그러므로 만약 그가 너에게 돌을 던지라고 해도 너는 그에게 순종해야 한다. 그가 이번 여행에서 행하는 모든 것은 곧 하나님의 행위이니 그 선한 결과로 보아 알 수 있을 것이다. 만일 그가 서로 싸우고 있던 시에나 시민들에게 화해와 평화를 주지 못했다면, 많은 사람들이 죽었을 뿐 아니라 ― 더욱 두려운 것은 ― 많은 영혼들이 마귀에 의해 지옥에 던지웠을 것이다.

그러므로 분명한 하나님의 뜻을 이해하지 못하고 불평을 말하는 너는 매우 어리석고 교만한 자이다."

마세오가 프란체스코보다 약간 앞서 걸어가면서 마음속에 품었던 이런 생각을 성령께서 프란체스코에게 계시해 주셨다. 성령의 도우심으로 그의 눈앞에는 모든 사람의 생각이 적나라하게 드러났던 것이다. 프란체스코는 마세오를 부르면서 그의 마음속의 고민에 대하여 다음과 같이 말해 주었다.

"그대가 지금 생각하고 있는 것을 굳게 잡으라. 그것들은 그대에게 도움이 될 것이며, 그것은 또한 하나님의 영감을 받아 이루어진 것이다. 그러나 그대가 전에 생각한 불평은 맹목적이며, 악하고 교만스러운 것이다. 또한 그것은 마귀에 의해 그대의 영혼에 심어진 생각이다."

이 말을 듣고 마세오는 깜짝 놀라면서, 프란체스코가 그의 마음의 비밀을 알고 있다는 것을 깨달았으며, 또한 지혜와 은혜의 성령이 프란체스코의 모든 행동을 인도하고 있다는 것을 확실히 깨닫게 되었다.

주 예수 그리스도께 영광과 찬양을 돌릴지어다. 아멘.

✱ 12. 성 프란체스코가 어떻게 마세오 형제의 겸손을 시험하였는가.

성 프란체스코는 마세오 형제를 겸손하게 만들기를 원했다. 하나님께서는 마세오에게 많은 은사와 은혜를 주시고 그가 그것들 때문에 교만하지 않고 겸손하게 신앙적으로 성숙하기를 바랐다.

하루는 그가 마세오를 포함한 일단의 수도사들과 조용한 명상처에 머무르고 있었다.

프란체스코는 모든 사람들 앞에서 마세오에게 말했다. "마세오야, 그대의 모든 형제들은 기도와 명상의 은혜를 받았고, 그대는 여기 오는 사람들을 만족시키기 위해 하나님의 말씀을 설교하는 은사를 받았다. 이제부터 그대는 대문을 열고, 자선금을 관리하며, 식사를 책임지도록 하라. 그리고 수도사들이 식사를 할 때, 그대는 대문 밖에서 식사를 하도록 하라. 그리하여 이곳을 찾아오는 사람들에게 몇 마디 경건한 권고로 만족시켜 그들이 문을 두드리지 않게 하라. 그러면 그대를 제외하고 어느 누구도 그들에게 나아갈 필요가 없을 것이다."

마세오는 즉시 머리를 숙이고, 겸손히 그 말을 받아들여 신실하게 그 명령에 순종했다. 며칠 동안 그는 문지기로서, 자선금 관리자로서, 요리사로서의 일을 했다.

그러나 하나님의 은총을 입은 그의 형제들은 마음에 강한 자책감을 느끼게 되었다. 그들은 마세오가 그들 자신과 같은, 혹은 그 이상으로 온전한 기도의 인물인데도 그곳의 모든 짐이 그들이 아닌, 마세오에게만 지워져 있다고 생각했다.

결국 그들은 서로 동의하여 스승에게로 가서, 마세오가 그 많은 일을 하고 있는 것을 그들의 양심이 견딜 수 없으므로 짐을 나누어 지도록 해 줄 것을 간청하였다.

더욱이 그들은 마세오가 그 짐을 벗지 못한다면, 그들이 기도가 냉랭해지고 양심이 고통을 당한다는 것을 느꼈다.

이 말을 듣고 성 프란체스코는 그들의 사랑에서 우러나온 제의에 동의했다. 그리고 마세오를 불러 말했다. "마세오야, 그대의 형제들이 내가 그대에게 지운 짐을 나누어 지기를 원하고 있다. 그러므로 이제부터 나누어서 하도록 하라."

마세오 형제는 겸손히 대답했다. "선생님께서 제게 부과하는 일은 크든 작든 하나님께서 하시는 일이라고 생각합니다."

마세오의 겸손과 그 형제들의 사랑을 보고, 성 프란체스코는 그들에게 거룩한 겸손에 대한 놀라운 설교를 해 주었다.

"하나님께서 우리에게 주신 은사와 은혜가 많을수록, 더욱 겸손해야 할 의무가 있다. 왜냐하면 겸손이 없이는 어떤 덕도 하나님 앞에 받아들여지지 않기 때문이다."

프란체스코는 설교를 마친 후 그들에게 짐을 나누어 주고 그들 모두에게 성령의 은혜로운 축복이 임하기를 빌어 주었다.

하나님께 영광을 돌릴지어다. 아멘.

✳ 13. 어떻게 성 프란체스코가 마세오 형제를 공중으로 띄웠으며, 어떻게 베드로와 바울이 프란체스코 에게 나타났는가.

그리스도께서 마을과 도시로 그의 제자들을 둘씩 짝 지워 보내셨던 것처럼, 하나님의 놀라운 종이요 그리스도의 참된 추종자인 성 프란체스코는 모든 일을 그리스도의 방법대로 따르기 위해, 12제자를 모은 후에 그리스도의 본을 따라 두 사람씩 짝 지워 세상에 보내어 전도하게 했다.

프란체스코는 그들에게 참된 순종의 모범을 보이기 위하여, 그리스도께서 자신의 가르침에 대한 모범을 친히 보여 주셨듯이 자신이 제일 먼저 떠나기로 했다. 그는 제자들에게 가야 할 곳을 할당한 후, 그의 동반자로 마세오 형제를 택하여 프랑스 지방으로 길을 떠났다.

하루는 그들이 마을에 도착하였을 때 무척 배가 고팠다. 그들은 규칙에 있는 대로 하나님의 사랑의 빵을 걸식하러 나갔다. 프란체스코가 한 쪽 길을, 마세오가 다른 쪽 길을 맡았다. 그러나 프란체스코는 매우 작고 보잘것없는 외모를 지닌 사람이었으므로, 그를 모르는 사람들은 그를 보통의 나이 어린 거지로 취급하였다. 인간은 어리석게도 그 중심으로가 아니라 겉모양을 가지고 판단하기 마련이므로 프란체스코는 단지 마른 빵 몇 조각과 소량의 음식만을 얻었을 뿐이었다.

그러나 마세오는 키가 크고 수려한 사람이었기 때문에 사람들은 그에게 많은 음식과 빵을 주었다.

그들은 구걸을 마치고, 마을 밖으로 나가 식사를 하려고 했다. 그러나 그곳은 앉을 만한 바위가 없어서 땅바닥에서 먹을 수밖에 없었다.

그러나 하나님의 도우심으로 그들은 샘물을 찾을 수 있었는데 그 옆에는 편편한 바위가 있었다. 그들은 매우 기뻐하면서 구걸한 빵과 음식을 바위 위에 펼쳐 놓았다. 그리고 프란체스코는 마세오가 얻은 빵이 그의 것보다 더 많고 크고 좋은 것을 보고 매우 기뻐하였다. 왜냐하면 프란체스코는 청빈을 추구했기 때문이었다. 그는 말했다. "마세오야, 우리는 이와 같은 보물을 받을 자격이 없는데!" 그는 여러 번 소리를 높이며 이 말을 반복했다.

마세오는 대답했다. "선생님, 이처럼 가난하게 빵 몇 조각 얻은 것을 어떻게 보물이라고 부를 수 있습니까? 우리는 옷도 없고, 칼도 접시도 없으며, 그릇도, 집도, 식탁과 요리사도 없습니다."

프란체스코는 대답했다. "그것이 바로 큰 보물이니라. 이것들은 인간의 수고로 준비된 게 아니라 하나님의 섭리로 마련되었다. 빵과 편편한 돌, 식탁, 그리고 깨끗한 샘물을 보라! 우리 온 마음을 다하여 하나님이 주신 '거룩한 가난(청빈)' 이라는 매우 고귀한 보물을 사랑할 수 있도록 기도하자."

말을 마치자 그는 기도하고 식사한 후 샘물을 마셨다. 그리고 주님을 찬양하면서 프랑스를 향하여 떠났다.

그들이 어떤 교회에 도착했을 때, 프란체스코는 "들어가서 같이 기도하자"고 말했다. 교회에 들어갔을 때 사제는 없었으므로 제단 뒤에 몸을 숨기고 기도하기 시작했다.

그곳에서 기도하는 동안 그는 하나님으로부터 환상을 받았다. 그 환상은 거룩한 청빈을 사랑하는 그의 영혼을 불길로 사로잡아 사랑의 불길이 그의 얼굴과 입에서 나오는 것이었다.

그는 사랑의 불길에 사로잡힌 채 마세오에게 힘 있게 말했다. "아! 아! 아!

마세오야, 네 자신을 나에게 다오!" 프란체스코는 그것을 세 번 반복해 말했으므로, 마세오는 그의 열정에 깜짝 놀라 거룩한 스승의 품속으로 안겼다.

그때 프란체스코의 입이 크게 열리더니, "아! 아! 아!" 하는 소리를 크게 반복하면서, 성령의 능력으로 그가 숨을 내쉬자 마세오의 몸을 공중에 띄워 긴 창 하나의 거리만큼 그를 내던졌다.

마세오 형제는 깜짝 놀랐다. 나중에 그는 그의 형제들에게, 프란체스코의 숨에 힘입어 들려 있는 동안 최고의 영적 위로와 달콤함을 경험하였고, 그의 생애에서 그와 같은 위로를 한 번도 받아본 적이 없었다고 고백하였다.

잠시 후 프란체스코는 마세오에게 말했다. "마세오야, 베드로와 바울이 누워있는 로마로 가자. 그들에게 거룩한 청빈의 무한한 보물에 대하여 가르쳐 달라고 기도하자. 그리고 우리가 그것을 소유할 수 있도록 도와 달라고 같이 기도하자."

그리고 프란체스코는 덧붙였다. "나의 사랑하는 형제여! 축복된 청빈의 보물은 아주 고귀하고 하늘에 속한 것이어서 우리의 이 비천한 몸으로는 그것을 소유할 자격이 없도다. 왜냐하면 청빈은 하늘의 미덕이기 때문이다. 청빈한 사람은 모든 세상적이고 일시적인 것들을 아낌없이 버린다. 또한 그는 모든 영혼의 장애물을 제거하고 영원하신 주 하나님과 자유로이 연합할 수 있다. 청빈은 또한 이 지상에 있는 동안 우리의 영혼을 하늘의 천사들과 대화할 수 있게 만드는 미덕이니라.

십자가에까지 그리스도를 동반하고, 그리스도와 함께 무덤에 장사되고, 그리스도와 함께 부활하여 하늘로 승천한 것은 바로 청빈이었다. 왜냐하면 청빈은 그것을 사랑하는 영혼들에게 이 세상에서 하늘로 올라가는 능력을 주고, 청빈만이 참된 겸손과 사랑의 갑옷을 보호해 주기 때문이다.

그러므로 복음의 진주를 참으로 사랑했던 그리스도의 사도들에게 가서 기도하자. 우리 주님 예수 그리스도로부터 우리를 위해 이 은혜를 구해 달라고, 그리고 거룩한 청빈의 실천자이시며 스승이신 주님의 무한하신 자비로 우리가 복음의 고귀한 청빈을 실천하고 사랑하는 자가 되며, 겸손한 추종자가 되도록 이끌어 주시기를 기도하자."

이와 같은 대화를 하면서, 그들은 로마에 도착하자 성 베드로 성당에 들어
갔다. 프란체스코는 한 쪽 구석에서, 마세오는 다른 쪽 구석에서 하나님께
거룩한 청빈의 보물을 배우고, 그것을 소유할 수 있도록 도와 달라고 기도하
였다.

그들은 오랜 시간동안 눈물을 흘리며 온 마음을 다 바쳐 헌신적으로 기도
하였다. 그들이 겸손하게 기도에 전념하고 있는 동안 거룩한 사도 베드로와
바울이 큰 광채 중에 프란체스코에게 나타났다.

그들은 그를 포옹하고 입을 맞춘 후에 말했다. "프란체스코 형제여, 그리
스도와 사도들이 지킨 것을 그대가 지키기를 원하므로 우리 주님 예수 그리
스도께서 직접 우리를 그대에게 보내어 고하게 하셨느니라. 그대의 소원은
성취되었으며, 그대의 기도는 응답되었다.

거룩한 청빈의 보물은 그대와 그대의 제자들에게 완전히 허락되었도다.
그리스도를 대신하여 그대에게 말하노니, 그대의 본을 따라 이 청빈의 소원
을 완전히 따르는 자는 영생의 축복을 확신할 것이며, 또한 그대와 그대의
제자들은 하나님의 축복을 받을 것이다."

그들이 이 말을 하고 곧 사라져 버렸으나 프란체스코에게 크나큰 위로를
남겨주었다.

기도를 끝낸 프란체스코는 마세오에게 가서 하나님이 그에게 무엇을 계시
하셨는지 물었다. 마세오가 모르겠다고 대답하자 프란체스코는 기도 중에
사도들이 나타나 계시한 것을 알려주었다.

이윽고 프란체스코와 마세오는 기쁨과 행복으로 가득 차서 그들이 처음에
계획했던 대로 프랑스로 가려던 것을 잊어버리고, 급히 스폴레토 골짜기로
되돌아갔다. 거기에서 이 하늘에 속한 청빈의 생활 방식, 천사 같은 생활 방
식이 비로소 시작되었던 것이다.

그리스도께 영광을 돌릴지어다. 아멘.

14. 성 프란체스코가 그의 동반자와 함께 하나님에 대하여 이야기하는 동안에, 주님께서 어떻게 그들 중에 나타나셨는가.

우리의 거룩한 스승 프란체스코는 오직 복된 그리스도만을 생각하며, 그 자신과 제자들을 위하여 그의 모든 노력과 소원을 바쳐 기도 생활과 주님을 기쁘시게 하는 대화를 해 나갔다.

한번은 그가 제자들과 함께 있을 때 하나님과 영혼의 구원에 대하여 대화하기를 원했다. 그의 제자들은 프란체스코 수도회의 초창기 때부터 하나님에 대해 토론하기 위하여 함께 모였던 소수의 무리들이었다.

프란체스코는 그의 제자들과 같이 앉아 있으면서 그중 한 사람에게, 하나님에 대하여 성령께서 그에게 깨닫게 하시는 것은 무엇이든지 얘기하라고 주님의 이름으로 지시하였다.

그 제자가 즉시 순종하여 성령의 인도하심을 따라 경이로운 말을 했다. 프란체스코는 조용히 듣고 난 뒤에 다른 제자에게 성령께서 그에게 주시는 은혜를 따라 하나님에 대하여 얘기하라고 지시했다.

그가 순종하여 하나님의 은혜로 주님에 대하여 깊이 있는 말을 할 때, 프란체스코는 다 듣고 난 후 첫 번째 제자에게 한 것처럼 조용히 하라고 지시했다.

그리고는 세 번째 제자에게 마음에 떠오르는 대로 우리 주 예수 그리스도를 찬양하는 말을 하라고 지시했다.

세 번째 제자도 다른 제자들처럼 겸손히 순종하여, 하나님의 숨겨진 신비에 대하여 심원한 말을 하기 시작하였다. 의심할 여지없이 성령께서 그 제자들을 통하여 말씀하고 계셨고 프란체스코도 그것을 확실히 알고 있었다.

이것은 또한 특별한 표적에 의하여 증명이 되었다. 이 거룩한 사람들이 스승의 명령에 따라 차례로 하나님에 대하여 말하고 주님의 은혜의 향기를 퍼뜨리는 동안, 우리 주 예수 그리스도께서 한 젊은이의 모습으로 그들 중에 나타나셨던 것이다.

주님께서 달콤한 성령의 은혜를 충만히 채워 주셨기 때문에 프란체스코와 제자들은 함께 자신들의 몸을 벗어나 황홀경에 빠졌다. 그들은 죽은 사람들처럼 완전히 의식을 잃은 채 바닥에 누워 있었다.

후에 그들이 의식을 회복했을 때, 프란체스코는 그들에게 말했다. "나의 사랑하는 형제들이여, 비천하고 단순한 사람들의 입술을 통하여 하나님의 지혜의 보물을 계시하시는 우리 주 예수 그리스도께 감사를 드리라. 어린아이와 벙어리의 입을 여시는 분은 하나님이시오, 하나님은 원하시기만 하면 비천한 자의 입을 통해서도 지혜로운 말을 하게 하실 수 있도다."

하나님께 영광을 돌릴지어다. 아멘.

✱ 15. 성 클라라는 어떻게 성 프란체스코 및 그의 제자와 식사를 했는가.

성 프란체스코가 아시시에 머물러 있을 때, 그는 자주 성 클라라를 방문하고 경건한 권면으로 그녀를 위로하곤 했다. 그런데 그녀는 프란체스코와 더불어 한 번 식사를 같이 하고 싶은 소원이 있어 몇 번을 간청했으나 그는 항상 그 청을 거절했다.

프란체스코의 제자들이 클라라의 소원을 알고는 그에게 말하였다. "선생님, 이렇게 엄한 것은 하나님의 사랑에 근거한 것으로 보이지 않습니다. 선생님께서 하나님 앞에 거룩한 처녀인 클라라 수녀의 소원을 허락지 않고 계십니다.

특별히 그녀가 선생님의 설교를 듣고 세상의 재물과 허영을 다 포기한 것을 생각할 때, 선생님과 식사 한 번 하는 일이 무슨 큰 일 이겠습니까? 오히려 식사 한 번 같이 하는 일 뿐만 아니라, 선생님께 더 큰 은혜를 구하더라도 그 어린 영혼에게는 그것을 허락하셔야 합니다."

프란체스코는 대답했다. "내가 그녀의 소원을 허락해야 한다고 너희는 생각하느냐?"

제자들은 말했다. "예, 선생님, 그녀는 그런 은혜와 위로를 받을 자격이 있습니다."

그러자 프란체스코가 말했다. "너희가 그렇게 생각한다면 나도 동의하겠다. 그러나 그녀에게 더 큰 기쁨을 주기 위해 성 마리아 교회에서 식사를 같이 하는 것이 좋겠다. 왜냐하면 그녀는 산 다미아노에서 수도생활을 오래 해왔기 때문에 그녀가 처음 머리를 깎고 주 예수 그리스도의 신부가 된 성 마리아 교회의 그 장소를 다시 한 번 볼 수 있다면 무척 즐거워 할 것이기 때문이다. 그러므로 우리는 주님의 이름으로 그곳에서 함께 식사할 것이다."

프란체스코는 만나는 날짜를 정했다. 그 날 클라라는 한 수녀를 데리고, 프란체스코의 제자들의 호위를 받으며 성 마리아 교회로 왔다.

그녀는 먼저 제단 앞에서 기도를 드렸다. 그곳은 그녀가 오래 전에 머리를 깎고 베일을 썼던 곳이다. 프란체스코의 제자들은 식사 시간이 될 때까지 그녀에게 주위를 안내해 주었다. 그동안 프란체스코는 그의 습관대로 식사를 땅바닥에 준비하도록 지시했다.

마침내 식사 시간이 되자 프란체스코와 클라라는 함께 앉고 수녀들과 다른 제자들이 주변에 모여 앉았다. 처음에 프란체스코는 하나님에 대하여 경건하고 깊이 있게 성령의 불같은 지혜로 가르쳤기 때문에 그곳의 모든 사람들이 풍성한 성령의 은혜 속에 완전히 녹아들었다.

그들이 그곳에 앉아 눈과 손을 하늘로 향하고 무아지경에 빠져 있었을 때, 아시시와 베토나와 그 근방의 사람들에게는 성 마리아 교회와 그 근처가 완전히 불길에 휩싸여 있는 것처럼 보여 금방이라도 자기들에게 불길이 다가올 것처럼 느꼈다.

결국 아시시의 시민들은 성 마리아 교회 근처가 온통 불타고 있다고 믿고는 급하게 그곳에 가서 불을 끄려고 했다. 그러나 그들이 허겁지겁 그 장소에 도착했을 때, 그들은 아무 것도 불타지 않고 있다는 것을 알았다. 그들은 다만 그곳에서 프란체스코와 클라라와 모든 제자들이 소박한 식사를 놓고 명상과, 하늘로부터 임하는 능력으로 무아지경에 사로잡혀 있는 것을 발견했다.

그때에야 비로소 그들은 그 불이 물질적인 불이 아니라 하늘의 불인 것을 깨닫고, 하나님이 그 수사와 수녀들의 영혼 속에 타오르는 하나님에 대한 사랑의 불길을 상징하여 기적적으로 그들에게 보여 주신 것임을 확신하게 되었다. 그리하여 그들은 마음에 큰 위로와 거룩한 깨우침을 받고 돌아갔다.

한참 후에 프란체스코와 클라라와 모든 사람들이 의식을 차렸을 때, 그들은 영적 음식으로 너무 힘이 솟았으므로 육신적 음식에 대해서는 거의 관심을 갖지 않았다. 마침내 축복된 식사가 끝나자 클라라는 산 다미아노로 돌아갔다.

수녀들은 클라라를 보고 매우 기뻐했다. 왜냐하면 그들은 프란체스코가 그녀를 다른 수녀원으로 보낼지 모른다고 걱정했기 때문이었다.

프란체스코는 전에 이미 수녀 아그네스를 피렌체의 몬티첼리 수녀원 원장으로 보냈던 적이 있었다.

그 당시에 프란체스코는 다른 수도원들을 감독하기 위해 수녀들을 파송하고 있었는데 클라라에게도 한 번 말한 적이 있었다. "내가 그대를 딴 곳으로 보낼 경우를 대비하시오." 그때 클라라는 진실로 순종하는 딸처럼 대답했었다. "선생님, 저는 선생님이 저를 어디로 보내시든지 갈 준비가 되어 있습니다."

수녀들은 클라라가 돌아온 것을 대단히 기뻐했다. 그리하여 클라라는 주 안에서 큰 위로를 받았다.

그리스도께 영광을 돌릴지어다. 아멘.

✳ 16. 어떻게 하나님이 성 프란체스코가 가서 설교해야 한다고 성 클라라와 실베스터 형제에게 계시하셨는가.

그리스도의 겸손한 종, 프란체스코는 그가 회심한 초창기에 이미 많은 제자들을 모아 수도회를 만들었다. 그때 그는 무엇을 해야 할 것인지, 즉 계속 기도에만 헌신할 것인지 가끔 설교를 할 것인지 의문에 사로잡혀 있었다.

어느 것이 주님을 가장 기쁘시게 할 것인지 그는 몹시 알고 싶어 했다. 그리고 그는 겸손하여 자기 자신이나 자신의 기도를 믿을 수가 없었으므로, 하나님의 뜻을 알기 위하여 다른 사람들의 도움을 구하기로 했다.

그래서 마세오 형제를 불러 말했다. "형제여, 클라라 수녀에게 가서 영적으로 순결한 한 수녀와 더불어 나를 위해 기도해 달라고 전해 다오. 내가 가끔 설교하는 것과 내 자신을 완전히 기도에만 바치는 것 중 어느 것이 하나님 보시기에 좋은 지 나에게 계시해 달라고 기도를 부탁하라. 그리고 수바시오 산(山)에 있는 실베스터 형제에게 가서 이와 똑같이 말하라."

실베스터 형제는, 길이로는 하늘까지 닿고, 넓이로는 세상 끝까지 퍼져 있는 금 십자가가 프란체스코의 입에서 나오고 있는 것을 보았다. 실베스터는 너무 경건해서 하나님께서 즉각 그가 구하는 것은 무엇이든지 허락해 주시거나 혹은 계시해 주셨다. 성령께서는 그에게 하나님과 특별히 교통할 수 있는 은혜를 주셨기 때문에 그는 하나님과 많은 대화를 나누었다. 그래서 프란체스코는 그를 존경하며 신뢰했고 이 거룩한 실베스터 형제는 자주 홀로 수바시오 산에서 머무르곤 했다.

마세오는 프란체스코가 지시한대로 먼저 클라라에게, 다음에는 실베스터에게 가서 프란체스코의 말을 전달했다. 실베스터는 마세오의 말을 듣자마자 기도에 들어갔다. 그는 즉시 하나님의 응답을 받았다. 그리고 나와서 마세오에게 말했다.

"주님께서 프란체스코 형제에게 이렇게 말하라 하셨소. 하나님은 그를 그 자신을 위한 기도생활만 하도록 부르신 것이 아니라, 많은 사람을 구원하는 영혼의 추수를 하도록 부르셨다고 전하시오."

마세오는 클라라에게 가서 그녀가 하나님께 받은 응답이 무엇인지 물었다. 그녀는 그녀와 다른 수녀가 실베스터와 같은 응답을 받았다고 대답했다.

이제 마세오는 프란체스코에게 돌아갔다. 프란체스코는 큰 사랑으로 그를 영접하여, 그의 발을 닦고 그를 위해 음식을 차려 주었다. 마세오가 식사를 끝낸 후, 프란체스코는 그를 숲 속으로 불러 마세오 형제 앞에 무릎을 꿇고 그에게 물었다. "주 예수 그리스도께서 내게 명하는 것이 무엇이냐?"

마세오는 그리스도께서 실베스터 형제와 클라라 수녀와 또 한 수녀에게 계시하신 것을 말했다. "주님은 선생님께서 세상으로 나가 설교하시기를 원하십니다. 왜냐하면 하나님은 선생님 자신만을 위하여 부르신 것이 아니라 다른 사람들의 구원을 위해서도 부르셨기 때문입니다."

그러자 주님의 손이 프란체스코에게 임했다. 그는 이 대답을 듣자마자, 곧 그리스도의 뜻을 알자마자, 발을 모으고 하나님의 놀라우신 권능의 불길에 사로잡혀 마세오에게 외쳤다. "그러면 가자 ― 주님의 이름으로!"

그는 동반자로 마세오와 안젤로를 택하고, 영적 열정에 사로잡혀 방향을 가리지 않고 번개처럼 출발했다. 이윽고 그들은 칸나라는 마을에 도착했다. 프란체스코는 먼저 지저귀는 제비들에게 조용히 하라고 명하고는 설교를 시작했다. 그러자 제비들은 그 말에 순종했고 그는 아주 열정적으로 설교했다. 그 마을 사람들은 그 설교를 듣고, 또 제비들이 조용해진 기적을 보고 헌신적으로 그를 따르며 함께 가기를 원했다.

그러나 프란체스코는 그것을 하락치 않고 그들에게 말했다. "너무 급히 떠나지 마시오. 여러분이 자신들의 영혼 구원을 위해 해야 할 일을 내가 준비해 놓겠습니다." 그때부터 프란체스코는 전 세계 모든 사람들의 구원을 위하여 제3수도회를 조직할 것을 계획했다.

그들을 위로하고 회개하도록 권면한 후, 그는 그곳을 떠나 칸나라와 베바그나 사이로 나아갔다. 여전히 뜨거운 열정을 품고 형제들과 더불어 그곳을 지나가면서 그는 길 근처 나무 위에 여태껏 그 근방에서는 볼 수 없었던 수많은 여러 종류의 새들이 앉아 있는 것을 보았다. 또한 그 나무들 근처의 들판에는 새떼들이 무수히 앉아 있었다.

그가 새들을 보고 있는 동안에 성령이 그에게 임했다.

그는 제자들에게 "길에서 나를 기다리라. 새들에게 설교하겠다"라고 말하고는 들판에 있는 새들에게 다가갔다. 그가 설교를 시작하자마자 모든 새들이 그를 향해 날아왔다. 그가 설교하면서 돌아다녀도 모든 새들이 움직이지 않고 경청했으며, 나중에 그가 축복을 내려줄 때까지 새들은 한 마리도 꼼짝하지 않았다.

프란체스코의 설교의 요지는 다음과 같았다.

"나의 사랑하는 새들아, 너희들은 창조주 하나님께 감사하라. 그리고 너희들은 항상 어디에서든지 하나님을 찬양해야 하느니라. 왜냐하면 하나님께서는 너희들에게 어디로든지 날아다닐 수 있는 자유를 주셨기 때문이다. 또한 하나님께서는 너희들을 이중, 삼중으로 보호해 주시나니, 너희의 찬란하고 아름다운 옷들과 너희들의 음식은 그것을 위하여 애써 일하지 않아도 항상 준비되어 있으며 너희가 부르는 아름다운 노래는 창조주께서 너희에게 가르쳐 주셨기 때문이니라.

또한 너희의 수효는 하나님의 축복으로 증가되어 왔으니 이는 그분께서 너희를 노아의 방주에 보호하사 새들이 지상에서 사라지지 않도록 하셨기 때문이다. 하나님께서는 너희들에게 아름다운 하늘을 주셨으며, 더욱이 너희들은 씨를 부리지도 아니하고 거두지도 아니하지만 하나님께서 너희를 기르시고 너희들에게 마실 수 있는 강들과 샘물들을 주셨도다.

하나님께서는 너희들의 보금자리를 위하여 높은 산과 언덕과 바위와 많은 나무를 허락하여 주셨고, 너희들은 길쌈하거나 바느질하는 방법을 모르지만 하나님께서는 너희들에게 필요한 옷을 마련해 주셨느니라. 이처럼 창조주께서는 너희들을 매우 사랑하시어 너희들에게 무수한 좋은 것들을 허락하여 주시나니, 그러므로 나의 사랑하는 새들아, 은혜를 잊지 않도록 주의하고 항상 열심히 하나님을 찬양할지어다."

프란체스코의 이 설교를 듣고 모든 새들은 날개를 펼치고 머리를 숙이면서 그들에게 기쁨을 준 프란체스코에게 경의를 표했으며, 프란체스코도 그들과 더불어 매우 즐거워했다. 또한 프란체스코는 그렇게 많은 떼의 새들이 여러 가지 아름다운 모습으로 친밀함과 사랑을 표시하는 데에 놀라움을 금치 못했다. 그는 경건하게 놀라우신 창조주를 찬양하고는 새들에게도 창조주를 찬양하도록 권면했다.

마침내 새들에게 설교를 마치고 나서 그는 모든 새들에게 십자가의 성호를 그어 주고는 떠날 수 있도록 허락해 주었다. 그러자 모든 새들이 동시에 하늘로 날아올라 함께 찬양의 노래를 불렀다. 새들은 노래 부르기를 다 마치자마자, 프란체스코가 그어준 십자가의 성호를 따라서 네 그룹으로 나뉘어져, 첫째 무리는 동쪽으로, 둘째 무리는 서쪽으로, 셋째 무리는 남쪽으로, 넷째 무리는 북쪽으로 각각 질서정연하게 날아갔다. 그리고 각 무리들은 날아가면서 하나님을 찬양했다.

이것은 다음과 같은 사실을 의미했다. 프란체스코가 새들에게 설교하고 십자가의 성호를 긋자마자, 새들이 십자가의 형태로 날아가면서 하나님을 찬양하고 세상의 네 방향으로 흩어져간 것은 프란체스코와 그의 제자들도 마치 새처럼 세상에서 아무것도 소유하지 않고 오직 하나님의 섭리에 자신을 의탁하며 그리스도 십자가의 참된 진리를 전 세계에 전파할 것을 상징하는 것이었다.

그 새들은 그리스도가 말씀하신 독수리가 될 것이다. 주님은, "주검이 있는 곳에 독수리들이 모일지니라"라고 말씀하셨다. 모든 소망을 주님께 두는 성도들은 독수리 같은 날개를 얻을 것이며 주님 앞에 날아가 영원히 죽지 않을 것이다.

그리스도께 찬양을 돌릴지어다. 아멘.

❋ 17. 어린 수사는, 프란체스코가 그리스도와 대화하는 것을 보고 어떻게 기절하였는가.

비둘기같이 순결하고 천사같이 무죄한 한 어린 소년이 프란체스코가 살고 있는 수도회에 들어왔다. 그리고 그 소년은 작은 처소에 머물렀는데 그곳의 수사들은 방도 따로 갖지 못하고, 가난 때문에 침대도 없이 땅바닥에 누워서 자는 형편이었다.

어느 날 프란체스코가 그 작은 처소에 왔다. 저녁 때 만과(晚課)를 마치고 프란체스코는 다른 사람들과 더불어 휴식을 취하고 있었다. 밤이 깊어지자 다른 사람들은 잠자리에 들기 시작하였다. 그러자 그는 항상 하던 대로 기도하러 가기 위하여 다시 일어났다.

그 소년은 프란체스코가 어디로 가는지 주의 깊게 지켜보기로 결심했다. 왜냐하면 그는 프란체스코가 얼마나 거룩한 사람이며, 특별히 밤중에 무엇을 하고 언제 일어나는지 알고 싶었기 때문이었다. 그 소년은 잠들지 않기 위해서 프란체스코 옆에 누워서 줄을 프란체스코에게 묶어 놓았었다. 그 성인이 일어날 때 그가 깰 수 있도록 하기 위해서였다.

그러나 프란체스코는 그에게 줄이 묶여 있는 것을 의식하지 못했다.

모든 수도사들이 깊이 잠든 한밤중에 프란체스코는 일어나면서 그의 발목에 줄이 묶여 있는 것을 발견하고는 그것을 소년이 깨지 않도록 조심스레 풀었다. 그리고 프란체스코는 근처의 언덕으로 올라갔다. 그곳은 아름다운 숲이 있어 홀로 기도하기에 아주 적합한 곳이었다.

얼마 후에 깨어난 그 소년은 줄이 풀어지고 프란체스코가 사라진 것을 발견했다. 그는 무척 서운했으나 그가 계획했던 대로 거룩한 사람을 살펴보기 위해서 즉각 일어났다. 다행히도 그는 숲으로 향한 문이 열린 것을 발견하고 그 성인이 그쪽으로 갔으리라고 추측했다. 그는 즉각 그를 뒤쫓아, 프란체스코가 기도하러 간 그 언덕을 향하여 뛰어갔다.

그가 프란체스코가 기도하고 있는 장소에 도착했을 때 그는 약간 거리를 두고 멈춰 섰다. 왜냐하면 그는 많은 사람들이 얘기하는 것을 듣기 시작했기 때문이었다. 그들이 말하고 있는 것을 더 분명하게 보고 듣기 위하여 조금 더 가까이 가면서 그 소년은 프란체스코의 주위에 놀라운 빛이 있는 것을 보았다. 그 빛 안에서 그는 그리스도와 성모 마리아와 세례 요한과 사도 요한과 많은 무리의 천사들이 프란체스코와 대화하고 있는 것을 보았다.

이 모든 것을 보고 들은 그 소년은 덜덜 떨면서 기절하여 그 자리에 시체처럼 쓰러졌다.

후에 이러한 신비로운 대화가 끝나고 프란체스코는 한밤중에 돌아오면서 길바닥에 쓰러져 있는 소년에 걸려 넘어지게 되었다. 프란체스코는 그 소년에게 연민을 느끼고, 어린 양을 데리고 돌아오는 선한 목자처럼 그를 팔에 안고 그가 자던 곳으로 다시 데리고 왔다. 후에 그 소년이 그 광경을 보았다는 말을 하자, 프란체스코는 그에게 그가 살아 있는 동안 그것을 어느 누구에게도 말하지 말라고 명령했다.

그 소년은 진정으로 비밀을 지켰다. 그는 하나님의 은혜 안에서 자라고 프란체스코를 경모하며, 그는 그가 죽을 때까지 그 수도회의 훌륭한 회원으로 살았다. 그리고 프란체스코가 죽은 다음에야 그 수사는 앞에서 그가 보았던 환상을 말했다.

우리 주 예수 그리스도께 영광을 돌릴지어다. 아멘.

✳ 18. 성 프란체스코가 성 마리아의 평원에서 개최한 놀라운 총회에 대하여.

한 번은 그리스도의 충성된 종 프란체스코는 성 마리아의 평원에서 총회를 열었었다. 거기에는 5,000명이 넘는 수사들이 모였다. 그리고 설교자 수도회의 창설자이며 수장인 성 도미닉도 그곳에 일곱 명의 수사를 데리고 참석했다. 그는 그때에 볼로냐에서 로마로 가는 중이었는데 프란체스코가 총회를 연다는 소문을 듣고 그것을 보기 위하여 왔다.

또한 그곳에는 오스티아의 추기경인 후고린 경도 참석했는데 그는 프란체스코와 그의 수사들을 대단히 경모하고 있었다. 프란체스코는 그가 교황이될 것이라고 예언했다. 그리고 그것은 실현되었다. 그는 후에 교황 그레고리 9세가 되었던 것이다. 그 추기경의 처소는 페루자에 있었는데 그는 일부러 아시시로 와서 프란체스코와 그의 수사들을 매일 만나 보았다. 그리고 같이 미사에 참여하고 총회에서 수사들에게 설교도 했다.

그 추기경은 거룩한 총회를 방문하면서 성 마리아의 평원에 60명씩 혹은 100명, 200명, 300명씩 수사들이 앉아 있는 것을 보고 큰 희열과 영감을 느꼈다. 모든 수사들은 오직 하나님에 대하여 이야기하고 기도하고 눈물을 흘리며 서로 사랑했다. 그리고 그들은 너무 조용하고 온유해서 어떠한 소리나 소음도 없었다. 그리고 군대식 캠프처럼 그 많은 사람들이 조직적인 것에 감탄해서 그는 눈물을 흘리면서 말하곤 했다. "진실로 이것이 하나님의 기사의 군대다!"

진정으로 모든 무리 가운데서 어느 누구도 잡담을 하거나 농담을 하는 사람은 없었다. 수사들이 모일 때는 언제든지 기도하거나 일과의 기도를 암송하거나 그들의 죄를 자복하거나 영혼의 구원에 대하여 이야기했다.

이 캠프에는 모든 무리들이 거적이나 돗자리로 텐트를 만들었기 때문에 이 총회는 거적이나 돗자리의 총회라고 불리어졌다. 그들은 땅바닥이나 거적 위에서 잤으며 그들의 베개는 돌이나 나무 조각이었다.

그 결과 그들을 보고 들은 사람들은 그들을 대단히 흠모하게 되었고 그들의 거룩함의 명성은 널리 퍼져서, 그 당시에 페루자 근처에 있었던 교황청과 스폴레토 골짜기 사방으로부터 많은 사람들이 그들을 보기 위해서 왔다.

많은 공작과 남작과 기사와 많은 귀족들과 평민들이, 그리고 추기경들과 주교들과 수도원장들이 이제까지 세상이 보지 못한 그렇게 많은 거룩한 사람들이 모이는 이 거룩한 모임을 보기 위하여 다른 성직자들과 함께 모여들었다. 그리고 그들은 특별히 그 모든 무리의 존경할 만한 지도자이며, 세상에서 이들을 모아 참목자 되신 예수 그리스도의 발자취를 따르도록 이 경건한 무리를 만든 거룩한 스승을 보고 싶어 했다.

전체 총회가 열렸을 때, 모든 무리들의 거룩한 스승인 프란체스코는 일어나서 영혼의 열정으로 하나님의 말씀을 거룩한 무리들에게 강론하였고, 또한 하나님께서 그에게 허락하신 대로 나팔처럼 크고 웅장한 소리로 성령께서 그에게 말하라고 하신 것은 무엇이든지 그들에게 설교했다. 그때에 그가 전한 설교의 요지는 다음과 같다.

"나의 사랑하는 아들들아, 우리는 많은 것을 약속해왔다. 그러나 하나님은 우리에게 더 많은 것을 약속해 주셨다. 우리는 우리가 한 약속을 지키자. 그리고 우리에게 약속된 것들을 자신을 가지고 열망하자. 세상의 쾌락은 짧고 그 후에 따르는 벌은 영원하다. 이 세상의 고통은 작지만 내세의 영광은 무한하다."

프란체스코는 이러한 말로서 그들을 위로하며, 그들이 거룩한 교회를 존중하고 형제의 사랑으로 지내며, 하나님의 모든 백성들을 위하여 기도하고, 세상의 역경과 흥망에 인내를 가지며, 천사와 같은 순결을 지니고 하나님과 사람들과 자신의 양심 앞에서 평안과 조화 가운데 거하며, 모든 사람들에게 겸손과 온유함으로 대하고 세상을 경멸하고 거룩한 청빈을 사랑하고 뜨겁게 실천하며, 거룩한 기도와 하나님을 찬양함에 전심을 다하고, 영혼과 육체의 모든 소망과 근심을 우리의 영혼과 육체를 먹이시는 선한 목자 우리 주 예수 그리스도께 두도록 경건한 권면을 하였다.

그러고 나서 프란체스코는 말했다.

"그대들이 이것을 더 잘 준수하기 위하여, 여기 모인 모든 수사들에게 내가 명한 거룩한 순종의 미덕으로 그대들 중 어느 누구도 육체를 위하여 먹거나 마시지 말고 다른 필요한 것에 대하여 걱정하거나 근심하지 말라. 오직 기도와 하나님을 찬양함에 전심을 기울이라. 그리고 그대들이 육체에 대한 모든 근심을 그리스도께 맡겨 버리라. 이는 주님께서 그대들을 특별히 돌보시기 때문이다."

그러자 모든 사람들이 이 명령을 그 마음과 얼굴에 큰 기쁨으로 받아들였다. 그리고 프란체스코가 설교를 마쳤을 때에 그들은 각자 기도하기 시작했다.

그러나 그곳에 참석했던 성 도미닉은 프란체스코의 명령에 크게 놀랐다. 그리고 그는 프란체스코가 그 많은 사람들 중 한 사람도 육신을 위하여 필요한 것을 전혀 생각하지 말라는 명령은 경솔한 짓이었다고 생각했다. 그리고 도미닉은 그 많은 무리들이 결과적으로 고통을 당할 것이라고 생각했다. 그러나 주 예수 그리스도께서는 그 분이 그의 양떼들과 그의 가난한 자들을 특별히 돌보신다는 것을 보이시기를 원했다. 즉 하나님의 섭리로 페루자와 스폴레토와 포리그노와 스펠로와 아시시와 모든 주변의 마을 사람들은 먹을 것과 마실 것을 거룩한 총회에 가져 오도록 영감을 받은 것이다.

그리고 갑자기 사람들이 그 마을로부터 많은 당나귀와 노새와 마차에 빵과 포도주와 콩과 치즈와 다른 먹을 것들을 가지고 왔다. 그들은 그리스도의 이 복된 청빈한 사람들이 그것들을 필요로 할 것이라고 생각했기 때문이었다. 더욱이 그들은 크고 작은 물주전자와 컵과 식탁보와 그 외에 무리들이 필요로 하는 다른 것들을 가지고 왔다.

그리고 그들 중에서 일용할 것들을 가지고 올 수 있었던 사람들은 누구든지 거룩한 무리들의 필요를 위하여 제공할 수 있는 기회를 가진 자기 자신을 행운이라고 생각했다. 그러므로 여러분들은 그 거룩한 무리들을 섬기기 위해서 기쁘게, 겸손하게 찾아온 기사들과 귀족들을 볼 수 있었을 것이다. 여러분들은 또한 무리들 주위에서 종처럼 충성스럽게 움직이는 성직자들을 볼 수 있었을 것이다.

여러분들은 마치 그 무리가 가난한 수사들이 아니라 우리 주 예수 그리스도의 사도들이나 되는 것처럼 젊은이들이 깊은 경외심을 가지고 그들을 섬기는 것도 또한 볼 수 있었을 것이다.

그러므로 성 도미닉이 이 모든 것을 보고 하나님의 섭리가 그들 중에 역사하시는 것을 깨달았을 때, 그는 겸손하게 프란체스코를 잘못 판단한 자신을 꾸짖고 온유하게 프란체스코 앞에 무릎을 꿇고 자신의 잘못을 빌었다. 그리고 그는 말했다.

"하나님은 진정으로 거룩한 작은 빈자들을 특별히 돌보십니다. 나는 그것을 깨닫지 못했었습니다. 그러므로 이제부터 나는 복음서의 거룩한 청빈을 실천하기로 약속합니다. 그리고 하나님의 이름으로 나의 수도회의 어느 수사든지 개인 재산을 가지고자 하는 자에게는 저주를 내릴 것입니다."

그리하여 도미닉은 프란체스코의 믿음과 그 많은 무리들의 순종과 가난과, 하나님의 섭리에 의한 풍성한 공급에 대해 크게 깨닫게 되었다. 참된 성자이며 현인인 그가 이 모든 것을 인정한 것은, 완전하시고 신실하신 주님께서 들의 백합화를 자라게 하시고 공중의 새를 먹이시는 것처럼 그의 거룩한 빈자들을 필요로 하는 모든 것으로 또한 풍족하게 채우시기 때문이었다.

같은 총회에서 프란체스코는 많은 수사들이 그들의 몸에 가슴받이와 쇠띠를 지니고 있어서 그 결과로 어떤 사람들은 병들어 죽어가고 있으며, 또 다른 사람들은 기도에 방해를 받고 있다는 말을 들었다. 그래서 프란체스코는 현명한 스승으로서 거룩한 순종으로 가슴받이와 쇠띠를 지니고 있는 사람은 누구든지 그것을 벗고 그 앞에 갖다 맡기라고 명령했다.

그러자 그들은 그것을 순종했다. 그래서 적어도 500개의 가슴받이와 팔과 몸에 걸친 더 많은 쇠띠들이 한 곳에 쌓였다. 그리고 프란체스코는 수사들에게 그것들을 놓고 돌아가도록 했다.

후에 총회가 끝났을 때, 프란체스코는 그들 모두에게 선행을 행하라고 가르치며 격려했다. 그리고 그들에게 이 악한 세상으로부터 죄 없이 탈출할 수 있는 방법을 가르쳤으며, 그들을 위로하고 하나님의 축복과 그의 축복을 내림으로써 그들이 신령한 기쁨에 가득 차서 돌아가게 했다.

우리 주 예수 그리스도께 영광을 돌릴지어다. 아멘.

✳ 19. 어떻게 하나님이 프란체스코에게 말씀하셨는가, 그리고 어떻게 프란체스코가 가난한 사제의 포도원에서 포도주를 증가시켰는가.

한 번은 프란체스코가 그의 눈에 심한 고통을 받고 있었다. 그 수도회의 후원자인 추기경 후고린 경은 그를 매우 사랑했으므로 프란체스코에게 리에티로 와서 훌륭한 안과 의사들에게 치료를 받도록 그에게 편지를 보냈다. 프란체스코는 추기경의 편지를 받고서 먼저 성 클라라가 살고 있는 산 다미아노로 갔다. 왜냐하면 그는 그가 떠나기 전에 클라라를 방문하고 그녀를 위로한 후에 라에티로 가려고 생각했었기 때문이었다.

그리고 그가 산 다미아노로 간 첫날 밤에 그의 눈은 아주 악화되어 거의 아무 빛도 볼 수 없게 되었다. 그는 떠날 수가 없었기 때문에 클라라는 그를 위해서 갈대와 짚으로 만든 작은 방을 만들어서 프란체스코가 홀로 쉬며 더 휴식을 취할 수 있도록 했다.

프란체스코는 그곳에서 눈의 고통을 지닌 채 50일을 보냈다. 더구나 그는 마귀에 의해 교사된 수많은 떼의 쥐들 때문에 방해를 받아 밤이나 낮이나 조금도 휴식을 취할 수가 없었다. 오랜 날 동안의 시련과 고난을 겪는 중에 그는 그것이 그의 죄에 대한 주님의 징계임을 깨닫기 시작했다.

그래서 그는 전심을 다하여 하나님께 감사하고 큰소리로 외치며 하나님을 찬양하기 시작했다.

"나의 주님, 저는 이러한 고통과 더 많은 고통이라도 받기에 합당합니다."

그리고 그는 주님께 이렇게 기도했다.

"선한 목자 되신 나의 주님 예수 그리스도시여, 주님은 당신의 자비를 이 무가치한 죄인에게 여러 가지 육체의 고난을 통하여 보여 주셨으며 저에게 은혜와 힘을 주시나이다. 당신의 작은 어린 양인 제가 이 고통과 근심을 통하여 하나님을 바라볼 수 있게 하여 주소서!"

그리고 프란체스코가 이러한 기도를 드릴 때에 하늘로부터 한 목소리가 들려왔다.

"프란체스코야, 내게 대답하라. 만약 이 세상이 금으로 만들어지고, 모든 바다와 강과 샘물이 향유로 만들어지고, 모든 산과 언덕과 바위가 보석으로 만들어졌다면, 그리고 네가 금보다, 향유보다, 보석보다 더 가치 있는 다른 보물들을 발견했다면, 그리고 너의 병 때문에 그 가장 귀한 보물이 너에게 주어진다면, 너는 그것을 아주 기뻐하지 않겠느냐?"

프란체스코는 대답했다. "주님, 저는 그런 귀한 보물을 받을 자격이 없습니다."

그러자 하나님의 목소리가 그에게 들려왔다. "그러므로 프란체스코 형제여, 기뻐하라. 왜냐하면 내가 너를 위하여 준비하고 있는 것은 영생의 보물이기 때문이다. 그리고 지금 나는 그것을 너에게 줄 것이다. 이 병과 고통은 그 축복된 보물의 한 표적이다."

그때에 프란체스코는 그 영광스런 약속으로 환희에 넘쳐 그의 제자를 불러 말했다. "라에티의 추기경에게 가자!"

그리고 먼저 클라라에게 거룩한 말로 위로하고 안녕을 고하면서 리에티로 향하여 떠났다.

그러나 그가 리에티 근처에 도착했을 때, 수많은 군중들이 그를 만나기 위해서 나왔기 때문에 그는 그 도시로 들어가기를 원치 않았다. 그래서 그는 그 도시에서 2마일 떨어진 어느 교회로 들어갔다. 그러나 사람들은 프란체스코가 그 교회에 있는 것을 알고 떼를 지어 그를 만나기 위해 몰려왔다.

그때는 추수 때였는데 그 교회 사제의 포도원은 수많은 사람들로 인해 완전히 망쳐지고 사람들은 모든 포도를 따먹어 버렸다. 사제는 이것을 보고 그가 프란체스코를 교회에 들어오도록 허용한 것을 아주 후회했다.

프란체스코는 성령을 통하여 그 사제의 생각을 알고 그를 불러 말했다. "이 포도원에서는 풍작하였을 때 일 년에 몇 통의 포도주를 냅니까?"

그 사제는 대답했다. "12통입니다."

프란체스코는 대답했다. "그렇다면 내가 이 교회에서 며칠 동안만 휴식을 취할 수 있도록 허락해 주십시오. 그리고 하나님의 사랑과 이 보잘것없는 자를 위하여 모든 사람들이 당신의 포도원에서 포도를 딸 수 있도록 허락해 주십시오. 그러면 올해 당신은 12통을 수확할 것을 나의 주님 예수 그리스도를 대신하여 당신께 약속합니다."

프란체스코가 거기에 머무르면서 이렇게 한 것은 그가, 주께서 그곳에 모인 사람들의 영혼 안에서 선을 행하시는 것을 보았기 때문이었다. 그는 그들 중의 많은 사람들이 하나님의 사랑에 취하여 세상을 잊어버리고 하늘의 것을 사모하는 것을 보았다. 그러므로 프란체스코에게는 하나님의 포도원이 메마른 것 보다는 사람의 포도원이 황폐해진 것이 더 낫게 보였다.

그리고 그 사제는 프란체스코의 약속을 믿고 자유롭게 거기 온 사람들이 포도를 따먹을 수 있도록 허락했다. 그 포도원은 완전히 그들에 의해서 황폐해지고 단지 몇 송이의 포도들만이 남게 되었다. 그러나 수확 때가 되어서 프란체스코의 약속을 믿는 그 사제는 그 많지 않은 남은 포도송이를 따서 술틀에 넣어 그것을 포도주로 만들었다. 그러나 놀랍게도 프란체스코가 약속했던 대로 그는 최상급 포도주 12통을 얻게 되었다.

이러한 기적은, 성 프란체스코의 덕을 통하여 황폐한 포도원이 풍성한 포도주를 낸 것처럼, 죄 때문에 덕이 메마른 기독교인들도 프란체스코의 덕과 가르침을 통하여 회개의 선한 열매를 맺게 되었다는 사실을 보여 주었다.

우리 주 예수 그리스도께 영광을 돌릴지어다. 아멘.

✳ 20. 어떻게 프란체스코가 수도회를 떠나고자 유혹을 받는 신참 수사에게 영광 가운데 나타났는가.

귀족 출신의 한 영리한 젊은이가 프란체스코 수도회에 들어왔다. 그는 며칠 동안 관습을 따른 후에, 마귀의 사주에 의해 그가 입고 있는 의복을 싫어하기 시작했다. 그리고 그는 마치 그가 조잡한 부대 자루를 입고 있다고 느꼈다. 소매는 그의 신경에 거슬리고, 두건도 싫었으며, 그 의복의 길고 거친 것이 그에게는 견딜 수 없는 짐이었다. 그리하여 갈수록 수도회를 싫어하게 되어 결국 모든 의복을 버리고 세상으로 돌아가기로 결심했다.

처음부터 그 젊은이를 돌보아 온 책임 맡은 수사는 그에게 그리스도의 성체가 보존된 수도회의 제단 앞을 지날 때에는 항상 경건하게 무릎을 꿇고 모자를 벗고 그의 손을 가슴에 십자형으로 대야 한다고 가르쳤다. 그리고 이 젊은이는 항상 조심스럽게 그것을 지켰다.

그가 의복을 벗어 버리고 수도원을 떠나기로 결심했던 그날 밤, 그는 제단 앞을 지나가야 했다. 그리고 그는 거기서 평상시처럼 먼저 무릎을 꿇고 십자가를 그었다. 그런데 갑자기 그는 무아경에 사로잡혀서 하나님의 놀라운 환상을 보게 되었다.

그는 그 앞으로 무수한 성자들이 둘씩 짝을 지어 행렬하는 것을 보았다. 그들은 매우 화려하고 고귀한 의복을 입고 있었으며, 그들의 얼굴과 손과 그들의 몸은 태양보다도 더 찬란하게 빛이 나고 있었다. 그들은 찬송을 부르며, 천사들이 엄숙하고 아름답게 그들의 기쁨에 화답하는 가운데 행진하고 있었다.

그 성자들 중에는 다른 이들보다 더욱 화려한 옷을 입고 그것을 바라보는 사람들을 황홀하게 할 만큼 광휘로 둘러싸인 두 사람이 있었다. 그리고 그 행렬 끝에는 특별히 다른 사람의 영광을 받는 새로운 기사와 같이 보이는, 화려한 영광 중에 있는 한 사람이 있었다.

그 젊은이가 이러한 환상을 보았을 때 그는 매우 놀랐다. 그리고 그는 이 행렬이 무엇을 의미하는 줄을 몰랐다. 그러나 그는 그 옆을 지나가고 있는 사람들에게 물어보지 못했다. 그는 이 축복에 너무나 압도되어서 물어볼 수가 없었던 것이다. 그러나 이 모든 행렬이 지나가고 그가 마지막 사람들을 보았을 때, 그는 용기를 내어 그들에게 다가가서 겁먹은 목소리로 그들에게 물어 보았다.

"여러분, 이 행렬에 있는 이 훌륭한 분들이 누구신지 저에게 말씀해 주실 수 없겠습니까?"

그들은 그들의 빛나는 얼굴을 그에게로 향하고 대답했다. "아들아, 우리 모두는 천국의 영광으로부터 방금 나온 수사들이다."

그는 다시 물었다. "다른 사람들보다도 더 찬란하게 빛나는 사람들은 누구입니까?"

그러자 그들은 대답하였다. "다른 사람들보다도 더 찬란하게 빛나는 저 두 사람은 성 프란체스코와 성 안토니이다. 그리고 네가 본 영광을 받고 있는 마지막 사람들은 최근에 죽은 거룩한 수사이다. 왜냐하면 그는 죽을 때까지 그의 거룩한 생애에서 모든 유혹을 대항하여 용감히 싸웠으며 그 모든 것을 견디어냈기 때문이다.

우리는 모든 성도들과 더불어 모든 천사들이 즐거워하는 가운데 천국의 기쁨을 위하여 승리와 영광 속에서 그를 축하해 주고 있는 것이다. 그리고 우리가 입고 있는 이러한 아름다운 의복들은 하나님이 우리에게 주신 것이다. 왜냐하면 우리는 인내로써 거친 의복을 지상에서 입었기 때문이다.

네가 우리 안에서 보는 영광스러운 찬란함은 우리가 끝까지 즐거운 마음과 얼굴로 지킨 겸손한 회개와 거룩한 청빈과 순종과 순결한 정절을 인하여 하나님께서 우리에게 주신 것이다. 아들아, 그러므로 너는 이러한 훌륭한 수도회의 부대자루를 입는 것을 고통스럽게 생각하지 말라.

왜냐하면 만약 네가 성 프란체스코의 부대자루를 입고, 우리 주 예수 그리스도의 사랑을 위하여 세상을 경멸하고 너의 육체를 무시하고 마귀에 대적하여 용감히 싸운다면, 너도 우리와 마찬가지로 이와 같은 의복을 받을 것이며 영광중에서 우리와 함께 찬란하게 빛날 것이기 때문이다."

그들이 이러한 말을 마쳤을 때 그 젊은이는 의식이 들었다. 그리고 이 환상에 용기를 얻어, 그는 모든 유혹을 뿌리치고 그의 책임 수사와 다른 모든 수사들 앞에서 그의 잘못을 고백하고 회개했다.

그 후에 그는 더욱 더 영원한 축복을 위하여 회개와 의복의 모든 고통을 사모하게 되었다. 그리고 완전히 변화되어 그는 거룩한 삶을 살았으며 그 수도회 안에서 죽었다.

우리 주 예수 그리스도께 영광을 돌릴지어다. 아멘.

✳ 21. 어떻게 프란체스코는 구비오의 매우 사나운 늑대를 길들였는가.

프란체스코가 구비오 마을에 머무르고 있을 때 아주 기적적이고 오랫동안 기억할 만한 사건이 발생했다.

그 도시 주변에는 굶주림으로 광포한, 사납고 큰 늑대가 한 마리 살고 있었다. 그리고 그 늑대는 짐승뿐만 아니라 사람들까지도 잡아먹곤 했다. 그래서 그 도시의 모든 주민들이 그 늑대를 큰 고민과 공포의 대상으로 여겼다. 왜냐하면 그 늑대는 자주 그 도시 가까이에 나타나곤 했었기 때문이다.

그래서 주민들은 성문 밖을 나갈 때에는 그들이 마치 전쟁에 나가는 것처럼 무기를 지니고 나가야 했다. 그러나 그들의 무장조차도 때로는 소용이 없어, 그 광포하고 사나운 늑대에게 해를 입는 경우가 종종 있었다. 결국 그 도시의 모든 사람들은 너무 공포에 사로잡혀 어느 누구도 성문 밖을 나갈 수가 없었다.

그러나 하나님은 성 프란체스코의 거룩함을 그곳 주민들에게 나타내기를 원하셨다.

프란체스코가 그 도시에 머무르게 되었을 때, 그는 시민들에게 동정을 느껴 늑대를 만나기로 결심하였다. 그러나 이 말을 듣고 그곳 시민들은 그에게 말했다.

"안됩니다. 프란체스코여, 성문 밖을 나가지 마십시오. 왜냐하면 그 늑대는 이미 많은 사람들을 해쳤고 틀림없이 당신도 물어 죽일 것입니다!"

그러나 프란체스코는 모든 피조물의 주인인 주님 예수 그리스도께 모든 희망을 두고 있었다. 방패나 투구에 의해서가 아니라 오직 십자가로 무장을 한 채 그는 용감하게 그의 제자와 함께 성문 밖으로 나갔다. 그는 모든 믿음을 주님께 두었던 것이다. 주님을 믿는 자에게는 독사에게도 아무 해를 받지 않고 늑대 뿐 아니라 사자도 짓밟을 수 있도록 하신다는 것을 그는 믿고 있었다. 프란체스코는 이러한 큰 믿음으로 용감하게 그 늑대를 만나러 갔다.

어떤 농부들이 얼마 동안 그를 따라왔다. 그러나 그들은 곧 그에게 말했다. "우리는 더 이상 가고 싶지 않습니다. 왜냐하면 그 늑대는 너무나 사납기 때문에 우리가 해를 당할 것 같기 때문입니다."

프란체스코가 이 말을 듣고 대답했다. "그러면 그곳에 서 있으시오. 내가 늑대가 사는 곳으로 가겠소."

그때에 늑대가 나타났다. 그러자 많은 사람들은 높은 곳으로 도망쳐 올라갔고 그 사나운 늑대는 입을 크게 벌린 채 프란체스코와 그 제자들을 향하여 달려들었다. 그때 프란체스코는 십자가의 표시를 늑대를 향하여 보였다. 그러자 프란체스코와 그의 제자로부터 나온 하나님의 능력이 그 늑대를 저지시키고 유순하게 만들어 사나운 입을 닫아 버리게 만들었다.

프란체스코는 늑대를 부르면서 말했다. "나에게 오라. 늑대여. 그리스도의 이름으로 명하노니 나와 누구도 해치지 말라."

그가 십자가의 표시를 들이대자마자 그 늑대가 사나운 입을 다물고 갑자기 유순해졌으며, 그가 명령을 하자마자 늑대는 머리를 숙이고 프란체스코의 발 앞에 앉아서 마치 어린 양처럼 되었다. 그것은 참으로 놀라운 기적이었다.

프란체스코는 그 앞에 엎드려 있는 늑대에게 말했다. "형제 늑대여, 너는 이 지방에서 많은 해를 끼쳤다. 그리고 너는 무자비하게 하나님의 피조물을 파괴함으로써 크나큰 죄악을 저질렀다. 너는 짐승들을 해쳤을 뿐만 아니라, 심지어 하나님의 형상을 가진 사람들조차도 잡아먹었다. 그러므로 너는 극악무도한 강도나 살인자처럼 사형을 받기에 합당하다. 또한 모든 사람이 너를 증오하고 미워하는 것이 당연하며 이 온 도시가 다 너의 적이 될 수밖에 없다.

그러나 형제 늑대여, 나는 너와 그 시민들 사이에 평화를 맺어 주기를 원한다. 그래서 그들이 너로 말미암아 더 이상 해를 받지 않게 되고 그들도 너의 지나간 모든 죄를 용서한 후에 사람이나 개들조차도 너를 더 이상 미워하지 않게 되기를 바란다."

그 늑대는 그 몸과 꼬리와 귀를 움직임으로써 그리고 그 머리를 끄떡임으로 프란체스코가 그에게 말한 것을 기꺼이 받아들이고 지키겠다는 의사 표시를 하였다.

프란체스코는 다시 말했다. "형제 늑대여, 너는 이 평화 계약을 지키기를 원하였으므로 나는 너에게 약속한다. 나는 이 도시 사람들에게 네가 살아 있는 동안 날마다 네게 음식을 갖다 주고 네가 더 이상 굶주림으로 고통을 당하지 않도록 해 주라고 말하겠다. 왜냐하면 네가 여태까지 행한 모든 악은 굶주림 때문에 나온 것임을 나는 다 알고 있기 때문이다. 그러나 나의 형제 늑대여, 내가 너를 위하여 이와 같은 은혜를 베푸니 너는 다시는 어떠한 동물이나 사람도 해치지 않을 것을 약속하기 바란다. 너는 나에게 그것을 약속하겠느냐?"

그 늑대는 고개를 끄떡임으로써 그가 프란체스코가 요구한 것을 실천할 것을 약속한다는 뜻을 분명히 했다.

그리고 프란체스코는 말했다. "형제 늑대여, 너는 네가 약속하는 것을 내가 확실히 믿을 수 있도록 맹세의 표시를 나에게 해 주기 바란다."

그리고 프란체스코가 그 맹세를 받기 위해 그의 손을 내밀었을 때, 그 늑대는 또한 그 앞발을 프란체스코의 손바닥 위에 맹세의 표시로 부드럽게 얹어 놓았다.

그때에 프란체스코는 말했다. "형제 늑대여, 나는 너에게 주 예수 그리스도의 이름으로 명한다. 지금 나와 함께 두려워하지 말고 마을 안으로 가서 주님의 이름으로 평화 계약을 맺자."

그 늑대는 곧 프란체스코 옆에서 온유한 어린 양처럼 걷기 시작했다. 사람들은 이것을 보고 크게 놀랐고, 그 뉴스는 신속하게 마을 전체에 퍼졌다. 그래서 남녀노소 구별 없이 모든 사람들이 시장에 모였다. 왜냐하면 늑대가 프란체스코와 함께 거기에 있었기 때문이었다.

수많은 군중들이 모였을 때에 프란체스코는 그들에게 놀라운 설교를 했다. 그 설교의 요지는 이러한 것이었다. 여태까지의 재난은 그들의 죄 때문에 하나님께서 허락하신 것이다. 그리고 저주받은 자들이 영원히 삼켜지는 지옥의 불들은 단지 몸만을 죽일 수 있는 사나운 늑대보다도 더욱 더 위험한 것이며 한 마리의 작은 짐승이 시민들을 공포와 두려움 속으로 몰아넣을 수 있다면 지옥에 대한 두려움은 더욱 커야 할 것이라는 설교였다.

프란체스코는 말했다. "그러므로 사랑하는 여러분, 주님께로 돌아오십시오. 그리고 합당한 회개를 하십시오. 그러면 하나님께서 여러분을 이 세상에서 늑대로부터 자유하게 하신 것처럼 내세에서도 지옥의 불로부터 자유하게 하실 것입니다."

이와 같이 말한 후에 그는 계속 말했다. "사랑하는 여러분 앞에 서 있는 형제 늑대는 나에게 약속했습니다. 그리고 맹세했습니다. 늑대는 여러분과 화평할 것이며, 여러분이 매일 그를 먹이기로 약속한다면 그는 여러분을 해치지 않을 것입니다. 그리고 나는 형제 늑대를 위하여 내 자신을 보증인으로 맹세합니다. 그는 신실하게 이 평화 계약을 이행할 것입니다."

그때 그곳에 모였던 모든 사람들은 큰 소리로 그 늑대를 계속 먹이겠다고 약속했다. 그리고 프란체스코는 모든 사람들 앞에서 늑대에게 말했다. "그리고 형제 늑대여, 그대는 어떠한 짐승이나 사람을 해치지 않겠다는 이 계약을 지키기로 약속하는가?"

그 늑대는 무릎 꿇고 고개를 숙이며 몸과 꼬리를 흔들면서 명백하게 모든 사람들 앞에서 약속한 것을 지키겠다는 표시를 하였다.

프란체스코는 말했다. "형제 늑대여, 그대가 나에게 우리가 성문 밖에 있을 때 이것을 맹세한 것처럼, 나는 그대가 나에게 여기서도 모든 사람들 앞에서 그대가 이 약속을 지키고 내가 그대의 보증인으로 약속한 것에 대하여 나를 배신하지 않을 것을 맹세하기 바란다."

그때에 늑대는 모든 사람들 앞에서 그 오른쪽 발을 들어서 프란체스코의 손에 맹세의 표시로 올려놓았다.

그리고 군중들은 놀라움과 기쁨과 프란체스코에 대한 존경과 그 기적과 늑대와 시민 사이의 평화 계약에 대한 경의에 가득 차서 그들은 모두 성 프란체스코를 그들에게 보내 주신 주 예수 그리스도를 찬양했다. 프란체스코로 말미암아 그들은 사나운 늑대로부터 자유함을 얻었고, 크나큰 공포로부터 구원함을 받아 평화와 고요를 회복하게 되었던 것이었다.

그날 이후로 늑대와 사람들은 프란체스코가 맺어 준 계약을 지켰다. 늑대는 2년을 더 살았고, 늑대는 이집 저집으로 음식을 얻어먹으러 다녔다. 늑대는 어느 누구도 해치지 않았으며, 또한 어느 누구도 늑대를 해치지 않았다.

사람들은 늑대를 기쁘게 먹였으며 어떠한 개도 늑대를 향하여 짖지 않았다.

결국 늑대가 늙어서 죽게 되었을 때 사람들은 서운하게 생각했다. 왜냐하면 늑대가 도시 한가운데로 지날 때는 언제나 그 평화스러운 온화함과 인내가 시민들에게 프란체스코의 덕과 거룩함을 일깨워 주었기 때문이었다.

우리 주 예수 그리스도께 찬양을 돌릴지어다. 아멘.

✳ 22. 어떻게 성 프란체스코가 산비둘기들을 구해 그들을 위한 보금자리를 만들어 주었는가.

시에나의 한 소년이 많은 산비둘기를 덫으로 잡아서 산 채로 팔기 위해 시장으로 가져가고 있었다. 항상 친절하고 동정심 많고 특히 온유한 짐승과 작은 새들에 따뜻한 관심을 보여 주었던 프란체스코는 이 산 비둘기들을 보고 동정심을 강하게 느꼈다. 그는 산비둘기들을 가져가는 소년에게 말했다.

"애야, 그 산비둘기들을 나에게 다오. 그래서 성경에 순결하고 겸손한 영혼의 상징으로 되어 있는 그 죄 없는 새들이 그들을 죽일 잔인한 사람들의 손에 들어가지 않도록 하자."

그 소년은 감동을 받아 모든 산비둘기들을 프란체스코에게 주었다. 온유한 프란체스코가 그 산비둘기들을 가슴에 품고 그들에게 부드럽게 말하기 시작했다.

"나의 순결한 비둘기들이여, 너희들은 어떻게 이와 같이 잡혔느냐? 나는 너희들을 사망으로부터 구원하여 보금자리를 만들어 너희들이 알을 낳고 번성하라는 창조주의 명령을 성취할 수 있도록 도와주겠다."

프란체스코는 그들을 데리고 가서 그들을 위하여 보금자리를 만들어 주었다. 그리고 그 산비둘기들은 프란체스코가 만들어 준 보금자리에서 알을 낳고 수사들의 보살핌 속에 새끼를 키웠다. 그 비둘기들의 숫자는 계속 증가하였다. 그들은 아주 잘 길들여졌고 프란체스코와 다른 수사들과 아주 친밀해

새들에게 설교하는 성 프란체스코

지오토 작(作), 1296~9년경. 아시시의 성 프란체스코 성당 소재

져서 마치 수사들이 키우는 병아리와도 같았다. 비둘기들은 프란체스코가 축복을 해 주고 난 뒤에야 그를 떠나곤 했다.

프란체스코는 그에게 산비둘기들을 주었던 그 소년에게 말했었다. "내 아들아, 어느 날 너는 이 수도회의 수사가 될 것이다. 그리고 너는 우리 주 예수 그리스도를 잘 섬길 것이다."

프란체스코의 예언은 맞아 떨어졌다. 왜냐하면 후에 그 소년은 프란체스코의 덕이 계기가 되어 수도회에 들어와 죽을 때까지 모범적인 수사의 생활을 하였던 것이다.

프란체스코는 이 세상에서 작은 새들에게 안식을 주었을 뿐만 아니라 어린 소년에게 영생의 기쁨을 주었던 것이다.

우리 주 예수 그리스도께 찬양을 돌릴지어다. 아멘.

✳ 23. 어떻게 성 프란체스코는 포르티운쿨라가 마귀들에 의해 포위된 것을 보게 되었는가.

한 번은 포르티운쿨라 수도원에서 성 프란체스코가 평소 하던 대로 경건히 기도하고 있을 때 하나님의 계시에 의해, 마귀들이 떼를 지어 포르티운쿨라를 포위하고 있는 모습을 보게 되었다. 그러나 마귀들 중 어느 누구도 그곳에 들어갈 수가 없었다. 수사들은 너무 거룩해서 마귀들이 들어갈 수 있는 틈을 도저히 찾을 수가 없었다.

그러나 인내의 생활을 하고 있던 수사들 중의 하나가 다른 수사에 대한 분노에 사로잡히게 되었다. 그리하여 그는 그 동료에 대하여 복수를 하려고 했다. 미덕의 문은 닫혀지고 악의 문이 열렸고 결국 그는 마귀에게 들어올 수 있는 틈을 주었다.

그러자 즉각 마귀들 중의 하나가 그곳에 들어와 마치 승자가 패자를 공격하는 것처럼 그 형제를 공격했다. 그리고 마귀는 그 수사의 목 위에 웅크리고 앉았다. 프란체스코는 이 과정을 다 보고 있었다.

항상 그의 양떼들을 돌보아 온 사랑 많은 스승 프란체스코는 늑대가 그의 어린 양을 잡아먹기 위해 들어온 것을 보고, 그의 양이 큰 위험에 처한 것을 알고 그 수사를 불렀다.

그 수사는 순종하는 자세로 자신을 걱정하는 목자 앞으로 왔다. 프란체스코는 그에게 바로 마음에 품었던 증오의 독을 고백하라고 명령했다. 왜냐하면 그것 때문에 그는 적에게 패배했기 때문이다.

거룩한 스승이 그의 마음을 다 아는 것을 보고 그 수사는 두려워하여 자기 잘못을 고백하였다. 그는 자신이 품었던 증오와 원망을 고백하고 겸손히 회개와 용서를 구했다. 그는 회개한 후에 죄로부터 용서함을 받았으며 프란체스코는 마귀가 즉시 도망치는 것을 보았다.

마귀의 손으로부터 해방된 그 수사는 하나님을 찬양하고 프란체스코에게 감사했다. 그는 그 스승의 덕을 힘입어 끝까지 거룩한 삶을 살았다.

우리 주 예수 그리스도와 아버지 하나님께 영광을 돌릴지어다. 아멘.

✳ 24. 성 프란체스코는 술탄(회교국 왕)과 프란체스코를 죄짓도록 유혹한 창녀를 어떻게 회개시켰는가.

한번은 성 프란체스코가 그리스도에 대한 믿음의 열정과 순교에 대한 소원에 자극되어 그의 거룩한 열 두 제자들과 더불어 바다를 건너 회교국의 왕에게로 직접 여행하기로 계획을 세웠다.

지나가는 모든 그리스도인들을 죽이는 무자비한 인간들이 사는 사라센의 어느 나라에 도착했을 때 그들은 하나님의 은혜로 죽임을 당하지 아니하고 포로로 잡혀 거칠게 대우를 받으면서 술탄(회교국 왕) 앞으로 인도되었다.

그 술탄 앞에서 프란체스코는 성령의 인도하심을 받아 거룩한 신앙에 대하여 설교했다. 그리고 그는 신앙을 위하여 불에라도 뛰어들 수 있다고 제안했다.

드디어 술탄은 프란체스코의 뜨거운 신앙을 느끼기 시작했다. 이는 그의 흔들리지 않는 믿음과 세상에 대한 경멸 — 그는 아주 가난했지만 어떠한 선물도 받지 않았다 — 그리고 순교에 대한 강렬한 소원 때문이었다. 그 후 술탄은 기꺼이 그의 말을 듣고 그에게 자주 찾아오도록 부탁했다. 더욱이 술탄은 기꺼이 그와 그의 제자들에게 그의 제국 안에서 원하는 대로 돌아다니면서 전도할 수 있도록 허락해 주었다. 그는 그들에게 또한 작은 표적을 주었는데 그 표적을 지닌 사람은 아무도 손대지 못하도록 되어 있었다.

이러한 술탄의 자비로운 허락을 받은 후에 프란체스코는 그의 제자들을 둘씩 사라센 제국의 각 지방으로 그리스도의 복음을 전파하기 위해 보냈다. 그리고 자신도 한 제자를 데리고 어느 지방을 여행하게 되었다. 그는 그곳에서 여관에 들어 하룻밤을 지내게 되었다.

그곳에서 그는 몸과 얼굴은 아름답지만 마음과 영혼은 더러운 한 여인을 발견하게 되었다. 그 여인은 프란체스코에게 그녀와 더불어 부끄러운 죄악을 범하자고 유혹했다.

프란체스코는 그녀에게 대답했다. "만약 그대가, 그대가 원하는 대로 내가 하기를 원한다면 그대도 내가 원하는 것을 해야만 한다."

그녀는 말했다. "좋습니다. 가서 침대를 마련합시다." 그리고 그녀는 그를 한 방으로 인도했다.

그러나 프란체스코는 그녀에게 말했다. "나와 함께 가자. 그러면 내가 그대에게 아름다운 침대를 보여 주겠다."

그리고 그는 그녀를 그 집에서 타고 있는 불 속으로 데리고 갔다. 프란체스코는 열정에 사로잡혀 옷을 다 벗고 그 불 속으로 뛰어 들어 갔다. 그리고 그는 그녀를 부르며 말했다.

"옷을 벗고 빨리 이리 오라. 그리고 이 찬란하고 아름다운 침대 위에서 즐기자. 그대가 나에게 순종하기 원한다면 그대는 이곳에 있어야만 한다."

그는 오랫동안 즐거운 얼굴로 그곳에 머물러 있었다. 불타오르는 곳에 서 있는 그는 마치 꽃밭 위에 있는 것 같았다. 그러나 불은 그를 태우거나 그을릴 수 없었다.

이와 같은 기적을 보고 그 여인은 깜짝 놀라서 그 마음에 회개를 하게 되었다. 그리고 그녀는 그녀의 죄악과 악한 의도를 회개하였을 뿐만 아니라 그리스도의 신앙으로 개종하였다. 그녀는 거룩한 프란체스코의 덕을 통하여 은혜 가운데 거룩하게 되어 많은 영혼을 그곳에서 주님 앞으로 인도하였다.

결국 프란체스코는 그 나라에서 그가 소원했던 열매를 거둘 수 없는 것을 하나님의 계시를 통해 깨닫고 그의 제자들과 더불어 돌아갈 준비를 하기 시작했다. 그는 제자들을 다시 모았다. 그리고 나서 먼저 술탄에게 찾아가 그가 떠나기로 한 계획을 말했다.

술탄은 그에게 말했다. "프란체스코 형제여, 나는 기꺼이 그리스도의 신앙으로 개종하고 싶다. 그러나 지금 그렇게 하기가 두렵다. 왜냐하면 이 사라센 사람들이 내가 그렇게 했다고 듣기만 한다면 즉시 당신과 당신의 모든 제자들을 죽일 것이다. 당신은 지금 많은 일들을 할 수가 있고 나도 또한 나의 영혼의 구원을 위하여 많은 중요한 일을 해야만 하기 때문에, 나는 당신과 내가 일찍 죽는 것을 원치 않는다. 그러나 나에게 내가 구원받을 수 있는 방법을 가르쳐 달라. 그러면 나는 기꺼이 당신의 제안에 순종하겠다."

그때에 프란체스코는 그에게 말했다. "나의 왕이시여, 나는 지금 당신을 떠납니다. 그러나 내가 귀국한 후에 혹시 하나님의 부르심을 받아 내가 죽은 후에라도 나는 당신에게 두 제자를 보낼 것입니다. 당신은 그들로부터 세례를 받고 구원을 받을 수 있을 것입니다. 이것은 나의 주 예수 그리스도께서 나에게 계시하신 것입니다. 그리고 그동안 당신을 방해하는 모든 것들로부터 당신 자신을 자유하게 하십시오. 그러면 그리스도의 은총이 당신에게 찾아 올 때 그리스도께서 당신이 신앙과 경건 가운데 있는 것을 발견하게 될 것입니다."

술탄은 기쁘게 동의하고 그렇게 하겠다고 약속했다. 그리고 그는 신실하게 그의 말에 순종했다.

그와 작별한 후 프란체스코는 제자들과 더불어 고향으로 돌아갔다. 몇 년 후에 프란체스코는 죽어서 하나님 앞으로 갔다.

그 술탄은 병이 들었다. 그러나 죽은 성자의 약속의 성취를 기다리면서 그는 프란체스코회의 의복을 입은 두 수사가 나타나면 즉시 그들을 그에게 데리고 오도록 파수꾼들에게 명령을 해 놓았다.

그때에 성 프란체스코가 두 수사에게 나타나서, 지체 없이 술탄에게로 가 그에게 구원을 이루어 주도록 명령했다. 그 수사들은 즉시 겸손히 그의 명령을 순종했다. 그들은 바다를 건너 파수꾼들의 안내를 받아 술탄에게 찾아갔다.

술탄은 그들을 보고 크게 기뻐하며 말했다. "이제 나는 진정으로 주께서 성 프란체스코가 하나님의 계시를 통하여 나에게 약속한 대로 나의 구원을 위하여 주님께서 그의 종들을 보내 주신 것을 안다."

술탄은 그리스도의 신앙 안에서 배움을 얻고 그 수사들로부터 세례를 받은 후에, 그는 병중에서 중생한 후 숨을 거두었다. 그의 영혼은 프란체스코의 덕을 통하여 구원을 받았다.

우리 주 예수 그리스도께 영광을 돌릴지어다. 아멘.

✳ 25. 어떻게 성 프란체스코는 영혼과 육체에 문둥병이 든 사람을 기적적으로 고쳤는가.

그리스도의 참된 제자였던 성 프란체스코는 이 비참한 세상에 살아 있는 동안 성령에 의하여 깨우침을 받고 항상 완전한 스승이신 우리 주 예수 그리스도의 발자취를 따르기 위하여 최선의 노력을 다하였다.

그리스도 자신이 자신을 낮추어 순례자가 된 것처럼 프란체스코도 진정한 순례자가 되기를 원하였고, 그는 또한 모든 수사들은 이 세상에서 순례자와 나그네로 살아야 한다고 수도회 규칙에 명시했다.

더욱이 그리스도께서 문둥병 걸린 사람들의 육체를 고치실뿐만 아니라 그들의 영혼의 성결을 위하여 죽으시기까지 한 것처럼, 프란체스코도 그리스도를 완전히 본받기 원하며 문둥병 걸린 사람들을 크나큰 사랑으로 돌보았다. 그는 그들에게 음식을 주며 상처를 씻어 주고 그들의 의복을 빨아 주며, 더욱이 열정적으로 그리고 자주 그들에게 사랑의 입맞춤을 하곤 했다. 그리고 하나님께서 그의 능력으로 프란체스코가 육체를 치유시켜 준 그 환자의 영혼까지 치유시켜 주시는 역사가 여러 번 일어났다.

성 프란체스코는 문둥병자들을 기꺼이 섬겼을 뿐만 아니라 수도회의 모든 수사들에게 그들이 어디로 가든지 그들을 돌보도록 지시했다. 우리를 위해서 문둥병자와 같은 대우까지도 받으시기를 원하셨던 그리스도의 사랑이 프란체스코를 감동시킨 것이다. 수사들은 참된 순종하는 아들들로서 기꺼이 모든 곳에서 이와 같은 일을 행하곤 했다.

한 번은 프란체스코가 살고 있던 근처의 어느 병원에서 이런 일이 일어났다. 그 병원에서는 수사들이 문둥병자와 다른 병자들을 돌보고 있었다. 그리고 그곳에는 아주 심한 문둥병이 걸린 한 사람이 있었는데 그는 매우 조급하고 화를 잘 내는 사람이어서 모든 사람들은 그가 귀신에 사로잡혀 있다고 생각했다.

왜냐하면 그는 그를 돌보아 주는 수사들을 공격하고 욕지거리를 해댔을 뿐만 아니라 그들에게 폭력을 사용하곤 했었기 때문이었다. 그러나 가장 악한 행동은 그가 그리스도와 성모와 다른 성자들에게 저주를 퍼붓곤 하는 것이었다. 그래서 어느 누구도 그를 돌볼 수도없었고, 돌보려고 하지도 않았다.

그리고 수사들은 그들의 인내의 덕을 증가시키기 위해서 온유하게 그 모든 모욕을 견뎌 내려고 했지만, 그들의 양심은 그리스도와 성모에 대한 그의 모독적인 언사만은 견딜 수가 없었다. 그 모독을 그대로 둔다면 그것은 그와 같은 커다란 죄에 동참하는 결과를 초래한다고 그들은 생각했다. 그러므로 그들은 더 이상 하나님을 모독하는 자가 되지 않고, 마귀의 도구와 지원자들이 되지 않기 위해서 그 사람을 완전히 포기하기로 결심했다.

그러나 그들은 이 사실을 먼저 프란체스코에게 얘기하기를 원했다. 프란체스코는 그곳에서 가까운 곳에 살고 있었다.

프란체스코는 이 말을 듣고 나서 직접 문둥병 걸린 그 악한 사람에게 찾아 갔다. 그리고 그는 그에게 인사했다. "하나님이 당신에게 평안을 주시기를 바랍니다. 나의 형제여."

그 사람은 비난조로 대답했다. "내가 하나님으로부터 무슨 평안을 얻을 수 있단 말입니까? 하나님은 나에게 모든 평안과 선한 모든 것을 빼앗아 갔습니다. 그리고 나를 부패와 악취 덩어리로 만들었습니다."

그러자 프란체스코는 대답했다. "나의 사랑하는 아들이여, 인내하라. 왜냐하면 육체의 연약함은 이 세상에서 하나님께서 영혼의 구원을 위하여 우리에게 주신 것이다. 그러므로 그것들을 인내로써 견딜 수 있다면 우리에게 큰 덕이 된다."

그 문둥병자는 대답했다.

"내가 어떻게 밤낮으로 나에게 고통을 주는 이 끊임없는 아픔을 견딜 수 있단 말입니까? 나는 나의 병으로 인해 고통을 받고 있을 뿐만 아니라 당신이 나에게 나를 돌보라고 보내 준 그 수사들에 의해서도 나쁜 대우를 받고 있습니다. 왜냐하면 진정으로 나를 섬기는 사람이 없기 때문입니다."

그때에 프란체스코는 성령으로 말미암아 그가 악령으로 고생하는 것을 알고 가서 그를 위하여 하나님께 기도하기 시작했다.

그리고 기도하고 나서 프란체스코는 다시 그에게 돌아와 말했다. "내 아들아, 네가 다른 사람들에게 만족하지 않는다면 내가 너를 돌보아 주기를 원한다."

그 병자는 대답했다. "좋습니다. 그러나 다른 사람들보다 당신이 나에게 무엇을 더 해줄 수 있습니까?"

프란체스코는 대답했다. "나는 그대가 원하는 것을 무엇이든지 하겠다."

그 문둥병자는 대답했다. "나는 당신이 나를 씻겨 주기를 원합니다. 왜냐하면 나 스스로도 나 자신의 냄새를 견딜 수 없기 때문입니다."

프란체스코는 즉시 향긋한 약초를 넣어 물을 끓였다. 그리고 그는 문둥병자의 옷을 벗겨서 그의 거룩한 손으로 그를 닦아 주기 시작했다. 다른 수사하나가 옆에서 물을 끼얹어 주었다.

그때에 기적이 일어나서 프란체스코가 그의 손으로 그를 닦을 때마다 문둥병이 사라졌다. 그리고 그 육체는 완전히 나음을 얻었다.

외적으로 그 물이 그의 육체를 깨끗케 하면서 그리고 문둥병으로부터 완전히 나음을 얻으면서 그의 영혼도 치유를 받기 시작했다. 그 문둥병자는 자신이 외적으로 완전히 나음을 보자 마음의 가책을 받고 자신의 죄에 대하여 회개하기 시작했다. 그리고 그는 비통하게 울기 시작했다.

그의 몸이 물로써 씻겨지고 문둥병으로부터 완전히 고쳐진 것처럼 그의 양심도 회한의 눈물로 세례를 받고 모든 죄와 악으로부터 나음을 얻었다.

그가 완전히 육체적으로 씻겨지고 나음을 얻었을 때에 그는 영적으로 기름부음을 입었다. 그는 회한의 눈물에 뒤범벅된 채 겸손히 자신을 자책하면서 큰소리로 부르짖었다.

"나에게 저주가 있을진저! 내가 수사들에게 행한 모욕과 악행과 그리고 하나님에 대한 모독은 지옥에 가기에 합당합니다."

그는 적어도 15일 동안 비통하게 그의 죄를 탄식하며 울부짖었다. 그것은 그의 영혼의 깊은 곳에서 우러나오는 울부짖음이었다. 그는 아무 것도 바라지 않고 단지 하나님의 자비만을 구했다. 그리고 회한과 눈물로써 그의 모든 죄를 사제 앞에 고백했다.

프란체스코는 하나님이 그의 손을 통하여 행하신 이러한 명백한 기적을 보고 하나님을 찬양하였다. 그는 곧 그곳을 떠나 먼 지방으로 갔다. 그리하여 그 기적이 사람들에게 알려졌을 때 그들은 프란체스코를 찾아갈 수가 없었다. 왜냐하면 겸손한 프란체스코는 세상 영광으로부터 피하기를 원하였기 때문이었다.

그가 충성스런 종으로서 행한 모든 일은 오직 하나님의 영광만을 위한 것이었고 자기 자신을 위하여서는 사람들로부터 비참함과 모욕만을 받기를 원하였다.

후에 문둥병에 걸렸다가 영혼과 육신이 함께 치유를 받은 그 사람은 하나님이 기뻐하시는 대로 15일 간의 회개 기간을 지낸 후에 곧 다른 병에 걸렸다. 그리고 교회의 성례를 받은 후에 거룩한 죽음을 맞이했다.

프란체스코가 숲 속의 깊은 곳에서 기도하고 있을 때, 어느 죽은 사람의 영혼이 태양보다도 더 밝은 천국으로 가는 도중에 그에게 나타나서 말했다. "당신은 저를 아시겠습니까?"

프란체스코는 그에게 말했다. "당신은 누구입니까?"

그는 대답했다. "저는 그리스도께서 당신의 덕을 통하여 고쳐 주신 문둥병자입니다. 그리고 오늘 저는 천국으로, 또 영생으로 들어갑니다. 이것을 인하여 하나님과 당신께 감사를 드립니다. 당신의 영혼과 육체에게 복이 있을 것입니다. 그리고 당신의 말과 행위에 복이 있을 것입니다. 왜냐하면 많은 영혼들이 이 세상에서 당신으로 말미암아 구원을 받고 또 받을 것이기 때문입니다. 그리고 거룩한 천사들과 다른 모든 성도들이 당신과 전 세계에 흩어진 당신의 수도회를 통하여 거두는 거룩한 열매들로 인하여 하나님께 뜨거운 감사를 드리지 않는 날은 하루도 없을 것이라는 것을 알아 두십시오. 그러므로 용기를 가지십시오. 그리고 하나님께 감사를 드리십시오. 그리고 하나님의 축복 가운데 거하십시오!"

이 말을 한 후에 그는 사라지고 곧 천국으로 갔다. 그리고 프란체스코는 크게 위로를 받았다.

그리스도께 찬양을 돌릴지어다. 아멘.

✳ 26. 어떻게 성 프란체스코는 세 명의 살인강도를 회개시켰으며 지옥의 고통과 천국의 영광이 그중 한 사람에게 어떤 모습으로 나타났는가.

모든 사람을 구원으로 이끌기 위하여, 프란체스코는 여러 지방을 여행했다. 그가 가는 곳에서는 어디서든지 항상 하나님의 새로운 가족을 얻곤 했다. 왜냐하면 그는 하나님의 성령의 인도함을 받고 있었기 때문이었다.

하나님의 선택받은 그릇으로서 은혜의 향기를 퍼뜨리는 것이 그의 사명이었다.

그는 슬라보니아, 트레비시의 마치스, 안코나의 마치스, 아푸리아, 사라센 지방 그리고 다른 모든 지방으로 다니면서 우리 주 예수 그리스도의 종들을 배가시켰다.

한 번은 프란체스코가 보르고 산세폴크로 지방의 한 마을인 몬테 카살을 여행하고 있을 때에 매우 영리한 젊은 귀족의 방문을 받게 되었다.

그 젊은 귀족은 프란체스코에게 와서 말했다. "선생님, 저는 프란체스코 수도회의 한 수사가 되고 싶습니다."

프란체스코는 그에게 대답했다. "아들아, 그대는 어리지만 영리한 귀족이다. 아마도 그대는 우리의 가난과 고생스러운 생활을 견딜 수 없을 것이다."

그는 말했다. "선생님, 선생님은 저와 같은 인간이 아닙니까? 선생님이 그것을 견딜 수 있다면 저도 그리스도의 도움으로 그것을 견딜 수 있을 것입니다."

이 대답은 프란체스코를 매우 기쁘게 했다. 그리고 프란체스코는 그를 즉각 수도회에 받아들이고 그에게 축복을 내려 주고 그의 이름을 안젤로라고 지어 주었다.

그 젊은이의 행실은 매우 좋아서 후에 곧 프란체스코는 그를 몬테 카살 지방의 책임자로 임명했다.

이때에 그 지방에 세 명의 유명한 강도들이 있었는데 그들은 그곳에서 많은 범죄를 저지르고 있었다. 하루는 이 강도들이 수사들이 있는 곳으로 와서 그곳을 지키는 책임자인 안젤로에게 먹을 것 좀 달라고 요청했다. 그 지방의 책임자였던 안젤로는 그 강도들을 심하게 꾸짖으며 대답했다.

"너희 살인강도들이여, 너희들은 다른 사람의 수고의 열매를 빼앗는 것을 조금도 부끄러워하지 않을 뿐 아니라 뻔뻔스럽게도 감히 하나님의 종들에게 바쳐진 제물들을 먹겠다고 하는구나! 이 땅은 너희들을 먹여 살릴 의무가 없다. 왜냐하면 너희들은 사람을 존중하지 않을 뿐 아니라 너희를 지으신 하나님을 멸시하기 때문이다. 그러므로 가서 너희 일이나 하라. 그리고 다시는 이곳에 오지 마라!"

그들은 이 말을 듣고 화를 내면서 가버렸다. 바로 그날 프란체스코는 그가 그의 제자들과 더불어 구걸해서 얻은 빵과 포도주를 약간 지닌 채 그곳에 돌아왔다. 그리고 안젤로는 그에게 그가 강도들을 쫓아 버린 것을 말했을 때 프란체스코는 그를 심하게 꾸짖으며 말했다.

"그대는 잔인하게 행했도다. 왜냐하면 죄인들은 하나님 앞에서 잔인한 꾸짖음보다는 거룩한 온유함을 받기를 원한다. 우리가 순종하기로 약속한 복음에 보면 예수 그리스도께서 이렇게 말씀하셨다. '의사는 병자에게 필요한 것이지 건강한 자에게 필요한 것이 아니다. 나는 의인을 부르러 오지 않고 죄인을 불러 회개시키러 왔노라.'

예수님은 죄인들과 더불어 잡수시지 않았는가. 그대는 사랑을 보여 주지 못하고 예수 그리스도의 모범에 어긋나게 행동하였다. 나는 그대에게 내가 얻어온 이 빵과 포도주를 가지고 곧 그 강도들에게 갈 것을 명한다. 가서 산과 골짜기를 다니며 그들을 찾으라. 그리고 그들에게 이 빵과 포도주를 주라. 그리고 그들 앞에 무릎을 꿇고 겸손히 그대가 잔인했던 죄에 대해 용서를 구하도록 하라.

그러고 나서 그들에게 내 이름으로 더 이상 죄악을 범하지 말고 하나님을 두려워하고 이웃을 해치지 말라고 부탁하라. 그리고 그들이 그렇게 한다면 내가 그들에게 그들이 필요로 하는 모든 것을 공급해 주겠다고 약속하라. 나는 항상 그들에게 먹고 마실 것을 주겠다. 그리고 그대가 겸손히 이것들을 말하고 나서 다시 돌아오라."

안젤로가 프란체스코의 명령을 수행하러 가는 동안 프란체스코는 주님께 그 강도들의 마음을 감동시켜서 그들이 회개할 수 있도록 해달라고 기도하기 시작했다.

안젤로는 프란체스코의 말에 순종하여 그 강도들을 만나 그들에게 빵과 포도주를 주면서 프란체스코가 명령한 것을 그대로 행하고 전했다.

그 강도들은 프란체스코가 보낸 음식들을 먹으면서 서로 말하기 시작했다.

"우리같이 악하고 나쁜 놈들에게는 지옥의 고통이 얼마나 무서운가. 왜냐하면 우리는 우리의 이웃들을 도둑질하고 때리고 상처를 입혔을 뿐만 아니라 심지어 그들을 죽이기까지 했다. 그러나 우리는 하나님을 두려워하지 않고 행한 범죄와 살인에 대하여 양심의 가책을 느끼지 않았다.

그러나 여기 이 수사는 단지 우리의 사악함을 지적한 그 몇 마디 말 때문에 우리를 찾아 와서 겸손히 우리 앞에 그의 잘못을 빌었다. 그 외에 그는 우리에게 거룩한 스승의 자비로운 약속을 가져다 주었다. 그리고 우리에게 사랑이 가득 담긴 빵과 포도주를 주었다.

이 수사들은 정녕 하나님의 성자들이요 천국에 들어가기에 합당한 사람들이다. 그러나 우리는 지옥의 고통을 받기에 합당한 영원한 저주의 자식들이다. 그리고 매일 우리의 두려운 죄악으로 말미암아 진노의 불길을 쌓아 가고 있다. 우리는 우리가 여태까지 지은 죄 때문에 하나님으로부터 자비를 얻을 생각은 아예 못할 거야."

그 강도들 중 한 사람이 이와 같은 말을 했을 때 다른 두 강도들은 말했다. "네가 말한 것은 사실이다. 그러면 우리는 어떻게 해야 구원을 받을 수 있을까?"

그는 말했다. "함께 성 프란체스코에게로 가자. 만약 그가 우리의 큰 죄악에도 불구하고 하나님으로부터 자비를 얻을 수 있는 희망을 우리에게 준다면 그가 우리에게 명하시는 것이 무엇이든 간에 그것을 행하자. 그렇게 해서 지옥의 영원한 진노로부터 우리의 영혼을 구하자."

세 강도는 그 충고를 따르기로 동의했다. 그리고 그들은 급히 프란체스코에게 가서 그에게 말했다. "선생님, 우리는 죄가 너무 크기 때문에 하나님으로부터 자비를 얻을 수 있다고 생각하지 않습니다. 그러나 선생님이 하나님이 우리에게도 자비를 베풀 수 있다고 믿으신다면, 우리는 선생님과 더불어 기꺼이 회개를 하고 선생님이 우리에게 명하시는 것은 무엇이라도 순종할 준비가 되어 있습니다."

그때에 프란체스코는 그들을 따뜻이 환영하고 그들을 위로하며 그들에게 많은 감동적인 실화를 얘기해 주었다. 그리고 그들에게 하나님의 자비를 얻을 수 있다는 확신을 주었다.

더욱이 프란체스코는 그들에게 주 예수 그리스도로부터 그들을 위하여 자비와 은혜를 얻게 해 주겠다고 약속을 했다. 그는 또한 그들의 죄악이 한이 없을지라도 하나님의 사랑의 무한하심은 그 모든 죄악을 능가하며, 또한 복음과 사도 바울의 말씀들을 인용하면서 그리스도께서 어떻게 죄인들을 구원하시려고 이 세상에 오셨는가를 그들에게 가르쳤다.

이러한 설교를 통해 그 강도들은 세상과 마귀의 행위를 버리고 수사가 되기로 결심했다. 프란체스코는 그들을 수도회에 받아들였으며, 그들은 마음과 행실을 고쳐 하나님 앞에 순종하게 되었다. 그리고 그들은 크게 회개하기 시작했다. 그들 중 두 사람은 이러한 놀라운 회개를 한 후에 곧 하나님의 부름을 받아 이 세상을 떠나 천국으로 들어갔다.

그러나 한 사람은 계속 살아남아 자기가 범한 죄악을 계속 생각하면서 15년 동안을 매주 3일간씩 작은 빵과 물만을 먹으며 회개의 의식을 지켰다. 그리고 그는 단지 의복 한 벌 만으로 만족했으며 항상 맨발로 걸어 다니며 새벽기도를 한 후에 잠을 자지를 않았다. 그 15년 사이에 프란체스코는 이 슬픈 세상을 떠나 천국의 본향으로 돌아갔다.

이제 이 수사가 그 오랜 세월동안 엄격한 고행을 견뎌냈을 때, 어느 날 밤 기도를 마친 후에 졸음의 유혹이 그에게 닥쳐왔다. 그는 평상시와 달리 그 졸음을 이겨내지 못한 채 잠이 들어 버렸다. 그가 그의 머리를 침대에 기댄 순간 그는 무아지경에 빠져들었다.

그의 영혼은 아주 깊은 계곡이 바라다 보이는 높은 산 위로 올라가 있었다. 그 계곡 골짜기에는 깨어지고 쪼개진 바위들과 그 바위들로부터 돌출된 바위 턱들이 많이 있었고 그래서 이 계곡은 보기에도 끔찍한 광경을 이루고 있었다.

그 수사를 인도하는 천사는 그를 위로 이끌어 올렸다가 다시 그 계곡의 꼭 대기로부터 그를 아래로 밀었다. 그는 거꾸로 떨어지면서 이 바위에서 저 바위로, 그리고 이 바위 턱에서 저 바위 턱으로 그가 계곡의 바닥에 도착할 때까지 계속 부딪히면서 땅에 떨어졌다. 그 계곡 바닥에서 그의 뼈와 사지는 완전히 부서지고 으스러진 것 같았다.

그리고 그가 땅바닥에서 중상을 입은 채 누워 있는 동안에 그의 안내자가 그를 불렀다. "일어나라. 그대는 아직도 갈 길이 멀다."

그 수사는 대답했다. "당신은 참으로 잔인한 사람이군요. 당신은 나를 떨어뜨려 내가 거의 죽어 가는 것을 보고 있으면서도 나에게 일어나라고 하는군요."

그 천사는 그에게 와서 그를 만졌다. 그러자 즉시 그의 육체는 치유를 받고 완전해졌다.

그 후 그 천사는 그에게 넓은 들을 보여 주었다. 그 들에는 날카롭고 뾰족한 돌들과 가시들과 진흙과 늪으로 덮여 있었다. 그 천사는 그 수사에게 맨발로 그 들의 끝까지 걸어가야 한다고 말했다. 그리고 그 들의 끝에는 멀리서도 볼 수 있는 불타오르는 용광로가 있는데 그곳에 또한 들어가야만 한다고 말했다.

그 수사가 모든 간난과 고통을 겪어 낸 후에 그 용광로에 도착했을 때 그 천사는 그에게 말했다. "그 용광로 속으로 들어가라. 그대는 들어가야만 한다."

그 수사는 대답했다. "오 당신은 정말로 나에게 잔인한 안내자로군요! 당신은 제가 거의 죽을 뻔 한 몸으로 이 무서운 들을 건너 왔다는 것과 이제는 너무 지쳐서 휴식이 필요한 것을 알고 계시지 않습니까? 그런데도 이제 저 불타오르는 용광로 속으로 들어가라니요!"

그는 그 용광로를 바라보고 그 주위에 많은 마귀들이 뜨겁게 달군 빨간 쇠꼬챙이를 그 손에 들고 있는 것을 보았다. 마귀들은 갑자기 주저하고 있는 그를 그 쇠꼬챙이로 위협하며 들어가게 했다.

그가 그 불 속으로 들어갔을 때 그는 한 사람을 보았는데 그는 바로 그의 대부(代父)였고 그는 온통 불 속에 갇혀 있었다. 그리고 그 수사는 외쳤다. "오 불행한 나의 대부여, 어떻게 당신께서 이곳에 오셨습니까?"

그때 그 대부가 대답했다. "이 불 속에서 조금 더 앞으로 가면 그대는 그대의 대모(代母)인 내 아내를 만날 것이다. 그녀가 그대에게 우리가 저주받은 이유를 말해 줄 것이다."

그 수사가 약간 앞으로 나아갔을 때 그 대모가 온 몸이 불에 둘러싸인 채 있는 것을 발견했다. 그는 그녀에게 물었다. "오 불행한 대모여, 어떻게 당신은 이와 같은 잔인스런 고통에 빠지게 되었습니까?"

그녀는 대답했다. "프란체스코가 예언했던 대로 대 기근이 왔는데 그 내 남편과 나는 곡식의 근수를 속여서 팔아 결국 이와 같이 엄격한 근수로 불에 태워지는 고통을 받고 있다."

그녀는 그렇게 말한 뒤 그곳에 잠시 동안 머물렀다. 그리고 그 수사를 인도하던 천사가 그를 다시 그 용광로 밖으로 끌어냈다. 그리고 말했다. "계속 갈 준비를 하라. 그대는 아직도 통과해야 할 험한 위험이 많다."

그는 불평하면서 말했다. "오, 당신은 정말로 잔인한 인도자로군요. 당신은 인정도 없군요! 당신은 제가 거의 산 채로 이 용광로에서 불에 태워진 것을 보았는데도 말하기를 위험스럽고 고통스러운 여행을 떠나자고 말하다니!"

그러나 천사가 그에게 손을 댔을 때 그는 다시 완전히 나음을 얻고 힘을 얻었다.

다음에 천사는 그를 건너가기에 아주 위험한 다리로 인도해 갔다. 그 다리는 아주 비좁고 미끄러울 뿐만 아니라 옆에 난간도 없었다. 그 다리 아래에는 뱀들과 악어들이 입을 벌린 채 가득 차 있었다. 그리고 그 천사는 그에게 말했다. "그 다리로 건너가라. 그대는 건너가야만 한다."

그러나 그 수사는 대답했다. "어떻게 떨어지지 않고 이 위험한 강을 건너갈 수 있을까요?"

그 천사는 말했다. "나를 따라 오라. 내가 내 발을 딛는 곳에 그대의 발을 놓으라. 그러면 그대는 안전하게 건널 것이다."

그 수사는 천사를 따라서 안전히 그 다리의 중간까지 오게 되었다.

그가 중간에 왔을 때 천사는 그 다리에서 멀리 떨어진 높은 산꼭대기의 화려한 궁전으로 날아가 버렸다. 그가 안내자를 잃고 다리 위에서 아래를 내려다보니 강에는 입을 활짝 벌린 무서운 짐승들이 있었다. 그가 만일 떨어지면 그 놈들은 그를 삼킬 것이다. 그는 완전히 공포에 사로잡혀서 어떻게 해야 할지 목은 무슨 말을 해야 할지 알 수가 없었다. 그는 앞으로 갈 수도 뒤로 돌아갈 수도 없었다.

이처럼 자신이 커다란 위험에 처해 있는 것을 발견한 그는 하나님 외에는 호소할 데가 아무 데도 없었다. 그는 무릎을 꿇고 그 다리를 붙잡고 그의 온 마음을 다하여 주 예수 그리스도를 부르기 시작했다. 그는 눈물을 흘리면서 하나님의 자비를 간구했다. 그리고 그가 기도한 후에 그는 자기에게서 날개가 자라고 있는 것을 느끼게 되었다. 그는 그 날개가 자랄 때까지 기쁨으로 기다렸다. 그는 그가 천사가 날아간 곳으로 날아갈 수 있으리라는 희망을 가졌다.

그러나 얼마 후에 그 다리를 건너고자 하는 조급한 열망 때문에 그는 날기 시작했다. 그러나 그의 날개는 완전하게 자라지 않았기 때문에 그는 다리 위에 떨어졌다. 그리고 모든 깃털이 부러져 버렸다. 그는 황급히 다시 그 다리를 붙잡고 눈물을 흘리며 전처럼 그리스도의 자비를 간구하였다.

한참 기도한 후 다시금 그는 그의 날개가 자라고 있는 것을 느꼈다. 그러나 첫 번처럼 그는 다시 그것이 완전히 자랄 때까지 기다리지 못하고 조용하게 다시 날아가기 시작했다. 그러나 다시 그는 다리 위에 떨어졌고 그의 날개는 전처럼 부러져 버렸다.

그는 준비가 되기 전에 날아가려고 하는 조급함 때문에 떨어진 것을 깨닫고 나서 이렇게 중얼거렸다. "만약 날개가 세 번째로 다시 자라나면 그때에는 안전하게 날아갈 수 있도록 완전히 자랄 때까지 기다리겠다."

이런 생각을 하는 동안 그는 날개가 세 번째로 다시 자라는 것을 보게 되었다. 그는 그것이 아주 크게 자랄 때까지 오랫동안 기다렸다. 세 번 날개가 자라는 것을 기다리는 동안 그는 150년 이상이나 지나간듯한 느낌을 받았다. 그러나 드디어 날개가 완전히 자랐다고 생각했을 때 세 번째로 그는 온 힘을 다하여 공중으로 날아올라 천사가 날아간 그 궁전으로 날아갔다.

그가 그 화려한 궁전의 문에 도착해서 그가 문을 두드렸을 때 문지기는 그에게 물었다. "이곳에 온 그대는 누구인가?"

그는 대답했다. "나는 작은 수사입니다."

그 문지기는 말했다. "여기서 기다리라. 내가 성 프란체스코를 모셔와 그가 그대를 아는지 확인해 보겠다."

그가 성 프란체스코를 모시러 간 동안, 그 수사는 그 화려한 궁전의 아름다운 벽들을 구경하기 시작했다. 그 벽들은 아주 밝고 투명해서 그는 그 안에서 일어나고 있는 모든 것을 볼 수 있었다. 그 안에 있는 성도들의 찬양하는 모습도 볼 수 있었다. 그가 놀라움 속에 그것들을 바라보고 있는 동안 성 프란체스코와 그의 형제 버나드, 그리고 형제 길레스가 나타났다. 성 프란체스코 뒤에는 그의 발자취를 따른 무수한 하나님의 성도들이 있었다. 그들은 수효를 헤아릴 수가 없었다.

성 프란체스코가 그에게 왔을 때 그는 문지기에게 말했다. "그를 들어오게 하시오. 그는 나의 수사들 중의 하나입니다."

그때에 성 프란체스코는 그를 안으로 들어오게 했다. 그 수사가 안으로 들어오자마자 그는 크나큰 위로와 달콤함을 느끼게 되어 그가 여태까지 겪은 모든 고난이 마치 전혀 없었던 것처럼 다 잊게 되었다.

그때에 성 프란체스코는 그에게 많은 놀라운 것들을 보여 주었다. 그리고 후에 그에게 말했다. "아들아, 그대는 세상으로 다시 돌아가 그곳에 7일 간 머물러야만 한다. 그리고 그대가 할 수 있는 경건한 태도로 그대 자신을 준비하라. 7일 후에는 내가 다시 그대를 데리러 갈 것이다. 그때 그대는 이 복된 장소에 다시 오게 될 것이기 때문이다."

성 프란체스코는 아주 아름다운 별들로 장식된 훌륭한 의복을 입고 있었다. 그리고 그의 다섯 군데의 성흔(聖痕)은 마치 다섯 개의 아름다운 별과 같이 화려하게 궁전 전체를 빛내 주고 있었다. 또한 버나드 형제는 그의 머리에 아름다운 별 면류관을 쓰고 있었으며, 길레스 형제는 그의 머리에 아름다운 별 면류관을 쓰고 있었으며, 길레스 형제는 환한 빛으로 광채를 발하고 있었다. 그는 그가 이 세상에서 전혀 보지 못한 거룩한 많은 수사들이 성 프란체스코와 더불어 영광중에 있는 것을 보게 되었다.

성 프란체스코를 떠나서 그는 이 세상으로 다시 마지못해 돌아왔다. 그가 깨어나서 의식을 회복했을 때, 수사들은 아침기도를 위해 종을 울리고 있었다. 그는 많은 햇수가 지나간 것처럼 느꼈지만 사실상 그가 보았던 환상 속에서의 그 시간은 단지 밤 기도에서 그 다음날 아침 기도 시간까지의 시간에 불과했다. 그 수사는 그의 책임 수사에게 그 환상과 7일 간에 대하여 이야기했다.

그리고 나서 곧 그는 열병에 걸렸다. 그리고 7일 째 되는 날 성 프란체스코는 영광스러운 성도들과 더불어 그가 약속한 대로 그를 데리러 왔다. 그는 천사의 인도를 받아 환상 속에서 정결하게 된 그 수사의 영혼을 영생의 나라로 데려 갔다.

우리 주 예수 그리스도께 찬양과 영광을 돌릴지어다. 아멘.

✱ 27. 어떻게 성 프란체스코는 볼로냐의 두 학생을 회개시켰는가.

성 프란체스코는 여행하던 도중 어느 날 볼로냐시에 돌아가게 되었다. 볼로냐의 시민들은 프란체스코가 도착한다는 말을 듣고 그를 보기 위해 달려 나왔다. 많은 군중들이 모여 들어 프란체스코는 걸을 수조차 없었다. 시민들은 모두 그를 보기를 원했다. 사람들은 그를 세상에 피어난 새로운 꽃이요 또한 주님의 천사라고 여기고 그를 구경하러 몰려들어 그가 그 도시의 광장에 도착하는 데는 오랜 시간이 걸려야만 했다.

광장 전체가 남녀 시민들로 가득 찼을 때 프란체스코는 그 가운데 높은 곳에 올라서서 그들에게 성령께서 말씀하시는 대로 설교하기 시작했다. 그의 설교는 너무 훌륭해서 그는 사람이 아니라 천사처럼 여겨졌다. 그의 천상의 말씀들은 신의 지혜의 활에서 나오는 날카로운 화살과 같이 모든 사람의 마음속에 아주 효과적으로 감동을 주어 한편의 설교로서 많은 사람들을 죄 가운데서 회개하도록 만들었다.

그들 중에는 안코나의 마치스 지방에서 온 두 귀족 학생들이 있었다. 하나는 팔레온 출신의 펠레그리노였고, 다른 사람은 무키아 출신의 리키에리였다.

그의 설교를 통하여 성령의 감동으로 말미암아 마음이 크게 감명을 받은 다른 사람들 중에는 성 프란체스코에게 찾아와 그들이 세상을 떠나서 수사의 의복을 입기 원한다고 말하는 사람들도 있었다.

그때에 그들의 열정을 보고 성 프란체스코는 성령의 계시에 의하여 그들이 하나님으로부터 왔음을 알았고 더욱이 그는 그들 각자에게 어떠한 생활 양식이 가장 적합한지를 알게 되었다. 그러므로 그는 기쁨으로 그들을 받아들였고 그들에게 말하였다. "그대 펠레그리노여 이 수도회에서 겸손한 길을 걸으라. 그리고 그대 리키에리여, 수사들을 섬기라."

펠레그리노 형제는 결코 성직자가 되기를 원하지 않았다. 그는 유식한 학자요 로마법의 전문가였지만 평신도로 머무르기를 원하였다. 그와 같은 겸손함으로 그는 완전한 덕에 이르게 되었으며 특별히 우리 주 예수 그리스도를 위한 사랑과 은혜에 이르게 되었다.

그리스도에 대한 사랑과 열망에 사로잡혀 그는 복음서를 지닌 채, 예수님의 거룩한 성소들을 방문하기 위하여 예루살렘으로 갔다. 그리고 신인(神人) 예수께서 걸으셨던 그 장소들을 직접 거닐며 또한 그의 눈으로 그곳들을 확인해 보았다. 그는 무릎을 꿇고 하나님께 기도하며 그 거룩한 장소를 그의 팔로 안으며, 그의 입을 맞추면서 눈물을 흘리며 기도하기 시작했다. 그리하여 그는 그가 보는 모든 장소에서 크나큰 경건함을 얻게 되었다.

하나님의 섭리에 힘입어 그는 다시 이탈리아로 돌아왔다. 그리고 천국에 대한 신뢰자요 천국 시민이었던 그는 귀족신분인 그의 친척들을 방문하는 적이 극히 드물었다. 그는 그들에게 세상을 경멸하도록 격려하면서 진지한 대화로써 그들에게 하나님을 사랑하라고 권고하였다. 그리고는 지체 없이 그들을 떠나면서 이런 말을 남겼다. "예수 그리스도는 친척이나 친구 사이에 있는 것이 아니다."

우리의 거룩한 스승인 프란체스코의 첫 번째 아들인 버나드 형제는 펠레그리노 형제에 대하여 이 세상에서 가장 완전한 수사들 중의 하나라는 칭찬을 하곤 했었다.

그는 진정한 순례자였다. 왜냐하면 그가 항상 마음속에 가졌던 그리스도의 사랑이 그를 이 세상 피조물 가운데에서 평화를 찾게 하거나 세상 일 가운데에서 그의 사랑을 찾기를 허락하지 않았다. 그는 항상 천국의 본향을 추구하며 그가 사랑하는 자를 사랑받는 자로 변화시킬 때까지 덕에서 덕으로 성숙하려고 노력했다. 드디어 펠레그리노 형제가 죽었을 때 그는 참으로 훌륭한 덕을 지니게 되었으며, 이 세상에서 그가 가장 사랑했던 주님께로 돌아가 평안 가운데 쉬게 되었다. 그리고 그의 죽음 전후에 많은 기적들이 일어났다.

이 세상에서 펠레그리노 형제의 친구였다가 지금은 같은 천국 시민이 된 리키에리 형제는 매우 활동적인 삶을 살았다. 그는 거룩하고 겸손하게 생활하며 맨발로 여행하고 경건하게 그의 이웃과 수사들을 섬겼다. 그리고 그는 성 프란체스코와 아주 친밀해서 그 성직자로부터 많은 것을 배우고 그의 가르침을 받아 많은 의문점에 대한 해결책을 발견하게 되었다. 그는 많은 문제를 다루는 과정에서 하나님의 뜻을 깨닫게 되었고 거룩한 스승이 예언한 대로 수사들을 섬겼다.

그는 안코나의 마치스 지방에서 수사장으로 임명되었다. 그리고 그의 마음을 항상 뜨겁게 했던 하나님을 위한 열정 때문에 그는 가르침보다 행동을 중요시했던 그리스도의 본을 따라 큰 평안과 지혜 가운데에서 그 지방을 다스렸다.

한번은 그의 영혼을 유익하게 하기 위하여 하나님께서 그에게 큰 시험을 허락하셨다. 그는 큰 근심과 고통 가운데에서 괴로워하면서 절제와 훈련으로 자신을 쳐서 복종시키려 했다. 그리고 밤낮으로 눈물과 기도를 드렸다. 그러나 그는 자신을 그 시험에서 자유롭게 할 수가 없었다. 여러 번 그는 큰 절망에 빠졌다. 왜냐하면 그 시험의 힘이 너무 커서 완전히 하나님으로부터 버림받은 것처럼 느껴졌기 때문이었다.

그러나 완전한 절망에 빠졌을 때, 그는 마음속에 이런 생각을 하게 되었다. "일어나 나의 스승 프란체스코에게 가자. 그리고 만약 그가 나를 환영하고 나에게 예전과 다름없이 친절하게 해 준다면, 나는 하나님이 아직도 나에 대하여 자비를 베푸실 것을 믿겠다. 그러나 만약 그렇지 않다면 그것은 내가 하나님으로부터 버림받았다는 표적이 될 것이다."

드디어 그는 길을 떠나 프란체스코에게로 갔다. 그 스승은 그때에 중병에 걸려 아시시의 어느 주교의 저택에 머물러 있었다. 그가 하나님에 대하여 명상하고 있을 때에 그 수사의 시험과 절망에 대한 문제가 하나님의 계시에 의해 그에게 알려졌다.

성 프란체스코는 곧 일어나 그의 제자인 마세오 형제와 레오 형제를 불러 이렇게 말했다. "빨리 나가서 나의 사랑하는 아들 리키에리를 맞으라. 그리고 그를 포옹하고 환영하여 나에게 데려오라. 그리고 그에게 이 세상의 모든 수사들 중에서 내가 그를 특별히 사랑한다고 말하라."

그들은 프란체스코의 명령에 순종하여 즉시 리키에리 형제를 만나러 나갔다. 그리고 프란체스코가 말했던 대로 길에서 그를 발견하고 그를 포옹하고 그에게 스승의 사랑의 말씀을 전했다. 그리고 그것은 리키에리의 영혼에 큰 위로를 주어 그로 하여금 기뻐 어쩔 줄을 모르게 했다.

그는 아주 즐거워하여 온 마음을 다하여 하나님을 찬양하고 감사했다. 왜냐하면 하나님이 그의 여행에서 성공적인 결과를 거두도록 하셨기 때문이었다. 그의 기쁨은 말로 표현할 수 없었다.

"오 선하신 예수님, 당신은 당신께 희망을 두는 사람들을 결코 버리지 아니 하시나이다. 오직 우리에게 시험과 동시에 힘을 주셔서 그 시험을 감당할 수 있도록 하시나이다!"

그는 천사와 같고 마치 하나님과 같은 사람 프란체스코가 누워 있는 그곳으로 갔다. 프란체스코는 아주 중병에 걸려 있었지만 일어나 리키에리 형제를 만나러 나갔다. 그리고 사랑스럽게 그를 포옹하며 그에게 말했다. "나의 가장 사랑하는 아들 리키에리 형제여, 이 세상의 모든 수사들 중에서 나는 그대에게 특별한 사랑을 가지고 있다."

이와 같이 말한 후에 프란체스코는 리키에리 형제의 이마 위에 십자가의 성호를 그어 주고 그곳에 사랑의 입맞춤을 했다. 그리고 이렇게 말했다. "나의 사랑하는 아들아, 하나님은 너에게 너의 큰 유익을 위하여 그와 같은 시험을 허락하셨다. 그러나 네가 큰 유익을 얻기 원치 않는다면, 그 시험을 받지 않을 것이다."

프란체스코가 이 말을 하자마자 모든 악마의 유혹이 갑자기 그 수사에게서 떠났다. 그리고 그는 하나님의 큰 위로를 받았다.

우리 주 예수 그리스도께 영광을 돌릴지어다. 아멘.

✱ 28. 버나드 형제의 명상의 은사에 대하여

하나님께서 그의 복음을 따르면서 하나님의 사랑을 위하여 모든 것을 자발적으로 버린 가난한 사람들에게 얼마나 많은 은혜를 주셨는가 하는 것은 퀸타발의 버나드 형제에게서 명백히 나타났다. 그는 프란체스코 수도회에 가입한 후에 자주 하늘의 것을 명상하는 동안에 하나님과의 연합을 체험하였다.

한 번은 그가 교회의 미사에 참여하여 온 마음을 하나님께 두고 있었다. 그는 완전히 무아의 명상에 빠져 그리스도의 성체를 봉헌하고 있는 동안에도 알지 못하고, 다른 사람이 무릎 꿇고 있는 동안에 무릎도 꿇지 아니하고,

또한 그곳에 있는 다른 사람들이 하는 것처럼 그의 겉옷을 끌어당기지도 않고 부동의 자세로 눈 하나 깜빡거리지 않고 앞을 바라보고 아침부터 계속 그대로 서 있었다.

후에 그는 정신을 차리고 의식을 회복하였다. 그리고 경이에 가득 찬 목소리로 외치면서 수도원을 돌아 다녔다. "오 형제들이여! 오 형제들이여! 오 형제들이여! 아무리 고귀하고 위대한 인물일지라도 금으로 입힌 아름다운 궁전을 얻기 위해서라면 더러운 똥으로 가득 찬 푸댓자루까지도 기꺼이 지고 갈 것입니다." 버나드 형제의 마음은 하나님을 사랑하는 사람들에게 약속된 하늘의 보물을 너무 사모한 나머지, 15년 동안 그의 마음은 하늘의 빛으로 빛나고, 그의 감정은 신의 은혜에 완전히 사로잡혀 식사 시간에 어떤 만족을 얻는 일은 결코 없었다. 그는 그 앞에 놓인 음식들을 극히 일부만 먹곤 했다. 그는 사람이 즐겨하지 않는 것을 먹지 않는 것은 완전한 절제라고 할 수 없고 맛있는 것을 참고 먹지 않는 것이 진정한 절제라고 생각했다.

그는 또한 명석한 두뇌를 가지고 있어서 교회의 위대한 학자들조차 그에게 어려운 문제에 대한 해결을 문의하곤 했다. 그는 그들이 묻는 성경의 어떠한 난문제이건 간에 해결해 주곤 했다.

그의 마음은 세상일로부터 완전히 자유롭게 되어 있었기 때문에, 제비가 하늘을 향하여 높이 놀라가듯이 높은 명상의 단계로 올라가곤 했다. 때때로 20일 간 혹은 30일 간 혼자서 하늘의 일들을 명상하면서 산꼭대기에 머무르곤 했다. 그러므로 길레스 형제는 그에 대하여, 퀸타발의 버나드 형제에게 주어진 이 은사는 하나님이 모든 사람에게 준 은사가 아니라고 말하곤 했다. 즉 그는 제비처럼 날고 있는 동안에 영양을 흡수했던 것이다.

주님이 그에게 주신 뛰어난 은혜 때문에 프란체스코는 그와 더불어 기꺼이 그리고 자주 밤낮으로 대화하곤 했다. 때때로 그들은 온 밤을 숲 속에서 무아경에 빠져 함께 지내기도 했으며, 또한 영원히 찬송을 받으시기에 합당하신 예수 그리스도에 대해 대화하곤 하였다.

주 예수 그리스도께 찬송을 돌릴지어다. 아멘.

✳ 29. 어떻게 성 프란체스코는 루피노 형제를 마귀의 유혹으로부터 자유롭게 하였는가.

아시시의 위대한 귀족 중의 한 사람이었고 또한 거룩한 성인인 프란체스코의 한 제자였던 루피노 형제는 프란체스코가 살아있는 동안에, 한 번은 그 영혼의 예정에 대하여 마귀에 의해 심한 공격을 받았다. 왜냐하면 그 마귀는 그의 마음에 그가 저주받았으며 그가 영생으로 예정되어 있는 자 중에 있지 않고 따라서 그가 그 수도회에서 하는 봉사는 무엇이든 간에 헛된 것이라는 생각을 그의 마음에 주입시켰기 때문이었다.

여러 날 계속된 이러한 시험 때문에 그는 크게 좌절한 채 그의 갈등에 대하여 프란체스코에게 말하기를 부끄러워했다. 그럼에도 불구하고 그는 일상적인 기도와 금식을 행하는 것을 중단하지 않았다.

그러므로 그 원수 마귀는 하나님의 종들에게 깊은 상처를 안겨 주는 좌절과 절망을 그에게도 쌓아 올리기 시작했다. 그는 거짓된 영을 통하여 갈등을 겪고 있는 그를 공격하기로 결심하였다.

하루는 마귀가 루피노 형제에게 그리스도의 모습으로 가장하고 나타나 말했다. "오 루피노 형제여, 왜 너는 너 자신을 기도와 회개로 고통스럽게 하느냐? 너는 영생으로 예정된 자 중에 있지 않다. 그리고 너는 나를 믿어야만 한다. 왜냐하면 나는 내가 선택하고 예정한 자를 알기 때문이다. 만약 프란체스코가 너에게 나에 대해 전혀 엉뚱한 이야기를 하더라도 너는 그를 믿지 말라. 그리고 또한 그에게 이 문제에 대해 묻지 말라. 왜냐하면 프란체스코나 어느 누구도 그것을 알지 못하기 때문이다. 오직 하나님의 아들인 나만이 그것을 알고 있다. 그러므로 확실히 나를 믿으라. 너는 저주받은 자 중에 있다. 너의 스승인 프란체스코 형제 자신도 저주받은 자 중에 있다. 그리고 그를 따르는 자는 누구든지 속고 있는 것이다."

이 말을 듣고 루피노 형제는 마음이 어두워져서 모든 신앙과 프란체스코에 대한 사랑을 잃어버리고 말았다. 그는 그런 마음을 어느 누구에게도 말하려고 하지 않았다.

그러나 성령께서는 루피노 형제가 거룩한 스승에게 말하지 않은 것을 프란체스코에게 계시하셨다. 그리하여 그는 영적으로 루피노 형제가 큰 위험에 처해 있음을 인식하고, 마세오 형제를 보내어 루피노 형제를 그에게 오도록 했다. 그때 루피노 형제와 프란체스코와 마세오 형제는 아시시 근처의 수바시오 산에 있는 수도원에서 머물러 있었다.

루피노 형제는 신경질적으로 대답했다. "내가 프란체스코 형제와 무슨 관계가 있습니까?"

하나님의 지혜로 충만한 마세오 형제는 그가 악마의 속임수에 빠져 있음을 깨닫고 그에게 말했다. "오 루피노 형제여! 당신은 프란체스코 형제가 하나님의 천사와 같은 줄을 알지 못하십니까? 그는 이 세상의 수많은 영혼들에게 빛을 비추어 주었고 그로 말미암아 우리 역시 하나님의 큰 은혜를 얻고 있습니다. 그러므로 어떻게 해서든지 나는 당신에게 그에게 가보도록 요청하고 싶습니다. 왜냐하면 나는 분명히 당신이 마귀에게 속고 있다는 것을 알기 때문입니다."

이 말을 듣고 루피노 형제는 즉시 일어나 프란체스코에게로 갔다. 성 프란체스코는 루피노 형제가 멀리서 오는 것을 보고 외치기 시작했다. "오 루피노 형제여! 이 어리석은 청년아, 그대는 무엇을 믿었느냐?"

루피노 형제가 도착하자 성 프란체스코는 그에게 그가 마귀로부터 당한 외적 내적 시험에 대하여 자세하게 설명을 해 주었다. 그는 루피노 형제에게 나타나 말한 자는 그리스도가 아니라 마귀라는 것과 결코 마귀의 수단에 넘어가서는 안된다는 것을 말했다.

프란체스코는 계속 말했다. "그러나 그 마귀가 다시 그대에게 와서 너는 저주받았다고 말을 하거든 그대는 그에게 자신 있게 대답하라. '네 입을 열라. 그러면 내가 그곳에 변을 보리라' 그대가 그 말을 하면 마귀가 즉각 달아날 터이니 그것이 곧 그가 마귀라는 증거가 될 것이다. 그대는 또한 그가 마귀라는 것을 진작 알았어야만 했다. 마귀는 우리의 마음을 모든 선한 일에 대하여 냉담한 태도를 보이도록 유혹한다. 바로 이것이 마귀의 일이다. 그러나 그리스도는 믿는 자의 마음을 냉담하게 만들지 않는다. 예언자를 통하여 말씀하신 것처럼 믿는 자의 마음을 온유하게 만드신다. '내가 너의 돌 같은 마음을 제하여 너에게 온유한 마음을 주리라.'"

루피노 형제는 프란체스코가 내적 외적 시험에 대하여 자세히 설명해 주는 것을 듣고 감동이 되어 회개하며 눈물을 흘렸다. 그리고 프란체스코 앞에 무릎을 꿇고 그에게 자신이 당한 시험을 숨긴 잘못을 고백하였다. 그리고 그는 거룩한 스승의 충고에 의하여 큰 위로를 받고 완전히 변화되었다.

드디어 프란체스코는 그에게 말했다. "아들아, 가서 회개하라. 기도에 헌신하는 것을 중단하지 말라. 그리고 확실히 이 시험이 그대에게 매우 유익하고 도움이 되리라는 것을 알라. 그대는 조만간 그것을 깨닫게 될 것이다."

루피노 형제는 다시 기도하러 숲 속에 있는 그의 골방으로 돌아갔다. 그가 눈물을 흘리며 기도하고 있을 때 그 원수 마귀는 다시 예전처럼 거짓 그리스도의 모습으로 나타나 그에게 말했다. "루피노 형제여! 내가 너에게 프란체스코를 믿지 말라고 하지 아니 하였느냐? 너의 눈물과 기도는 다 헛된 것이다. 왜냐하면 너는 저주받았기 때문이다. 네가 살아 있는 동안에 이와 같이 고통을 겪는 것이 너에게 무슨 이익이 있느냐? 너는 죽을 때에 저주받기로 되어 있지 않느냐."

루피노 형제는 재빠르게 대답했다. "네 입을 열어 보이라. 그러면 내가 변을 보겠다."

그 마귀는 화를 내면서 큰소리를 내고는 사라져 버렸다.

그때 근처에 있던 수바시오 산의 바위들이 오랫동안 무너져 내렸다. 그 공포의 골짜기는 지금도 바위로 가득 차 있다. 떨어지는 그 바위 덩어리들은 서로 충돌하면서 섬광을 발했는데, 그 섬광이 골짜기 전체를 뒤덮었다. 그 돌들이 내는 소리는 너무나 전율적이어서 프란체스코와 그의 제자들은 깜짝 놀라 무슨 일이 일어났는가를 보려고 그 수도원 밖으로 나왔다.

루피노 형제는 명백히 자신을 속인 것이 마귀였다는 것을 깨달았다. 그는 성 프란체스코에게 달려가 그 앞에 엎드려 자신의 잘못에 대해 용서를 구하였다.

프란체스코는 다시 한 번 친절한 말로 그를 위로하고 그를 그의 골방으로 돌려보냈다.

후에 그가 매우 경건하게 기도하고 있는 동안에 그리스도께서 그에게 나타나셔서 거룩한 사랑으로 그의 영혼을 뜨겁게 하신 후에 말씀하셨다. "아들아, 네가 프란체스코 형제를 믿은 것은 잘한 것이다. 왜냐하면 너를 절망시킨 것은 마귀였기 때문이다. 나는 너의 스승 그리스도이다. 나는 너에게 한 표적을 주노니 그것이 너에게 확신을 줄 것이다. 즉, 네가 살아 있는 한 너는 다시는 슬퍼하거나 절망하는 일이 없을 것이다."

이 말씀을 하신 후 그리스도는 루피노 형제에게 축복을 하셨고 루피노 형제는 큰 기쁨과 영혼의 평안 가운데 거하게 되었다. 그는 하나님과 연합하여 밤낮 명상에 잠겼다.

그 후에 그는 은혜와 영원한 구원의 확신 안에 거하는 새사람으로 변화되었다. 그의 마음은 하늘의 일들만을 깊이 묵상하게 되었으며 자나 깨나 기도하고 하나님을 명상하는 일에 헌신했다.

성 프란체스코는 루피노 형제가 아직 살아 있는 동안에 예수 그리스도께서 그를 이미 성인으로 인정하셨다고 말하곤 했다. 성 프란체스코는 그가 살아 있을 동안에도 그가 없을 때에는 성 루피노라고 부르기를 주저하지 않았다.

우리 주 예수 그리스도께 영광을 돌릴지어다. 아멘.

✳ 30. 어떻게 성 프란체스코는 루피노 형제를 의복도 입지 않고 아시시에 가서 설교하도록 하였는가.

루피노 형제는 명상을 계속한 결과 하나님과 온전히 하나가 되어 세상일에 대해서는 거의 무감각하게 되어 버렸다. 그는 말하는 일이 거의 없었을 뿐만 아니라 하나님의 말씀을 설교할 은사나 용기나 능력도 없었다.

그럼에도 불구하고 어느 날 성 프란체스코는 루피노 형제를 불러 아시시에 가서 하나님이 그에게 무슨 말씀을 주시든지 사람들에게 설교하라고 말했다.

그러나 루피노 형제는 대답했다. "거룩한 선생님이시여, 부디 저를 용서하시고 저에게 그러한 임무를 주지 마십시오. 왜냐하면 선생님께서도 아시는 바와 같이 저는 설교의 은사를 받지 못했으며 또한 무지한 종이기 때문입니다."

그때 프란체스코는 말했다. "그대가 나의 명령을 즉시 순종하지 않았기 때문에 나는 그대에게 거룩한 순종의 이름으로 벗은 채로 아시시에 가서 설교할 것을 명한다. 짧은 바지 하나만을 입고 교회에 가서 사람들에게 설교하라!"

루피노 형제는 이 명령을 받고 즉각 순종하여 옷을 벗고 아시시로 갔다. 그는 교회에 들어가 제단 앞에 무릎을 꿇고 기도한 다음 설교단 앞으로 가서 사람들에게 설교하기 시작했다.

이것을 보고 어린 아이들과 사람들이 웃으면서 말하기 시작했다.

"저 사람을 보게. 너무 고행을 하다 보니까 미쳐 버린 모양이구나!"

그 사이 프란체스코는 루피노 형제의 즉각적인 순종에 대하여 생각하면서 심히 자책하기 시작했다.

루피노 형제는 아시시의 가장 고귀한 귀족들 가운데 한 사람이었다. "보잘 것없는 상인, 피터 베르나도네의 아들인 네가 아시시의 가장 고귀한 귀족 중의 한 사람인 루피노 형제를 벌거벗고 미친 사람처럼 사람들 앞에 나가 설교하게 할 수 있는가? 하나님의 뜻이라면, 내가 그에게 명한 것을 내 자신이 직접 체험할 것이다!"

이 말을 한 후에 성령에 감동되어 그는 즉시 자신의 의복을 벗고 레오 형제와 더불어 아시시로 갔다. 레오 형제는 매우 조심스럽게 프란체스코와 루피노 형제의 의복을 들고 따라갔다.

아시시의 시민들이 프란체스코도 벌거벗은 것을 보고 미친 사람이라고 그들을 비웃었다. 또한 그들은 그와 루피노 형제가 너무 심한 고행으로 인하여 미쳐 버렸다고 생각했다.

프란체스코는 루피노 형제가 이미 설교하기 시작한 교회로 들어갔다. 그때 루피노 형제는 이러한 설교를 하고 있었다. "오 사랑하는 여러분, 세상을 떠나고 죄를 버리십시오. 여러분들이 지옥을 피하고자 한다면 죄에 속한 모든 것을 버리십시오. 그리고 여러분들이 천국에 가기를 원한다면 하나님의 명령을 순종하고 하나님과 여러분의 이웃을 사랑하십시오. 그리고 회개하십시오. 왜냐하면 천국이 가까이 와 있기 때문입니다!"

그때에 프란체스코는 벌거벗은 채로 설교단에 올라가, 세상을 경멸함에 대해서, 그리고 거룩한 회개와 자발적인 청빈, 그리고 천국을 사모함과 거룩한 우리 주 예수 그리스도의 수난과 벌거벗음과 겸손에 대하여 설교하기 시작했다. 그때 그곳에 모였던 수많은 사람들이 비통하게 눈물을 흘리기 시작했다. 그들은 또한 믿을 수 없을 정도의 경건과 자책으로 말미암아 큰소리로 하나님께 자비를 구했다. 그래서 거의 모든 사람이 새로운 마음을 가지게 되었다.

그곳 뿐만 아니라 아시시 시민들 전체가 그 날 우리 주 예수 그리스도의 고난에 대하여 커다란 비통함을 느꼈다. 그리하고 그 도시에는 수많은 사람들의 눈물바다를 이루었다.

사람들이 큰 교훈을 받고, 그리스도의 양떼들이 프란체스코와 루피노 형제의 행적에 큰 위로를 받은 후, 그들은 우리 주 예수 그리스도의 이름으로 축복을 받았다. 그리고 프란체스코는 루피노 형제의 의복을 그에게 다시 주고 그 자신도 함께 옷을 입었다.

의복을 다시 입은 후에 그들은 포르티운쿨라의 수도원으로 돌아가면서 주님을 찬양하고 영광을 돌렸다. 왜냐하면 주님께서는 그들에게 자기 경멸을 통하여 자신을 극복할 수 있는 은혜를 주셨고, 또한 그들이 보여 준 모범으로 말미암아 그리스도의 어린 양떼들에게 큰 교훈을 주었으며, 기독교인이 세상으로부터 어떻게 경멸을 받아야 할 것인가를 보여 주었기 때문이었다.

그 날 그들을 향한 사람들의 존경심은 더욱 커져서 그들의 의복의 가장자리라도 만졌던 사람들은 자신들을 복 받은 사람이라고 여겼다.

우리 주 예수 그리스도께 영광을 돌릴지어다. 아멘.

※　**31. 어떻게 루피노 형제가 세 명의 선택된 영혼들 중의 하나가 되었는가.**

우리 주 예수 그리스도께서 복음서에 "나는 내 양을 알고 내 양도 나를 안다"(요 10:14)고 말씀하신 것처럼, 우리의 거룩한 스승 프란체스코도 선한 목자와도 같이 하나님의 계시에 의하여 그의 제자들의 모든 장점과 미덕뿐만 아니라 그들의 약점과 허물도 알고 있었다. 그리하여 그는 모든 사람들에게 가장 훌륭한 처방을 제공할 수 있었다. 그는 교만한 자를 겸손케 하고 겸손한 자를 높이며 또한 악을 꾸짖고 미덕을 칭찬해 주었다.

많은 사건들 중에 한 사건만이 여기에 기록되어 있다. 한번은 프란체스코가 그의 제자들과 더불어 어느 작은 수도원 안에 앉아 있었다. 그는 수도사들과 더불어 하나님에 대하여 대화를 나누고 있었다.

그러나 지극히 거룩한 루피노 형제는 그때에 그 대화에 함께 참여하지 못했다. 왜냐하면 그는 그때 숲속에서 기도와 명상에 잠겨 있었기 때문이었다. 프란체스코가 제자들과 함께 거룩한 교훈을 주고받으며 대화를 나누고 있을 때, 루피노 형제 ― 아시시의 귀족이며 또한 하나님의 고귀한 종이었던 그는 참으로 순결한 사람이었고 하나님의 명상의 은사로 말미암아 하나님과 사람들 앞에서 아름다운 미덕의 향기를 나타내는 사람이었다 ― 는 하늘의 일들에 대하여 명상을 하던 숲으로부터 나와 프란체스코가 있는 근방을 지나가고 있었다.

프란체스코가 루피노 형제가 오는 것을 멀리서부터 알아차리고 제자들에게 물었다. "형제들이여, 그대들은 이 세상에서 하나님이 오실 때 가장 거룩한 영혼이 누구라고 생각하는가?"

제자들은 겸손하게 프란체스코야말로 그 특권을 받아야 할 사람이라고 생각한다고 말했다.

그러나 프란체스코는 그들에게 대답했다. "나 자신은 하나님 앞에서 가장 무가치하고 사악한 인간이다. 그러나 숲 속으로부터 오는 저 루피노 형제를 보라! 하나님은 나에게 그의 영혼이야말로 현재 세상에서 하나님이 오실 때 가장 거룩한 세 영혼 중의 한 사람이라고 나에게 계시하셨다. 나는 솔직히 그대들에게 주저 없이 그가 이 세상에 살아 있을 동안에도 그를 성 루피노라고 부르기를 주저하지 않는다. 왜냐하면 그의 영혼은 은혜 가운데 확실하게 서 있으며 우리 주 예수 그리스도로 말미암아 하늘에서 성인으로 인정받았기 때문이다."

프란체스코는 루피노 형제가 있는 앞에서는 그런 말들을 하지 않았다. 프란체스코는 여러 사건들을 통해 제자들의 약점을 또한 알고 있었다. 그는 명백하게 엘리아스 형제의 교만을 여러 번 꾸짖었다. 그리고 지오반니 디 카펠라 형제가 사악한 마음에 휘말려 목매달아 자살할 것을 예언하기도 했다. 프란체스코가 그에게 불순종을 고치라는 명령을 하자 결국 그는 마귀의 사주를 받아 자살하고 말았다.

또 프란체스코는 라보로 지방에서 온 수사들 중 하나를 책망하였는데 그 이유는 한 수사가 다른 동료들에 대하여 범죄하였기 때문이었다. 더욱이 그는 그의 양떼들 사이에 은혜가 풍성하게 나타난다는 것을 알고 있었다. 그것은 버나드 형제와 루피노 형제와 많은 다른 수사들 사이에서 특히 명백히 나타났다. 그들의 숨겨져 있는 허물과 미덕을 프란체스코는 그리스도의 계시를 통하여 명백히 알고 있었다.

그리스도께 찬양을 돌릴지어다. 아멘.

✳ 32. 어떻게 그리스도가 마세오 형제에게 나타났는가.

물질적으로는 가난했지만 하나님 안에서는 풍요했던 우리의 거룩한 스승인 프란체스코의 첫 번째 제자들은 금과 은에 있어서 부자가 될 것을 추구하지 않고 그들의 온 힘을 다하여, 하늘의 참되고 영원한 부(富)를 풍부하게 가지기 위하여 노력했다.

하루는 프란체스코가 뽑은 제자들 중의 하나인 마세오 형제가 제자들이 하나님에 대하여 대화하고 있을 때 함께 있었다. 그때 그들 중 하나가 이런 이야기를 했다. "옛날에 하나님의 한 위대한 친구가 있었는데 그는 활동적이고 명상적인 생활 속에서 많은 은혜를 받았으며 동시에 자기 자신을 큰 죄인으로 여기는, 아주 깊은 겸손함을 지니고 있었다. 그 겸손함은 그를 거룩하게 만들고 은혜 가운데에서 성장하게 만들었다. 그리고 그를 미덕과 하나님의 은사 가운데에서 자라도록 만들었다. 한 걸음 더 나아가 그의 겸손 때문에 그는 하나님으로부터 떨어져 죄에 빠지지 않을 수 있었다."

마세오 형제가 이러한 겸손에 대한 이야기를 듣고 겸손이 구원과 영생을 얻는 보물이라는 것을 깨달았을 때, 그는 겸손의 덕에 대한 사랑과 소원으로 강렬하게 불타오르기 시작했다. 그 겸손의 덕은 하나님의 은총을 받기에 가장 합당한 것이었기 때문이었다. 그는 하늘을 사모하면서 큰 열정으로 맹세를 하고 이 세상에서 그 영혼 안에 훌륭한 겸손함을 느낄 때까지 아무 것도 즐거워하지 않기로 결심했다.

거룩한 동기의 자극을 받아 이러한 결심을 한 후에, 그는 거의 온종일 골방에 문 닫고 들어앉아 금식과 철야와 기도와 눈물로써 하나님 앞에 그 겸손의 미덕을 구하려고 노력했다. 그것이 없이는 그는 자신을 지옥에 들어가기에 합당한 자라고 여겼다. 그가 이야기를 전해 들은 그의 하나님의 친구는 그 겸손을 풍성하게 받지 않았던가!

마세오 형제가 오랫동안 그러한 소원을 가지고 슬픔 가운데 있을 때에 어느 날 숲 속에 가게 되었다. 그는 그 숲 속에서 비탄의 외침과 한숨 소리를 내면서 주님께 겸손의 미덕을 달라고 간절히 기도했다.

주님께서는 마음에 통회하는 자를 고치시고 기꺼이 겸손한 자의 기도를 들으신다. 마세오 형제가 숲 속에 있는 동안 하늘로부터 마세오를 부르는 음성이 두 번 들려왔다. "마세오야! 마세오야!"

그는 성령으로 말미암아 그것이 그리스도의 음성인 것을 알았다. 그리고 그는 대답했다. "나의 주님!"

그리스도께서 그에게 말씀하셨다. "내가 구하는 그 은혜를 얻기 위하여 너는 나에게 무엇을 주고자 하느냐?"

마세오 형제는 대답했다. "주님, 나의 눈을 드리고 싶습니다!"

그러자 그리스도께서는 그에게 말씀하셨다. "그러나 나는 너에게 네 눈과 또한 네가 구하는 은혜를 함께 주겠노라."

이 말을 한 후 그리스도의 음성은 사라졌다. 그러나 마세오 형제는 그렇게도 소원하던 겸손의 은혜와 하나님의 빛을 가득 받은 채 머물러 있었다. 그 때부터 그는 항상 즐거워하게 되었다. 기도할 때마다 그는 마치 온유한 비둘기가 '우우' 소리를 내는 것처럼 부드럽고 나지막한 소리로 그의 즐거움을 나타내곤 했다.

그는 항상 명상 가운데 머무르며 그의 얼굴과 마음에 즐거운 표정을 잃지 않았다. 더욱이 그는 매우 겸손해졌으며 자신을 이 세상의 모든 사람들 가운데서 가장 낮은 자라고 여겼다.

팔레로네의 야고보 형제는 후일에 그를 다음과 같이 회상하였다. 어느 날 야고보 형제는 그에게 어떻게 그토록 항상 즐거워할 수 있느냐고 물은 적이 있었다. 그랬더니 마세오 형제는 매우 즐겁게 대답하는 것이었다. "우리가 오직 한 가지 진리 안에서 기쁘고 선한 모든 것을 발견했다면 그 즐거움의 강약이 조금도 변화될 필요가 없지 않을까요?"

우리 주 예수 그리스도께 영광을 돌릴지어다. 아멘.

✳ 33. 어떻게 성 클라라는 빵 위에 기적적으로 십자가를 새겨 놓았는가.

그리스도의 가장 거룩한 제자이며 성 프란체스코의 고귀한 작은 꽃인 성 클라라는 그 거룩함에 대한 명성이 드높아 주교들과 추기경들뿐만 아니라 심지어 교황까지도 그녀를 만나보기를 간절히 원했다.

한번은 많은 사람 중에 교황이 클라라의 거룩한 담화를 경청하기 위하여 클라라의 수도원에 왔다. 두 사람은 오랫동안 영혼의 구원과 하나님을 찬양함에 대하여 대화를 나누었다. 그 동안에 성 클라라는 빵 조각을 식탁 위에 배열하여 식사를 준비하였다. 왜냐하면 그녀는 그리스도의 대리자인 교황으로부터 축복을 받기 원했기 때문이었다.

그들의 거룩한 대화가 끝났을 때, 클라라는 존경심을 가지고 무릎을 꿇어 교황에게 식탁을 축복해 달라고 간구하였다.

교황은 대답하였다. "친애하는 클라라여, 나는 그대가 이 빵들 위에 축복을 베풀고 그대가 완전히 흠 없는 산제사로 바친 이 빵들 위에 그리스도의 십자가의 성호를 그어 주기를 바란다."

그러나 클라라는 대답했다. "거룩한 아버지시여, 저를 용서하여 주십시오. 저같이 보잘것없는 여인이 그리스도의 대리자 앞에서 감히 그와 같은 축복을 내린다면 저는 심한 책망을 받아 마땅할 것입니다."

그때에 교황은 대답하였다. "그대가 그렇게 하는 것이 교만이 아니고 그렇게 함으로써 큰 덕을 얻을 수 있도록 하기 위하여, 내가 그대에게 명하노니 거룩한 순종으로 이 빵들 위에 십자가의 성호를 긋고 우리 주 예수 그리스도의 이름으로 축복을 베풀도록 하시오."

그때에 클라라는 진정으로 순종하는 딸로서 경건하게 그 빵들 위에 십자가의 성호를 긋고 그것들을 축복하였다. 그때에 놀라운 기적이 일어났다. 갑자기 아름답고 선명한 십자가의 표시가 빵들 위에 나타난 것이었다.

사람들은 경건한 마음으로 식사를 마친 후 장래를 위하여 그 기적의 증거로써 빵의 일부를 보관해 두었다.

교황이 그리스도의 신부인 클라라에 의해서 나타난 그 기적의 십자가를 보았을 때, 그는 먼저 하나님께 감사하고 클라라에게 위로의 축복을 내려 준 후 약간의 빵을 가지고 그곳을 떠났다.

그때 그 수도원에는 클라라의 어머니인 올토라나 수녀와 그녀의 동생인 아그네스 수녀와 다른 거룩한 수녀들이 살고 있었는데 그들 모두 훌륭한 덕을 지니고 있었으며 성령 충만한 사람들이었다. 프란체스코는 많은 병자들을 그들에게 보내곤 했다. 그리고 그들의 기도와 그들이 진심으로 사랑했던 십자가의 능력에 의하여 그들은 건강을 모두 되찾곤 했다.

그리스도께 영광을 돌릴지어다. 아멘.

❋ 34. 어떻게 프랑스의 왕인 성 루이가 길레스 형제를 방문했는가.

프랑스의 왕인 루이가 성지 순례를 떠나기로 결심하였을 때, 성 프란체스코의 첫 번째 제자 중의 한 사람이었던 길레스 형제의 거룩함에 대하여 믿을 만한 소식을 들었다. 그는 길레스 형제를 개인적으로 만나 보기로 결심하였다. 그는 길레스 형제가 그 당시 머물고 있다고 들은 페루자를 향하여 떠났다.

단지 몇 명의 시종만을 거느리고 가난한 무명의 순례자로서 수도원의 문 앞에 도착했을 때, 그는 아주 겸손하게 길레스 형제를 찾았다. 그는 문지기에게 자기가 누구인지 밝히지 않았다. 그 문지기는 길레스 형제에게 가서 어떤 순례자가 문 밖에서 그를 찾는다고 말했다.

길레스 형제는 그때 즉시 영감으로 그가 프랑스의 왕인 것을 깨달았다. 그는 열정적으로 그의 방을 나와 문 앞으로 뛰어갔다. 그리고 서로가 한 번도 보지 못했지만 아무 말도 묻지 않고 그 두 사람은 서로를 껴안았다. 또한 그들은 마치 오랫동안 사귀어 온 친한 친구인 것처럼 무릎을 꿇고 포옹하며 사랑의 키스를 나누었다.

그럼에도 불구하고 그들은 서로에게 아무 말도 하지 않고 서로 포옹한 채 단지 침묵 속에서 깊은 우정의 표현만을 보였다. 한참동안 말없이 껴안은 후에 그들은 서로 헤어져서 루이 왕은 그의 여행을 계속했고, 길레스 형제는 다시 그의 방으로 돌아왔다.

그러나 루이 왕이 떠날 때 한 수도사가 왕의 시종에게 길레스 형제를 그처럼 뜨겁게 포옹했던 사람이 누구냐고 물었다. 그때에 그 시종은 대답하기를 그가 프랑스의 왕이며 그는 길레스 형제를 순례 기간 동안 보고 싶어서 이곳에 왔다고 말했다. 말을 마친 후 왕과 시종들은 급히 떠났다.

그때 수도사들은 길레스 형제가 왕에게 단 한마디 말도 하지 않은 것을 대단히 유감스러워 했다. 그들은 길레스 형제에게 불평을 했다. "오 길레스 형제여, 당신을 보고 당신으로부터 몇 마디 말을 듣기 위해 프랑스에서 찾아온 그 위대한 왕에게 당신은 단 한마디도 말을 하지 않다니요?"

길레스 형제는 대답했다. "형제들이여, 그와 내가 서로 아무 말도 할 수 없었던 것에 대하여 놀라지 마시오. 왜냐하면 우리가 포옹하던 그때에 성령이 내리신 지혜의 빛이 그의 마음을 나에게, 그리고 나의 마음을 그에게 보여 주셨기 때문입니다. 그리고 하나님의 은혜로 말미암아 우리는 서로의 마음을 읽게 되었고, 그가 나에 대하여 생각하는 것은 무엇이든지 그리고 내가 그에 대하여 생각하는 것은 무엇이든지 서로 알게 되었습니다.

우리는 입이나 혀로 말하지 않고도 오히려 입으로 말한 것보다도 더 큰 위로를 받았습니다. 왜냐하면 만일 우리가 마음에 느낀 것을 입으로 설명하려 했다면, 인간의 언어로는 하나님의 신비한 비밀을 명백히 표현할 수가 없기 때문에 그 대화는 우리들을 위로하기 보다는 오히려 우리를 슬프게 하였을 것입니다. 그대들은 왕이 큰 위로를 얻고 떠났음을 분명히 알아야만 합니다."

우리 주 예수 그리스도께 영광을 돌릴지어다. 아멘.

✱ 35. 어떻게 성 클라라는 크리스마스 이브에 기적적으로 성 프란체스코의 교회에 가게 되었는가.

한번은 그리스도의 가장 거룩한 신부인 클라라가 산 다미아노에 머물러 있는 동안에 중병에 걸렸다. 그래서 그녀는 다른 수녀들과 함께 교회에 가서 일과기도를 외울 수가 없었다.

그때 예수 그리스도께서 탄생하신 성탄절이 다가왔다. 수녀들은 해마다 성탄절 미사에서 기도를 외우며 성찬을 받았다. 모든 수녀들이 기도하러 갔을 때 클라라는 혼자 침대에 누워 아픔을 참고 있었다. 그녀는 다른 사람들과 같이 거룩한 성찬에 참여하여 영적 위로를 얻을 수 있는 기회에 참예할 수 없음을 매우 슬퍼했다.

그러나 우리 주 예수 그리스도께서는 이 신실한 종에게 위로를 주시기를 원하셨다. 주님께서는 기적을 베푸사 그녀로 하여금 영적으로 성 프란체스코 교회의 미사에 참여할 수 있도록 해 주셨다. 그 결과 그녀는 미사가 끝 날 때까지 오르간 소리와 수사들의 찬송 소리를 모두 들을 수가 있었다. 더욱이 그녀는 성찬도 받고 큰 위로도 얻은 후 다시 침대로 돌아왔다.

수녀들이 산 다미아노에서 일과기도를 마치고 클라라에게 돌아와 그녀에게 말했다. "오 사랑하는 원장님! 우리가 이번 성탄절에 얼마나 큰 위로를 얻었는지요. 원장님께서 함께 참여할 수만 있었다면 얼마나 좋았을까요!"

그러자 성 클라라는 대답했다. "나의 사랑하는 자매와 딸들이여, 나는 하나님께 감사하고 우리 주 예수 그리스도께 찬양을 드립니다. 왜냐하면 내 영혼이 이 가장 거룩한 밤의 예식에 참여하는 위로를 얻었기 때문이지요. 그 위로는 그대들이 받은 위로보다 더욱 크고 아름다운 위로였어요. 나의 주 예수 그리스도의 은혜와 우리의 스승이신 프란체스코의 중보 기도를 통하여, 나는 성 프란체스코의 교회에 영적으로 함께 있었습니다. 그리하여 나는 영적인 귀를 통하여 모든 찬송소리와 오르간 소리를 들을 수가 있었습니다. 더욱이 나는 그곳에서 성찬과 큰 위로를 받았답니다. 하나님께서 나에게 주신 그 크신 은혜를 생각해 보십시오. 그리하여 여러분들은 온 마음을 바쳐 우리 주 예수 그리스도를 즐거워하고 그를 찬양하십시오. 내가 여기 있는 동안에도 나는 프란체스코 교회의 미사에 참여했었는데 내 영혼이 몸 안에 있었는지 몸 밖에 있었는지 모르겠어요. 나를 그 미사에 참여케 하신 하나님만이 그것을 알고 계십니다."

우리 주 예수 그리스도께 영광을 돌릴지어다. 아멘.

36. 어떻게 성 프란체스코는 레오 형제에게
그의 환상을 설명해 주었는가.

한번은 프란체스코가 중병에 걸렸을 때, 레오 형제가 아주 따뜻하게 그를 돌보고 있었다. 레오 형제가 프란체스코 옆에서 기도하고 있을 때 그는 잠시 무아경에 빠져, 그의 영혼은 아주 크고 넓고 물살이 빠른 강으로 인도되었다.

레오 형제가 그 강을 건너는 사람들을 보고 있을 때, 등에 짐을 잔뜩 진 어떤 수사들이 강으로 들어가는 것을 보았다. 그런데 갑자기 강한 급류가 그들에게 덮쳐 와서 사나운 물결이 그들을 삼켜 버렸다. 어떤 사람들은 3분의 1쯤 건넜고, 또 어떤 사람들은 반쯤 건넜으며, 어떤 사람들은 반대편 둑에 거의 다 도착해 있었다. 그러나 그들의 짐 때문에 그들 모두가 다 갑작스러운 물결에 의하여 물에 빠져 비참하게 죽어 갔다. 그들은 등에 진 그 무거운 짐 때문에 구원 받을 기회를 얻지 못했던 것이다.

레오 형제는 그와 같은 비극을 보고 매우 유감스럽게 생각했다. 그가 서 있는 동안에 갑자기 아무런 짐도 지지 않고 오직 거룩한 청빈으로 빛나는 수사들이 강으로 가서 아무런 어려움 없이 강을 건너는 것을 보았다. 레오 형제는 그것을 보고 나서 정신을 차렸다.

프란체스코는 레오 형제가 환상을 본 것을 영적으로 깨닫고 그를 불러 말했다. "그대가 본 것을 나에게 말하라."

레오 형제가 자기가 본 모든 것을 프란체스코에게 고하자 그는 레오 형제에게 말했다. "그대가 본 것은 참된 진리이니라. 그 큰 강은 이 세상이며, 강에 빠져 죽은 수사들은 복음의 가르침과 자발적인 청빈의 미덕을 지키지 않는 사람들이다. 그러나 아무런 위험이 없이 건넌 수사들은 하나님의 영을 소유한 자들로서 이 세상에서 어떠한 육적인, 혹은 세상적인 것들을 사랑하거나 소원하거나 소유하지 않는 수사들을 말한다.

그들은 최소한의 먹을 것과 입을 것만 있다면, 오로지 십자가에 달리신 벌거벗은 그리스도를 따르는 것으로 만족하는 사람들이다. 그들은 즐겁게 그리고 자발적으로 날마다 그리스도의 십자가와 그의 거룩한 순종의 멍에를 지는 사람들이다. 결국 그들은 쉽게, 아무 어려움 없이 세상을 떠나 큰 기쁨을 가지고 하나님께로 가는 사람들이다. 하나님은 영원토록 찬양을 받으실 분이시니라. 아멘."

✳ 37. 어떻게 성 프란체스코는 한 가정으로부터 지극히 친절한 대접을 받았는가.

저녁 늦게 우리의 스승 프란체스코가 한 지체 높은 귀족의 집에 도착하였을 때 그는 제자들과 함께 크게 환영을 받았다. 마치 그 귀족은 하늘의 천사들을 환영하듯이 그들을 환영했다. 이렇게 후대한 그 귀족에 대해 프란체스코는 따뜻한 사랑을 품게 되었다.

그 귀족은 프란체스코가 그의 집에 들어올 때 따뜻하게 그를 포옹하고 평안의 입맞춤을 해 주었으며, 그의 발을 씻기고 그 발에도 겸손히 입 맞추었다. 또한 그는 불을 피우고 좋은 음식을 풍성히 내놓았다. 그들이 식사하는 동안 그는 얼굴에 기쁜 미소를 띠고 그들을 섬겼다.

그들이 식사를 마친 후 그 귀족은 프란체스코와 그의 제자들에게 말했다. "선생님, 저는 저 자신과 저의 모든 소유물을 당신께 바칩니다. 당신이 의복이나 외투나 그 밖의 어떤 것이 필요할 때는 언제든지 그것을 사십시오. 그러면 제가 그 값을 지불하겠습니다. 또한 저는 당신에게 필요한 모든 것을 제공할 준비가 되어 있습니다. 왜냐하면 선하신 주님께서는 제게 이 세상 재물을 풍성히 주셨기 때문입니다. 하나님의 사랑을 위하여 저는 기꺼이 가난하고 어려움에 처한 모든 사람들을 도울 것입니다."

드디어 프란체스코는 그의 환대와 사랑을 보고, 또한 그의 풍성한 제안을 듣고 나서 마음속에 큰 사랑을 느끼게 되었다. 후에 그는 그 귀족의 집을 떠나면서 그의 제자에게 말했다. " 그 귀족은 틀림없이 우리 수도회의 훌륭한 회원이 될 것이다. 그는 하나님께 크게 감사하고 있고, 이웃에게 대단히 친절하며, 가난한 자에게 아주 관대하고, 나그네를 기꺼이 환영하여 환대하고 있다. 사랑하는 형제여, 환대는 하나님의 가르침 중의 하나이다. 하나님은 해와 비와 그 밖의 모든 것을 선인과 악인에게 똑같이 풍성하게 주셨느니라. 환대는 사랑의 자매이며, 증오를 소멸시키며, 사랑을 불붙게 하는도다.

나는 이 선한 사람에게서 성스러운 미덕을 많이 발견하였으므로, 그가 우리 수도원에 들어온다면 대단히 기뻐할 것이다. 그러므로 나는 언젠가 그에게 다시 갈 것이다. 하나님께서 그의 마음을 감동시키시면 그는 전능하신 하나님을 섬기는 일에 우리와 동참하게 될 것이다. 주 하나님께 그의 마음속에 이 소원을 넣어 주시도록 기도하자. 또한 그에게 이러한 은혜가 현실화될 수 있도록 기도하자."

프란체스코가 기도한 지 며칠 후에 주님께서는 놀랍게도 그 귀족의 마음에 그러한 소원을 넣어 주셨다. 며칠 동안 기도한 뒤, 프란체스코는 그의 제자에게 말했다. "형제여, 그 귀족에게로 가자. 내게는 확신이 있다. 그가 세상일에 그토록 관대한 태도를 보여 주는 것으로 보아 우리 수도회에서도 훌륭한 동료로서 헌신할 수 있을 것이다."

그들은 긴 여행 끝에 그 귀족의 집에 도착하였다. 그러나 프란체스코는 그 제자에게 말했다. "여기서 나를 조금만 기다리라. 내가 먼저 하나님께 우리의 여행을 성공시켜 달라고 기도하겠다. 그리스도께서 그의 수난의 덕을 통하여 우리와 같이 가난하고 힘이 없는 자에게 그 귀한 사람을 허락하시도록 기도하겠다."

이 말을 한 후에 프란체스코는 열심을 다해 기도하기 시작했다. 그가 기도한 장소는 그 훌륭한 귀족이 볼 수 있는 곳이었다. 그리스도의 섭리를 따라 그 귀족은 이곳저곳을 둘러보다가 프란체스코가 열정적으로 그리스도 앞에서 기도하자 그리스도께서 프란체스코 앞에 찬란한 빛과 아름다움으로 나타나신 장면을 보게 되었다.

그리고 그 찬란한 빛 가운데서 그는 프란체스코가 육체적으로나 영적으로 땅 위에 높이 들어 올려져 있는 모습을 보게 되었다. 그 귀족이 이 모든 것을 보게 되었을 때 구원의 손길이 급하게 그에게로 왔다. 그는 마음에 큰 감동을 받아 세상을 경멸하고 그것을 떠날 결심을 하게 되었다.

그는 즉시 그의 저택을 떠나 열정적으로 프란체스코에게 달려갔다. 그는 프란체스코가 매우 경건하게 서서 기도하고 있는 모습을 발견하고는 자신도 함께 무릎을 꿇고 기도하기 시작했다. 그는 프란체스코에게 자신도 그와 함께 회개의 삶을 살게 해 달라고 간청하였다.

프란체스코는 그 귀족이 자기가 그렇게 원했던 것을 열심히 구하는 것을 보고 주님의 능력이 얼마나 놀라우신 지를 다시 한 번 깨달았다. 프란체스코는 환희와 열정으로 그를 포옹하고 그에게 입 맞추었다. 그리고 이와 같은 기사를 그의 군대에 더하여 주신 것을 하나님께 감사하며 찬양하였다.

한편 그 귀족은 프란체스코에게 말하였다. "나의 거룩한 스승이시여, 당신은 제가 어떻게 하기를 원하십니까? 당신의 명령대로 저는 제가 가진 모든 것을 가난한 자에게 나누어 준 뒤 세상의 모든 짐을 벗고 당신과 함께 그리스도를 따를 준비가 되어 있습니다."

이러한 일은 프란체스코의 덕과 기도를 통하여 일어난 것이었다. 그 귀족은 프란체스코의 충고를 따라 모든 재산을 가난한 자에게 나누어 주고 겸손한 수도사가 되어 남은 생애를 회개의 생애로서 경건하고 순결하게 살았다.

그리스도께 영광을 돌릴지어다. 아멘.

✳ 38. 엘리아스 형제가 수도회를 떠날 것을 프란체스코가 어떻게 계시를 통해 알았는가.

한번은 프란체스코와 엘리아스 형제가 함께 작은 수도원에 머무르고 있었을 때, 프란체스코는 하나님의 계시를 통하여 엘리아스 형제가 저주를 받아서 수도회를 배반하고 결국 수도회 밖에서 죽게 되리라는 계시를 받았다. 그 같은 이유 때문에 프란체스코는 그에 대하여 혐오감을 갖게 되었고 그와 대화를 하거나 그를 보거나 혹은 그와 더불어 식사하기를 원하지 않았다. 때때로 엘리아스 형제가 그에게로 향하여 오는 것을 보고는 프란체스코는 옆길로 가서 그와 마주치는 것을 피했다.

이런 일이 여러 번 일어나자 엘리아스 형제는 프란체스코가 자기를 싫어한다는 것을 깨닫게 되었다. 그 이유를 알고 싶어진 엘리아스는 어느 날 프란체스코와 이야기를 나누려고 했다. 프란체스코는 또다시 피하려고 했으나 엘리아스 형제는 그를 억지로 붙들고 그에게 왜 자신을 피하는 지 이유를 설명해 달라고 간청하기 시작했다. 프란체스코는 그에게 대답했다. "하나님께서 그대가 범한 죄 때문에 그대가 수도회를 배반하고 수도회 밖에서 죽을 것을 나에게 계시해 주셨기 때문이니라. 더욱이 그대가 저주받았다는 것을 주님께서 나에게 계시해 주셨기 때문이다."

이 말을 듣고 나서 엘리아스 형제는 울음을 터뜨리며 프란체스코의 발아래 몸을 던졌다. 그리고 말했다. "나의 존경하는 스승이시여, 저는 그리스도의 사랑으로 간구합니다. 저를 피하지 마시고 저를 버리지 말아 주십시오. 그리스도의 본을 따라서 방황하는 어린 양을 찾는 선한 목자처럼 이 어린 양을 찾아 붙잡아 주십시오. 당신의 도움이 없이는 저는 멸망할 것입니다. 저는 선생님의 기도의 능력을 믿습니다. 하나님께 구하여 당신의 어린 양이 저주를 받지 않도록 기도하여 주십시오. 왜냐하면 하나님께서는 만약 죄인이 깊이 회개한다면 그 심판을 취소하실 수도 있다고 말씀하셨기 때문입니다.

저는 선생님의 기도를 크게 믿고 있습니다. 만약 제가 지옥의 골짜기에 누워 있을지라도 당신이 저를 위하여 하나님께 기도한다면 저는 고통을 덜게 되리라고 믿습니다. 그러므로 저는 선생님께 간구하오니 죄인들을 구원하러 오신 하나님께 마지막 날에 저를 잊지 않도록 간구하여 주십시오. 그리하여 제 생애의 마지막이 되면 그 분이 저에게 자비를 베풀어 주시도록 간구해 주십시오."

엘리아스 형제는 울면서 경건하게 이와 같이 말했다. 프란체스코는 스승으로서의 사랑에 감동이 되어 그를 위하여 하나님께 기도하겠다고 약속했다.

프란체스코는 엘리아스 형제를 위하여 하나님께 간절히 기도하는 동안, 계시에 의하여 그의 기도가 주님에게 허락되어 그 심판을 취소하겠다는 응답을 받았다. 그러나 엘리아스 형제의 영혼에게 내린 저주는 취소되겠지만 그가 수도회를 떠나 수도회 밖에서 죽을 것이라는 예언은 취소될 수 없다는 응답을 받았다.

이 예언은 그대로 성취되었다. 시실리의 왕 프레드릭이 교회를 대적하여 일어났을 때, 세상에서 가장 현명한 사람들 중의 하나로 생각되었던 엘리아스 형제는 프레드릭 왕의 초청에 응하여 그의 편이 되어 교회를 대적하고 수도회의 배도자가 되었다. 그리하여 마침내 그는 교황에 의하여 파문을 당하고 프란체스코회의 의복을 박탈당하였다.

그는 파문을 당한 후에 중병을 앓아 거의 죽게 되었다. 그의 친형제로서 수도회에 남아 있었던 평수사이며 선한 생활과 순결하고 찬양할 만한 행실을 지닌 한 수도사는 그가 중병에 들었다는 소식을 듣고 그를 방문했다.

"나의 사랑하는 형제여, 나는 당신이 파문당하고 우리 수도회 밖에서 죽게 된 것을 대단히 슬프게 생각합니다. 그러나 만일 큰 위험으로부터 당신을 구할 수 있는 무슨 방법이 있다면, 나는 기꺼이 당신을 위하여 어떤 고난이라도 감수하겠습니다."

그때 엘리아스 형제는 눈물을 흘리며 대답했다. "사랑하는 형제여, 나는 그대가 교황에게 가서 겸손하게 간구하는 방법 밖에는 다른 길이 없다고 생각합니다. 그가 그리스도의 사랑과 그의 종인 프란체스코를 위하여 나를 파문에서 용서하고 수도회의 의복을 다시 입을 수 있도록 허락해 주기를 간구해 주십시오."

그 수사는 대답했다. "나는 기꺼이 당신의 구원을 위하여 할 수 있는 모든 수고를 다하겠습니다."

그는 엘리아스 형제를 떠나 곧장 교황에게로 갔다. 그리고는 겸손히 교황에게 그리스도의 사랑과 프란체스코의 덕을 보아서라도 엘리아스 형제에게 자비를 베풀어 달라고 탄원하였다. 그러자 하나님의 은혜와 프란체스코의 기도의 도움을 힘입어 교황은 엘리아스 형제를 파문에서 해제하고 다시 수도회에 받아들이겠다고 허락했다.

그 형제는 기쁨으로 가득 차서 교황청을 떠나 급히 엘리아스 형제에게 그 사면의 소식을 전하러 갔다. 그는 엘리아스 형제가 아직 살아 있으나 죽음의 문턱에 와 있는 것을 발견하였다. 그는 교황의 이름으로 그를 파문에서 해제하고, 그에게 다시 프란체스코 수도회의 의복을 입힌 후에 교회에서 마지막 성례를 집행하였다. 그리하여 엘리아스 형제는 거룩한 섭리와 프란체스코의 기도 덕분으로 마음의 평화를 되찾고 평안하게 주님께로 갔다. 그는 마침내 사면의 은혜를 얻었던 것이다. 엘리아스 형제의 영혼은 그가 그토록 깊이 신뢰하였던 프란체스코의 기도 덕분에 구원을 받게 되었으리라 믿는다.

그리스도께 영광을 돌릴지어다. 아멘.

39. 성 안토니가 설교하였을 때 각 나라에서 온 사람들이 어떻게 자기 나라 말로 그 설교를 들었는가.

한번은 프란체스코의 선택된 제자들 중의 한 사람이며 성령의 탁월한 그릇이었던 파두아의 성 안토니가 추기경 회의에서 교황과 추기경들 앞에서 설교하고 있었다. 그곳에 있는 사람들은 여러 나라에서 온 사람들이었다. 그들은 희랍어, 라틴어, 프랑스어, 독일어, 슬라브어 그리고 영어를 사용했다.

안토니는 성령에 감동이 되어 사도들이 웅변적으로 말씀을 전한 것처럼 하나님의 말씀을 아주 훌륭하게 설교하고 강론하였다. 그는 경건하고 명석하며 이해하기 쉽도록 그곳에 모인 모든 사람들에게 강론하였는데, 그들은 비록 각기 다른 언어를 사용하는 사람들이었지만 그가 각 나라 말로 말하는 것처럼 명백하고도 또렷하게 그의 설교 하나 하나를 다 이해할 수 있었다. 그들은 모두 성 안토니에 대하여 경외심과 경건함을 갖게 되었다. 왜냐하면 그들에게는 이것이 마치 초대 교회 시대에 성령께서 강림할 때 일어났던 기적처럼 보였기 때문이었다.

그들은 매우 놀란 채 서로 말했다. "어떻게 우리는 제각기 자기 나라의 말로 그의 설교를 듣고 있는가?"

교황도 역시 성 안토니의 성경에 대한 해박한 지식에 크게 감탄하였다. "그는 참으로 계약의 방주요 성경의 보고로다!"

우리의 스승 성 프란체스코의 제자들은 모두 그와 같았다. 그 제자들은 성령과 하늘의 무기로 무장하고 원수를 대적하여 그리스도의 양떼들뿐만 아니라 그리스도의 대리자와 추기경들까지도 영적으로 무장시켰던 것이다.

영원히 찬송을 받으실 우리 주 예수 그리스도께 영광을 돌릴지어다. 아멘.

✳ **40. 어떻게 성 안토니는 물고기들에게 설교함으로써 이방인을 회개시켰는가.**

찬송을 받으실 주 예수 그리스도는 그의 신실한 종 성 안토니가 얼마나 거룩하며 사람들이 그의 설교와 건전한 가르침을 얼마나 잘 경청하는지를 보이시기 위하여, 한번은 이교도들 사이에서 물고기를 통하여 그들의 어리석음을 꾸짖으셨다. 이는 마치 구약시대에 당나귀의 입을 통하여 발람의 무지를 꾸짖으신 것과도 같았다.

한번은 안토니가 리미니에 있었는데 그곳에는 많은 이교도들이 있었다. 그는 그들을 참된 신앙의 빛과 진리의 길로 인도하기를 원했다. 따라서 그는 여러 날 동안 그들에게 전도하고 그리스도의 신앙과 성경에 대하여 토론하였다. 그러나 그들은 고집이 세고 마음이 굳어 있었다. 그들은 거룩한 가르침을 받아들이지 않을 뿐만 아니라 듣는 것조차 거부했다.

하루는 하나님의 영감을 받은 성 안토니가 바다 근처의 강 입구로 나갔다. 바다와 강 사이의 둑 위에 서서 그는 하나님의 이름으로 물고기들을 부르기 시작했다. 그리고 말했다. "너희 바다와 강의 물고기들아! 하나님의 말씀을 들을지어다. 이 불신앙의 이교도들이 말씀듣기를 거부하고 있기 때문이니라!"

그가 이 말을 하자마자 갑자기 많은 무리의 크고 작은 물고기들이 그 앞에 모여들기 시작했다. 이와 같은 일은 바다와 강에서 한 번도 일어난 일이 없었다. 고기들은 저마다 머리를 물 밖으로 내밀고 유심히 성 안토니의 얼굴을 쳐다보았다. 큰 고기들과 작은 고기들이 함께 평화롭게 헤엄치고 있었으며, 또한 여러 종류의 고기들이 모여들어 마치 색칠한 들판과 같이 여러 색깔로 떼를 지어 늘어섰다.

큰 고기들은 전쟁에 나가기 위하여 정렬한 군대처럼 설교를 듣기 위하여 제일 먼저 먼 곳에 자리 잡고 있었다. 또한 중간 크기의 고기들은 가운데 자리를 차지하고 하나님으로부터 어떤 지시를 받은 것처럼 조용히 그들의 자리를 지키고 있었으며, 작은 고기들은 사면을 받으려는 순례자처럼 성자 앞에 가까이 와서 촘촘히 떼를 지어 늘어서 있었다. 즉 작은 고기들이 둑에 가장 가까이 있었고, 그 뒤에 중간 크기의 물고기들, 그리고 세 번째로 가장 큰 고기들이 물의 깊은 곳에 정렬해 있었다. 그들은 평화롭고 질서정연한 가운데 성 안토니의 설교를 듣게 되었다.

모든 고기들이 정렬을 끝내자 성 안토니는 엄숙하게 설교하기 시작했다. "나의 물고기 형제들이여, 너희들은 너희들에게 살 곳을 허락하여 주신 창조주께 깊은 감사를 드려야만 한다. 그분은 너희에게 신선한 물을 허락하시고 너희가 원하는 대로 헤엄쳐 갈 수 있도록 하셨다. 또한 그분은 너희에게 폭풍을 피할 수 있는 많은 피난처를 주셨고 깨끗한 물과 여행할 수 있는 길과 먹을 수 있는 음식들을 주셨느니라.

너희의 친절하신 창조주께서는 또한 바다의 깊은 곳에도 너희들에게 필요한 음식을 예비하여 두셨다. 그분이 세상을 창조하실 때에 너희를 창조하셨고, 또한 그분은 너희에게 번성할 것을 명령하셨도다. 후에 모든 동물들이 멸망하는 대홍수 동안에 하나님은 너희를 축복하사 너희만 아무 손실이 없이 보존하셨느니라. 그분은 너희에게 지느러미를 주셔서 너희가 원하는 곳은 어디든지 다닐 수 있게 하셨다.

하나님의 명령에 의하여 주님의 선지자인 요나를 살려 다시 육지에 안전하게 내어 뱉는 것이 너희에게 허락되었으며, 또한 주님께서 성전세를 낼 돈이 전혀 없었을 때에 너희들은 예수 그리스도께 성전세를 제공하였도다. 너희들은 영원한 왕이신 우리 주 예수 그리스도께서 부활하시기 전과 부활하신 후에 그분의 음식으로 선택되었다. 이러한 모든 것으로 인하여 너희들은 다른 피조물보다 더 많은 축복을 주신 주님을 찬양해야만 하느니라."

성 안토니의 이와 같은 설교를 듣고 어떤 고기들은 입을 벌리고 또 어떤 고기들은 고개를 끄떡이며 경의를 표시함으로써 그들이 할 수 있는 한 하나님을 찬양했다.

그때에 물고기들이 창조주 하나님을 향하여 경의를 표하는 것을 보고 성 안토니는 크게 즐거워하며 큰 소리로 외쳤다. "영원하신 하나님을 찬양할지어다. 물고기들이 이교도들보다도 더 많은 영광을 하나님께 드리는구나. 이성이 없는 동물들이 오히려 불신앙의 인간들보다 하나님의 말씀을 더 잘 듣는도다!"

성 안토니가 설교하는 동안 고기들이 자꾸자꾸 더 많이 모였는데 설교가 길어져도 한 마리도 그 장소를 떠나지 않았다. 이러한 기적을 보고 그 도시의 이교도들은 강독으로 달려왔다. 그들은 성 안토니의 설교를 듣고 있는 고기들의 기적을 보고는 모두가 마음에 크게 회개를 하고 그곳에 앉아 설교하는 말씀을 함께 들었다.

이렇게 하여 성 안토니는 이교도들에게 그리스도의 진리를 전할 수 있었다. 그는 그곳에 있는 모든 이교도들을 참된 신앙으로 개종시켰으며, 그들에게 축복을 베풀고 신앙을 굳세게 하고 기쁨으로 충만케 하여 집으로 돌려보냈다.

성 안토니는 또한 물고기들에게도 하나님의 축복을 내려 그들을 돌려보냈다. 물고기들은 모두 헤엄을 쳐서 기쁨 가운데 자기 갈 곳으로 돌아갔다.

이 일이 있은 후에 성 안토니는 리미니에 얼마동안 더 머무르며 그들에게 설교하여 더 많은 이교도들을 회개시키고 그들의 경건생활을 자극시켜 주면서 많은 영적인 열매를 거두었다.

영원히 찬송 받으실 우리 주 예수 그리스도께 영광을 돌릴지어다. 아멘.

✳ 41. 아시시의 시몬 형제와 그의 훌륭한 생애에 대하여

우리 수도회의 초창기 곧 성 프란체스코가 아직 살아 있을 당시에 시몬 형제라 불리는 아시시의 한 젊은 청년이 수도회에 들어왔다. 전능하신 주 하나님께서는 그에게 놀라운 은혜와 위로를 부어 주시고 그를 위대한 명상의 상태로 이끄셔서 그의 전 생애는 거룩한 생활 그 자체였다. 나는 그 사실을 오랫동안 그와 더불어 생활한 사람으로부터 들었다.

그는 그의 골방 밖으로 나가는 일이 거의 없었다. 그가 때때로 수사들에게 갈 때는 항상 하나님에 대하여 대화하길 즐겼다. 그는 결코 정상적인 학교 교육을 받은 적이 없었으며 거의 날마다 숲 속에서 살았다. 그럼에도 불구하고 그는 하나님과 그리스도의 사랑에 대하여 아주 깊이 있는 말들을 자주 하곤 했다. 그럴 때마다 그의 말들은 마치 초자연적인 것처럼 보였다.

어느 날 저녁 그가 마사의 야고보 형제와 함께 하나님에 대한 대화를 갖기 위하여 숲 속으로 갔을 때 그들은 그리스도의 사랑에 대하여 아주 경건하고 달콤한 대화의 시간을 가졌으며 온 밤을 그 대화로 지샜다. 대화를 하는 동안 시간은 조금밖에 지나지 않은 것 같았는데 어느새 아침이 되었던 것이다.

이와 같이 시몬 형제는 성령으로부터 큰 위로를 받고 있었다. 그가 자신에게 내려오는 하나님의 사랑을 느낄 때에는 마치 잠자기를 원하는 것처럼 침대에 눕곤 했다. 왜냐하면 성령의 달콤한 평화는 그에게 정신적인 안식 뿐 아니라 육체적 안식까지도 요구하였기 때문이었다. 이같이 하나님께서 나타나실 때 그는 자주 무아경에 빠진 채 사물에 대하여는 아무런 감각도 느끼지 못하였다.

한번은 그가 무아경 속에 빠져 외부세계를 전혀 의식하지 못한 채 하나님의 사랑과 은혜 가운데 온전히 불타오르고 있었다. 그때 어느 수사가 그가 진정으로 자기가 나타나는 것을 인식하지 못하는지 알아보고 싶어서 불에서 꺼낸 석탄을 그의 맨발 위에 얹어 놓았다. 그러나 시몬 형제는 그 석탄을 전혀 느끼지 못하고 더구나 그는 그 석탄이 그의 다리에서 타고 있는 동안에도 고통을 느끼거나 상처를 입지 않았다. 이것을 본 그 수사는 크게 감탄하고 이후로는 더욱 그를 존경하게 되었다.

또한 시몬 형제는 수사들과 더불어 식사할 때 음식을 먹기에 앞서서 항상 그들에게 하나님에 대한 대화로써 영혼을 위한 양식을 먼저 주곤 하였다.

한번은 그가 수사들과 더불어 하나님에 대하여 매우 열정적으로 이야기하고 있는 동안에 산 세베리노의 한 젊은이가 회개하고 주님께 돌아왔다. 그는 귀족적이고 우아하고 매우 허영심이 큰 청년이었다. 시몬 형제는 이 젊은이를 수도회에 받아들이면서 그에게 수도회 의복을 내어 주고 그가 벗은 세속의 의복을 간직하게 되었다. 그 젊은이는 시몬 형제로부터 종교적 생활에 대하여 배우기 위하여 그의 곁에 머물렀다.

그러나 모든 선을 방해하는 우리의 대적 마귀는 그의 악한 이빨을 드러내고 포효하는 사자처럼 그 젊은이에게 달려들어 그의 육체에 불타는 듯한 욕망의 고통을 안겨 주었다. 그 청년은 그 유혹이 너무 강해서 저항할 수 있는 힘을 잃어버렸다. 결국 그는 시몬 형제에게 가서 말했다. "저에게 제가 입고 온 의복을 돌려주십시오. 저는 이러한 육체의 유혹을 견딜 수가 없습니다!"

그러나 시몬 형제는 그에 대하여 큰 사랑을 느끼고 그에게 말했다. "내 아들아, 얼마동안 여기에 같이 앉아 있거라." 그리고 시몬 형제가 아름다운 말로 하나님에 대하여 그 소년에게 이야기하고 있는 동안 그는 모든 정욕의 불길을 꺼뜨리고 악마의 유혹을 완전히 쫓아 버렸다.

후에 그 유혹은 여러 번 다시 찾아와 그 젊은이는 재차 그의 의복을 요구하였다. 그러나 시몬은 또다시 하나님에 대하여 그에게 얘기함으로써 그 유혹을 쫓아 버렸다.

드디어 어느 날 밤 그 유혹은 그를 너무나 격렬하게 공격하여 그는 더 이상 견디지 못하고 시몬에게로 달려와서 말했다. "저의 의복을 지금 당장 주셔야 되겠습니다. 저는 더 이상 견딜 수가 없어요!"

그때에 시몬 형제는 경건한 아버지로서 그에게 사랑을 느끼며 말했다. "아들아, 오너라. 내 옆에 앉아서 얼마 동안 이야기하자."

정신이 산란해진 청년은 시몬 형제에게 가서 그 옆에 앉았다. 하나님에 대하여 대화하고 있는 동안에, 그 청년은 우울함과 패배감으로 인하여 머리를 시몬 형제의 가슴에 기대었다. 시몬 형제는 그에 대하여 연민을 느끼면서 눈을 들어 하늘을 바라보았다. 그가 그 젊은이에 대한 사랑과 헌신으로 하나님께 간절히 기도하고 있는 동안에 그는 무아경에 빠지게 되었고 드디어 그의 기도는 하나님의 응답을 받았다.

마침내 시몬 형제가 다시 의식을 회복했을 때 그 청년은 시험을 전혀 겪지 않은 것처럼 모든 유혹으로부터 온전히 자유로워졌다는 것을 깨달았다. 그리하여 유혹의 해로운 열정은 성령의 뜨거운 열정으로 바뀌어졌다. 그때부터 그는 마치 살아 있는 석탄과도 같이 하나님과 그의 이웃을 위한 사랑으로 불타오르게 되었다.

하루는 어떤 죄인이 체포되어 두 눈을 뽑히는 판결을 받게 되었는데 그 젊은이는 재판이 열리고 있는 동안 용기 있게 지사에게 나아가서 탄원하였다. 그는 눈물을 흘리면서 그 죄인의 두 눈을 다 뽑지 말고 대신 자신의 한 눈을 뽑아달라고 말했다. 지사와 배심원들은 그 청년의 큰 열정과 타오르는 사랑을 보고 그 죄인을 사면해 주었다.

하루는 시몬 형제가 숲 속에서 기도하며 주님으로부터 큰 위로를 받고 있었을 때 한 떼의 까마귀들이 요란한 소리로 그를 방해하였다. 그는 그 까마귀들에게 가서 다시는 돌아오지 말라고 예수의 이름으로 명했다. 그러자 놀라운 기적이 일어나서 까마귀들이 즉시 날아가고는 다시 나타나지 않았다.

지금까지도 그 지역 주변에는 까마귀들이 보이지 않고 울음 소리도 전혀 들리지 않는다. 이는 나 자신이 직접 그곳에서 3년을 지내며 그 기적을 확인하였다. 그 지방의 신도들과 수사들에게는 이 사실이 다 알려져 있다.

그리스도께 영광을 돌릴지어다. 아멘.

Ⅱ. 마치스 지방 수사들의 기적 이야기

✳ ## 42. 하나님이 거룩한 수사들을 통하여 행하신
놀라운 기적에 대하여

옛날에 안코나의 마치스 지방의 빛나는 별들로 가득 찬 하늘처럼, 거룩하고 모범적인 수사들이 훌륭한 덕을 지니고 하나님과 이웃들 앞에서 별과 같이 찬란한 광채를 발하고 있었다. 그들은 프란체스코의 수도회에서 모범과 교훈을 통해 세상에 빛을 발하고 있었는데, 그들을 회상한다는 것은 참으로 축복스러운 일이다.

그들 가운데 어떤 사람들은 별들 중에 더 뛰어나게 반짝이는 큰 성좌처럼 더욱 찬연히 빛나고 있었는데, 루키노 형제가 그 대표적인 예였다. 그는 정녕 거룩함과 하나님에 대한 사랑으로 빛나는 사람이었다. 그의 영광스러운 설교는 언제나 성령의 감동을 힘입어 더욱 놀라운 열매를 거두곤 했다.

또 다른 사람은 산 세베리노의 벤티보그리아 형제였다. 그가 기도하고 있는 동안에 아주 높이 공중에 들어 올려 있는 것을 산 세베리노의 마세오 형제가 목격하였다.

그러한 기적 때문에 당시 한 교구의 신부였던 마세오 형제는 교구를 떠나 수사가 되었다. 또한 그곳에서 거룩한 삶을 살며 그가 죽기 직전까지 많은 기적을 행하였다. 그의 유해는 지금 무로에 안식하고 있다.

앞에 말한 벤티보그리아 형제가 한번은 문둥병으로 고통당하는 한 사람을 돌보기 위하여 트라베 보난티에서 머무르고 있는 동안에, 그의 상급자로부터 그곳을 떠나 15마일 떨어진 다른 곳으로 가라는 명령을 받았다. 그는 순종으로 명령을 받아들였으나 그 외롭고 불쌍한 병자를 버려 두고 싶지 않아서 크나큰 사랑의 열정으로 그 문둥병자를 업고 캄캄한 새벽부터 해가 뜰 때

까지 15마일의 먼 길을 업고 갔다. 그가 독수리였다고 할지라도 그렇게 먼 거리를 그렇게 짧은 시간에 날아갈 수는 없었을 것이다. 그 지방의 모든 사람들은 이러한 기적을 듣고 경외와 존경심을 마음에 품게 되었다.

또 다른 수사는 몬테키오의 베드로이다. 그는 진실한 성자였는데 그가 기도하는 중에 땅에서 5, 6 큐빗 정도 공중으로 들어 올려 있는 것을 우르비노의 세르보데오 형제가 목격하였다.

베드로 형제가 한번은 사순절 기간 동안에 온 마음을 바쳐 교회에서 기도하고 있었다. 그때에 그를 살펴보기 위하여 몰래 숨어 있던 한 젊은 수사는 베드로 형제가 대천사 미카엘과 대화하는 것을 목격했다. 다음이 그 대화의 내용이다.

대천사 미카엘은 말했다. "베드로 형제여, 그대는 나를 위하여 충성스럽게 수고하여 왔다. 또 여러 가지로 그대는 고난을 받아왔다. 이제 나는 그대를 위로하러 왔으나 무슨 은혜이든지 구하라. 그러면 내가 그것을 주님께 구해 주리라."

베드로 형제가 대답했다. "천군 천사의 거룩한 지도자이시며 하나님의 영광을 위한 가장 위대한 수호자이시여, 저는 당신께 은혜를 구하오니 부디 당신께서는 저를 위하여 저의 모든 죄에 대한 용서를 하나님께 구하여 주십시오."

대천사 미카엘은 대답했다. "다른 은혜를 구하라. 왜냐하면 그것은 내가 그대를 위하여 쉽게 구할 수 있기 때문이니라."

그러나 베드로 형제가 그 밖의 다른 은혜를 구하지 않았기 때문에, 대천사는 결론을 내리며 말했다. "그대가 나를 위하여 행한 믿음과 경건을 인하여 나는 그대가 구한 은혜 이외에도 많은 은혜를 더해 주리라."

대화가 끝나자 대천사 미카엘은 떠나 버렸다. 그 대화는 한밤중에 오랫동안 계속되었는데 베드로 형제는 큰 위로를 받았다.

우리 주 예수 그리스도께 영광과 찬양을 돌릴지어다. 아멘.

✳ 43. 어떻게 콘라드 형제가 한 젊은 수사를 회개시켰는가.

우리의 스승 프란체스코의 규범과 복음서의 청빈을 훌륭하게 실천하였던 사람으로서 오피다의 콘라드 형제의 생애는 너무나 거룩하고 덕스러운 생애였다.

주 예수 그리스도께서는 그가 세상에 살아 있을 때나 죽었을 때 많은 기적을 보여 주심으로써 그를 영광스럽게 하셨다.

많은 기적들 중에서 한 가지는 그가 오피다 수도원을 방문하던 때에 일어났다. 수사들은 그에게 수도원에서 어리석은 행동을 하여 나이 많은 사람이나 혹은 젊은 사람들 모두에게 큰 방해를 주고 있는 한 젊은 수사에게 하나님의 사랑으로 좋은 충언을 해 달라고 부탁했다. 그 젊은 수사는 거룩한 일에는 전혀 관심이 없을 뿐만 아니라 다른 사람을 방해하며 다른 사람이 행하는 신앙습관까지도 방해하곤 하였다.

콘라드 형제는 그 젊은이를 매우 안타깝게 여겼으며 또한 그 젊은이가 방해하고 있는 다른 수사들 역시 안타깝게 생각하였다. 그는 겸손히 그들의 요청을 수락하여 그 청년을 불러서 설득력 있게 말을 하며 그에게 사랑으로 훈계를 하였다.

그때에 갑자기 주님의 손이 그 청년에게 임하여 하나님의 은혜의 능력으로 그는 완전히 다른 사람으로 변화되었다.

그는 어린아이에서 성숙한 믿음의 사람으로 변화되었으며, 아주 순종적이고 사려 깊고 친절하고 또한 경건하며 화평한 사람이 되었다. 또한 다른 사람에게 협조적이고 모든 미덕을 행하는데 열심을 품어서 과거에는 수도원의 모든 사람들이 그로 인하여 방해를 받았으나 그 후로는 모든 사람들이 그의 완전한 회개로 인하여 즐거워하게 되었다. 그들은 그 청년을 마치 천사처럼 매우 사랑하였다.

우리 주 예수 그리스도께 영광을 돌릴지어다. 아멘.

✳ **44. 어떻게 몬테키오의 베드로 형제는 그리스도의 고난을 가장 많이 받은 사람을 알게 되었는가.**

앞에 말한 콘라드 형제와 베드로 형제는 안코나 지방에서 같이 살고 있었을 당시 서로 간에 깊은 사랑의 교제를 나누는 가운데 마치 한 영혼을 지닌 것처럼 보였다. 또한 그들은 하나님의 사랑 안에서 서로에게 줄 수 있는 모든 위로를 서로 나누기로 약속하였다.

그들이 이러한 약속을 한 후에 하루는 베드로 형제가 그리스도의 고난에 대하여 경건히 묵상하며 기도하고 있었다. 그때 성모 마리아와 사랑받는 사도 요한이 못 박히신 그리스도 앞에 서 있고, 우리의 스승이신 프란체스코도 역시 그곳에 함께 서있는 환상이 보였다. 그리하여 그는 그리스도의 고난을 세 사람 중 누가 가장 많이 받았는지 알고 싶은 경건한 욕망이 일어났다. 즉 주님을 태어나게 한 성모 마리아와 주님의 품에 의지했던 사랑받던 제자 요한과, 그리스도와 함께 십자가에 못 박혔던 성 프란체스코 중 누가 가장 고난을 받았는지 알고 싶은 경건한 욕망이 일어났다.

그가 이러한 경건한 생각을 하고 있을 때 성모 마리아가 사도 요한과 우리의 스승인 성 프란체스코와 더불어 다시 함께 나타났다.

성 프란체스코는 하늘의 영광스러운 의복을 입고 있었는데 그 의복은 사도 요한의 아름다운 의복보다 더욱 영광스러운 것처럼 보였다.

베드로 형제가 이와 같은 환상을 보고 깜짝 놀라자 성 요한은 그를 위로하며 말했다. "형제여, 두려워 말라. 우리는 그대를 위호하고 그대의 의심을 풀어주기 위하여 왔노라. 그리스도의 어머니와 내가 그리스도의 고난에 대하여 그 누구보다도 근심하였다는 것을 알라. 그러나 우리 이후에는 프란체스코가 그 누구보다도 더 큰 슬픔을 가졌다는 것을 기억하라. 이것이 바로 프란체스코가 영광중에 있는 것을 그대가 보게 된 이유이니라."

그러자 베드로 형제는 그에게 물었다. "그리스도의 거룩하신 사도시여, 어찌하여 성 프란체스코의 의복이 당신의 것보다 더욱 영광스럽게 보입니까?"

사도 요한이 대답했다. "왜냐하면 프란체스코는 세상에 있을 때에 그리스도의 사랑으로 인하여 나보다 더 남루한 옷들을 입었기 때문이니라."

사도 요한은 이처럼 말한 후에 베드로 형제에게 영광스러운 옷을 주면서 말했다. "이 의복을 받으라. 내가 그대에게 주려고 가지고 왔노라."

사도 요한이 그 빛나는 의복을 베드로 형제에게 입히기를 원했을 때 베드로 형제는 깜짝 놀라서 뛰어가며 소리쳤다. 왜냐하면 그는 잠자는 중에 환상을 본 것이 아니라 깨어 있었기 때문이었다. "콘라드 형제! 콘라드 형제! 빨리 와 보시오! 빨리 와서 이 놀라운 일들을 보시오!"

그러자 그 거룩한 환상은 사라져 버렸다. 콘라드 형제가 왔을 때 베드로 형제는 그에게 이 모든 일에 대하여 자세하게 말해 주었다. 그러고 나서 그들은 마음을 합하여 하나님께 깊은 감사를 드렸다. 아멘.

✻   ## 45. 펜나의 요한 형제의 회심, 생애, 기적과 죽음에 대하여

마치스 지방의 뛰어난 인물 중의 하나인 펜나의 요한 형제가 어린 소년이었을 때의 일이었다. 하루는 한 아름다운 소년이 그에게 나타나 말했다. "요한아, 산토 스테파노라 가라. 그곳에서 나의 수사들 중의 하나가 설교하도록 되어 있단다. 그러면 그의 가르침을 믿고 그의 말을 따르라. 내가 미리 그를 그곳에 보내었노라. 그의 가르침을 받은 후에 너는 오랫동안 여행을 하게 될 것이니라. 그 후에는 나를 따르라."

그는 자신의 영혼에 놀라운 변화가 일어났음을 알았다. 그리고 즉각 일어나 산토 스테파노로 갔을 때, 그는 여러 마을에서 온 많은 군중들이 하나님의 말씀을 듣기 위하여 모인 것을 발견하게 되었다. 그곳에서 설교하는 사람은 안코나의 마치스 지방에 왔던 최초의 수사들 중의 한 사람인 빌립 형제라는 수사였다.

이 빌립 형제는 큰 열정을 가지고 설교하였다. 그는 인간의 지혜에 따른 유식한 말로 하지 아니하고 오직 성령의 능력에 의지하여 하나님의 나라와 영생을 힘 있게 선포하였다.

설교가 끝났을 때에 소년 요한은 빌립 형제에게 다가가서 말했다.

"선생님, 만약 당신이 저를 수도회에 받아 주신다면 저는 기꺼이 회개하고 주 예수 그리스도를 따르겠습니다."

거룩하며 총명한 사람이었던 빌립 형제는 그 소년의 놀라운 순진성과 하나님을 섬기고자 하는 마음의 준비를 알아차리고 그에게 말했다. "너는 레카나티 마을로 나를 찾아오라. 그러면 그때 너의 가입 여부를 결정하겠다." (왜냐하면 지방 총회가 그때 그 장소에서 열리게 되어 있었기 때문이었다.)

이 순진한 소년 요한은 생각했다. '이것이 아마 나에게 계시된 그 긴 여행인가 보구나. 그 긴 여행을 하고 난 후에 나는 천국으로 가게 되겠지.'

그는 수도회에 입회되자마자 그 여행이 시작될 것이라고 생각했었다. 드디어 그는 그곳으로 가서 수도회에 입회를 허락받았으나 일은 그의 기대대로 되지 않았다.

총회 기간 동안에 어느 날 총장께서 말했다. "거룩한 순종의 미덕으로 프로방스 지방으로 가기를 원하는 사람은 누구든지 말하라. 내가 그를 그곳으로 보내겠노라."

요한 형제가 그 말을 들었을 때 그는 그곳으로 가고 싶은 강한 충동을 느끼게 되었다. 그는 아마도 이것이 그가 천국으로 가기 전에 해야 할 긴 여행이라고 다시 한 번 생각했다. 그러나 그는 너무 수줍어서 크게 말할 수가 없었다. 결국 그는 그가 수도회에 입회할 수 있도록 도와준 빌립 형제에게 사실을 고백했다.

"선생님, 저는 그 지방으로 가서 그곳에 머물 수 있는 은혜를 얻고 싶습니다." 이처럼 그 당시에는 수사들이 외국으로 갈 때는 자발적으로 지원을 했으며 그곳에 머물면서 마치 순례자와 나그네처럼 살았던 것이다.

빌립 형제는 그 소년의 순수성과 거룩한 의도를 알아차리고 그를 위하여 그 지방으로 갈 수 있는 허락을 얻어 주었다. 그래서 요한 형제는 큰 기쁨으로 출발을 할 수 있게 되었으며, 그는 이 여행을 마칠 쯤에는 천국으로 가게 되리라고 확신했다.

이렇게 해서 그는 하나님이 원하시는 뜻대로 그 지방에서 25년 동안을 머무르면서 모범적인 거룩한 생활을 하게 되었다. 그러면서 그는 매일 그에게 약속된 것이 성취되기를 소망하였다. 그러나 그가 미덕과 거룩함 가운데서 생활하고 수사들과 그 지방의 모든 신자들에게 사랑을 받으며 생활하였음에도 불구하고 그의 소원이 허락될 것 같은 표적은 조금도 찾아볼 수가 없었다.

그날도 그가 경건하게 눈물을 흘리며 기도하면서 그의 추방 생활과 순례가 얼마나 더 연장될 것인지를 하나님께 탄원하고 있었다. 그때 갑자기 주 예수 그리스도께서 그에게 나타나셨다. 그리스도를 바라보자 그의 영혼은 사랑의 감동으로 순식간에 녹아버렸다.

그리스도께서 그에게 말씀하셨다. "내 아들아, 네가 원하는 것은 무엇이든지 나에게 구하라."

그래서 요한은 대답했다. "나의 주님, 제가 무엇을 말해야 할 지 모르겠습니다. 저는 오직 주님만을 원하기 때문입니다. 저는 주님께 오직 한 가지만을 구하고 싶습니다. 주님께서 저의 모든 죄를 용서하시고 제가 주님을 더욱 필요로 할 때에 주님을 볼 수 있는 은혜를 허락하여 주십시오."

"너의 소원대로 이루어질 것이니라." 이렇게 말씀하신 후에 주님은 그의 시야에서 사라지셨다. 이로 인하여 요한 형제는 크게 위로를 받았다.

후에 마치스 지방의 수사들은 그의 거룩함에 대한 명성을 듣고 총장과 상의하여 그가 마치스 지방으로 다시 돌아오도록 지시를 보냈다. 그 지시를 받았을 때에 그는 기뻐하며 생각하였다. '이것이 바로 그 긴 여행이로구나. 이 여행을 마친 후에 나는 하나님께로 가게 되겠구나.'

그가 자신의 고향인 마치스 지방으로 다시 돌아왔을 때 그를 알아 보는 친척은 아무도 없었다. 그러나 그는 매일매일 하나님께서 그에게 하신 약속을 성취시켜 주실 것을 기대하며 경건하게 살았다.

그러나 그의 삶은 더욱더 연장되어 그는 마치스 지방으로 돌아온 후에 30년을 더 살게 되었다. 그러는 동안 그는 뛰어난 분별력을 가지고 수도원의 감독자로서 봉사하였으며 주님은 그를 통하여 많은 기적을 행하셨던 것이다.

많은 은사 가운데서 그는 특별히 예언의 은사를 가지고 있었는데, 한번은 그가 수도원에 없을 때의 일이었다. 갓 들어온 수사 중의 하나가 마귀의 공격을 받아 수도회를 떠나고자 하는 강력한 충동을 받게 되었다. 결국 그 수사는 시험에 굴복하여 요한 형제가 돌아오면 그곳을 떠나야겠다고 결심하고 있었다.

한편 요한 형제는 예언의 영을 통하여 그 수사의 시험과 결정을 이미 알고 있었다. 그러므로 요한 형제는 돌아오자마자 그 수사를 부르며 말했다. "내 아들아 이리로 오라. 나는 네가 나에게 모두 고백하기를 원하노라."

그 수사가 다가왔을 때 요한 형제는 말했다. "먼저 내 말을 들으라. 아들아."

그는 그 수사에게 하나님께서 그의 시험에 대하여 미리 계시해 주신 것을 말해 주었다. 또한 요한 형제는 결론을 내리며 말했다. "내 아들아, 너는 내가 돌아오기를 기다렸다. 이는 나의 축복이 없이는 떠나기를 원치 않았기 때문이다. 그러나 하나님께서는 특별히 너에게 은혜를 주셔서 너는 이 수도회를 떠나지 않게 될 것이며 주님의 축복하심 가운데 이 수도회에서 죽게 될 것이다."

그리하여 그 수사는 요한 형제가 예언한 하나님의 선한 뜻에 더욱 큰 힘을 얻고 그 수도회에 계속 머무르며 거룩한 수사가 되었다.

요한 형제는 나(우골리노 형제)에게 이 모든 것을 직접 말해 주었다.

요한 형제는 항상 마음에 기쁨과 평안이 넘치는 사람이었다. 그는 항상 침묵으로 일관했고 거의 말하는 일이 없었다. 그는 또한 아주 깊은 경건과 기도의 사람이었다. 아침 기도를 마친 후에도 그는 그의 방으로 들어가지 않고 교회에서 저녁때까지 머무르며 기도하곤 했었다.

어느 날 밤 그가 언제나처럼 열심히 기도하고 있을 때에 대천사가 그에게 나타나서 말했다. "요한 형제여, 그대의 여행은 그대가 그렇게 오랫동안 기다린 것처럼 이제 거의 끝이 났도다. 그러므로 나는 하나님을 대신하여 그대에게 고하러 왔노라. 그대는 그대가 원하는 것을 한 가지 선택할 수 있다. 연옥에서 온전히 하루를 있든지, 혹은 세상에서 칠일 간의 고통을 견디든지 둘 중의 하나를 그대는 선택할 수 있노라."

요한 형제는 이 세상에서의 칠일 간의 고통을 택하였다. 그러자 그는 갑자기 심한 병에 걸려 중태에 빠지게 되었다. 그는 고열로 신음하게 되고, 손과 발에 통증이 와서 경련을 일으키며 많은 고통을 받는 상태가 되었다. 그러나 그 모든 고통보다도 더 괴로운 것은 마귀가 그의 앞에 서서 그의 모든 죄와 허물을 적은 두루마리를 가지고 그에게 이렇게 말하는 것이었다. "네가 생각하고 말하고 행한 이 모든 죄 때문에 너는 지옥의 밑바닥에 떨어질 것이다."

병으로 인한 고통에 기진맥진한 요한 형제는 그가 행했던 모든 미덕마저다 망각해 버렸다. 다만 그는 마귀가 말한 대로 멸망받게 될 것이라고 생각하게 되었다. 그리하여 누군가 그에게 기분을 물을 때에는 그는 이렇게 대답하곤 했다. "기분이 몹시 좋지 않아. 나는 멸망을 당하게 될 거야!"

이러한 상태를 보고, 그곳의 수사들은 몬테 루비아노의 마태 형제라는 늙은 수사를 불렀다. 그는 거룩한 사람이요 요한 형제의 친한 친구였다.

마태 형제는 요한 형제의 고통의 제칠일 째에 왔다. 마태 형제는 병든 요한에게 인사하며 말했다. "사랑하는 형제여, 기분이 어떠시오."

요한은 대답했다. "몹시 좋지 않아요. 나는 멸망을 당할테니까요."

그때 마태 형제는 말했다. "어떻게 그렇게 말할 수 있소? 당신은 나에게 자주 고해를 했고, 또 그 모든 죄를 이미 용서받은 것을 잊었단 말이요? 당신은 그렇게 오랫동안 이 수도회에서 거룩하게 하나님을 섬겨온 것을 기억하지 못합니까? 또한 당신은 하나님의 자비가 세상의 모든 죄악보다 크며 우리의 주 예수 그리스도께서 우리를 구원하시려고 하나님 아버지께 무한한 값을 치르신 것을 잊었단 말입니까? 당신은 결코 멸망당하지 않을 것이며 반드시 구원받을 것이요. 확신을 가지시오. 형제여!"

그가 이렇게 말을 마쳤을 때, 요한 형제의 칠일 간의 고통 기간은 거의 끝나고 있었고 그의 시험은 마침내 그를 떠났다. 그러자 요한 형제는 크나큰 위로를 얻게 되었다. 그리고 큰 기쁨으로 마태 형제에게 이렇게 말했다. "당신은 피곤할테니 이제는 가서 쉬시기 바랍니다."

그래도 마태 형제는 그를 떠나고 싶지 않았지만, 요한 형제가 떠나서 쉬기를 강력히 권하였으므로 그는 결국 휴식을 취하기 위하여 그를 떠났다.

그리고 요한 형제가 그를 돌보는 수사와 함께 홀로 남았을 때, 예수 그리스도께서 찬란한 빛 가운데 다시 한 번 그에게 나타나셨다. 그것은 바로 요한 형제가 주님을 가장 필요로 할 때 다시 한 번 그에게 나타나시겠다고 약속한 말씀을 이루어 주심이었다. 또한 주님은 모든 병으로부터 그를 치유해 주셨다.

요한 형제는 손을 들어 이 슬픈 세상에서 그의 긴 여행을 행복하게 마칠수 있도록 해 주신 하나님께 깊은 감사를 드렸다. 그리고 그는 주 예수 그리스도께 영원히 그의 영혼을 맡겼다. 그는 큰 기쁨과 위로를 지니고 그의 영혼을 하나님께 맡긴 채 육신의 삶에서 그가 그토록 오랫동안 소원하고 기다렸던 그리스도와 함께 하는 영원한 삶으로 옮겨갔던 것이다.

그리하여 이 요한 형제는 펜나 산 지오반니에 묻혔다.

그리스도께 영광을 돌릴지어다. 아멘.

✳ 46. 파시피코 형제는 그의 형제의 영혼이 하늘로 승천하는 것을 보다.

성 프란체스코가 죽은 후 그 지역 수도회에는 험블(겸손) 형제와 파시피코(평화) 형제라는 두 수사가 있었는데, 둘 다 매우 경건하며 완전한 사람들이었다.

그중 하나인 험블 형제는 소피아노 수도원에 있었고 그곳에서 일생을 마치게 되었다. 파시피코 형제는 그곳에서 조금 떨어진 수도원의 수사였는데, 하루는 그가 수도원으로부터 좀 떨어진 조용한 곳에서 기도하고 있었을 때였다. 기도하는 그에게 하나님의 손길이 임하더니 무아의 경지로 그를 이끌었다. 그리고 그는 형제인 험블 형제의 영혼이 아무런 방해도 받지 않고 곧장 하늘로 올라가는 것을 보게 되었다.

후에 파스피코 형제는 험블 형제가 묻혀 있는 소피아노 수도원의 수사가 되었다. 그런데 부룬포르테 영주의 요청에 의하여 그곳 수사들이 소피아노 수도원으로부터 이주하게 되었을 때의 일이다. 그들은 자신들의 이주와 더불어 거룩한 수사들의 유골도 옮겨야만 했는데 많은 유골들 가운데에서 험블 형제의 무덤에 가게 되었을 때, 친형제였던 파시피코 형제는 험블 형제의 유골을 매우 경건하게 꺼내어 훌륭한 포도주로 씻고 하얀 천으로 감쌌다. 그는 눈물을 흘리며 그 유골에 경건히 입을 맞추었다.

그러자 이 광경을 보고 그곳에 있던 다른 수사들은 매우 큰 충격을 받았다. 왜냐하면 파시피코 형제는 거룩함으로 큰 명성을 가지고 있었는데, 그 광경이 다른 수사들에게는 그가 단지 본능적 사랑에 의하여 그의 친형제의 죽음을 슬퍼하는 것처럼 보였기 때문이었다.

더구나 파시피코 형제는 신앙과 경건에 있어서 험블 형제보다 조금도 뒤떨어지지 않는 다른 사람들의 유골에 대해서는 그토록 커다란 경건을 보이지 않았기 때문이다.

수사들이 자신의 행동을 잘못 판단하고 있다는 것을 깨달은 파스피코 형제는 겸손히 그들에게 설명해 주었다.

"나의 사랑하는 형제들이여, 그대들은 내가 이와 같이 행한 것에 놀라지 말라. 하나님을 찬송할지로다. 내가 이와 같이 한 것은 그대들이 생각한 것 같이 본능적인 사랑 때문이 아니다. 그것은 다만 내 형제인 험블 형제가 이 세상을 떠나 주님 앞으로 갈 때에, 나는 그로부터 멀리 떨어진 곳에서 홀로 기도하고 있었는데 무아의 경지 속에서 나는 그의 영혼이 천국으로 곧장 올라가는 것을 보았기 때문이니라. 나는 그의 거룩한 유골이 언젠가 하나님의 낙원에서 안식을 얻을 것임을 확신하고 있노라. 만약 하나님께서 나에게 다른 수사들에 대해서도 그와 같은 확신을 보여 주셨다면, 나는 기꺼이 그 유골들에 대해서도 커다란 존경심을 표했을 것이다."

파시피코 형제의 선하고 거룩한 동기를 깨닫고 그 수사들은 큰 교훈을 얻었다. 또한 그들은 그의 거룩한 수사들을 위하여 놀라운 기적들을 행하신 하나님을 높이 찬송하였다.

그리스도께 영광을 돌릴지어다. 아멘.

✳ **47. 거룩한 수사가 병들었을 때 성모 마리아께서 나타나시다.**

옛날에 안코나 지방에서 멀리 떨어진 소피아노 수도원에 한 작은 수사가 살았는데(그의 이름을 기억할 수는 없지만), 그는 지극히 거룩하고 은혜가 넘치는 사람이어서 마치 하나님처럼 거룩하게 보였다. 그리고 그는 자주 하나님과의 만남으로 무아경에 빠지곤 했다.

한번은 그가 황홀경에 빠져 그의 마음이 온전히 하나님께 사로잡혀 있을 때 ― 그는 놀라울 정도로 명상의 은사를 받고 있었기 때문이었다 ― 많은 새들이 그에게로 날아와 공손하게 그의 머리와 어깨와 팔에 앉았다. 그리고 그 새들은 아름답게 노래를 불렀다.

그가 명상에서 깨어났을 때 그는 마치 천사인 것처럼 보였다. 왜냐하면 그때 그의 얼굴은 하나님과의 교통으로 인하여 놀라울 정도로 빛나고 있었기 때문이었다. 그의 얼굴을 바라본 사람들은 크게 놀라며 기이하게 여겼다.

그는 항상 홀로 지냈으며 거의 말을 하지 않았다. 또한 그는 밤낮으로 명상과 기도 가운데 파묻혀 살았다. 그러나 그가 질문을 받았을 때에는 항상 유쾌하고 현명하게 대답을 해 주어 그는 마치 사람이라기보다는 천사인 것처럼 보였다. 그래서 모든 수사들은 그에게 큰 존경심을 갖고 있었다. 그는 모든 사람들에게 즐거움을 주었으며 그의 이야기는 언제나 속된 것이라고는 조금도 없는 유익하고 감동적인 것이었다. 그는 그의 생애의 끝날까지 이 훌륭한 미덕을 지키며 살았다.

그런데 어느 날 하나님의 섭리에 의하여 그는 중병에 걸리게 되었다. 그리하여 그는 어떤 음식도 먹을 수가 없게 되었다. 그러나 그는 그의 몸을 위하여 어떤 약도 먹기를 원치 않았으며 오직 모든 신뢰를 하늘의 의사이신 예수 그리스도와 성모 마리아께 두었다. 그때에 그는 성모 마리아로부터 놀라운 방법으로 위로를 받고, 직접 그의 앞에 나타나시는 은혜를 체험하게 되었다.

어느 날 그가 홀로 누워 그의 온 힘을 다하여 죽음에 대비하고 있을 때, 성모 마리아께서 한 무리의 천사들과 거룩한 처녀들을 동반하고 빛 가운데에서 그에게 나타나셨다. 병든 수사는 성모 마리아를 보자 말할 수 없는 기쁨과 위로를 받았다. 그는 성모 마리아에게 그를 육체의 감옥으로부터 구원해 주실 것을 예수 그리스도께 간구하여 달라고 요청하였다.

그가 눈물을 흘리며 거듭 마리아에게 간청하자 성모 마리아는 부드럽게 그의 이름을 부르며 말했다. "내 아들아, 두려워 말라. 너의 기도는 응답이 되었느니라. 이는 내가 너의 눈물을 보았음이니라. 나는 네가 이 세상을 떠나기 전에 너에게 작은 위로를 주기 위하여 왔노라."

성모 마리아와 함께 온 세 명의 천사들의 손에는 맛과 향기가 말할 수 없이 감미로운 약이 가득 든 상자가 제각기 하나씩 들려 있었다. 성모 마리아가 그 중 하나를 열었을 때 온 집안이 감미로운 향기로 진동했다. 그녀는 그 약을 조금 떠서 병약한 수사에게 주었다. 그가 그 약을 맛보았을 때 그 은혜와 향기는 너무나도 커서 마치 그의 영혼이 그의 몸을 떠나는 것처럼 느껴졌다. 그래서 그는 성모 마리아께 말했다. "이제 됐습니다. 성모 마리아시여, 더 이상 그런 향기를 견딜 수가 없습니다."

그러자 인자하고 친절하신 성모 마리아는 그에게 계속 권하며 구주 예수 그리스도에 관해서 많은 것들을 이야기해 주심으로써 그를 위로하였다. 성모 마리아는 그에게 계속 약을 권해 마침내 첫 번째 상자가 완전히 비게 되었다.

성모 마리아가 두 번째 상자를 손에 들고 약을 뜨려 하였을 때 병든 수사는 마리아께 말했다. "성모 마리아시여, 나의 영혼이 첫 번째 상자에 든 약의 향기와 달콤함으로 거의 녹아 버렸는데 어떻게 두 번째 상자의 약을 또 먹을 수가 있겠습니까? 간구하오니 모든 천사와 성인들 보다 뛰어나신 마리아시여, 더 이상 저에게 약을 권하지 마옵소서."

성모 마리아는 대답했다. "아들아, 너는 이 두 번째 상자의 약을 조금이라도 먹어야 하느니라." 그리고 그에게 두 번째 상자의 약을 조금 주면서 말했다. "자 나의 아들아. 이제 됐다. 그리고 기뻐하라. 내가 곧 너에게 다시 오리니 그때는 네가 항상 갈망하고 원했던 내 아들 예수 그리스도의 나라로 너를 데리고 가리라."

그러면서 성모 마리아는 그에게 작별을 고하고 그의 시야에서 떠나 가셨다. 천국의 약제사로부터 성모 마리아의 손으로 직접 그에게 전달된 그 약의 달콤함에 위로를 받아 여러 날 동안이나 중병으로 신음하던 수사는 아무 음식도 먹지 않았지만 영혼과 육체가 강건해짐을 느꼈다. 그것은 이 세상의 약이 아니요 천국의 약이었기 때문이었다.

더불어 그에게는 심오한 영적 통찰력이 주어졌고 그의 눈은 찬란한 천국의 빛으로 활짝 열려졌다. 그리하여 그는 심판의 날에 이르기까지 구원을 얻을 모든 사람들의 이름을 영원한 생명의 책 속에서 명백하고 분명하게 볼 수 있게 되었다.

며칠 후 수사들과 함께 거닐면서 그의 영혼과 육체가 기쁨으로 충만 되어 있을 때 그는 이 불행한 인생을 떠나 영원한 구주 예수 그리스도의 나라로 올라갔다.

그리스도께 영광을 돌릴지어다. 아멘.

✱ 48. 어떻게 마사의 야고보 형제가 환상 속에서 전 지역에 있는 성 프란체스코 수도회의 수사들을 보았는가.

마사의 야고보 형제는 하나님께서 그에게 비밀의 문을 열어 주셨고 성경과 미래에 대한 완전한 지식과 이해를 주신 무척 거룩한 자였다. 그래서 아시시의 길레스 형제와 몬티노의 마가 형제는, 이 세상에서 하나님의 목전에 그보다 더 위대한 사람을 아직 보지 못했다고 말하였다. 주니퍼 형제와 루키도 형제도 이들과 똑같이 생각하였다.

길레스 형제의 동료인 요한 형제가 나의 영적인 지도자였을 때, 나는 언젠가 그 거룩한 야고보 형제를 만날 수 있기를 매우 원했다. 내가 길레스 형제의 영적인 문제에 관하여 요한 형제에게 물었을 때 그는 나에게 이렇게 대답했다. "만일 길레스 형제가 영적인 생활에서 잘 지도받기를 원한다면, 그는 마사의 야고보 형제에게로 가서 여러 가지 말씀을 들을 것이다. 왜냐하면 길레스 형제는 그에게 지도받기를 몹시 원했기 때문이니라. 야고보 형제의 말에는 어떠한 것도 첨가되거나 삭제될 수 없다. 왜냐하면 그의 마음은 하늘의 비밀과 서로 통하고 있고 그의 말은 성령의 감동에 의한 말이기 때문이니라. 이 세상에서 그 사람만큼 내가 만나보기를 원했던 사람도 없다."

파르마의 요한 형제가 그의 성직의 초기시절이었을 때에 야고보 형제는 기도 중에 한때 황홀경에 사로잡힌 적이 있었고, 그리하여 그는 사흘 동안이나 의식이 없었다고 한다. 그래서 수사들은 그가 죽은 것이 아닌지 의심하기 시작했는데 사흘간의 그런 황홀경 속에서 하나님께서는 그에게 성경의 이해와 미래의 지식을 계시하셨다고 한다. 나는 그러한 사실을 알고 나자 더욱 그를 만나보고 싶었고 그와 대화를 나누고 싶었다.

하나님의 도우심으로 내가 야고보 형제와 대화를 나눌 기회를 가졌을 때, 나는 그에게 이처럼 질문하였다. "내가 당신에 관하여 들은 것이 사실이라면 내게 그것을 숨기지 말아 주십시오. 나는 당신이 사흘 동안 거의 죽은 상태로 무아경에 빠져 있을 때 하나님께서는 당신에게 많은 것을, 그 중에서도 우리 수도회에 일어날 일에 대해 보여 주셨다고 들었습니다. 당신이 순종으로 그것을 얘기해 준 마태오 형제가 그렇게 말했습니다."

마치스 지방의 성직자였던 마태 형제는 야고보 형제에게 그 일이 일어난 후, 그를 불러 그가 본 것을 순종으로 말해 줄 것을 명령했던 것이다.

마태 형제는 매우 온화하고 거룩하며 단순한 사람이었다. 그는 수사들과 대화를 나눌 때 다음과 같은 얘기를 자주 하곤 했다. "하나님께서는 우리 수도회에서 장차 일어날 모든 것과 전혀 이해되거나 믿어지지 않을 정도로 깜짝 놀랄 비밀들 몇 가지를 한 수사에게 알려 주셨는데 나는 그 수사를 알고 있느니라."

그때 야고보 형제는 그가 본 여러 가지 환상 중에서 매우 놀랄만한 것들을 나에게 말해 주었는데 그것은 주로 수도회의 상황에 관한 것들이었다. 그는 환상을 통해, 뿌리는 금이요 열매는 사람인 매우 아름답고 큰 나무를 보았는데, 그 열매는 모두 성 프란체스코 수도회의 수사들이었다.

또한 그 나무의 큰 가지들의 수는 각 지역 수도회의 수와 일치하였으며, 그 큰 각각의 가지는 각 지역 수사들의 수만큼의 열매를 가지고 있었다. 그래서 그는 전체 수도회의 수사들 및 각 지역에 속한 수사들의 수, 그들의 이름과 얼굴과 나이와 상태와 직급과 직위, 그리고 그들의 명예와 은총과 장단점에 대하여 모조리 알게 되었던 것이다.

또한 그는 그 나무의 가운데 가지 가장 높은 곳에 파르마의 요한 형제가 서 있는 것과 그 가지를 둘러싼 여러 가지들의 각 지역의 수도원장들이 서 있는 것을 보았다. 또한 그리스도께서는 크고 흰 보좌에 앉아 계셨다. 그리스도께서는 성 프란체스코를 불러 생명의 영이 가득 찬 성찬배를 주시고 그를 앞으로 가까이 불러 말씀하셨다.

"가라! 가서 너의 수사들을 방문하라. 그리고 이 영원한 생명의 성찬배를 마시게 하라. 사탄의 영이 일어나 그들을 공격하리니 그들 중 많은 사람들이 넘어져 다시는 일어나지 못하리라!"

그리스도께서는 성 프란체스코에게 그와 동행할 두 천사를 함께 보내 주셨다. 그래서 성 프란체스코는 그가 명령받은 바를 행하기 위하여, 즉 그의 수사들에게 생명의 성찬배를 주기 위하여 떠나갔다. 그가 제일 먼저 총장인 요한 형제에게 성찬배를 주자 요한 형제는 성 프란체스코의 손에서 겸손하게 그 성찬배를 받아 신속하게 그리고 경건하게 그것을 마셨다. 그가 그것을 마시자 그의 몸은 갑자기 광채를 발하게 되었고 해와 같이 빛나게 되었다.

다음으로 성 프란체스코는 생명의 영이 가득 찬 성찬배를 다른 모든 사람들에게 차례차례로 주었다. 그러나 그 잔을 경외와 헌신으로 받아서 남김없이 마시는 사람은 극히 드물었다. 그것을 경외하는 마음으로 받아 마신 얼마 되지 않는 사람들은 갑자기 해와 같이 빛을 발하게 되었다. 그러나 그것을 엎지르거나 경외하는 마음으로 마시지 않은 사람들은 검고 어둡게 되어, 마치 사탄과도 같이 추악하고 무섭게 변해 버렸다. 또 일부는 마시고 일부는 쏟아버린 사람들은 그들이 마시거나 쏟은 정도에 따라서 광채가 나거나 어둡게 되었다.

나무 위에 있는 모든 사람들 중 가장 밝고 환하게 빛나는 사람은 요한 형제였는데 그는 생명의 영이 가득 찬 성찬배를 가득 다 마셨기 때문이며, 그로 인하여 하나님의 진실한 빛의 깊이에 대하여 심오한 통찰력을 갖게 되었던 것이다. 요한 형제는 자신의 그 심오한 통찰력으로 이제 거대한 돌풍이 그 나무를 향하여 불어 닥치고 있으며, 곧 그 가지를 흔들어 부러뜨릴 것임을 깨달았다. 그래서 그는 지금껏 서 있던 가지의 꼭대기에서 내려와 모든 가지들을 지나서 그 나무 기둥의 견고한 부분에 몸을 숨겼다.

요한 형제가 그곳에서 명상을 시작했을 때, 성찬배의 일부만을 마시고 나머지를 엎질러 버린 보나벤투라 형제가 요한 형제가 있던 가지 위로 올라섰다. 그가 그곳에 올라서자 그의 손톱이 갑자기 쇠로 변하면서 면도날처럼 날카롭고 예리하게 되었다. 그러자 그는 그곳에서 떠나 숨어 있는 요한 형제를 사납고 난폭하게 공격하여 해치려 하였다. 이것을 본 요한 형제는 보좌에 앉아 계신 그리스도께 외쳐 도움을 간청하였으며 그의 간절한 외침을 들으신 그리스도께서는 성 프란체스코를 불러 예리한 부싯돌을 주시며 이렇게 말씀하셨다.

"가서 이 돌로 보나벤투라 형제의 손톱을 깎아 그로 하여금 요한 형제를 해치지 못하게 하라."

그리하여 성 프란체스코는 보나벤투라 형제에게 가서 그리스도께서 명령하신 대로 그의 손톱을 깎았다. 그 결과 요한 형제는 밝게 빛나면서 그의 자리에 편안히 남아 있게 되었다.

이 일이 있은 후 곧 맹렬한 돌풍이 일어나 나무를 매우 강하게 때렸고, 수사들이 나무에서 하나 둘 떨어지기 시작했다. 생명의 성찬배를 완전히 쏟아 버린 자들이 가장 먼저 떨어졌고, 그 떨어진 자들은 검게 변하여 악마에 의해 암흑과 고통의 땅으로 흘러갔다. 그러나 반면에 요한 형제를 비롯해서 성찬배를 완전히 마신 사람들은 천사들에 의하여 영생과 빛과 영광의 땅으로 인도되었다.

이처럼 그 환상을 본 야고보 형제는 자신이 본 세세한 것들을 모두 분명하게 이해하고 기억하게 되었으며, 이를테면 그가 빛과 어둠의 땅에서 보았던 모든 사람들의 이름과 얼굴과 장소와 나이와 지위까지도 생생하게 기억하였다. 공의로우신 하나님이 허용하심에 따라 돌풍은 계속되어, 마침내 그 나무는 뿌리째 뽑혔고 땅에 쓰러졌으며 그 돌풍에 의해서 완전히 날아 가버렸다.

마침내 돌풍이 멎자마자 그 나무의 뿌리부터 전체가 금으로 되어 있고 금 열매를 맺으며 금꽃을 피우는 하나의 나무가 나왔다. 그 나무의 뿌리 깊음과 자람과 향기와 아름다움과 미덕을 어떠한 말로도 표현할 길이 없어 차라리 침묵으로 대신하고자 한다.

그러나 나는 이 환상을 본 야고보 형제가 종종 말하던 한 가지 사실을 빼놓고 싶지 않다. 왜냐하면 그것은 나에게 매우 주목할 만한 것으로 들렸기 때문이다. 그는 수도회가 개혁되는 방법은 수도회가 설립된 방법과는 매우 다를 것이라고 이야기했다. 지도자 없이 성령께서 직접 역사하셔서 교육받지 못한 젊은이들, 즉 세상으로부터 멸시받아 온 순수하고 마음이 가난한 사람들을 선택하실 것이기 때문이다. 그들은 가르치는 자나 어떤 모범이 될 만한 것이 없이 그리스도의 영께서 직접 그들을 선택하여 거룩한 두려움과 그리스도의 지극히 순수한 사랑으로 그들을 충만케 하실 것이다.

그리스도께서는 그들의 수가 여기저기에서 증가하게 되면, 그리스도와 온전히 일치하는 지극히 순수하고 성스러운 목자요 지도자로서 그들을 전 세계로 파송하실 것이다.

그리스도께 찬미와 영광을 돌릴지어다. 아멘.

✳ 49. 그리스도께서 알베르나의 요한 형제에게 나타나심

우리의 복된 스승 성 프란체스코가 하나님 보시기에 얼마나 영예로 웠던가 하는 것은, 솔로몬이 "지혜로운 아들은 그 아버지의 영광이요"라고 한 것처럼 성령께서 수도회에 보내 주신 제자들에게 그 증거가 나타났다.

그들 중에 덕망이 높고 거룩한 페르모의 요한 형제가 있었는데 그는 거룩한 은총으로 인하여 수도회의 별처럼 빛나는 존재였다.

그가 아직 속세의 소년이었을 때부터 그는 마치 노인과 같은 지혜를 가졌었고, 온 몸과 마음을 다하여 자신의 영혼을 깨끗하게 유지할 고행의 삶을 살고자 갈망했었다. 아직 어린 소년이었을 때부터 그는 갑옷의 가슴받이를 입고 철띠를 띠고, 매일 금욕의 십자가를 졌던 것이다. 특히 그가 아직 수사의 의복을 입기 전, 페르모의 성 베드로 수도원에서 그곳의 수사들과 함께 평안한 마음으로 생활하고 있을 때에도 그는 육체적인 안락함을 피했고, 놀라운 엄격함으로 절제를 실행하여 그의 몸에 금욕의 고통을 가했다.

그의 동료들이 그의 천사와 같은 열정에 반대하여 그에게서 가슴받이를 제거하며 여러 방법으로 그의 지나친 금욕을 방해하려 하였지만, 하나님으로부터 영감을 받은 그는 속세와 모든 세속적인 사람들과의 인연을 끊어야겠다고 생각했다.

또한 그는 그리스도 십자가의 상처가 재현되었다고 전해지는 성 프란체스코 수도회에서 십자가에 달리신 그분을 위하여 자신의 천사 같은 순결의 꽃다발을 바쳐야겠다고 다짐하였다.

그가 아직 소년이었을 때, 성 프란체스코 수도회의 규율을 받아들이고 영적 훈련을 위하여 수련 수사장의 보호 아래 맡겨지자, 그는 매우 열렬하고 경건하게 수도에 임했다. 그의 스승이 하나님에 관해 말하는 것을 들을 때 그의 마음은 불 옆에 있는 밀랍처럼 녹아 버렸고, 하나님의 크신 사랑과 향기로운 은총으로 불타올라 조용히 앉아 있을 수만은 없었다. 그는 깊은 위안

과 영적 흥분으로 인하여 자리에서 일어나 내면의 불길과 영적인 흥분이 이
끄는 대로 정원이나 숲 또는 교회를 거닐었다.

그 후 시간이 지남에 따라, 은혜로우신 하나님은 천사와 같은 그를 계속
미덕과 은총과 황홀경과 기쁨 가운데 자라게 하셨으며, 그리하여 그의 마음
은 때로 천사 같은 광채와 열정과 기쁨으로 충만 하곤 하였다.

한때는 그의 마음이 온통 그리스도의 사랑으로 불붙어 그 불길이 삼년
동안이나 지속된 적도 있었다. 그 동안에 그는 말할 수 없는 위로와 주님의
현현하심을 체험하였고, 하나님 안에서 종종 황홀과 기쁨의 충만함을 체험
하기도 하였다. (이 일은 거룩한 알베르나 산에서 일어났으며 한 마디로 그
의 마음은 온전히 그리스도의 사랑으로 불붙어 있었다.)

그러나 하나님께서는 때때로 그의 아들들을 특별히 사랑하실 경우에 위로
와 시련, 혹은 번영과 역경을 번갈아 그들에게 주신다. 이러한 것들은 하나
님께서 그들이 얼마나 겸손할 필요가 있는지, 또는 하늘의 것을 얼마나 더
열렬히 추구할 필요가 있는지에 따라 합당하게 결정하신다.

그토록 뜨거웠던 삼년이 지나고 요한 형제가 한 수도원에 있을 때, 하나님
께서는 그의 선하신 목적으로 요한 형제로부터 신성한 사랑의 불과 빛을 거
두어 가셨으며 모든 영적인 위로도 빼앗으셨다. 또한 그에게 사랑도 빛도 남
겨 두지 않으신 채 매우 비참하고 절망적이며 슬픈 상태에 떨어지도록 하셨
다.

마침내 하나님께서 그의 영혼으로부터 떠나 버렸을 때, 그는 번민과 고통
에 빠진 채 숲으로 들어가 이곳저곳을 방황하며 눈물과 한숨으로 애타게 하
나님을 불렀다. 그는 자기를 버리고 떠나신 하나님, 자신에게 평안과 기쁨을
주시는 동시에 고난과 역경도 주시는 그의 영혼의 주관자이신 하나님을 갈
망하며 찾았고, 그분 없이는 어떠한 평화도 안식도 구할 수 없었다. 그러나
어디에서도 그는 예수 그리스도를 찾을 수 없었고 그의 사랑이 베푸시는 달
콤한 영적 위로도 맛볼 수 없었다.

그는 여러 날 동안 시험을 참고 견디면서, 눈물과 한숨 가운데 자비로우신

하나님께 그의 영혼의 신랑(예수)을 되돌려 주실 것을 끊임없이 기도하였다. 마침내 그의 인내와 열성은 하나님을 매우 기쁘게 하였다.

어느 날 그가 자신이 자주 걷곤 하던 숲속 작은 길목에 들어섰을 때, 슬픔과 피곤과 절망에 잠긴 그는 밤나무에 털썩 기대고 앉아서 눈물 젖은 얼굴을 들어 하늘을 보았다. 그때 갑자기 회개하는 자의 심령을 치료하시는 주님께서 그가 다니던 길 저편에 나타나셨다. 그러나 그분은 아무 말씀도 하지 않으셨다.

요한 형제는 그분을 보자마자 그분의 발아래 꿇어 엎드려 슬피 울며 도와주실 것을 겸손하게 간구했다.

"도와주소서, 나의 구세주시여! 당신 없이는 저는 암흑과 비탄 속에서 살 수밖에 없습니다. 가장 온유하신 당신 없이는 저는 근심과 두려움 속에서 살 수밖에 없습니다. 전능하신 하나님의 아들이신 당신이 없으면 저는 혼란과 부끄러움 속에 빠진 채 선한 모든 것을 빼앗기며 어둠 속에서 눈이 멀고 맙니다. 이는 당신께서 나의 구세주이시며 세상의 참 빛이 되시기 때문입니다. 당신 없이 저는 길을 잃고 저주를 받을 수밖에 없사오니, 당신은 모든 영혼의 생명이시며 모든 살아있는 자들의 생명이시기 때문입니다.

당신 없이는 내 영혼이 황폐하며 메마르나니, 이 또한 당신은 참 하나님이요 은혜를 주시는 분이시기 때문입니다. 오직 당신 안에서만이 모든 위로를 발견할 수 있사오니 당신은 구원이시며, 사랑이시며, 소망이시며, 저를 새롭게 하시는 빵과 포도주이십니다. 또한 당신께서는 천사들의 합창과 모든 성자들의 마음에 기쁨을 주시는 분이십니다. 저를 밝혀 주소서, 가장 친절한 나의 주인이시며 온화하신 목자시여, 제가 비록 쓸모없는 자이지만 저는 당신의 어린 양입니다."

그러나 하나님께서 거룩한 사람들의 소망을 늦게 성취해 주실수록 더욱 큰 사랑과 미덕이 증가되는 것이기에 그리스도께서는 아무 말 없이 그에게서 떠나가셨다. 그리스도께서 그의 간절한 기도에 대한 대답이나 혹은 어떠한 말씀도 없이 길 저편으로 떠나시는 것을 본 요한 형제는 일어나 그를 따라 달려가서 다시 한 번 그의 발아래 겸손하게 엎드렸다. 그리고 뜨거운 눈물을 흘리며 그리스도께 다시 한 번 간청했다.

"오, 사랑의 예수님! 고통 받는 저를 긍휼히 여기소서, 당신의 무한하신 자비와 구원의 진리를 통하여 저의 기도를 들어 주소서. 또한 온 세상이 당신의 자비로 충만하오니 저로 하여금 당신의 모습을 볼 수 있는 기쁨을 허락해 주소서. 주여, 제 고통이 얼마나 괴로운 것인지 당신은 잘 아십니다. 어서 오셔서 저의 영혼을 도우소서."

그러나 그리스도께서는 그에게 아무 말씀도 아무 위로도 남기지 않으신 채 또다시 떠나 가셨다. 마치 그리스도께서는 오던 길을 따라서 계속 가시는 것 같았다. 그러나 하나님께서는 마치 아기에게 젖을 더 잘 먹이기 위해 잠시 가슴을 움츠려서 아기가 더 울도록 내버려 두었다가 잠시 후 더 큰 사랑과 따스한 입맞춤으로 아기를 껴안아 더욱 열심히 젖을 빨게 하려는 어머니처럼 행동하고 계셨다.

요한 형제는 세 번째도 역시 어머니를 따르는 아기처럼, 아버지를 따르는 아들처럼, 또한 스승을 따르는 겸손한 제자처럼 울며 더욱 열심히 그리스도를 따라 갔다. 그가 울며 뒤따를 때에 그리스도께서는 얼굴에 기쁨과 사랑이 충만한 미소를 띠우시며 그를 향해 돌아보셨다.

또한 성직자가 자비를 원하는 사람들에게 하듯 그를 향하여 거룩하고 자비로우신 팔을 벌리셨다. 그리스도께서 그의 팔을 벌리시자 요한 형제는 그리스도의 가슴으로부터 말할 수 없이 찬란한 빛이 흘러나와 숲 전체 뿐 아니라 자신의 영혼과 육체까지 신성한 광채로 채우시는 것을 느낄 수 있었다.

그때 갑자기 성령께서 요한 형제에게 임하여 그가 그리스도를 향해서 취해야 할 겸손하고 공손한 태도를 알려 주셨다. 요한 형제는 얼른 그리스도의 발아래 엎드려 겸손하게 입을 맞추었다. 그러고 나서 그는 너무 많이 운 까닭에 마치 또 다른 막달라 마리아처럼 보였다. 요한 형제는 진심으로 간구했다.

"나의 주여! 당신께 간구하오니 저의 죄를 사하여 주옵소서. 당신의 거룩한 정열과 고귀한 피 흘림으로 저의 영혼을 일깨우셔서 당신의 무한하신 사랑의 은총을 저로 하여금 깨닫게 하소서. 우리의 온 마음과 힘을 다하여 당신을 사랑해야 하는 것이 곧 당신의 계명입니다. 그러나 당신의 도움 없이는 아무도 당신의 계명을 제대로 이행할 수 없사오니 오, 사랑이 많으신 주여, 저를 도우셔서 저의 온 마음과 힘을 다하여 당신을 사랑하게 하소서!" 요한 형제는 그리스도의 발 앞에 엎드려서 열렬히 간구하는 동안에 무한한 은혜를 입어 마치 막달라 마리아처럼 깊은 평안과 위로와 새롭게 거듭남을 느낄 수 있었다. 또한 자신의 내부에 신성한 사랑의 불길이 다시 돌아왔음을 알고 그리스도께 깊이 감사하면서 그의 발에 겸손히 입을 맞추었다.

그리고 난 후 그가 머리를 들어 감사하는 마음으로 그리스도의 얼굴을 바라보자 그리스도께서는 요한 형제를 위하여 거룩한 두 손을 펴셨다. 요한 형제는 얼른 일어나서 그리스도의 양 손에 입을 맞추고는 더욱 가까이 다가가서 그리스도의 가슴에 기대었다. 그는 그리스도를 껴안고 그의 거룩한 가슴에 입을 맞추었고 그리스도께서도 그에게 입을 맞추어 주셨다.

요한 형제가 그리스도의 거룩한 가슴에 입을 맞추었을 때 그는 하늘의 신비로운 향기를 맛보았다. 그 하늘의 향기는 너무도 감미로워서 이 세상에서 가장 고귀한 향기라도 그 앞에서는 악취가 될 것 같았다. 더욱이 예수 그리스도의 가슴으로부터 나오는 빛은 요한 형제의 마음과 주변의 모든 것을 밝게 비추어 주었다.

이 모든 포옹과 향기와 빛과 주 예수 그리스도의 거룩한 가슴 속에서 요한 형제는 기쁨의 황홀경에 빠져들었고, 완전한 위로를 받았으며, 신기하게도 그의 마음과 몸과 주위의 모든 것들이 밝아졌다. 요한 형제가 그리스도의 거룩한 가슴의 샘으로부터 생수를 마셨기에 그는 지혜의 선물과 하나님의 말씀의 은혜로 충만해졌고 가끔 신비하고 초자연적인 말들을 하게 되었다.

그리고 요한의 배에서는 그가 예수 그리스도의 가슴 깊숙한 곳으로부터 마신 생수의 물줄기가 끊임없이 흘러 나왔기 때문에, 그의 말을 듣는 사람들의 마음을 회개시킬 수 있었고, 아름다운 영혼의 열매를 거둘 수가 있었다.

그가 맛보았던 거룩한 향기와 빛은 여러 달 동안이나 그의 영혼 가운데 남아 있었다. 또한 그리스도께서 걸었던 숲속 조그만 길과 그 주변은 이제 요한이 갈 때에도 그때와 똑같은 빛과 향기가 넘쳐났고 이것은 오랫동안 계속되었다.

요한 형제가 황홀경으로부터 깨어 그 자신으로 돌아왔을 때, 그리스도께서는 이미 사라지셨으나 그 후에도 그는 그리스도의 평강과 위로 속에 남아 있었다. 그때 그는 그리스도의 인성(人性)을 발견하지 못하고 그의 영혼이 그리스도의 신성 깊숙이 파묻혀 있는 것을 발견했다. 이것은 여러 가지 많은 일화 속에서 뚜렷하게 증명되고 있다.

그는 때때로 로마 교황과 왕 및 귀족들, 신학박사들 및 교회법 박사들 앞에서 심오하고도 영감을 주는 설교를 하곤 했는데, 그때마다 그는 그들 모두를 감동시켜 경이와 놀라움에 떨게 하였다. 비록 요한 형제가 교육받지 못한 사람일지라도 그는 삼위일체와 성경의 깊은 신비에 관한 미묘하고도 추상적인 문제들을 놀라운 방법으로 해결하고 설명하였다.

요한 형제는 우리가 이미 보았듯이, 첫째로 눈물로써 그리스도의 발아래 엎드림으로 구원을 받았고, 둘째로 은혜로우신 주님의 손으로 일으킴을 받았으며, 셋째로 주님의 축복된 가슴에 안겨 황홀경과 빛으로 가득 채워졌다. 짧은 몇 마디 말로는 설명될 수 없는 이것은 매우 놀라운 신비이다. 그러나 그것을 이해하려면 성 버나드(St. Bernard)의 아가서 강해를 읽어 보면 된다. 그 책엔 몇 가지 신앙의 단계에 언급이 나타나는데, 즉 초신자는 주님의 발 앞에 엎드려 있고, 성장하는 신자는 주님의 손앞에 있으며, 완전한 신자는 주님께 입 맞추고 포옹한다.

찬송 받으실 그리스도께서 아무 말씀도 없으신 가운데 요한 형제에게 그토록 커다란 은총을 주신 것처럼, 주님은 선한 목자로서 육체의 귀에 설교를 주시기보다는 영혼들을 하늘의 은총으로 먹이시고자 애쓰신다. 이는 시편에서 "그의 모든 영광이 그 안에 있도다" 한 것처럼, 하나님의 나라는 겉으로 보이는 것이 아니요 보이지 않는 마음에 있는 것이기 때문이다.

우리 주 예수 그리스도께 영광을 돌릴지어다. 아멘.

✳ 50. 만성절(萬聖節; All Soul's Day)에 미사를 드릴 때 많은 영혼이 연옥에서 풀려나는 것을 본 요한 형제

알베르나의 요한 형제는 교회가 제정한 방식에 따라 드리는 만성절 미사에서 모든 죽은 자들의 영혼을 위해 기도하고 있었으며, 그의 기도는 지극한 사랑과 동정으로 가득 차 있었다. 그 성례는 다른 어떤 성례보다도 더 중요한 것이었는데, 그 이유는 죽은 자들의 영혼이 이 성례의 효능으로 인하여 산 자들이 그들을 위해 할 수 있는 어떤 다른 것들보다도 더 이 성례를 원했기 때문이었다. 그는 경건의 열정과 초자연적인 형제사랑으로 불타오르고 있는 것처럼 보였다.

그가 미사 도중에 공손히 그리스도의 성체를 높여 하나님 아버지께 바치면서, 죄인의 영혼을 구원하기 위해 십자가에 달리신 예수 그리스도의 사랑으로 그가 창조하신 영혼들을 연옥의 고통으로부터 구해 주실 것을 기도드리고 있을 때 갑자기 그는 셀 수 없이 많은 영혼들이 활활 타는 연옥으로부터 풀려 나오는 것을 보았다.

또한 그는 그 많은 영혼들이, 인간의 구원을 위하여 십자가에 달리시고, 이제는 산 자와 죽은 자를 위하여 매일 성체로 바쳐지는 그리스도의 공로로 인하여 연옥에서 천당으로 올라가는 것을 보았다. 이는 곧 그리스도께서는 복의 근원이시오 사랑이시며, 빛과 생명이시며, 우리의 구속자요 동시에 심판자이시며, 영원한 구세주이시기 때문이로다. 아멘.

✳ 51. 팔레로네의 야고보 형제가 사후에 알베르나의 요한 형제에게 나타나다.

위대한 경건의 사람인 팔레로네의 야고보 형제가 모글리아노 수도원에서 중병을 앓고 있었을 때, 마사의 수도원에 머무르고 있던 알베르나의 요한 형제는 그가 병에 걸렸다는 소식을 듣고 하나님께 간절한 마음으로 영적 기도를 드리기 시작했다. 요한 형제는 야고보 형제를 마치 자신의 친아버지처럼 사랑했으므로 야고보 형제가 어서 빨리 건강을 회복할 수 있도록 진심으로 기도를 드렸다.

그가 이처럼 경건하게 기도하고 있을 때 그는 황홀경에 사로잡혀 많은 천사와 성도들이 숲속에 있는 그의 집 위에 있는 것을 보았다. 그들이 내는 빛은 너무도 밝아 숲 전체를 환하게 밝혀 주었다. 그 천사들 가운데는 그가 위해서 기도드리고 있던 야고보 형제가 흰옷을 입고 밝은 빛을 발하면서 서 있었다.

또한 그 가운데는 우리의 스승이신 성 프란체스코도 그리스도의 성흔으로 장식된 채 위대한 영광의 빛을 발하면서 서 있었다. 그는 이 밖에도 성 루키도 형제와 몬테 루비아노의 연장자인 마태 형제를 비롯하여 성 루키도 형제와 몬테 루비아노의 연장자인 마태 형제를 비롯하여 그가 아직까지 보거나 알지 못했던 다른 많은 수사들 및 성도들을 보았는데 그들은 모두 똑같은 영광의 빛을 발하고 있었다.

요한 형제는 큰 기쁨으로 그 복된 성도들을 보면서 야고보 형제의 영혼이 확실히 구원받을 것과, 그가 지금 앓고 있는 병으로 인해 죽게 될 것과, 그가 죽은 후에는 얼마간 연옥에서 정화되어야 하기 때문에 곧장 천국으로 가지 못할 것 등을 계시에 의하여 알게 되었다.

이것을 본 후 요한 형제는 야고보 형제의 구원과 영광이 너무나도 기뻐서 야고보 형제의 육체적 죽음을 슬퍼하지 않았으며 무한한 영적 위로를 느끼면서 마음속으로 그를 외쳐 불렀다.

"야고보 형제여! 나의 친애하는 야고보 형제여! 그리스도의 충성된 종이며 하나님의 친구, 나의 사랑하는 스승인 야고보 형제여! 천사와 성인들과 친구가 되는 야고보 형제여!"

야고보 형제의 죽음을 확신하고 그의 영혼이 구원받은 것을 기뻐하면서, 그는 황홀경에 서 깨어나 이 환상을 보았던 마사 수도원을 떠나 곧장 모글리아노 수도원으로 향하였다.

그는 모글리아노 수도원에 있는 야고보 형제를 방문했는데 그는 병으로 인하여 너무 쇠약해져서 말조차 할 수 없는 상태에 놓여 있었다. 요한 형제는 그에게 자신이 하늘로부터 확실히 얻은 계시, 즉 그가 곧 죽을 것과 영혼이 구원을 받아 영생의 영광으로 기쁨 가운데 갈 것을 알려 주었다.

자신의 구원을 확신한 야고보 형제는 온 몸과 마음이 기쁨으로 충만해졌고, 아름답고 평온한 미소를 지으며 그와 같이 좋은 소식을 전해 준 요한 형제에게 감사했다. 야고보 형제는 요한 형제를 아들처럼 사랑하였기 때문에 자신의 몸을 요한 형제에게 맡기면서 그의 영혼이 곧 그의 몸을 떠날 것이라고 말했다.

그때 요한 형제는 야고보 형제에게 그가 죽은 후 일어나는 일에 대해서 다시 돌아와 자기에게 이야기해 줄 것을 간청하였고, 야고보 형제는 주님께서 허락하신다면 그렇게 할 것을 약속하였다.

이 약속을 한 후 죽음의 순간이 다가오자 야고보 형제는 경건한 마음으로 시편의 한 구절을 암송하였다. "오 평화롭게 주님 안에서 나 쉬리라" 이 구절을 읊은 후 그는 평온하고 기쁜 표정을 띠며 현세를 떠나 구주 예수 그리스도께로 갔다.

그를 장사지낸 후 요한 형제는 마사의 수도원으로 되돌아와 야고보 형제가 다시 오기로 약속한 그 날을 기다리고 있었다. 마침내 그날이 되자 그가 기도하고 있는 중에, 그리스도께서 많은 천사와 성도들과 함께 빛 가운데 그에게 나타나셨다. 그러나 야고보 형제는 그 가운데 없었다. 그러자 요한 형제는 매우 놀라 그리스도께 야고보 형제를 볼 수 있게 해달라고 간청하였다.

다음날 요한 형제가 마사의 숲에서 기도하고 있을 때 마침내 야고보 형제가 천사들과 함께 영광과 기쁨 가운데 그에게 나타났다.

요한 형제는 말했다. "오, 거룩한 선생님, 왜 당신께서 약속하신 그날 저에게 오셔서 말씀해 주시지 않았습니까?"

그러자 야고보 형제가 대답했다. "왜냐하면 나는 좀 더 정결하게 되어야

했기 때문이니라. 어제 그리스도께서 그대에게 나타난 그 순간 나는 미사를 드리고 있던 거룩한 평수사인 마사의 야고보 형제에게 갔었다. 그때 그 형제는 그가 높이 든 성채가 말할 수 없이 아름다운 소년으로 변하는 것을 보았단다. 그래서 나는 그 형제를 불러 '오늘 나는 그 소년과 함께 하나님 나라로 가려 하노라. 이는 어느 누구도 그를 통하지 않고는 그곳에 갈 수 없기 때문이니라!' 라고 말했노라. 또한 그대가 그리스도께 나를 의탁한 바로 그 순간 그대의 기도가 내게 들려왔고, 나는 해방되었노라."

말을 마친 후 그는 주님께로 갔으며 요한 형제는 큰 위로를 받았다. 이렇게 해서 팔레로네의 야고보 형제는 7월에 있는 사도 야고보의 철야 기도일에 세상을 떠났고 그 자신이 많은 이적을 행했던 모글리아노의 수도원에 묻혔다.

하나님께 영광을 돌릴지어다. 아멘.

✳ 52. 환상 중에 모든 피조물을 본 요한 형제

앞에서 말한 알베르나의 요한 형제는 이 세상의 모든 헛된 즐거움과 위안에 마음을 두지 않았고, 그의 모든 낙과 소망을 오직 하나님께 두었기 때문에 하나님께서는 그에게 새로운 위로와 놀라운 계시들을 허락하셨는데 특별히 주 예수 그리스도의 대축제일이 다가왔을 때 많은 위로와 계시를 주셨다.

성탄절이 다가왔을 때, 그는 그리스도의 온화하신 인성에 대하여 하나님으로부터 위로 받기를 간절히 기다리고 있었다. 그러나 적절하게 사람이 원하는 대로가 아니라 때와 장소에 오직 자비를 베푸시는 하나님의 뜻대로 선물을 주시는 성령님께서는 요한 형제에게 그가 기다리고 있던 그리스도의 인성에 관한 위로를 주시는 대신, 자신을 낮추어 우리의 인성을 취하신 그리스도의 긍휼에 대한 크고 강렬한 사랑과 뜨거운 열성을 주셨다. 요한 형제에게는 마치 그의 영혼이 몸 밖으로 빠져 나가는 것처럼 보였으며, 그의 마음과 영혼은 용광로 안에서 달구어지는 것보다 더 뜨겁게 불타올라 숨이 차올랐고, 마침내는 견딜 수 없어 크게 소리를 질렀다. 그리스도의 사랑이 너무도 강렬하여 도저히 그는 참아낼 수가 없었던 것이다.

그가 뜨겁고 강렬한 사랑을 느꼈던 그 순간, 그는 곧 강하고 확실한 구원의 소망을 얻었으며 설사 그 자리에서 죽더라도 그는 연옥을 거치지 않아도 될 것만 같았다. 그 강렬한 사랑의 불길은 가끔 방해가 있었지만 반년이나 계속되었다. 그런데 그때의 감동은 1년 이상 지속되어서 어떤 때는 한 시간 동안이나 무아경에 빠져 마치 죽은 것처럼 보이곤 하였다.

그 후에도 그는 셀 수 없을 만큼 자주 하나님과 만났으며 그로부터 많은 위로와 평안을 얻었다. 나는 여러 번 내 눈으로 직접 이것을 목격하였고, 다른 많은 사람들도 자주 목격하였다. 그의 넘쳐흐르는 열정과 사랑으로 인하여, 그는 하나님과의 만남을 숨길 수 없었고 나는 여러 번 그가 황홀경에 빠져 있는 것을 볼 수 있었던 것이다.

어느 날 밤 그는 하나님의 경이로운 빛으로 들어 올려져서, 하늘과 땅에 있는 모든 피조물들이 창조주 안에서 제각기 질서 있게 배열되어 있는 것을 보았다. 즉, 축복된 영혼들의 성가대는 하나님 바로 밑에 있었으며 인간의 몸을 입으신 예수님도 그곳에 계셨다. 이밖에도 그는 더 아래의 영역들도 보았다. 그리하여 어떻게 모든 피조물들이 창조주와 연결되어 있으며, 어떻게 하나님께서 모든 피조물의 위에, 안에, 밖에 그리고 주변에 함께 계시는지도 알게 되었다.

또한 하나님께서 그를 모든 피조물들 위로 들어 올리셨을 때, 그의 영혼은 신성한 빛의 심연 속에 빠져 들었고, 바다와 같은 하나님의 영원성과 무한성에 파묻혀서, 인간의 마음과 혀로는 아무 것도 느끼거나 말할 수 없는 지경에 이르렀다.

이처럼 그의 영혼은 신성(新星)의 심연과 빛의 바다 속에 파묻혔는데, 이는 마치 깊은 바다에 떨어진 한 방울의 포도주와도 같았다. 즉 한 방울의 포도주가 무한한 바다에서 그 실체를 찾을 수 없듯이, 그의 영혼은 오직 모든 것들의 안에, 위에, 밖에 삼위일체로 존재하시는 하나님 이외에는 아무 것도 볼 수 없었다.

그는 아버지께 순종함으로써 성육신하신 그리스도의 무한하시고 영원하신 사랑을 느끼게 되었으며, 그의 성육신과 수난의 길을 묵상하고 눈물을 흘릴 때 말할 수 없는 통찰력을 얻게 되었다. 또한 그는 길이요 진리요 생명이신 그리스도를 통하지 않고는, 어떤 영혼도 하나님 나라에 들어가 영생을 누릴 수 있는 길이 없다는 것을 깨달았다.

그는 환상을 통하여, 아담의 타락으로부터 그리스도의 영생의 문에 들어갈 때까지 그리스도가 행하신 모든 것들을 볼 수 있었다. 그리스도는 거룩한 선지자들이 예언한 바와 같이 창세로부터 존재했고 지금도 존재하며 세상 끝날까지 존재할 모든 선택받은 자들의 머리이시며 인도자이시다.

우리 주 예수 그리스도께 영광을 돌릴지어다. 아멘.

✳ 53. 미사를 드리고 있는 동안 마치 죽은 것처럼 쓰러졌던 요한 형제

또 하나의 경이롭고 놀라운 사건이 요한 형제에게 일어났는데, 이것은 그곳에 있던 수사들이 다 관련된 사건이었다.

요한 형제가 마치스 지방의 모글리아노 수도원에 머무르고 있던 어느 날, 성 로렌스의 8부 축일이 끝난 첫날이자 성모 몽소 승천 주간이던 때에 그는 아침 기도를 드리기 위하여 일어났다. 그의 영혼이 주께서 주신 은총으로 충만한 가운데, 그는 수사들과 함께 아침 기도문을 낭송하고 난 후 정원으로 나왔다. 그는 낭송 중에 주님의 "이것은 나의 몸이니라."는 말씀에서 얻은 큰 은혜로 인하여 달콤한 위로를 받았기 때문에 큰 소리로 "이것은 나의 몸이니라."하고 외치며 또한 그 마음속에 반복하였다.

이 말씀을 되풀이하는 동안에 성령에 의하여 그의 영혼의 눈이 밝아졌고, 그는 예수 그리스도께서 성모 마리아와 많은 천사들 및 성도의 무리와 함께 계신 것을 보게 되었다. 또한 우리는 모두 그리스도 안에서 한 몸이며, 우리 각자는 서로의 지체이므로 이 말씀을 통하여 지식을 초월하는 그리스도의 사랑의 넓이와 길이와 숭고함과 거룩함을 깨닫게 되리라는 사도들의 말을 이해할 수 있었다.

동이 터올 때 하나님의 은총으로 충만해진 그는 이 말씀을 중얼거리면서 영혼의 큰 열정 속에서 교회로 들어갔다. 성가대석에서 기도드리던 한 수사가 엿듣고 있는 줄도 모르고 아무도 보거나 듣거나 듣는 사람이 없다고 생각한 그는 이 말씀이 주는 강렬한 은총을 억누르지 못하여 세 번이나 큰 소리로 외치고 말았다.

이러한 상태로 미사시간이 올 때까지 기다리던 그는 마침내 시간이 되자 제의로 갈아입고 제단 앞으로 나아갔다. 그러나 그가 제단 가까이 갔을 때 열정적인 경건의 은총이 그의 내부에서 더욱 증가되었으며 그리스도의 사랑 또한 점점 커져 갔다. 게다가 하나님의 임재하심에 대한 이루 표현할 수 없는 감격이 더욱 그를 압도하기 시작했다.

그는 이러한 열정과 감격이 너무도 강렬하여 미사를 방해할 것 같아 어쩔 줄을 모르고 있었다. 그러나 이전에도 이와 비슷한 경험을 했었는데, 그때에 하나님께서는 그의 열정을 적절히 조절해 주셨기 때문에 무사히 미사를 잘 끝낼 수 있었다. 그는 이번에도 그렇게 되기를 바라고 있었으나 하나님이 주시는 이러한 열정을 인간의 의지대로 조절할 수 없는 것이기에 혹시 무슨 일이 일어날까봐 두려워하고 있었다.

미사가 성모 감사서문경에 이르렀을 때, 그의 내부에서는 하나님의 사랑과 위로, 놀라운 초자연적 비추심이 점점 증가하여 그가 성체 축성 첫마디를 외우자 그 감미로움과 달콤함을 더 이상 견디기 어려웠다. 마침내 그가 성체를 봉헌하며 성체 축성 첫마디인 "이는 내…"까지 외우자 아무리 해도 다음 말을 이을 수가 없어 "이는 내…"라는 말만 반복하고 말았다. 그가 뒷말을 계속할 수 없었던 이유는 그리스도께서 수많은 천사들 및 성도들의 무리와 함께 임재하심을 보았을 때 그의 영혼이 느낀 감격과 장엄함으로 인하여 거의 기절할 지경에 이르렀기 때문이었다.

이것을 본 수도원장은 놀라서 그를 부축하기 위해 달려와 그의 옆에 서 있었고, 한 수사는 촛불을 밝혀 든 채 그의 뒤에 서 있었으며, 다른 많은 수사들은 두려워 떨고 있었다. 또한 많은 남자들과 여자들이 함께 둘러서서 그를 지켜보고 있었으며, 그 중에는 미사를 드리려고 온 그 지역의 저명한 인사들도 있었다. 그들 모두는 제단 뒤에 서서 기다리고 있었고 많은 사람들이 마치 여자들처럼 울고 있었다.

그러나 요한 형제는 달콤한 희열과 기쁨에 거의 제 정신이 아닌 채로 성체봉헌을 끝내지 못하고 있었으며, 말씀의 나머지 부분인 " … 몸이니라"를 마저 외우지 않으면 그리스도께서 성체 안으로 들어오시지 않거나 성체의 빵이 그리스도의 성체로 실제 변화하지 않을 것을 알고 있었으므로 몹시 당황하고 있었다.

마침내 한참 후에, 그리스도의 신비한 천국이 그에게 계시되었을 때 요한 형제는 그리스도의 그 위대한 장엄함을 보고 참을 길이 없어 큰 소리로 외쳤다. "내 몸이니라!" 그러자 빵의 형상은 즉시 사라지고 사람의 몸을 입으신 하나님의 아들 그리스도께서 영광스럽게 나타나셨다.

이처럼 예수께서는 동정녀 마리아를 통하여 사람의 몸으로 나셨으며, 매일 성체로 봉헌하는 사제들의 손에까지 내려오시는 겸손과 사랑을 보여 주셨다. 요한 형제는 이러한 겸손으로 인하여 달콤한 위로를 받았고 말할 수 없는 경이감에 빠져 성체봉헌의 나머지 말을 다 끝낼 수 없었다. 이는 요한 형제 자신이 늘 말했듯이 구세주의 우리를 향한 겸손은 너무나 경이로워서 우리는 감히 말로 그것을 묘사할 수가 없기 때문이었다.

그는 "이것은 내 몸이니라"라고 말한 후, 깊은 황홀경에 사로 잡혀 뒤로 넘어졌는데, 마침 그의 뒤에 서 있던 수도원장이 그를 부축하였다. 다른 수사들과 교회 안에 있던 신도들은 놀라서 뛰어왔고 그는 마치 죽은 사람처럼 성물(聖物) 안치실로 옮겨졌다. 그의 몸은 시체처럼 싸늘하게 식어갔고 그의 손가락은 너무나 뻣뻣하게 굳어 버려서 펴지지를 않았다. 그는 그곳에서 아침부터 저녁까지 의식을 잃고 누워 있었는데 이 일이 일어난 때는 여름이었다.

그때 나도 그곳에 있었는데, 하나님의 자비가 어떻게 사람에게 임하시는 지 무척 알고 싶었으므로 그가 제 정신으로 돌아오자마자 그에게로 다가가서 이 모든 것에 대하여 나에게 말해 줄 것을 간청하였다. 그는 나를 매우 신뢰하고 있었기에 나에게 이 모든 것에 대해 상세히 얘기해 줄 수 있었다.

특히 그는 성체 봉헌을 하는 동안 그의 마음은 열을 받은 밀랍처럼 녹아버렸고 그의 몸은 뼈가 없는 것처럼 느껴져서, 손을 쳐들어 성체 위에 십자가 성호를 그을 수도 없었다고 말했다. 그는 덧붙이기를, 사제가 되기 전에 그가 미사 도중 그처럼 기절할 것이라는 계시를 받았으나 여러 번 미사를 드렸는데도 그 예언이 성취되지 않았으므로 그 계시가 하나님으로부터 온 것이 아니라고 생각했었다고 말했다. 그러던 중 성모 승천 축일 50일 전쯤 되는 날, 이 일이 승천일 즈음에 그에게 일어나리라는 것이 다시 한 번 그에게 계시되었는데 그만 그 계시를 잊고 있었다는 것이었다.

우리 주 예수 그리스도께 찬양과 영광을 돌릴지어다. 아멘.

제 2 부

거룩한 오상(五傷)에 대한 명상

******
******
******
******
******
******
******
******

오상(五傷)을 받는 성 프란체스코
지오토 작(作),1300년대, 파리 루브르 미술관 소장

＊

　우리의 복되신 스승 성 프란체스코가 거룩한 알베르나 산 위에서 그리스
도로부터 받으신 영광스럽고 거룩한 상처인 오상(五傷, Stigmata)에 대하여
경건함을 가지고 명상하려고 한다. 그의 오상은 우리 주 예수 그리스도의 다
섯 군데 상처처럼, 다섯 가지였으므로 이 글도 다섯 가지 명상으로 이루어져
있다.

　첫째, 성 프란체스코가 거룩한 알베르나 산에 오게 된 경위.

　둘째, 성 프란체스코가 거룩한 산에서 그의 제자들과 더불어 살았던 생활
과 대화에 대하여.

　셋째, 스랍 천사가 나타나 거룩한 오상을 새겨 준 일에 대하여.

　넷째, 성 프란체스코가 오상을 받고 알베르나 산에서 내려와 천사의 성 마
리아 성당으로 돌아간 이야기.

　다섯째, 성 프란체스코가 세상을 떠난 후 거룩한 수사들과 경건한 신자들
에게 그의 영광스러운 오상에 대하여 계시로 나타나 보여 준 이야기.

첫째 묵상 : 어떻게 치우시의 올란도 백작이 알베르나 산을 성 프란체스코에게 주게 되었는가.

성 프란체스코는 하나님의 감동을 힘입어 그가 주님의 오상을 받기 전에 스폴레토 골짜기를 지나 수도회의 레오 형제와 더불어 로마냐로 길을 떠났었다.

그들이 몬테펠트로라는 마을의 성 밑을 지나가고 있을 때, 그곳에서는 큰 잔치와 축제가 벌어지고 있었다. 그 잔치는 몬테펠트로의 백작 중 한 사람이 기사 작위에 오르는 것을 축하하기 위한 것이었다. 성 프란체스코는 마을 사람들로부터 이러한 축제가 벌어지고 있는 것과 또한 많은 귀족들이 그곳에 모인다고 하는 말을 듣고 레오 형제에게 말했다.

"그 축제하는 마을로 가자. 하나님의 도우심으로 우리가 선한 영적인 열매를 거둘 수 있으리라."

그 모임에 참석한 귀족들 중에는 토스카나에서 온 치우시의 올란도 백작도 있었다. 그는 훌륭하고 부유한 백작이었으며, 성 프란체스코의 거룩함과 기적에 대하여 들어왔기 때문에, 프란체스코에 대하여 깊은 존경심을 가지고 있었고 그를 만나 보고 그의 설교를 듣고 싶어했었다.

성 프란체스코는 마을에 도착하여 모든 귀족들이 모여 있는 광장으로 들어갔다. 그리고 성령의 감동을 받아 작은 담장 위로 올라가서 설교하기 시작하였다. "하나님의 상급을 생각할 때에 현재의 모든 고통은 오히려 우리에게 기쁨이 된다"라는 주제로 성령의 지시하심에 따라 그는 경건하고 진지하게 설교하기 시작하였다.

거룩한 사도들과 순교자들의 온갖 고난 및 순교에 대하여, 거룩한 수도자들의 엄한 고행에 대하여, 그리고 거룩한 동정녀들과 다른 성인들의 많은 시련과 유혹에 대하여 실례를 들어가면서 진리를 증거하였기 때문에, 그곳에 있는 사람들은 모두 마치 하나님의 천사가 설교해 주는 듯이 그의 설교를 경청하였다. 그들 중에 올란도 백작은 마음속에 하나님으로부터 큰 감동을 입었고, 설교 후에 프란체스코를 만나 자신의 영혼 상태에 대하여 그와 대화하기로 결심하였다.

그러므로 설교가 끝났을 때 그는 프란체스코 옆에 가서 공손하게 말했다. "선생님, 저는 제 영혼의 구원을 위해 당신과 이야기하고 싶습니다."

그러자 프란체스코는 대답했다. "무척 반갑소, 그러나 오늘 아침은 당신을 이 축제에 초대하였으므로 가서 당신의 친구들을 축하해 주십시오. 그들과 함께 만찬을 드시고 그 후에 당신이 원하는 대로 함께 이야기합시다."

그래서 올란도 백작은 친구들과 함께 만찬을 나눈 후에 성 프란체스코에게 와서, 자신의 영혼의 상태와 구원에 대하여 오랫동안 이야기를 나누었다. 이야기 끝에 올란드 백작은 프란체스코에게 말했다.

"프란체스코 형제여, 나는 토스카나에 사람들로부터 떠나 명상의 생활을 하며 고행하기에 적합한 매우 한적하고 울창한 산을 가지고 있습니다. 그 산은 알베르나 산이라고 하는데, 만일 당신과 형제들의 마음에 든다면 기꺼이 그 산을 내 영혼의 구원을 위하여 당신께 바치고 싶습니다."

그 당시 성 프란체스코는 편리하게 항상 명상에 잠길 수 있는 한적한 장소를 몹시 찾고 있었으므로 이러한 제의를 들었을 때, 그는 어린 양을 돌보시는 하나님을 먼저 찬양하고 나서 올란도 백작에게 감사를 표하며 말했다.

"백작님, 당신이 집으로 돌아가시면 제가 형제 두 사람을 당신에게 보내겠습니다. 그러면 당신은 그들에게 산을 보여 주십시오. 만일 그 산이 기도와 고행에 적합한 것으로 보이면 저는 기쁘게 당신의 호의를 받아들이겠습니다."

말을 마친 후에 성 프란체스코는 그곳을 떠나 긴 여행을 끝내고 나서 천사의 성 마리아 성당으로 다시 돌아갔다. 또한 올란도 백작도 축제가 끝나고 치우시 성으로 돌아갔는데 그 성은 알베르나 산에서 1마일 정도 떨어져 있었다.

성 프란체스코가 천사의 성 마리아 성당으로 돌아온 후 그는 두 제자를 올란도 백작에게 보냈다. 그들은 그 지방의 지리를 몰랐기 때문에 올란도 백작을 찾는 데 큰 어려움을 겪었다. 그들이 간신히 그 성에 도착했을 때 올란도 백작은 그들을 크게 환영하고 마치 하나님의 천사들이나 되는 것처럼 대접해 주었다.

백작은 그들에게 알베르나 산을 보여 주기 위해서 짐승들로부터 그들을 보호할 50명의 무장된 사람들을 동행하도록 했다. 그들의 호위를 받으면서, 두 수사들은 알베르나 산에 올라가 그들이 집을 짓고 살 장소를 물색하기 시작했다.

마침내 그들은 기도와 명상에 적합한 작은 고원지대가 있는 것을 발견하고는 주님의 이름으로 그 장소에 그들과 성 프란체스코의 거처를 짓기로 결정했다. 그들은 동행한 사람들의 도움으로 나뭇가지들을 잘라내어 그곳에 작은 오두막집을 만들었다.

이렇게 해서 하나님의 이름으로 알베르나 산과 그 오두막집의 소유권을 올란도 백작으로부터 인수받은 후에 그들은 성 프란체스코에게로 돌아갔다.

그들은 프란체스코에게 그 장소가 한적하며 명상에 적합한 곳이라고 말하면서 어떻게 그 산을 소유하게 되었는지 상세히 설명했다.

이 소식을 듣고 성 프란체스코는 대단히 기뻐하며 하나님께 감사와 찬양을 드리고는 기쁨에 넘치는 표정으로 말했다.

"내 아들들아, 대천사 미카엘의 단식재(Lent of st. Michael the Archangel)가 멀지 않았노라. 나는 하나님의 섭리에 의해 우리에게 주어진 이 산에서, 하나님과 동정녀 마리아와 또 거룩한 천사들의 영광과 존귀를 위하여, 고행으로 이 복된 산을 봉헌하면서 단식재를 지내는 것이 하나님의 뜻이라고 굳게 믿는다."

이와 같이 말한 후, 프란체스코는 세 사람의 형제를 택하였는데, 그들은 곧 지혜와 웅변이 뛰어났던 아시시 마리냐노의 마세오 형제, 귀족 출신으로서 세상에서 기사도 활약했던 리에티의 안젤로 탄크레디 형제, 그리고 순수함과 순결함으로 성 프란체스코가 매우 사랑하여 자신의 비밀을 밝혀주기까지 했던 레오 형제였다.

성 프란체스코는 이 세 형제들과 함께 열심히 기도하기 시작하였다.

기도를 마친 후에 프란체스코는 자신과 세 수사를 남아 있는 수사들의 기도에 맡기고 십자가에 못 박히신 예수 그리스도의 이름으로 알베르나 산을 향하여 떠났다.

길을 가면서 프란체스코는 마세오 형제를 불러 말했다. "마세오 형제, 그대가 이번 여행의 인도자이며 지도자가 되도록 하라. 여행하거나 쉴 때에 우리는 수도회의 관습을 따라 하나님에 대해서 대화하든가 아니면 침묵을 지킬 것이다. 먹고 마시는 것에 대해서는 일체 생각하지 않기로 하되 하룻밤을 묵어야 할 때는 약간의 빵을 구걸하여, 하나님께서 우리에게 마련해 주시는 곳에서 쉴 것이다."

세 수사는 고개를 끄떡이고는 십자가의 성호를 그으며 갈 길을 재촉했다. 첫 번째 날 저녁, 그들은 어느 수도원에 도착하여 그곳에서 하룻밤을 보냈다.

둘째 날 저녁에는 험한 날씨와 피곤함 때문에 그들은 수도원이나 마을에 도달하지 못했다. 험악한 날씨에 드디어 밤이 되자 그들은 어떤 버려진 교회를 겨우 찾아내어 그곳에서 쉬게 되었다.

형제 수사들이 한참 자고 있는 동안에 프란체스코는 일어나 기도하기 시작했다. 한밤중이 되자 수많은 사나운 악령들이 큰소리를 내면서 기도하고 있는 그를 공격하며 괴롭히기 시작했다. 하나는 여기서 잡아당기고 다른 놈은 저기서 잡아당겼으며, 하나가 이것으로 그를 위협할 때, 다른 하나는 저것으로 그를 비난했다. 이처럼 악령들은 온갖 방법으로 그의 기도를 방해하려고 했고 시간이 갈수록 그들의 행패는 더욱 심해졌다.

그러나 악령들은 하나님께서 성 프란체스코와 함께 계셨기 때문에 방해를 계속할 수 없었다. 성 프란체스코는 얼마동안 마귀들의 온갖 공격을 견디어 내고 나서 큰 소리로 외치기 시작했다.

"너희 저주받은 영들아, 너희들은 하나님의 손이 너희에게 허락하신 것만을 행할 수 있을 뿐이다. 그러므로 나는 전능하신 하나님의 이름으로 너희들에게 말하노니 하나님이 너희들에게 허락하신 것은 무엇이든지 내 몸에 행하라. 나의 몸보다 더 악한 원수가 없으므로 나는 기꺼이 그 공격을 견디겠노라. 그러므로 너희들이 내 원수인 육체에 고통을 가한다면 너희들은 나에게 큰 은혜를 베푸는 것이 되느니라."

그러자 악령들은 더욱 못된 포악과 격렬함으로 그를 공격하여 교회의 주변 이리 저리로 끌고 다니며 그에게 큰 상처를 입히고 전보다 더욱 더 그를 괴롭혔다.

성 프란체스코는 온갖 고통을 당하면서도 이렇게 부르짖었다.

"나의 주 예수 그리스도여, 저는 당신께서 제게 보여 주시는 그 큰 사랑을 인하여 감사드리나이다. 하나님께서 그의 종이 저 세상에서 죄로 말미암아 벌받지 않도록 이 세상에서 미리 그를 징계하실 때, 그것은 하나님의 크신 사랑의 표시이기 때문입니다. 저는 나의 하나님이신 당신께서 저에게 보내시는 그 모든 고통과 역경을 기쁨으로 견딜 준비가 되어 있나이다."

그러자 악령들은 이처럼 놀라운 그의 인내에 수치와 패배를 느끼고 사라져 버렸다.

성 프란체스코는 성령의 열정에 사로잡혀 교회 밖으로 나와 근처에 있는 숲 속으로 들어갔다. 적막하고 어두운 숲 속에서 그는 간절히 기도하기 시작했다. 가슴을 치고 울며 기도하는 중에 그는 영혼의 신랑이시며 기쁨이신 예수 그리스도를 애타게 찾았다.

마침내 그는 마음의 은밀한 깊은 곳에서 그리스도를 발견하였다. 그는 그의 주님이신 그리스도께 경건히 말했고, 그의 판단자이신 그리스도께 겸손히 대답하였으며, 그의 아버지이신 그리스도께 간구하였고, 또한 친구로서 그리스도와 대화하였다.

그날 밤 그의 제자들은 잠에서 깨어 그가 숲 속에서 행하는 일을 보고 듣고는 매우 놀라워했다. 그들은 프란체스코가 눈물을 흘리며 경건히 기도하고 하나님께 죄인들에 대한 자비를 탄원하는 것을 들었다. 그들은 또한 프란체스코가 마치 그의 눈으로 그리스도의 수난을 보고 있는 것처럼 큰 소리로

우는 것을 들었다.

바로 그날 밤 그들은 두 손을 가슴에 십자형으로 포갠 채 기도하고 있던 프란체스코가 땅 위로 들어 올려져 공중에서 빛나는 구름에 둘러 싸여 있는 것을 목격하였다.

이처럼 프란체스코는 온 밤을 거룩한 묵상 속에서 잠을 자지 않고 지냈다. 그 다음날 아침 프란체스코가 전날 밤의 수면 부족과 피곤함으로 말미암아 너무 약해져서 도저히 걸어서 여행을 할 수가 없다는 것을 안 그의 제자들은 어느 가난한 시골 농부에게 가서 하나님의 사랑으로 그들의 스승인 프란체스코 형제를 위하여 당나귀 한 필을 빌려 달라고 간청하였다.

프란체스코 형제라는 말을 듣고 그 농부는 "당신들이 바로 사람들이 그렇게 훌륭하다고 말하는 아시시의 프란체스코 형제의 수사들입니까?"하고 물었다.

그 수사들은 "그렇습니다"라고 대답하면서 당나귀를 요청하는 것도 바로 그를 위해서라고 말했다. 그러자 그 농부는 큰 경건과 사랑으로 나귀에 안장을 얹어서 프란체스코 앞으로 끌고 와서는 커다란 존경심을 가지고 프란체스코가 안장에 앉는 것을 도와 주었다.

이윽고 그들은 여행을 계속하였는데, 그 농부는 그들과 함께 당나귀 뒤를 따라오면서 얼마동안 간 후에 프란체스코에게 물었다. "당신이 아시시의 성 프란체스코이십니까?" 성 프란체스코가 그렇다고 대답하자, "그렇다면 모든 사람들이 당신을 선하다고 믿고 있으므로 그와 같이 선하게 되도록 노력하셔야 됩니다. 많은 사람들이 당신에게 큰 믿음을 갖고 있기 때문입니다. 그러므로 저는 당신께 그들이 기대하는 것과 다른 점이 결코 없도록 노력해야 된다는 것을 감히 부탁드립니다"라고 그 농부는 말했다.

성 프란체스코는 이 말을 듣고 그 농부의 훈계에 조금도 마음이 상하지 않았다. 그는 요즈음의 많은 교만한 수사들이 흔히 말하듯 "나에게 충고하는 이 짐승 같은 녀석은 누구인가?"라고 말하지 않았다. 오히려 프란체스코는 즉각 당나귀에서 내려와 그 농부 앞에 무릎을 꿇고 겸손히 그의 발에 입을 맞추면서 그처럼 자비로운 충고를 해 준 것을 감사하였다.

그의 제자들과 농부는 매우 경건하게 그가 다시 당나귀에 탈 수 있도록 도와 주었고 그들은 여행을 계속하였다.

그들이 산 중턱쯤 올라왔을 때 한 여름의 햇볕은 대단히 뜨거운 데다가 길은 멀고 험했기 때문에 농부는 목말라 죽을 지경이 되었다. 마침내 그는 앞에 가는 프란체스코에게 "목말라 죽을 지경입니다. 지금 마실 것이 없으면 금방 질식할 것 같습니다!" 하고 외쳤다.

그러자 프란체스코는 즉각 나귀에서 내려와 기도하기 시작하였다. 그는 손을 하늘로 향해 쳐들고, 하나님이 그의 기도를 허락하신 것을 계시를 통하여 알 때까지 땅바닥에 무릎을 꿇고 있었다. 이윽고 그는 농부에게 말했다.

"빨리 저 바위로 뛰어 가시오. 그러면 그리스도께서 자비를 베푸사 그 바위에서 물이 쏟아나게 하신 것을 발견할 것이오."

그 농부는 프란체스코가 가르쳐 준 장소를 향해 뛰어갔다. 그곳에 이르자 그는 성 프란체스코의 기도의 능력에 의하여 단단한 바위 틈새로부터 물이 흐르는 것을 발견하였다. 그리하여 그는 그토록 원하던 물을 실컷 마실 수 있었다.

그 샘물은 성프란체스코의 기도에 의하여 하나님의 기적으로 만들어 진 것 같았다. 왜냐하면 전에나 후에나 그곳에는 어떠한 샘터도 없었기 때문이다.

그 일을 행한 후에 성 프란체스코는 제자들과 그 농부와 함께 이러한 기적을 베풀어 주신 하나님께 진심으로 감사드렸다. 그리고 그들은 여행을 계속하였다.

이윽고 그들이 알베르나 산 봉우리에 가까이 왔을 때, 프란체스코는 어떤 참나무 그늘 아래서 잠시 동안 쉬어가기를 원하였다. (그 참나무는 지금까지도 그곳에 서있다.) 참나무 아래에서 쉬고 있는 동안 그는 그곳의 위치와 주위 환경을 살펴보기 시작했다. 그가 이러한 명상에 사로잡혀 있을 때 수많은 종류의 새들이 날아와 즐거운 노래를 부르며 날개를 퍼덕거렸다.

그 새들은 성 프란체스코를 에워싸서, 어떤 새들은 그의 머리에 앉고, 어떤 새들은 그의 어깨에, 어떤 새들은 그의 무릎과 팔에 그리고 그의 손 위에 또한 그의 발 주변에 앉았다. 그 새들은 모두 큰 기쁨으로 함께 노래를 부르며 즐거워하였는데, 마치 프란체스코가 온 것을 기뻐하며 그곳에 함께 머물도록 초대하는 것처럼 보였다.

이 광경을 보고 그의 제자들과 농부는 크게 놀랐다. 성 프란체스코는 마음에 크게 즐거워하며 그들에게 말했다.

"나의 사랑하는 형제들이여, 나는 우리가 이 장소를 받고 이 한적한 산에서 생활하는 것이 우리 주 예수 그리스도를 기쁘시게 하는 것이라고 믿는다. 왜냐하면 우리의 작은 형제 자매들인 새들이 우리의 온 것을 크게 기뻐하고 있기 때문이니라."

이 말을 한 후에 그는 일어나서 다시 여행을 계속하였다. 마침내 그들은 제자들이 처음에 선택하였던 장소에 이르렀고 그곳에는 나뭇가지로 만든 작은 오두막집 한 채가 외롭게 서 있었다.

하나님과 그의 거룩한 이름에 영광을 돌릴지어다. 아멘.

✳ 둘째 묵상 : 성 프란체스코는 알베르나 산에서 그의 제자들과 어떤 생활을 하였는가.

둘째 묵상은 성 프란체스코가 그의 제자들과 함께 알베르나 산 위에서 행한 행적을 다루고 있다.

올란도 백작은 성 프란체스코가 그의 제자들과 함께 알베르나 산에 살기 위하여 왔다는 말을 듣고 대단히 기뻐하였다. 그 다음날 그는 많은 사람들과 함께 그들을 위한 빵과 다른 필수품들을 가지고 프란체스코를 방문하기 위하여 성을 떠났다. 그곳에 도착하였을 때 그는 그들이 기도하는 것을 발견하고는 가까이 다가가 그들에게 인사하였다.

그때 성 프란체스코는 일어나서 올란도 백작과 그의 일행들을 큰 기쁨과 사랑으로 환영하였다. 그들과 함께 잠시 이야기를 나누면서 성 프란체스코는 올란도 백작이 그들에게 그 거룩한 산을 기증한 것과 이렇게 와 준 것에 대해 깊이 감사했다. 그리고 수사들의 움막집에서 약간 떨어진 한 아름다운 떡갈나무 아래에 자기를 위하여 작은 움막 하나를 만들어 줄 것을 그에게 요청하였다. 그 장소는 경건한 기도를 위하여 매우 적합하게 생각되었기 때문이었다. 부탁을 받은 올란도 백작은 지체 없이 그렇게 하도록 지시하였다.

후에 저녁이 가까워서 떠날 때가 되자 프란체스코는 그들이 떠나기 전에 간단한 설교를 하고 축복을 내려 주었다.

올란도 백작은 떠나기 전에 프란체스코와 그의 제자들에게 이렇게 말했다.

"나의 친애하는 수사들이여, 나는 이 깊은 산 속에서 여러분들에게 필요한 것들이 부족하지 않기를 바랍니다. 그런 것들이 부족하면 여러분들이 영적인 일에만 전념하기 어려울지도 모르기 때문입니다. 그러므로 나는 여러분들이 필요로 하는 모든 것을 나의 집에서 가져가기를 바랍니다. 만일 여러분들이 그렇게 하지 않는다면 나는 정녕 괴로워할 것입니다." 그는 이 말을 한 후에 그의 부하들을 데리고 성으로 돌아갔다.

그들이 떠나자 성 프란체스코는 그의 제자들을 앉혀 놓고 수도생활을 하기 원하는 모든 사람들이 반드시 행해야 할 생활방법에 대해 훈시를 하였다. 그 중에서 그는 특별히 거룩한 가난의 실천을 강조하였다.

"그대들은 올란도 백작의 자비로운 제의에 너무 의지하지 말라. 우리가 가난을 경멸하면 할수록 세상이 우리를 경멸하고, 더 큰 궁핍으로 고생하게 될 것을 명심해야 한다.

그러나 만약 우리가 거룩한 가난을 열렬하게 포용한다면, 세상은 우리에게 가까이 와서 우리를 풍성하게 먹일 것이다. 하나님은 세상의 구원을 위하여 이 거룩한 수도회로 우리를 부르셨느니라. 하나님께서는 우리와 세상 사이에 다음과 같은 계약을 세우셨도다. 즉, 우리는 세상에 선한 모범을 보이고 세상은 우리가 필요로 하는 것을 공급하게 하셨느니라. 그러므로 우리는 이 거룩한 가난을 기쁜 마음으로 견디어 나가자. 그것이야 말로 완전에의 길이요 영원한 부(富)로의 서약이며 보증이기 때문이로다."

프란체스코는 이러한 아름답고 영감이 넘쳐흐르는 훈계를 한 후에 결론을 맺었다. "이것이야 말로 내 자신과 그대들에게 내리는 생활방식이니라. 이제 나는 죽음이 가까워지고 있으므로 홀로 머물며 하나님 앞에 내 자신을 반성하고 내 죄를 회개하고자 한다. 레오 형제여, 그대는 적합하다고 생각하는 때에 나에게 작은 빵과 물을 갖다다오. 그리고 어떤 이유로든지 일반 사람들이 내게 오지 않도록 그들을 잘 처리해 주기를 바란다."

프란체스코는 말을 마친 후에 그들에게 축복을 내리고 떡갈나무 밑의 작은 움막으로 들어갔다. 그리고 그의 제자들은 성 프란체스코의 명령을 순종하겠다는 강한 의지를 가지고 오두막집에서 경건하게 지냈다.

며칠 후에 성 프란체스코는 그 움막 옆에 서서 산의 모양을 살피며 거대한 바위의 갈라진 틈을 경이의 눈으로 바라보고 있었다. 그가 감탄하는 마음으로 기도하기 시작했을 때 그 놀라운 갈라진 틈은 "바위가 갈라졌다"고 성경이 기록했던 그리스도의 수난의 시간에 기적적으로 만들어진 것이라고 하나님께서 그에게 계시하셨다. 또한 하나님께서는 이것이 성 프란체스코의 영혼 안에서 사랑과 긍휼에 의해 새로워지고, 그의 몸에 오상을 새겨 줌으로써 그리스도의 수난이 새로워질 수 있도록 이 알베르나 산 위에서 특별한 방법으로 나타내기를 원하셨다.

성 프란체스코는 이러한 계시를 받자마자 그의 움막에 들어 앉아 영혼에 대하여 회개하며 그 계시의 신비에 대하여 경건하게 묵상하기 시작하였다. 그 이후 성 프란체스코는 계속적인 기도를 통하여 더욱 더 자주 하나님에 대한 묵상의 달콤한 위로를 체험하게 되었으며, 그 결과로 하나님과의 무아경 속으로 빠지면서 그가 땅 위에서 들어 올려져 하나님과 연합하여 있는 것을 제자들이 목격하게 되었다.

이러한 명상의 무아경 속에서 하나님은 그에게 현재와 미래뿐만 아니라, 그의 제자들이 갖고 있는 은밀한 생각과 욕망까지도 계시하여 주셨다.

레오 형제는 악마로부터 육적이 아닌 영적인 시험을 크게 겪고 있었다. 그래서 그는 성 프란체스코 자신의 손으로 쓴, 영감을 주고 위로가 될 만한 글을 얻고 싶은 열렬한 소망을 갖고 있었다. 그는 그 글을 지니기만 하면 모든 시험이 완전히 혹은 부분적이라도 물러갈 것이라고 믿었기 때문이다. 그러나 부끄러움과 스승에 대한 존경심 때문에 레오 형제는 감히 성 프란체스코에게 그것을 말할 수 없었다.

그러나 성령께서는 프란체스코에게 레오 형제가 말하지 못하는 것을 계시하여 주셨으므로 성 프란체스코는 그를 불러 잉크와 펜과 종이를 가져오도록 지시하였다. 그리고는 자신의 손으로 레오 형제가 소원하였던 그리스도의 찬양을 쓰고 직접 서명한 종이를 그에게 주며 말했다.

"사랑하는 형제여, 이 종이를 받으라. 그리고 이것을 그대가 죽기까지 소중하게 간직하라. 하나님께서 그대를 축복하시고 모든 시험으로부터 보호하시기를 원하노라. 그대는 시험을 받고 있으나 더 이상 괴로워하지 말라. 그대가 유혹과 시험으로 공격을 받을수록 나는 더욱 더 그대를 사랑하며 더욱 훌륭한 하나님의 종이요 일군으로 생각하기 때문이니라. 진정으로 그대에게 말하노니 어느 누구도 많은 시험과 환난을 거치기 전에는 자신을 하나님의 완전한 친구로 생각할 수 없느니라."

레오 형제는 그 종이를 뜨거운 사랑과 믿음으로 받았다. 그러자 모든 시험들이 즉각 사라져 버렸다.

레오 형제는 큰 기쁨을 느끼며 오두막집으로 돌아와 그의 동료들에게 성 프란체스코 자신이 직접 쓴 종이를 받게 하여 주신 하나님의 은혜가 얼마나 큰지 이야기했다. 그는 늘 조심스럽게 그 종이를 간직했으며 후에 수사들은 그 글로써 많은 기적을 행했다.

그때부터 레오 형제는 순결함과 선한 의도로 주의 깊게 성 프란체스코의 생애를 살피고 묵상하기 시작하였다. 그는 프란체스코가 행하는 것을 살펴보기 위하여 말없이 그가 할 수 있는 모든 노력을 다하였다. 때때로 그의 순결함으로 말미암아 그는 성 프란체스코가 하나님의 황홀경 속에서 공중에 떠있는 것을 목격하였다. 그는 프란체스코가 움막 밖에서 공중으로 3피트 혹은 4피트, 어떤 때는 밤나무 꼭대기까지 들어 올려져 있는 것을 여러 번 발견하였다. 어떤 때에는 프란체스코가 공중 높이 떠 있으며 찬란한 광채에 둘러싸여 있어서 그가 쳐다볼 수 없을 때도 있었다. 그때에 레오 형제는 거룩한 스승이 공중에서 기도하는 그 자리에 무릎을 꿇고 완전히 땅에 엎드리곤 하였다.

한번은 성 프란체스코가 땅바닥에서 약간 들어 올려져 레오 형제가 그의 발을 잡을 수 있게 되었는데, 이 순진한 수사가 어떻게 했겠는가? 그는 그에게 조용히 다가가 그의 발을 잡고 눈물을 흘리며 "하나님, 이 죄인에게 자비를 베푸소서. 이 거룩하신 분의 공로를 통하여 저로 하여금 당신의 은혜와 자비를 발견하게 하소서"라고 말하곤 했다.

레오 형제는 거룩한 스승의 도움으로 전과 같이 하나님 앞에 기도에 전념하고 있는 동안, 하나님의 크나큰 은혜를 깊이 체험하였다. 또한 그는 성인에 대한 큰 존경심 때문에 자주 성 프란체스코의 은밀하고 거룩한 행적을 밤낮으로 관찰하였다.

그러던 중 한번은 그가 성 프란체스코의 발 앞에 서 있을 때, 프란체스코가 하늘 높이 들어 올려 레오 형제의 손이 닿지 못하는 곳에 있게 되었다. 그 때 그는 금으로 박힌 글자가 써진 한 두루마리가 하늘로부터 성 프란체스코의 머리로 내려오는 것을 보았다. 그 두루마리에는 "여기에 하나님의 은혜가 있노라"라고 쓰여 있었다. 프란체스코가 그것을 읽고 나자 두루마리는 하늘로 다시 올라가 버렸다.

프란체스코는 그의 내부에 있는 하나님의 은사를 통하여 황홀한 명상 속에 잠겨 있었을 뿐만 아니라 때때로 천사들의 방문으로 인하여 위로를 받았다. 한번은 그가 자신의 죽음과 죽은 후의 수도회의 상태를 생각하며 이렇게 말했다.

"주 하나님 제가 죽은 후에 당신의 자비로 맡기신 이 가난한 작은 가족들(수도회)은 어떻게 되겠습니까? 누가 그들을 위로하며 누가 그들을 지도하겠습니까? 누가 그들을 위하여 당신께 기도해 주겠습니까?"

이와 같이 기도하고 있을 때 하나님의 천사가 그에게 나타나 그를 위로하며 말했다.

"나는 하나님을 대신하여 그대에게 말하노라. 그대의 수도회는 심판날까지 계속될 것이며, 아무리 악한 죄인이라 할지라도 그대의 수도회에 대하여 뜨거운 사랑을 지니고 있다면 하나님의 자비를 얻을 것이니라.

그러나 악한 마음으로 그대의 수도회를 핍박하는 자는 오래 살지 못할 것이요, 더욱이 마음이 악하여 자신의 삶을 고치지 못하는 사람은 그대의 수도회 안에서 오래 견디지 못하리라. 그러므로 만일 수도회 안에 선하지 못하고 지켜야 하는 수도회의 규칙을 준수하지 않는 수사들이 있을지라도 근심하지 말라.

또한 그대의 수도회가 기울어질 것이라고 생각하지 말지니, 복음서에 있는 그대로 그리스도의 생활과 규칙을 지키고자 하는 사람들이 수도회 안에 항상 많이 있을 것이기 때문이니라. 그들은 지상의 생활이 끝나면 연옥을 전혀 거치지 않고 영원한 생명으로 들어갈 것이라.

때로 어떤 형제들은 완전치 못한 삶을 살 것이며, 그들은 천국에 들어가기 전에 연옥에서 정화될 것이다. 그들이 연옥에 있을 기간은 하나님에 의하여 그대에게 맡겨질 것이니라. 그러나 규칙을 전혀 지키지 않는 자들은 하나님께서 그들을 돌보시지 않을 것이니라." 천사가 이와 같이 말하고 사라져 버렸을 때 프란체스코는 마음에 큰 위로를 받았다.

성모 승천 축일이 가까워오고 있었는데 성 프란체스코는 성모 승천 축일에 시작되는 대천사 성 미카엘의 단식재를 홀로 조용히 지내기 위하여 외따로 떨어진 먼 곳에서 적합한 기도처를 구하고 있었다. 그는 레오 형제를 불러서 말했다. "수도원의 기도소 문 앞으로 가서 서 있다가 내가 그대를 부르면 달려오라."

레오 형제가 문 앞으로 가서 서 있자 프란체스코는 얼마쯤 떨어져 큰소리로 그를 불렀다.

그가 부르는 소리를 듣고 달려 왔을 때 프란체스코는 이렇게 말했다. "아들아, 더 먼 장소를 구하자. 그래서 내가 부를 때 그대가 들을 수 없는 곳으로 가자."

그들이 그러한 곳을 한참 물색하고 있을 때, 산의 남쪽 허리에 성 프란체스코의 마음에 드는 외따로 떨어져 있는 한 장소를 발견하였다. 그러나 그 앞에는 깊고 무서운 골짜기가 있었기 때문에 그들은 그곳을 갈 수가 없었다. 마침내 그들은 통나무를 걸쳐서 다리를 만들고 간신히 그 위로 지나갔다.

성 프란체스코는 다른 수사들을 불러서, 그가 미카엘의 단식재를 이 외따로 떨어진 곳에서 홀로 기도하기 위하여 그들로부터 잠시 떨어져 있겠다고 말했다. 또한 그는 자신을 위하여 소리를 질러도 들리지 않는 그곳에 작은 움막을 하나 만들어 달라고 요청하였다.

이윽고 움막이 완성되었을 때 프란체스코는 그들에게 말했다.

"모두 수도원으로 돌아가고 나를 혼자 있게 해 다오. 나는 하나님의 도우심으로 마음에 아무런 방해도 받지 않고 단식재를 이곳에서 보내고자 하노라. 그러니 너희들 중 어느 누구도 내게 오지 말며 또한 어떤 일반 사람도 내게 보내지 말라.

단지 그대 레오 형제만 하루에 한 번씩 작은 빵과 물을 가져다주기 바란다. 그리고 밤 기도 시간에 다시 조용히 와서 다리 앞에 이르러 단지 이렇게 부르라. '주여 내 입을 열어 주소서.' 만일 안에서 내가 대답하기를 '내 입이 당신을 찬양하리이다' 라고 한다면 다리를 건너와 내 움막으로 와서 같이 밤 기도를 드리자. 그러나 내가 아무 응답도 하지 않는다면 곧 돌아가기 바란다."

성 프란체스코가 이렇게 말한 것은 이따금 그가 하나님과의 무아경에 너무 몰두한 나머지 하루 종일 이야기할 수가 없고 육체적 감각으로 듣거나 느낄 수 없었기 때문이었다. 레오 형제는 주의 깊게 이 명령을 받아들였다. 말을 마친 후 프란체스코는 형제들에게 축복을 해 주었고, 그들은 수도원으로 다시 돌아갔다.

승천 축일이 되자 성 프란체스코는 엄한 극기와 절제로 자신의 몸을 고행하고, 뜨거운 기도와 철야와 채찍질로 자신의 영혼을 위로하며 금식을 시작하였다.

그가 고행을 하고 있는 동안 그의 덕은 점점 커졌으며, 그는 자신의 영혼이 하나님의 신비와 빛을 받고 또한 그의 육체가 악마의 끊임없는 공격에도 견딜 수 있도록 항상 준비하였다.

그러한 금식기간 중 하루는 성 프란체스코가 뜨거운 영혼의 열정으로 움막 밖으로 나와, 기도하기 위하여 근처의 바위 밑에 있는 굴속으로 들어갔다. 그 아래에는 무시무시한 절벽이 있었는데 갑자기 악마가 무서운 모습으로 나타나 큰 소리로 그를 때리며 절벽 아래로 떨어뜨리려 했다.

도망칠 곳도 없고 극도로 무서운 악마의 모습을 견딜 수가 없어서 성 프란체스코는 뒤로 돌아서서 그의 손과 발과 몸으로 있는 힘을 다해 바위를 꽉 붙들었다. 그는 손으로 잡을 수 있는 것을 무엇이든 꼭 잡은 채 하나님께 자신의 몸을 의탁하였다.

하나님은 그의 종이 견딜 수 있는 그 이상의 시험을 허락하지 아니하시므로, 기적을 통하여 프란체스코가 그의 모습 그대로 그 바위에 박히도록 하셨다. 그리하여 그의 손과 얼굴을 마치 부드러운 양초에 밀어 넣은 것처럼, 그의 얼굴과 팔의 모습이 바위 속에 그대로 새겨졌다. 이렇게 해서 하나님의 도우심으로 프란체스코는 악마를 피할 수 있었다.

그러나 악마는 그 당시 프란체스코에게 할 수 없었던 것을, 즉 그를 절벽 밑으로 밀어뜨리지 못한 것을 프란체스코가 죽은 후에 다른 한 수사에게 보복했다.

하루는 어떤 수사가 그 장소에 통나무를 쌓아 사람들이 안전하게 그곳을 지나가서 프란체스코가 기적을 행했던 곳을 쉽게 드나들 수 있도록 했는데, 악마는 그를 밀어서 통나무를 머리에 진 채 절벽 밑으로 떨어뜨렸다.

그러나 성 프란체스코를 구원하시고 보호하신 하나님은 성인의 덕을 통하여 이 경건한 수사를 구원하시고 보호하셨다. 즉 그가 떨어지는 순간 그 수사는 큰 소리로 성 프란체스코를 불렀는데, 프란체스코는 즉시 그에게 나타나 그가 바위 위에 아무런 해도 입지 않고 내려앉도록 했다.

그때 다른 수사들은 형제의 외침을 듣고 그가 날카로운 바위 위로 떨어져 비참하게 죽었을 것으로 생각하였다. 그들은 몹시 슬퍼하여 눈물을 흘리며 들것을 가지고 산의 다른 쪽 편으로 해서 그의 시체를 찾아 묻어 주려고 내려갔다.

그런데 그들이 산 밑으로 내려왔을 때 뜻밖에도 떨어졌던 그 수사를 만났다. 그는 머리에 통나무를 지고 "하나님을 찬양하라"라는 찬송가를 큰소리로 부르며 올라가고 있었다. 수사들이 깜짝 놀라 어안이 벙벙하자 그는 그들에게 자기가 어떻게 떨어졌으며, 성 프란체스코가 어떻게 그에게 나타나 자기를 모든 위험으로부터 구해 주었는지 자세히 설명해 주었다. 이야기를 듣고 난 수사들은 그 수사를 구원해 주신 하나님과 성 프란체스코에게 감사하고 함께 "하나님 찬양"을 소리높이 부르면서 수도원으로 돌아왔다.

우리가 앞서 말한 대로 성 프란체스코는 그 금식을 인내하면서, 악마들로부터 많은 공격을 받았지만, 그럼에도 불구하고 하나님으로부터 많은 위로를 받았으며 천사들의 방문뿐만 아니라 산새들의 방문도 받았다. 사십일

210 성 프란체스코의 작은 꽃들

동안의 금식 기간 중에 그의 움막 근처에 둥지를 튼 매 한 마리가 매일 밤 기도 시간에 노래와 날개를 쳐서 그를 깨워 주었으며 그가 밤 기도를 드릴 때까지 떠나지 않았다.

그러나 성 프란체스코가 아주 연약하고 피곤하거나 혹은 아파 누워 있을 때에는, 그 매는 지혜롭고 동정심 많은 사람처럼 조금 늦게 노래를 부르곤 했다. 성 프란체스코는 이 거룩하고 친절한 "시계"를 매우 좋아했다. 왜냐하면 이 매의 분별력이 그로 하여금 그의 모든 게으름을 쫓아내고 경건하게 기도하도록 자극해 주었기 때문이었다. 그 매는 가끔 낮에도 그에게 다정한 벗이 되어 주었다.

드디어 성 프란체스코는 육체적으로 몹시 쇠약해졌다. 부분적으로는 그의 심한 극기 때문이기도 하고 악마의 공격 때문이기도 했다. 그는 영혼의 양식을 통하여 육체를 위로하기 원했으므로 이미 영생의 복을 받은 사람들의 무한한 영광과 즐거움을 생각하기 시작하였다. 그때 그는 하나님께 그러한 즐거움의 극히 일부만이라도 맛볼 수 있는 은혜를 베풀어 달라고 기도하기 시작하였다.

그가 이러한 생각을 하고 있을 때 갑자기 한 천사가 그에게 화려한 빛 가운데 나타났다. 그 천사는 왼손에 비올 악기를 들고 오른손에 활을 들고 있었다. 성 프란체스코가 깜짝 놀라 그 천사를 쳐다보았을 때, 그 천사는 활을 비올 악기에 얹고 연주를 시작하였다. 그러자 너무나도 아름다운 멜로디가 성 프란체스코의 영혼을 사로잡고 모든 육체의 감각을 잊게 해 주었다.

그는 나중에 형제들에게 만약에 천사가 계속 연주를 하였다면, 자신의 영혼은 그 음악의 견딜 수 없는 아름다움으로 말미암아 육체를 떠났을지도 모른다고 토로했던 것이다.

이것이 두 번째 묵상에 대한 기록이다.

✳ ## 셋째 묵상 : 스랍 천사가 나타나 성 프란체스코에게
거룩한 오상을 새겨 준 것에 대하여.

9월의 십자가 축일이 가까웠을 때, 레오 형제는 보통 때처럼 성 프란체스코와 함께 밤기도를 드리러 찾아왔었다.

그가 "주여 내 입술을 열어 주소서."하고 외쳤을 때, 성 프란체스코는 아무 대답도 하지 않았다. 그때 레오 형제는 성 프란체스코가 지시한 대로 되돌아가지 않고, 선하고 거룩한 의도를 가지고 다리를 건너 조용히 성인의 움막에 들어갔다.

밝은 달빛이 문 사이를 환하게 비추었으나 성 프란체스코는 그 움막 안에 없었다. 레오형제는 프란체스코가 근처 숲속 어디에선가 기도할 것으로 생각하여 움막을 나와 조용히 달빛의 도움으로 그를 찾으며 숲속으로 들어갔다.

드디어 그는 성 프란체스코의 목소리를 듣고는 그가 무슨 말을 하는지 자세히 듣기 위하여 가까이 다가갔다. 달빛 아래서 그는 프란체스코가 무릎을 꿇고 얼굴은 하늘을 향한 채, 두 손을 하나님을 향하여 벌리고 있는 모습을 보았다. 성 프란체스코는 영혼의 열정에 사로잡혀 이렇게 외치고 있었다.

"나의 가장 사랑하는 하나님이시여, 당신은 누구이십니까? 또한 가장 보잘것없는 작은 벌레이며 무익한 작은 종인 저는 누구입니까?"

그는 오로지 이 말만을 계속 반복할 뿐 다른 말은 전혀 하지 않았다.

이것을 보고 크게 놀란 레오 형제는 하늘을 우러러 바라보았다. 그러자 그는 높은 하늘로부터 매우 아름답고 밝은 한 불길이 내려와 성 프란체스코의 머리에 머무는 것을 보았다. 또한 어떤 소리가 그 불길로부터 나와서 성 프란체스코와 대화하는 것을 들었으나 무슨 말인지 알아들을 수가 없었다.

그는 자신이 이러한 기적의 발현이 일어나고 있는 장소에 가까이 가기에는 너무 가치 없는 존재라고 생각했고, 프란체스코가 거룩한 신비를 묵상하는 것에 방해가 될까 두려웠으며, 또 혹시나 프란체스코가 자신이 엿듣는 것

을 알고 마음이 상할까봐 조용히 물러나와 멀찍이 떨어져 있는 장소에서 그 광경이 끝나기를 기다리며 서 있었다.

레오 형제는 성 프란체스코가 불길을 향하여 손을 세 번 드는 것을 보았고, 오랜 시간이 지난 후 그 불길이 다시 하늘로 올라가는 것을 목격하였다.

레오 형제는 마음으로 크게 기뻐하며 몰래 그의 움막으로 돌아가려 했다.

그러나 그가 몰래 돌아가려는 순간, 성 프란체스코는 나뭇잎 밟는 소리를 듣고 큰 소리로 외쳤다.

"우리 주 예수 그리스도의 이름으로 그대에게 명하노니 누구든지 움직이지 말고 그 자리에 서 있으라!"

레오 형제는 순종하여 그곳에 서서 기다렸다. 후에 그는 그의 동료들에게, 그때 어찌나 무섭던지 화가 난 성 프란체스코를 기다리기 보다는 오히려 땅이 자기를 삼켜 주기를 더 원했었다고 고백하였다. 레오 형제는 스승을 방해하지 않으려고 최대한으로 조심하였지만 이번 잘못으로 말미암아 성 프란체스코가 그의 제자 직분을 빼앗아 버릴까봐 매우 두려워하였다. 사실상 그는 성 프란체스코에 대한 큰 믿음과 사랑을 가지고 있었기 때문에 만일 프란체스코가 없다면 세상에서 살고 싶지도 않을 정도였다. 그래서 다른 수사들이 성자들에 관하여 이야기할 때면 언제든지 레오 형제는 이렇게 말하곤 했다.

"나의 사랑하는 벗들이여, 모든 성자들이 다 위대하지만 성 프란체스코는 하나님께서 그를 통하여 행하시는 많은 기적 때문에 더욱 위대한 성인들 중의 하나이십니다."

또한 그는 어느 누구보다도 프란체스코에 대하여 이야기하는 것을 즐거워했다. 그러므로 그가 프란체스코의 목소리에 크게 공포를 느낀 것은 이상한 일이 아니었다.

성 프란체스코는 그에게 가까이 다가와서 "그대는 누구인가?" 하고 물었다.

레오 형제는 벌벌 떨면서 "저는 레오 형제입니다. 선생님." 하고 겨우 대답했다.

프란체스코는 그가 누구인지 알아보고 나서 "그대는 왜 이곳에 왔는가? 작은 형제 어린 양이여, 내가 그대에게 여러 번 나를 살펴보러 오지 말라고 하지 않았는가? 거룩한 순종으로 그대가 보고 들은 것은 무엇이든지 나에게 말하겠는가?"라고 말했다.

레오 형제는 대답했다. "선생님, 저는 선생님이 '나의 사랑하는 하나님, 당신은 누구이십니까? 그리고 당신의 보잘것없는 작은 벌레이며 무익한 작은 종인 저는 무엇입니까?' 하고 말씀하시며 자주 기도하는 것을 들었습니다. 그리고 한 불길이 하늘로부터 내려와 선생님과 대화하고 선생님은 여러 번 그에 대답하며 선생님의 손을 세 번 들었던 것을 목격하였습니다. 그러나 저는 선생님이 말씀하신 것이 무슨 뜻인지 알지 못합니다."

그때 레오 형제는 성 프란체스코 앞에 무릎을 꿇고 프란체스코의 지시에 불순종한 것을 회개하였으며 많은 눈물을 흘리면서 프란체스코에게 용서해 달라고 간청하였다. 또한 레오 형제는 매우 경건하게 "선생님, 제가 들은 말과 제가 이해하지 못한 말들을 설명해 주십시오"라고 부탁하였다.

성 프란체스코는 그의 순수함과 온유함 때문에 레오 형제를 매우 사랑하였고, 또한 하나님께서 이 겸손한 형제에게 그와 같은 일들을 목격하도록 허락하신 것을 보고 그가 묻는 것을 설명해 주기로 승낙하였다.

그는 레오 형제에게 말했다.

"예수 그리스도의 작은 형제 어린 양이여, 그대가 보고 들은 말을 내가 하나님께 드리고 있을 때, 두 가지 빛이 내 영혼에 비추어졌노라. 하나는 창조주를 알고 이해하는 빛이요, 또 하나는 내 자신을 아는 빛이었느니라. 내가 '가장 사랑하는 하나님, 당신은 누구십니까?'라고 말했을 때, 나는 명상의 빛 가운데 있었으며 거기서 나는 하나님의 무한하신 선하심과 지혜와 권능을 보았느니라.

또한 내가 '나는 누구입니까?' 라고 말했을 때도 역시 명상의 빛 가운데 있었는데 거기서 나는 나 자신의 무가치함과 비참함을 보았고, 그래서 '무한하신 지혜와 선함과 자비의 주님이시여, 당신은 누구시기에 이처럼 가장 천하고 더러운 벌레를 방문하여 주십니까?' 라고 말했던 것이다. 그때 하나님은 그대가 본 불길 속에 계셨고, 오랜 옛날 그분이 모세에게 말씀하셨던 것처럼 불길 가운데 내게 말씀하셨다.

그때 하나님께서는 나에게 세 가지 선물을 바치라고 말씀하셨는데 나는 이렇게 대답했다. '나의 주님, 저는 전적으로 주님의 것입니다. 저는 단지 수도복과 허리띠, 바지 한 벌 외에는 아무 것도 없습니다. 그것들도 다 당신의 것이오니 제가 당신께 무엇을 바칠 수 있겠나이까? 하늘과 땅과 불과 물, 그 모든 것들이 다 당신의 것입니다.

주님, 어느 누가 진실로 당신의 것이 아닌 것을 가지고 있겠습니까? 그러므로 우리가 무엇이든지 당신께 드린다면 당신의 것을 도로 드리는 것입니다. 그러하오니 하늘과 땅과 모든 피조물의 왕 되신 주 하나님이시여, 제가 하나님께 무엇을 드릴 수 있사오리까?

그때 하나님께서 말씀하시기를 '네 손을 가슴 속에 넣고 거기서 찾는 무엇이든지 나에게 바쳐라' 라고 하셨느니라. 나는 가슴 속에서 크고 반짝거리며 아름다운, 내가 여태까지 세상에서 본 적이 없는 금화 한 닢을 발견하여 공손히 하나님께 드렸다.

하나님께서는 다시 나에게 말씀하셨다. '전처럼 하나를 또 바쳐라.'

그러나 나는 하나님께 대답하였다. '주님, 저는 당신 외에는 아무것도 가지고 있지 않사오며 아무것도 사랑하지 않으며 아무 것도 원하지 않습니다. 오직 당신만을 사랑하기 위하여 저는 세상의 금과 모든 것을 경멸하였습니다. 그러므로 내 가슴 속에서 무엇이 발견되든 간에 그것은 당신께서 주신 것이며, 저는 만물의 통치자이신 당신께 그것을 도로 드릴 뿐입니다.'

나는 이것을 세 번 반복하여 세 번째 봉헌물을 바친 후 하나님 앞에 무릎을 꿇고 그를 찬양하고 감사하였다. 이처럼 하나님께서는 나에게 바칠 것을 주셨던 것이다. 나는 곧 그 세 가지 봉헌물이 거룩한 순종과 위대한 가난, 빛나는 순결을 상징한다는 것과 하나님께서 은혜를 베푸시어 내가 양심에 아무 거리낌 없이 이 세 가지를 완전히 지키도록 허락해 주셨음을 깨달았다.

또한 내가 손을 가슴 속에 넣어 세 종류의 금화를 하나님 앞에 바쳤을 때, 하나님께서는 내 온 힘을 다하여 그의 선하심과 내게 허락하신 모든 은혜로 인하여 하나님을 더욱 찬송할 수 있는 능력을 내 영혼에 넣어 주셨느니라.

바로 이것들이 그대가 내 손을 세 번 드는 것을 보았을 때 들은 말들이니라, 그러나 형제 어린 양이여, 다시는 나를 훔쳐보지 않도록 조심하라. 이제 그대의 거처로 하나님을 찬양하며 돌아가라. 또한 며칠 안에 하나님께서 놀라우신 일을 이 산에서 행하실 것이며 전 세계가 그것을 경이의 눈으로 바라볼 것이니 그대는 나를 잘 보살펴 달라. 하나님께서는 그가 이 세상 어느 피조물에게도 하신 일이 없는 새로운 일을 하실 것이니라."

이와 같이 말한 후에 프란체스코는 레오 형제에게 복음서를 가져오라고 지시하였다. 그는 마음속에 하나님께서 자기를 통하여 하시고자 하는 일을 복음서를 3번 펼침으로써 계시해 주시리라고 생각했기 때문이었다.

레오 형제가 복음서를 가져왔을 때 성 프란체스코는 기도하기 시작하였다. 그는 기도를 마치자 레오 형제에게 복음서를 세 번 성 삼위일체의 이름으로 펼치도록 분부하였다. 그가 세 번을 펼쳤을 때, 그리스도의 수난이 항상 그의 앞에 나타나는 것이 곧 하나님의 뜻이었다.

그가 지금껏 그의 생애에서 그리스도를 따라왔던 것처럼, 이 세상을 떠나기 전까지 그리스도의 고난과 괴로움 속에서 그리스도와 자신을 일치시켜야만 한다는 것을 성 프란체스코는 이해하게 되었다.

그때부터 성 프란체스코는 하나님에 대한 묵상과 하나님의 발현으로 인한 달콤함을 더욱 더 풍성하게 맛보고 느끼기 시작하였다.

그가 오상을 받기 전 여러 가지 일들이 있었는데 이는 그로 하여금 오상을 받도록 준비시키기 위한 것들이었다. 9월 십자가의 축일 전날 프란체스코는 은밀히 그의 골방에서 기도하고 있었는데 한 천사가 그에게 나타나 하나님을 대신하여 이렇게 말했다.

"나는 그대를 격려하고 그대로 하여금 겸손하게 하나님이 그대를 통하여 하시고자 하는 뜻을 모든 인내로써 받아들이도록 준비시키려고 왔노라."

프란체스코는 대답했다. "나는 나의 주님께서 내게 행하시고자 원하시는 것은 무엇이든지 견디어 낼 준비가 되어 있습니다."

그가 이렇게 말하자 천사는 곧 사라졌다.

그 다음날 즉 성 십자가의 축일이 되자 성 프란체스코는 새벽 동이 트기 전에 골방 입구 밖에서 얼굴을 동쪽으로 향하고 이렇게 기도하기 시작하였다.

"나의 주 예수 그리스도시여, 당신께 간구하오니 제가 죽기 전에 두 가지 은혜를 허락해 주소서. 첫째는 저의 생애동안 제 영혼과 육체가 가능한 한 많이, 사랑하는 예수님 당신께서 가장 고통스러운 수난의 시간에 당하신 그 크신 사랑을 느끼게 하여 주시옵소서."

둘째는 저로 하여금 제 마음에 할 수 있는 한 많이 하나님의 아들이신 당신께서 우리 같은 죄인을 위하여 그처럼 고통을 당하신 그 크신 사랑을 느끼게 하여 주시옵소서."

그는 오랫동안 이런 기도를 드리면서, 하나님께서 이 기도를 허락하사 작은 피조물인 그에게 가능하면 많이 그러한 것들을 느끼게 하시리라는 것을 깨닫게 되었다.

이러한 약속을 받고나서 성 프란체스코는 그리스도의 수난과 그의 무한하신 사랑에 대하여 뜨거운 경건으로 묵상하기 시작하였다. 그의 헌신적인 정열이 커지면 커질수록 그는 온전히 깊은 사랑을 통하여 자신을 예수님처럼 변화시킬 수 있었다.

같은 날 아침 그가 열정적으로 묵상에 사로잡혀 있을 때, 하늘로부터 불타는 여섯 개의 날개를 가진 한 스랍 천사가 내려오는 것을 보았다. 스랍 천사는 빠르게 날아와 가까이 다가왔으므로 프란체스코는 그를 명백히 볼 수 있었다.

그 천사는 그리스도의 형상을 지녔으며, 여섯 개의 날개 중 두 날개는 머리를 가리고 두 날개는 날 수 있도록 펼쳐져 있으며, 다른 두 날개는 온 몸을 감싸고 있었다.

　이것을 보고 프란체스코는 두려움과 동시에 기쁨과 근심과 놀라움으로 가득 찼다. 그는 친히 그에게 나타나시어 다정하게 바라보시는 그리스도의 모습에 큰 환희를 느꼈으나 반면에 십자가에 못 박히신 그를 보고 한없는 슬픔과 연민을 느꼈다.

　다음에 그는 그토록 놀랍고 엄청난 환상을 보고 깜짝 놀랐는데 왜냐하면 그는 고통의 괴로움은 스랍 천사의 불멸성과 일치되지 않음을 알고 있었기 때문이었다. 그가 놀라고 있을 때 그에게 나타나신 그리스도는 이 환상이 하나님의 섭리로 말미암아 특별한 형태로 보여진 것이라고 가르쳐 주었다. 또한 그것은 프란체스코가 육체적인 순교가 아니라 영적인 열정에 의하여 십자가에 못 박히신 그리스도를 직접 닮을 수 있도록 온전히 변모될 것이라는 사실을 이해시키기 위해서였다.

　이러한 놀라운 환상이 일어나는 동안, 알베르나 산 전체가 밝은 불빛으로 불길에 휩싸여 있는 것처럼 보였으며 그 불빛은 밤이나 낮이나 대낮처럼 환하게 근처의 산과 골짜기를 비추었다.

　그 지방에서 양을 치는 목자들도 산이 불길에 사로잡히고 환한 빛이 온통 주위를 비추고 있는 것을 보고 큰 두려움에 사로잡혔었다고 후에 수사들에게 고백하였다. 또한 그들은 환한 불길이 알베르나 산 위에 한 시간 이상이나 머물러 있었다고 말하였다.

　또한 그 근처의 여관 창문 사이로 아주 환한 빛이 비추이자 로마냐로 향하던 노새꾼들이 해가 뜬 줄로 생각하고 일어나 안장을 얹고 짐을 실어 떠났다. 그러나 길을 가던 도중 그들은 빛이 사라지고 진짜 해가 뜨는 것을 보게 되었다.

　그 거룩한 오상이 성 프란체스코에게 왜 새겨졌는지 아직 확실하지 않다. 그러나 그 자신이 제자들에게 말한 것처럼 이 위대한 신비는 장래를 위하여 보존되어졌다.

　스랍 천사가 그리스도의 형상으로 발현한 동안에 그는 프란체스코에게 어떤 깊은 비밀을 이야기해 주었는데, 프란체스코는 살아 있는 동안에는 이 사실을 아무에게도 알리려고 하지 않았다. 그러나 프란체스코의 사후에 그것은 장래를 위하여 알려지고 기록되었다. 그 내용은 다음과 같은 것이었다.

"너는 내가 한 일을 아느냐? 나는 너에게 나의 수난의 상징인 오상을 주어 너로 하여금 나의 기수가 되게 하려 함이니라. 또한 내가 죽던 날 이 거룩한 상처(오상)의 공로로 말미암아 연옥에서 발견한 모든 영혼들을 구원해낸 것처럼, 너의 죽음의 날에 네가 연옥으로 내려가서 그 오상의 덕으로 너의 세 수도회 즉 작은 수도회, 클라라회, 제 3 수도회와 네게 헌신한 모든 사람의 영혼을 데리고 천국으로 인도해 들어가는 것을 허락하노라. 이는 네가 살아 있을 때뿐만 아니라 죽어서도 나와 일치되도록 하기 위함이니라."

오랜 시간이 지나 비밀의 대화가 끝나고 놀라운 환상이 사라졌을 때, 그 환상은 성 프란체스코의 마음에 놀라운 열정과 하나님 사랑의 불길을 남겨 주었고, 또한 그의 육체에 그리스도의 수난의 경이로운 모습과 자국을 남겨 주었다.

곧 성 프란체스코의 손과 발에 십자가에 못박히신 그리스도의 육체에 있었던 것 같은 못 지국이 나타나기 시작하였다. 그의 손과 발이 못으로 가운데를 관통한 것처럼 보였고, 둥글고 검은 색인 못의 머리는 그의 손바닥과 발바닥의 윗부분을 꿰뚫고 있었으며, 또한 못 끝은 손바닥과 발바닥을 지나서 휘어진 것처럼 보였는데 그 휘어진 속으로 마치 반지처럼 사람의 손가락을 넣을 수 있을 정도였다. 동시에 그의 오른쪽 옆구리에는 창으로 찌른 흔적이 나타났으며, 살이 헤어져 둥근 구멍으로 붉게 피로 물들어 있었다. 또한 그 구멍에서는 자주 성 프란체스코의 심장으로부터 나오는 피가 흘러 나와 그의 수도복과 바지를 적시곤 하였다.

그의 제자들은 프란체스코로부터 직접 그 사실을 알기 전까지, 프란체스코가 그의 손과 발을 숨기려고 하며 발바닥을 땅에 댈 수 없다는 사실을 이상하게 여기기 시작했다. 후에 그의 수도복과 바지를 세탁하다가 그것이 피로 물든 것을 발견하고 나서, 그들은 프란체스코가 손과 발과 또한 옆구리에 십자가에 달리신 예수님의 자국과 같은 상처를 받았다는 것을 확신하게 되었다.

성 프란체스코는 제자들로부터 그 영광스러운 오상을 감추려고 노력했지만, 그 상처는 명백히 그의 육체에 새겨져 있었으므로 그는 가까운 형제들에게는 그 사실을 숨길 수 없다는 것을 깨달았다. 그럼에도 불구하고 그는 하나님의 비밀이 공개될까 두려워하면서 스랍 천사의 환상과 오상이 새겨진 것을 밝혀야 할지 안 밝혀야 할지 고민에 싸이게 되었다.

결국 그는 양심에 따라 몇 사람의 친한 제자들을 불러 그의 고민을 구체적으로 언급하지는 않고 자연스럽게 그들의 조언을 구하였다.

수사들 중에는 매우 거룩하고 하나님의 은혜로 말미암아 지혜의 조명을 받는 일루미나토라는 수사가 있었다. 그는 성 프란체스코가 분명히 놀라운 사실을 보았다는 것을 확신하고 있었으므로 프란체스코가 당황한 모습으로 그의 조언을 구했을 때는 이렇게 대답하였다.

"프란체스코 형제여, 당신은 하나님께서 때때로 당신 자신뿐만 아니라 다른 사람의 유익을 위하여 당신에게 거룩한 신비를 보여 주신다는 것을 알아야 할 것입니다. 그러므로 당신께서 만약 하나님이 장래에 많은 다른 사람의 유익을 위하여 당신에게 보여 주신 사실을 계속 숨긴다면 당신의 달란트를 숨김으로써 정죄 받을까봐 두려워하는 것은 당연한 것입니다."

이 말에 감동을 받은 프란체스코는 그가 비록 "나의 비밀은 나에게"라고 말하곤 했지만 — 큰 두려움을 가지고 자신이 보았던 환상을 그들에게 자세히 설명해 주었다. 또한 그에게 그리스도가 나타나셨을 때 자신이 생존하고 있는 동안에는 그 누구에게도 결코 말하기를 원치 아니하는 어떤 비밀을 말씀해 주셨다고 덧붙였다.

그 거룩한 상처들이 그리스도에 의해 주어졌을 때 프란체스코는 커다란 환희를 느꼈지만 그의 육체에는 견딜 수 없는 아픔을 가져다 주었다.

결국 어쩔 수 없이 그는 누구보다도 단순하며 순수한 레오 형제를 선택하여 그에게 모든 것을 알리고 그 거룩한 상처들을 돌보아 주도록 부탁하였다. 성 프란체스코는 그의 상처를 오직 그에게만 만져보게 하고는 고통을 줄이고 그 상처에서 흘러 나오는 피를 멈추기 위해 못 자국에 새 붕대를 감도록 위임하였다.

그가 아플 때에는 자주 붕대를 갈았으며 목요일 저녁부터 토요일 아침까지만 제외하고는 주간 중에 매일 갈도록 하였다. 그는 구세주 예수 그리스도께서 우리를 위하여 십자가에 달리시고 장사당한 그 시간에는 인간이 만든 약이나 치료를 통하여 고통을 줄이려고 하지 않았다. 그는 그리스도에 대한 열렬한 사랑 때문에, 그리스도께서 십자가에 달려 고난당하셨던 그 날에는 그리스도처럼 진정으로 십자가의 고통을 함께 나누기를 원하였던 것이다.

때때로 레오 형제가 프란체스코의 옆구리에서 붕대를 바꾸어 줄 때, 프란체스코는 피 묻은 붕대를 떼어내는 고통이 너무 심하여 그의 손을 레오 형제의 가슴에 얹곤 하였다. 그때 거룩한 상처가 박힌 성 프란체스코의 손이 레오 형제에게 닿음으로써 레오 형제는 강렬한 헌신의 달콤함을 느끼어 거의 기절할 정도가 되었으며 때때로 눈물을 흘리며 황홀경 속에 빠져들곤 하였다.

드디어 성 프란체스코가 대천사 성 미카엘이 단식재를 마쳤을 때, 하나님의 계시에 의하여 그는 천사의 성 마리아 성당으로 돌아갈 준비를 마치고 마세오 형제와 안젤로 형제를 불렀다. 그들에게 거룩한 훈계로 강론한 후 그는 그 거룩한 산을 그들에게 맡기고 작별을 고하며, 그가 레오 형제와 함께 천사의 성 마리아 성당으로 돌아가야 된다고 말하였다.

그는 또한 십자가에 못 박히신 예수님의 이름으로 그들에게 축복을 하고는 그들의 요구에 따라 자신의 거룩한 상처가 박힌 손을 내밀어 만지고 입맞추도록 허락하였다. 이렇게 그들을 위로한 후 마침내 그는 그 거룩한 산을 떠났다.

우리 주 예수 그리스도께 영광을 돌릴지어다. 아멘.

✳ **넷째 묵상 : 거룩한 상처를 받은 후 성 프란체스코는 알베르나 산을 떠나 천사의 성 마리아 성당으로 돌아오다.**

참된 사랑으로 십자가에 못박힌 그리스도를 닮아 완전하게 변화된 성 프란체스코는 거룩한 알베르나 산에서 대천사 성 미카엘의 40일 단식재(금식)를 마친 후 레오 형제와 경건한 농부와 함께 그 산을 내려왔다. 그는 다시 그 농부의 나귀를 탔는데 발에 박힌 상처로 말미암아 걸을 수가 없었기 때문이었다.

그가 산으로부터 내려왔을 때 그의 거룩함에 대한 명성은 이미 그 지방에 널리 퍼져 있었다. 양 치는 목자들은 어떻게 알베르나 산이 불길에 휩싸여 있었는지에 대하여 말하였고, 그것은 하나님이 성 프란체스코에게 베푸신 위대한 기적의 한 표시라고 말하였다.

그러므로 그 지방 사람들은 성 프란체스코가 지나간다는 말을 듣고는 남녀노소를 불문하고 모든 사람들이 그를 보기 위하여 몰려나와 경건함과 열정으로 그의 몸에 손을 대고 입을 맞추기를 원하였다. 프란체스코는 손바닥을 붕대로 감고 더욱 더 그의 상처를 숨기기 위하여 옷소매로 가렸지만, 사람들의 존경심에 완전히 거부할 수가 없어서 그의 손가락이라도 내밀어 사람들이 입을 맞추도록 허락하지 않을 수 없었다.

세상의 모든 영광을 피하기 위하여 하나님이 주신 영광스러운 오상의 신비를 감추려고 노력하였지만, 비밀히 오상을 허락하신 하나님께서는 또한 공개적으로 하나님의 영광을 위하여 그 상처의 효력으로 많은 기적을 행하셨다. 특히 알베르나 산에서 천사의 성 마리아 성당으로 여행하는 동안 일어난 기적들은 바로 하나님의 섭리였다. 성 프란체스코의 생존 시 뿐만 아니라 그의 영광스런 죽음 이후에도 세상의 여기저기에서 많은 기적들이 일어났는데, 이는 하나님께서 놀라운 방법으로 프란체스코에게 주신 오상의 신비하고 놀라운 힘과 위대한 자비 및 그리스도에 대한 열렬한 사랑을 이러한 기적들을 통하여 세상 사람들에게 명백히 나타내시기 위함이었다. 그러면 여기서 그 중 몇 가지 기적들을 기술하고자 한다.

성 프란체스코가 아레조 지방의 경계선 부근에 있는 마을 근처에 왔을 때, 한 여인이 울면서 여덟 살 된 아들을 팔에 안고 그에게로 왔다. 그 소년은 4년 동안 수종(水腫)을 앓고 있었는데 배가 너무 부풀어 올라서 똑바로 서면 자신의 발을 쳐다볼 수도 없을 지경이었다.

그 여인은 소년을 프란체스코 앞에 데려다 놓고 그를 위하여 기도해 달라고 간청하였다. 성 프란체스코는 먼저 간절히 기도한 후에 거룩한 손을 그 소년의 배 위에 올려놓았다. 그러자 그토록 부풀어 올랐던 배는 신속히 정상을 회복하고 그 소년은 완전히 나음을 얻었다.

그의 어머니는 커다란 기쁨으로 아들을 받아 안고는 하나님과 프란체스코에게 깊이 감사하면서 집으로 돌아갔다. 또한 그녀는 아들을 보기 위하여 그녀의 집으로 찾아오는 그 지방의 모든 사람들에게 기쁜 마음으로 그녀의 나은 아들을 보여 주었다.

바로 그 날 성 프란체스코는 보르고 시(市)를 지나고 있었다. 그런데 그 도시로 채 들어오기도 전에 그 도시의 시민들과 농부들이 그를 만나기 위해 달려 나와서는 손에 올리브 가지를 들고 큰 소리로 외쳤다.

"여기 성인이 오신다! 여기 성인이 오신다!"

사람들은 그를 만지고 싶은 열망과 믿음 때문에 서로 밀치며 그의 주변에 모여 들었다. 그러나 프란체스코는 영적으로 하나님과의 묵상에 완전히 사로잡혀 있었으므로 그의 몸에 사람들의 손에 닿을지라도 전혀 의식이 없었으며 심지어 그가 그 도시를 지나 여행하고 있다는 것조차 느끼지 못했다.

마침내 보르고 시에서 좀 떨어진 문둥병자 요양소에 이르렀을 때, 그는 다른 곳에서 돌아온 사람처럼 의식을 차리고 그의 제자에게 물었다. "언제 보르고에 도착하는가?"

이처럼 그의 마음이 완전히 하늘의 영광에 사로잡혀 있을 때 그는 현실적으로 시간과 장소와 만나는 사람들조차도 전혀 인식하지 못했던 것이다. 그의 제자들은 경험으로 이러한 일이 여러 번 있었다는 것을 알고 있었다.

성 프란체스코는 그날 저녁 몬테카살 수도원에 도착하였다. 거기에는 아주 중병이 든 한 수사가 있었는데, 그 병은 자연적인 병이라기보다는 마귀가 주는 고통에 의한 병처럼 보였다. 때때로 그 수사는 땅바닥을 구르며 저주의 언사를 내뱉고 입에 거품을 내뿜으면서 몸을 떨곤 하였다. 또한 어떤 때는 사지를 움츠렸다 뻗기도 하고 몸을 구부렸다가 펴면서 몸부림치기도 하였으며, 어떤 때는 몸이 완전히 경직되기도 하고, 발꿈치를 머리에 댄 채 공중으로 뛰어올라 갑자기 등으로 땅바닥에 떨어지기도 하였다.

성 프란체스코는 탁자에 앉아 있다가 수사들이 그 수사의 불치병에 대하여 이야기하는 것을 듣고는 그에 대하여 연민을 느꼈다. 그는 먹고 있던 빵한 조각을 떼어 그 위에 거룩한 상처가 새겨진 손으로 십자가의 성호를 긋고는 그 빵을 병든 수사에게 보냈다. 그 병든 수사는 그 빵을 먹자마자 완전히 나음을 얻고 다시는 그 병을 앓지 않았다.

다음날 아침 성 프란체스코는 그 수도원의 수사들 중 두 사람을 알베르산 산에서 지내도록 보내면서 프란체스코와 동행하여 나귀를 빌려 준 농부를 고향으로 돌아갈 수 있도록 그들과 함께 보냈다.

수사들이 그 농부와 함께 아레조 지방으로 들어갈 때 그 지방의 몇몇 사람들이 멀리서 크게 기뻐하면서, 이틀 전에 지나간 성 프란체스코가 그들 중에 있는 줄로 생각하고 달려왔다. 그때 한 여인이 삼일동안이나 산고를 겪으면서도 아이를 낳지 못한 채 거의 죽어가고 있었는데, 그들은 만약 프란체스코가 거룩한 손을 그녀에게 얹을 수만 있다면 그녀가 다시 살아날 것이라고 생각하였다.

그러나 수사들이 가까이 왔을 때 그들은 성 프란체스코가 그들 중에 없는 것을 알고는 매우 실망하였다. 그러나 성인이 그곳에 있지 않을지라도 그의 능력은 결코 부족하지 않았으니 이는 형제들의 믿음이 부족하지 않았기 때문에 마침내 기적이 일어났던 것이다!

그 여인은 이미 죽음의 징조를 보이고 있었으나 사람들이 수사들에게 혹시 성 프란체스코의 거룩한 손이 닿은 물건이 있느냐고 물었다. 그 수사들은 생각해 보고 열심히 찾았으나 성 프란체스코가 타고 다니던 나귀의 고삐 외에는 아무 것도 없었다. 그들은 그 고삐를 큰 믿음으로 그 임신한 여인의 배 위에 올려놓고는 경건하게 성 프란체스코의 이름을 부르며 그녀를 의탁하였다. 그녀의 몸에 그 고삐를 대자마자 그녀는 모든 위험이 물러가는 것을 느꼈으며 기쁨과 위안 속에서 아무 어려움 없이 아기를 순산하였다.

성 프란체스코는 그 수도원에서 며칠 머무른 후에 카스텔 시(市)로 갔다. 그곳에 있는 많은 시민들은 오랫동안 귀신들렸던 여인을 그의 앞으로 데리고 와서 그녀를 자유하게 해 달라고 겸손하게 부탁하였다. 그녀는 슬픈 울부짖음과 이상한 고함소리와 개같이 짖는 소리로 말미암아 모든 이웃들에게 큰 방해를 주고 있었다. 성 프란체스코는 먼저 경건하게 기도한 후 그녀 위에 십자가의 성호를 긋고 나서 귀신에게 그녀를 떠나라고 명령하였다. 그러자 그 귀신은 즉각 그녀를 떠나 그녀는 몸과 영혼이 건전하게 되었다.

이 기적의 소식이 사람들 사이에 퍼져 나가면서 큰 믿음을 가진 다른 여인이 프란체스코에게 심한 종기로 앓고 있는 작은 아들을 데려왔다. 그녀는 경건하게 그녀의 아들에게 성인의 손으로 십자가의 성호를 그어 달라고 간청하였다. 성 프란체스코는 그녀의 간구를 허락하고 그 아이를 받아 상처를 싸맨 붕대를 풀고 그 상처 위에 세 번 십자가의 성호를 그은 다음 축복하였다. 그는 자신의 손으로 다시 붕대를 감고 나서 그 소년을 어머니에게 돌려 주었다.

마침 저녁때였으므로 그녀는 아이를 재우러 침대로 데리고 갔다. 다음날 아침 그녀가 아들을 보러 갔을 때, 성인이 감은 붕대가 다 풀어지고 어린 아들은 완전히 나음을 받아 전혀 병을 앓은 적이 없었던 것처럼 보였다. 그 종기가 있었던 자리에는 빨간 장미의 모습으로 살이 약간 솟아 있었는데 이것은 종기의 표시라기보다는 오히려 기적의 증거였다. 왜냐하면 그 장미 흔적은 일생동안 그에게 남아 그를 고쳐 준 성 프란체스코에 대한 존경을 자주 다짐케 해 주었기 때문이다.

프란체스코는 그 도시 주민들의 간청에 의하여 한 달간 그곳에 머무르면서 많은 다른 기적들을 행하였다. 그리고는 레오 형제와 당나귀를 빌려 준 사람과 함께 천사의 성 마리아 성당을 향하여 그곳을 떠났다.

겨울 날씨의 혹독한 추위와 험난한 길로 말미암아 하루 종일 여행을 하였지만, 그들은 하룻밤 묵을 만한 장소를 어디서도 찾을 수 없었다. 휘몰아치는 눈과 어두움 때문에 그들은 밤을 보내기 위해서 할 수 없이 어느 큰 바위 아래 몸을 피하게 되었다.

당나귀를 빌려 준 그 선한 농부는 잠자리의 불편함과 추위로 말미암아 도저히 잠을 잘 수가 없어서 ― 그곳에서는 도저히 불도 피우기가 곤란하였다 ― 나지막하게 불평하기 시작하였다. 그는 울면서 성 프란체스코가 자기를 이런 곳으로 데려왔다고 원망하였다.

이 말을 들은 성 프란체스코는 농부를 가엾게 여겨 영혼의 뜨거움에 사로잡혀 있는 그의 손을 내밀어 농부에게 대었다. 그의 손이 농부에게 닿자마자 모든 추위가 농부에게서 떠나고 뜨거운 온기가 그의 온 몸에 스며들어 농부는 마치 불타는 용광로 앞에 서 있는 것처럼 느껴졌다.

결국 그는 몸과 마음이 다 편해져서 단잠이 들어 버렸다. 그는 후일 바위와 눈 가운데에서도 여태까지 침대에서 잔 것보다 더 달콤하게 잠을 잤다고 고백하였다.

다음날도 그들은 계속 여행하여 마침내 천사의 성 마리아 성당에 도착하였다. 그들이 성당 근처에 이르자 레오 형제는 성당 쪽을 바라보다가 한 아름다운 십자가를 보았는데, 그 위에는 십자가에 못박히신 그리스도의 형상이 달려 있고, 앞에서 걸어가고 있는 성 프란체스코의 바로 면전에서 그 십자가가 가고 있었다. 그 놀라운 십자가는 성 프란체스코와 동행하여 그가 정지할 때는 그 십자가도 정지하고 그가 계속 갈 때에는 그 십자가도 계속 가곤 하는 것을 보았다.

또한 그 십자가는 너무 밝게 빛나서 성 프란체스코의 얼굴뿐만 아니라 그 주변까지도 환하게 비추었다. 그 빛은 성 프란체스코가 성 마리아의 성당에 들어갈 때까지 계속 되었다. 이것은 레오 형제에게 큰 놀라움을 안겨 주었고, 그로 하여금 큰 감동을 받아 내적인 신앙심을 더욱 불타오르도록 만들었다.

성 프란체스코가 레오 형제와 더불어 수도원에 도착하자 그곳의 수사들로부터 큰 기쁨과 사랑으로 환영을 받았다. 그때부터 임종할 때까지 성 프란체스코는 대부분 이 수도원에 머물렀다. 그는 될 수 있는 한 하나님의 선물과 은혜를 숨기고 자신을 가장 큰 죄인이라고 불렀지만 그의 거룩함과 기적에 대한 명성은 계속적으로 수도회와 전 세계에 퍼져 나갔다.

한번은 레오 형제가 헛된 의혹에 빠져 어리석게도 이렇게 중얼거렸다.

"보라. 이 사람은 자신을 공개적으로 가장 큰 죄인이라고 부르면서도 성인이 되어 수도회에서 하나님에 의하여 큰 영광을 받았다. 그러나 비밀히 어떠한 육적인 죄도 고백하지 않았다. 그가 과연 동정일까?"

그는 이 의혹에 대하여 진실을 알고 싶은 강렬한 욕망을 느끼기 시작했지만 감히 성 프란체스코에게 그 문제를 물어 볼 수가 없었다. 그리하여 그는 하나님께 간절히 기도하면서 그가 알고자 하는 것에 대해 확신을 달라고 간구하였다.

그는 오랫동안 기도하는 중에 환상을 통하여 성 프란체스코가 육체적으로도 진정한 동정이라는 확신을 얻었다. 왜냐하면 그 환상 속에서 그는 성 프란체스코가 매우 높은 장소에 서 있는 것을 보았는데, 그 장소는 어느 누구도 가거나 도달할 수 없는 지극히 거룩한 곳이었다. 영적으로 매우 높고 영광스러운 그 장소는 성 프란체스코의 완전한 동정과 순결을 상징하는 것임을 깨닫게 되었다. 또한 그 높은 곳은 그리스도의 거룩한 상처를 받은 프란체스코의 육체와 완전한 일치를 이루는 표적과도 같았다.

오상으로 인하여 육체적 기운이 점점 쇠약해져서 수도회를 이끌어가는 직책을 감당할 수 없었기 때문에 성 프란체스코는 총회의 개최를 서둘렀다. 모든 회원들이 모였을 때 그는 자신의 몸이 쇠약하여 수도회를 더 이상 돌볼 수 없고 총장 직무를 수행할 수도 없다고 겸손하게 말하였다. 그러나 그는 교황에 의하여 총장에 임명되었으므로 교황의 특별한 허락이 없이는 그의 지위를 포기하거나 후계자를 대신 임명할 수 없었다.

그래서 베드로 카타니 형제를 그의 직무 대리로 임명하고 그와 모든 지방의 관구장들에게 수도회를 위임하였다. 이와 같이 한 후 성 프란체스코는 영혼에 큰 위로를 얻어 눈과 손을 하늘로 향하여 쳐들고 이렇게 기도했다.

"나의 주 하나님이시여, 당신께서 오늘날까지 저에게 맡기신 당신의 가족을 이제 당신께 맡깁니다. 사랑하시는 주님이시여, 당신께서 아시다시피 육신의 쇠약함으로 말미암아 저는 더 이상 그 책임을 감당할 수 없으므로 직무 대리와 관구장들에게 그 책임을 맡깁니다. 만일 어떤 수사가 관구장들의 태만함과 잘못된 모범과 혹은 지나친 책망으로 말미암아 멸망한다면 심판 날에 그들이 당신께 대하여 책임질 수 있게 하소서."

이러한 기도 중에 성 프란체스코가 자신의 쇠약 때문이라고 말할 때 모든 수사들은 그가 오상을 말하는 것이라고 이해하였으며 그 거룩한 사랑에 대한 깊은 경외심에서 모두가 눈물을 억제할 수 없었다.

이렇게 해서 성 프란체스코는 수도외의 모든 업무를 그의 직무대리와 관구장들의 손에 맡겼으며 종종 이렇게 말하곤 했다.

"이제 나는 몸이 쇠약하여 모든 지위를 포기하였으니 오직 우리 수도회를 위하여 하나님께 기도하고 수사들에게 선한 모범을 보이는 것 외에는 다른 아무런 의무도 없다. 만일 내 건강이 약간 회복된다면 내가 우리 수도회에 줄 수 있는 가장 큰 도움은 하나님께서 친히 우리를 다스리시고 보호하시고 지켜주도록 계속 간구하는 것임을 확신하노라."

앞에서 말한 대로 성 프란체스코는 모든 사람의 눈앞에서 그의 손과 발과 옆구리에 새겨진 거룩한 상처를 가능한 한 숨기려고 노력하였다.

오상을 받은 후에 그는 항상 발에는 양말을 신고 손에는 붕대를 감았으므로 그의 제자들은 단지 그의 손가락 끝만 볼 수 있을 뿐이었다. 이것은 천사가 거룩한 토비아스(외경에 나오는 이름)에게 말한 바 "왕의 비밀을 숨기는 일은 선한 일이다"라는 말을 연상시켰다.

그럼에도 불구하고 그는 많은 수사들이 여러 가지 방법으로 그의 오상을,

특별히 그가 더욱 감추고 싶어 하였던 옆구리의 상처를 보고 만지는 것을 막을 수가 없었다.

한번은 프란체스코를 섬기던 한 수사가 경건하게 그를 설득하여 수도복을 벗어서 먼지를 털도록 하였다. 마침내 성 프란체스코가 옷을 벗자 그 수사는 옆구리의 상처를 뚜렷하게 볼 수 있었으며 재빨리 그의 손을 프란체스코의 가슴에 대고 세 손가락으로 그 상처가 얼마나 길고 큰지 재어 보았다. 또한 총장 직무대리도 이와 비슷한 방법으로 그 오상을 목격하였다.

그러나 루피노 형제는 더욱 뚜렷한 증거를 가지고 있었다. 그는 매우 깊은 명상가였는데 때때로 성 프란체스코는 이 세상의 어느 누구도 루피노 형제보다 거룩하지 못할 거라고 말하고 했었다. 또한 그의 거룩함 때문에 성인은 사랑하는 친구로서 그를 대해 주고 그의 소원을 들어 주곤 하였다.

이 루피노 형제는 자기 자신과 다른 사람을 위하여 세 가지 방법으로 그 오상에 관한 증거, 특별히 옆구리 상처에 관한 증거를 얻었다.

첫 번째로, 그가 프란체스코의 바지를 세탁해야 했을 때(프란체스코는 긴 바지를 입어서 그것을 위로 당기면 오른쪽 옆구리의 상처를 덮을 수 있었다), 그는 조심스럽게 바지를 살피면서 매번 바지의 옆구리에 피가 묻어 있다는 것을 발견하였다. 결국 그는 그 피가 프란체스코의 옆구리 상처에서 흘러 나오는 것이라고 확신하게 되었다. 그러나 성 프란체스코는 그가 핏자국을 확인하기 위하여 자기의 바지를 펼치는 것을 보면 그를 책망하였다.

두 번째로, 한번은 루피노 형제가 프란체스코의 등을 긁어주고 있을 때, 오상을 더욱 확실하게 확인하기 위하여 그는 고의적으로 손을 상처로 가지고 가서 큰 손가락을 옆구리의 상처 속으로 집어넣었다. 그때 성 프란체스코는 고통 속에서 크게 외쳤다. "하나님이 그대를 용서하시기를, 루피노 형제여! 왜 그대는 이렇게 행동하는가?"

세 번째로, 그는 상처를 직접 확인하고 싶어서 성 프란체스코에게 사랑이 가득한 음성으로 간청하였다.

"선생님, 저에게 당신의 수도복을 벗어 주시고 제 수도복을 받아 주심으로써 큰 사랑의 위로를 허락해 주시기를 바랍니다." 루피노 형제의 사랑의 요청에 굴복하여 성 프란체스코는 마지못해 자기의 수도복을 벗어 그에게 내어주고 그의 수도복을 받아 입었다. 그래서 루피노 형제는 성 프란체스코가 수도복을 벗고 있는 동안에 두 눈으로 직접 그 옆구리의 상처를 확인하였던 것이다.

이와 마찬가지로 레오 형제와 다른 많은 수사들도 성 프란체스코가 살아 있는 동안 그의 오상을 목격하였다. 그 수사들은 매우 믿을 만한 사람들이었지만, 그럼에도 불구하고 사람들의 마음에서 어떠한 의심이라도 제거하기 위하여 그들은 거룩한 성경에 명백히 그들이 본 사실을 맹세하였다.

프란체스코와 친한 친구였던 몇 몇 추기경들도 그 오상을 보았고, 오상에 대한 존경심으로 아름답고 영감 어린 찬송가와 시들을 지었다.

알렉산더 교황은 모든 추기경들(그 추기경들 중에는 거룩한 보나벤투라 형제도 있었다) 앞에서 그 자신도 직접 성 프란체스코가 살아 있는 동안 그의 거룩한 오상을 보았다고 증언하였다.

또한 그 당시 로마의 가장 고귀한 부인이요, 성 프란체스코를 극진히 존경하였던 세테솔리의 야고파 부인은 성 프란체스코가 죽기 전과 죽은 후 그 오상들을 여러 번 보고 입을 맞추었다. 왜냐하면 그녀는 성 프란체스코가 죽었을 때 하나님의 계시로 이를 알고 로마에서 아시시로 왔기 때문이었다.

성 프란체스코가 죽기 며칠 전 그는 아시시의 주교관에서 신음하며 누워 있었다. 모든 병에도 불구하고 경건에서 그는 자주 그리스도를 찬양하는 노래를 제자들과 함께 불렀다. 그가 병으로 인하여 노래를 부를 수 없을 때에는 종종 그의 제자들에게 노래를 불러달라고 요청하였다.

그때 아시시의 사람들은 그와 같은 귀한 보물을 아시시에서 잃을까봐 두려워하여 그 주교관을 밤낮으로 무장한 군인들이 지켰다. 성 프란체스코가 여러 날 동안 그곳에 누워 있을 때 제자들 중의 하나가 이렇게 말했다.

"선생님, 당신께서는 이곳의 시민들이 당신께 큰 믿음을 갖고 있으며 당신을 성인으로 생각하고 있다는 것을 잘 알고 계십니다. 그러므로 그들은 만약 그들이 믿고 있는 대로 당신이 그러한 분이라면 당신은 병중에서 죽음에 관하여 묵상하고 있어야 한다고 생각할지도 모릅니다.

당신의 노래와 우리의 노래를 밖의 많은 사람들이 듣고 있다는 것을 아셔야만 합니다. 이 주교관은 무장한 교인들이 지키고 있으므로 혹시나 그들은 우리의 노래를 기분 나빠할지도 모릅니다. 그러하오니 세속인들 가운데 있는 이곳을 떠나 천사의 성 마리아 성당으로 돌아가는 것이 좋다고 생각합니다."

성 프란체스코는 엘리아스 형제에게 이렇게 대답하였다.

"나의 가장 사랑하는 형제여, 그대는 2년 전 플리그노에 있을 때, 주님께서 그대에게 내 삶의 종말에 대하여 계시해 준 것을 알 것이다. 더욱이 하나님께서는 나에게 그 종말이 이 병중에 며칠 안에 올 것을 계시해 주셨고 또한 나의 모든 것을 용서하사 영원한 천국의 행복을 약속해 주셨느니라.

내가 그 계시를 받기 전에는 늘 죽음과 나의 죄에 대하여 명상하며 울곤하였다. 그러나 그 계시를 받은 후에는 큰 기쁨으로 가득 차서 항상 축복과 환희 가운데 지내왔느니라.

바로 그것이 내가 노래를 부르는 이유이며 앞으로도 주님께 찬양을 드릴 이유이니라. 주님께서는 나에게 은혜와 천국에서의 영광된 복락의 확신을 주셨기 때문이니라. 그러나 우리가 이곳을 떠나는 것에 대하여는 기꺼이 동의한다. 그러나 병으로 인하여 나는 걸을 수 없으므로 그대들은 나를 실어갈 들것을 마련해야 하느니라."

그리하여 수사들은 그를 들것에 눕히고 많은 사람들이 따라오는 가운데 천사의 성 마리아 성당으로 돌아갔다. 그들이 중도에 있는 한 병원에 도착하였을 때, 성 프란체스코는 지금 얼마나 멀리 왔느냐고 물었다. 왜냐하면 그는 극심한 고행과 회개로 말미암아 시력을 거의 상해서 앞을 볼 수 없었기 때문이었다.

프란체스코는 병원에 도착했다는 말을 듣고 그를 들고 온 사람들에게 "나를 땅바닥에 놓아 달라, 그리고 아시시로 향하게 해 달라" 하고 말했다.

형제들이 그의 얼굴을 아시시로 향하도록 땅에 내려놓자 그는 많은 축복을 내리며 말했다. "거룩한 도시여, 주님께서 그대를 축복하시기를 ! 그대를 통하여 많은 영혼들이 구원을 받을 것이며, 그대 안에서 하나님의 많은 종들이 거할 것이며, 그대로부터 많은 사람들이 영원한 생명의 나라로 선택을 받을 것이니라."

경건하게 축복을 마친 후 그는 다시 천사의 성 마리아 성당으로 향하여 가도록 지시하였다.

마침내 그들이 성 마리아 성당에 도착하였을 때, 그들은 성인을 방으로 모셔 편히 쉴 수 있도록 눕혔다. 그때 성 프란체스코는 한 제자를 불러 이렇게 말했다.

"나의 가장 사랑하는 형제여, 하나님께서는 나에게 어느 날까지 살고 언제 죽을 것을 계시해 주셨느니라. 형제도 잘 알겠지만 우리 수도회에 헌신적인 세테솔리의 야고파 부인이 나의 죽음을 알고 이곳에 없는 것을 안다면 매우 슬퍼할 것이니라. 그러므로 내가 살아 있는 동안 만나기를 원한다면 그녀에게 지금 곧 와 달라고 전갈을 보내다오"

그 수사는 대답했다. "옳은 말씀이십니다, 선생님. 그녀는 선생님께 큰 존경심을 가지고 있으므로 그녀가 없는 동안 선생님께서 세상을 떠나시면 크게 슬퍼할 것입니다."

성 프란체스코는 "펜과 종이를 가져와서 내가 말하는 대로 기록하라."하고 말했다. 그 수사가 쓸 것을 가져왔을 때 성 프란체스코는 다음과 같이 편지를 받아쓰도록 했다.

"야고파 부인에게, 하나님의 종이며 그리스도의 작은 빈자인 프란체스코 형제는 우리 주님 예수 그리스도의 성령 안에서 문안을 드립니다. 나의 사랑하는 벗이여, 복되신 그리스도께서는 은혜를 베푸사 저의 생명이 얼마 남지 않았다는 것을 계시해 주셨습니다.

그러므로 제가 살아 있을 때에 만나기를 원하신다면 이 편지를 보시고 바로 천사의 성 마리아 수도원으로 와주십시오. 만약 곧 오시지 않는다면 내가 살아 있는 것을 보지 못할 것 같습니다. 오실 때에는 내 몸을 쌀 천과 장례에 필요한 것들을 가져오시고 또한 제가 로마에 있을 때 항상 저에게 주시던 음식을 가져와 주시기 바랍니다."

이 편지를 쓰고 있는 동안 프란체스코는 하나님으로부터, 야고파 부인이 이미 그에게 오고 있으며 그가 편지에 요청하고 있는 모든 것들을 가지고 벌써 수도원 가까이로 오고 있다는 것을 계시해 주셨다.

그는 이 계시를 받고나서 갑자기 편지를 쓰고 있던 수사에게 말했다. "더 이상 편지를 쓰지 말라. 이젠 편지를 쓸 필요가 없느니라."

모든 수사들은 그가 편지를 보내려 하지 않는 것을 보고 깜짝 놀랐으나 얼마 후에 수도원 문 밖에서 강하게 문을 두드리는 소리가 들려왔다. 성 프란체스코의 지시를 받고 한 수사가 문을 열었을 때 그곳에는 로마의 가장 고귀한 부인인 야고파 부인이 원로원 의원인 그의 두 아들과 말을 탄 일행과 함께 서 있었다. 그녀는 성 프란체스코가 편지에 요청한 모든 것을 가지고 온 것이다.

야고파 부인은 곧장 병실에 누워 있는 프란체스코에게로 왔다. 그녀의 도착은 프란체스코에게 커다란 기쁨과 위로를 주었으며, 그녀 또한 프란체스코가 아직 살아 있고 그와 대화할 수 있게 된 것을 크게 기뻐하였다. 그녀는 가져온 음식을 정성스럽게 프란체스코에게 대접하였다.

프란체스코가 음식을 조금 먹고 위로를 얻은 후, 야고파 부인은 무릎을 꿇어 그리스도의 상처가 새겨진 그의 거룩한 발에 입을 맞추며 눈물로 그의 발을 닦았다. 그 모습은 마치 그리스도의 발에 눈물을 흘리며 입을 맞추는 막달라 마리아의 모습과도 같았으며 수사들은 그녀를 성인의 발에서 떼어놓을 수가 없었다.

오랜 시간이 지난 후 수사들은 그녀를 일으켜 옆으로 모시고 가서, 어떻게 그녀가 꼭 와야 할 정확한 시간을 알았으며, 성 프란체스코가 살아 있을 때나 혹은 그의 장례식에 필요한 모든 것들을 알고 준비해 올 수 있었는지 물었다.

야고파 부인은 이렇게 대답하였다. "내가 어느 날 밤 로마에서 기도하고 있을 때 하늘에서 들려오는 한 소리를 들었습니다. '만약 프란체스코 형제가 살아 있는 동안 만나 보기를 원한다면 지금 당장 아시시로 가라. 갈 때에는 그가 로마에서 아파 누워 있을 때 그에게 대접하던 음식들과 그의 장례에 필요한 모든 것들을 가지고 가라.' 이 말씀을 듣고 나는 곧 그렇게 했습니다."

야고파 부인은 프란체스코 형제가 세상을 떠나 성 마리아 성당에 장사될 때까지 계속 그곳에 머물렀다. 또한 그녀와 그녀의 모든 일행들은 성인의 장례식 때 그의 유해에 커다란 경의를 표하였으며 장례에 필요한 모든 것을 지불하였다. 그러고 나서 그녀는 로마로 돌아갔다.

그러나 얼마 후 성 프란체스코에 대한 지극한 존경심 때문에 그녀는 다시 아시시로 돌아와 그녀의 마지막 남은 생애 동안 경건하게 고행을 하며 덕스런 삶을 살다가 거룩한 죽음을 맞이하였다. 그리하여 평소에 그녀의 소원대로 천사의 성 마리아 성당에 안치되었다.

성 프란체스코가 임종할 당시, 야고파 부인과 그녀의 아들들 그 밖에 많은 아시시의 사람들이 프란체스코의 영광스러운 오상을 보고 입을 맞추었다. 그들 중에는 마치 그리스도의 사도 성 도마가 그랬던 것처럼 오상에 대하여 의심을 가졌던 제롬 경이라고 불리는 유명한 기사도 있었다.

그는 대담하게도 수사들과 모든 평신도들이 보는 앞에서 프란체스코의 손과 발에 있는 못들을 움직이고 옆구리에 손을 넣어 만지기까지 하였다. 결국 그는 성인이 받은 오상이 사실이라는 것을 확신하여 성경에 손을 얹고 맹세를 한 후에 그 사실의 진실한 증인이 되었다.

성 클라라와 수녀들도 또한 성 프란체스코의 오상을 보고 입을 맞추었으며 그의 장례식에 모두 참석하였다.

그리스도의 영광스러운 고백자였던 성 프란체스코는 1226년 10월 3일 토요일에 이 세상을 떠났다. 그는 주일날, 천사의 성 마리아 성당에 장사되었는데 그 해는 그가 회개를 시작한 지 20년째 되던 해요, 오상을 받은지 2년째 되던 해였으며, 그가 태어난 지 45년째가 되던 해였다.

후에 1228년 성 프란체스코는 그레고리 9세 교황에 의하여 성인품에 올려졌으며, 그 교황은 직접 아시시로 찾아와 성 프란체스코의 시성식을 거행하였다.

그리스도께 찬양을 돌릴지어다. 아멘.

✳ **다섯째 묵상 : 성 프란체스코의 오상에 대하여 거룩한 사람들에게
발현된 이야기들.**

　　이 다섯 번째이자 마지막 묵상은 성 프란체스코가 사망한 후에 그
의 오상에 대한 확신과 그리스도께서 오상을 주신 날짜 및 시간을 증명하기
위하여 하나님이 행하신 계시와 기적과 발현들을 다루고 있다.

　　1282년 10월 3일 토스카나의 관구장인 빌립 형제는 총장인 보나 그라지
아 형제의 명령에 따라, 헌신적이고 거룩한 카스틸리오네 아벤티노의 마태
형제에게 거룩한 순종의 이름으로, 거룩한 오상이 성 프란체스코의 육체에
언제 어느 때 새겨졌는지 아는 대로 말해 달라고 명하였다. 왜냐하면 마태
형제가 성인의 오상에 대해 계시를 받았다고 들었기 때문이었다. 이에 마태
형제는 거룩한 순종으로 그에게 다음과 같이 대답하였다.

　　"제가 작년 5월에 알베르나 산에서 한 수사로서 생활하고 있을 때, 어느
날 밤 저는 스랍 천사의 거룩한 발현이 있었던 것으로 믿어지는 장소에 세워
진 움막에서 기도하고 있었습니다. 저는 기도 중에 거룩한 오상이 성 프란체
스코에게 새겨진 날짜와 시간을 어느 누구에게든지 가르쳐 달라고 하나님께
열렬히 기도했습니다.

　　새벽 1시를 넘을 때까지 기도와 간구에 전념하고 있을 때 성 프란체스코께
서 매우 환한 빛 가운데 나타나 저에게 말씀하셨습니다. '아들아, 너는 무엇
을 가르쳐 달라고 하나님께 기도하고 있느냐?' 그래서 저는 대답했습니다.
'아버지여, 저는 하나님께 감히 그리스도께서 수난의 오상을 당신께 새겨 준
날짜와 시간을 계시해 달라고 기도하고 있습니다.'

　　그러자 성인께서 말씀하시길 주님께서 너에게 알려 주길 원하시므로 이제
내가 오상을 받은 날짜와 시간을 말해 주겠노라. 나는 진정 너의 스승 프란
체스코이니라.' 라고 하시면서 저에게 손과 발과 옆구리의 상처를 보여 주셨
습니다. 그리고 나서 '하나님께서 그의 영광을 위하여 수사들이 알려고 하지
않았던 것을 이제 계시하실 때가 되었느니라. 나에게 나타났던 그 분은 스랍

천사의 형태로 나타나신 나의 주님 예수 그리스도였다. 주님은 십자가에서 받으신 거룩한 상처와 똑같은 상처를 그의 손으로 직접 내 몸에 새겨주셨느 니라' 라고 말씀해 주셨지요.

성 프란체스코는 그 발현에 대하여 설명하면서 이렇게 덧붙이셨습니다. '십자가의 현양일(Exaltation of the Cross) 전날 한 천사가 나에게 나타나 하나님께서 하시고자 하는 일을 인내로 견딜 수 있도록 준비하라고 말해 주었다. 그래서 나는 하나님이 하시고자 하는 일을 언제든지 참고 견딜 준비가 되어 있다고 대답하였다. 그 다음날 즉 성 십자가의 현양일에 ― 그 해에는 금요일이었는데 ― 나는 영혼의 열정에 사로잡혀 골방 밖으로 나와서 자주 기도하던 장소, 바로 그대가 지금 있는 이 장소에 와서 기도하기 시작했느니라.

그런데 내가 기도하고 있는 동안, 하늘에서 갑자기 스랍의 형태로 여섯 날 개를 지니고 십자가에 못박힌 젊은이가 내려왔다. 이 놀라운 광경에 나는 겸손히 무릎을 꿇고 경건하게 십자가에서 못박힌 예수님의 무한하신 사랑과 그 수난의 한없는 고통에 대하여 묵상하기 시작하였다.

그의 모습은 나로 하여금 큰 연민을 자아내어 나는 진정으로 내 육체 속에 그 수난을 느끼는 것 같았다. 주님께서 임재하셨을 때 이 산 전체가 태양처럼 황금빛으로 빛나고 있었으며, 그리스도께서는 나에게 가까이 다가오셔서 내가 누구에게도 아직 가르쳐 주지 않은 말씀을 해주셨느니라.

그러나 이제 그 비밀이 밝혀질 때가 다가왔다. 이는 우리 수도회와 수사들이 그 비밀을 매우 알고 싶어 하고 또한 필요로 하기 때문이니라. 그리스도 께서 나의 시야에서 사라져 하늘로 돌아가신 후 나는 내 몸에 이러한 상처가 생긴 것을 발견하였노라.

이제 가서 그대의 관구장에게 이 일을 자신 있게 말하라. 왜냐하면 이 일은 하나님의 일이요 사람의 일이 아니기 때문이니라.'

이 말씀을 하신 후 성 프란체스코는 제게 축복하시고 찬란히 빛나는 많은 무리들과 더불어 하늘로 돌아가셨습니다."

이와 같이 말한 마태 형제는 그가 보고 들은 모든 것이 앞에 기록한 대로이며, 의식이 있는 상태에서 보고 들었다고 증언하였다. 그는 피렌체의 자기 움막에서 손을 성경에 얹고 관구장이 그에게 거룩한 순종의 이름으로 물을 때에 모든 것이 사실임을 맹세했다.

한번은 어느 경건하고 거룩한 수사가 「성 프란체스코의 생애」에서 오상에 대한 장(章)을 읽고 있을 때, 성인이 오상을 받을 당시에 스랍 천사가 말해 준 비밀 즉 성 프란체스코가 살아 있는 동안 누구에게도 밝히지 않겠다고 한 그 비밀이 과연 무엇일까 하고 마음속에 궁금해 하기 시작하였다.

이 수사는 혼잣말로 "성 프란체스코가 세상에 살아 계신 동안에는 그 비밀을 밝히지 않으려 하셨지만 지금은 세상에 살아 계시지 않으니 열심히 기도한다면 이제 그 비밀을 가르쳐 주실지도 모른다" 하고 중얼거렸다.

그리하여 이 수사는 그것이 선한 일임을 믿고 열정과 경건을 다하여 기도하기로 결심하였다. 그때부터 그는 경건하게 스랍 천사가 말해 준 비밀을 알려 달라고 하나님께 기도하기 시작하였다. 그 수사는 하루도 빠짐없이 8년 동안이나 기도하여 8년째 되던 해 드디어 기도의 응답을 받게 되었다.

어느 날 그는 식사 후 형제들과 함께 하나님을 찬양하기 위하여 성당으로 들어갔다. 기도회가 끝난 후에도 그는 홀로 기도하기 위하여 교회 한 구석에 계속 남아 있었다. 그가 보통 때보다 더욱 열렬히 많은 눈물을 흘리며, 그 비밀을 알기 위한 열정에 불타서 간절히 기도하고 있을 때, 한 수사가 그를 부르며 수도원장이 그에게 마을로 가서 수도원에 필요한 것들을 가지고 오라고 명했다고 전했다.

그는 순종이 기도보다 낫다는 것을 조금도 의심치 않고 즉각 기도를 중단하고 겸손히 그를 부르러 왔던 수사와 함께 길을 나섰다. 즉각적인 순종의 미덕이 오랫동안의 기도보다 더욱 하나님을 기쁘시게 한다는 것을 알고 있었기 때문이다.

그들이 막 수도원의 문 밖을 나섰을 때, 먼 나라에서 온 듯한 두 외국인 수사들을 만났다. 하나는 젊어 보였고 다른 한 사람은 몹시 여위고 늙어 보였다. 때마침 비가 오는 겨울 날씨라서 그들은 온통 진흙 투성이였으며 비에 흠뻑 젖어 있었다. 그 순종적인 수사는 그들을 보자 측은한 마음과 동정심을 느끼게 되어 옆의 동료에게 말했다.

"우리의 심부름은 조금 있다가 해도 괜찮으니까 이 외국인 수사들을 먼저 돌보기로 합시다. 내가 먼저 가서 이 늙으신 수사의 발을 닦아드릴 터이니 그대도 젊은 수사의 발을 닦아주십시오. 그리고 나서 심부름을 가기로 합시다."

이 말을 들은 다른 수사도 그의 사랑에 굴복하지 않을 수 없었다. 그들은 수도원으로 돌아와 따뜻한 사랑으로 그들을 맞이한 다음, 부엌으로 모셔가 몸을 따뜻하게 하고 옷을 말리도록 해 주었다. 그 수도원에 사는 8명의 다른 수사들도 그곳에서 불을 쬐고 있었다. 외국인 수사들이 얼마동안 불을 쬐고 난 후 두 수사들은 제각기 맡은 대로 그들의 발을 씻기 시작하였다.

경건하고 순종적인 수사가 나이 많은 수사의 발을 씻기며 진흙을 떼어 내고 있을 때 ─ 그들의 발은 온통 진흙투성이었다 ─ 그의 발에 오상이 새겨져 있는 것을 발견하였다! 깜짝 놀란 그는 환희와 기쁨이 넘쳐 발에 입을 맞추며 큰 소리로 외쳤다. "오 형제시여, 그대는 분명 그리스도이거나 아니면 성 프란체스코이십니다."

이 놀라운 탄성을 듣고 그 수도원의 모든 수사들이 일어나 그 오상을 보기 위하여 모여 들었다. 그 나이 많은 수사는 그들의 간청에 따라 모든 수사들이 오상을 보고 만지고 입을 맞출 수 있도록 허락하였다. 그들이 놀라움과 환희로 감동받고 있는 동안 그는 이렇게 말했다.

"나의 가장 사랑하는 형제들과 아들들이여, 의심하거나 두려워하지 말라. 나는 이 수도회를 하나님의 뜻에 따라 세운 그대들의 스승 프란체스코 형제이니라. 나는 8년 동안 하루도 빠짐없이 지금 내 발을 씻고 있는 이 수사의 기도를 들어왔다. 오늘도 그는 교회에서 기도가 끝난 후 특별히 나에게 기도해왔다.

그래서 나는 그의 소원대로 스랍 천사가 오상을 새겨 주고 나서 나에게 말해 준 비밀, 즉 내가 살아 있을 동안에는 결코 아무에게도 말하지 않기로 했던 그 비밀의 말을 이제 전해 주러 왔노라. 오늘 그의 꾸준한 기도와 순종으로 말미암아 나는 하나님의 명령으로 그가 원하는 것을 그대들이 있는 앞에서 그에게 밝혀 주기 위하여 이곳에 왔느니라."

이윽고 성 프란체스코는 그 수사에게 몸을 돌리며 말했다.

나의 가장 사랑하는 형제여, 내가 알베르나 산에서 그리스도의 수난을 묵상함에 완전히 몰입되어 있을 때에 그리스도께서는 거룩한 오상을 나의 몸에 새겨 주시면서 '내가 너에게 한 일을 알고 있느냐? 나는 너에게 나의 수난의 상징을 주어 너로 하여금 나의 기수(旗手)가 되게 하였노라. 내가 죽던 날연옥에 내려가서 그 오상의 덕택으로 그곳에서 발견한 모든 영혼들을 천국으로 인도한 것처럼, 너도 살아 있을 때 뿐 아니라 죽어서도 나와 일치되도록 하기 위함이니라. 그리하여 너는 매년 내가 죽던 날에 연옥으로 가서 그오상의 능력으로 세 수도회 ─ 작은 수도회, 수녀회, 제3 수도회 ─ 의 모든영혼들을 천국의 영광으로 이끌 수 있도록 허락되었느니라' 라고 말씀해 주셨다.

내가 자랑하고 싶은 교만과 헛된 영광에 빠질까 두려워하였기 때문에 나는 세상의 살아 있는 동안 누구에게도 이 말을 하지 않았느니라."

성 프란체스코는 이 말을 마친 후 일행과 함께 갑자기 사라져 버렸다. 후에 많은 수사들은 그때 그 장소에 있던 8명의 수사들로부터 성인의 이야기를전해 들었다.

한번은 매우 거룩한 형제인 요한 형제가 알베르나 산에서 기도하고 있을때 성 프란체스코께서 나타나셨다. 성인은 그곳에 머물러 요한 형제와 오랜대화를 나누었으며, 마침내 떠날 날이 되자 "그대가 원하는 것이 있다면 내게 청하라"하고 말씀하셨다.

요한 형제는 "선생님, 제가 오랫동안 알기 원했던 것을 말씀해 주십시오. 스랍 천사가 당신께 나타났을 때 당신은 어디서 무엇을 하고 계셨습니까?"하고 겸손하게 여쭈었다.

성 프란체스코는 다음과 같이 대답하였다. "나는 그 당시 지금은 바티폴의 시몬 백작 성당이 서있는 장소에서 기도하고 있었으며, 나의 주님 예수 그리스도께 두 가지 은혜를 구하고 있었느니라. 첫째는 내 영혼과 육체가 가능하면 많이 그리스도께 수난당하시던 그 모든 고통을 느낄 수 있기를 원했고, 둘째는 우리 죄인들을 위해서 고난을 견디실 만큼 그리스도께서 지니고 계셨던 그 불타는 사랑을 내 마음속에도 느낄 수 있기를 원하는 것이었다. 하나님께서는 이 하찮은 피조물에게 두 가지 은혜를 다 맛보도록 허락해 주셨고, 내 몸에 오상을 새겨 주심으로써 그 약속을 완전히 다 이루어 주셨느니라."

그때 요한 형제는 순종과 열정으로 8년 동안이나 기도해 온 한 수사에게 성인께서 직접 나타나 비밀을 밝혀 주신 것이 사실이냐고 물었다. 성 프란체스코는 그 수사가 말한 것이 모두 사실이라고 대답하였다.

이제 요한 형제는 성인의 풍성한 사랑의 격려를 받아 더 구하고 싶은 용기가 생겨났다. "오 아버지여, 저는 당신께 당신의 그 영광스러운 오상을 보고 입 맞출 수 있도록 허락해 주시기를 간청합니다. 이는 제가 오상을 의심해서가 아니라 저의 위로와 경건을 위해서입니다. 저는 항상 그렇게 하기를 간절히 소망해 왔습니다."

그러자 성 프란체스코는 "내 아들아, 이것이 네가 보기를 원하던 오상이니라"라고 말하면서 요한 형제에게 그의 손과 발과 옆구리를 보여 주었다.

요한 형제는 그 상처들을 보고 깜짝 놀라 기절할 지경이었으나 성 프란체스코는 그를 일으키며 "일어나서 나를 만져보라" 하고 말했다. 스승의 위로를 받음으로 그는 다시 제 정신을 회복하여 그 거룩한 상처를 만져보고 입을 맞추며 못을 움직여 보았다. 그는 이러한 체험을 통하여 보나벤투라 형제가 그의 저서 성 프란체스코의 생애 안에 기술한 오상에 대한 기록이 옳다는 것을 발견하게 되었다.

마지막으로 그는 물었다. "선생님, 복되신 그리스도께서 당신에게 오셔서 그 거룩한 수난의 징표를 주실 때에 당신은 영혼에 얼마나 큰 위로를 받았는지요! 만약 하나님께서 그러한 달콤함을 조금이라도 제게 허락해 주신다면 얼마나 좋을까요!"

그러자 성 프란체스코는 "너는 이 못들을 보느냐? 내 손에 박힌 이 못을 다시 한 번 만져 보라" 하고 말하였다.

존경심과 두려움을 지닌 채 요한 형제는 그 못을 만졌다. 그러자 갑자기 그 못에서 달콤한 향기가 나와 연기처럼 나선형으로 빙빙 돌면서 올라갔다. 요한 형제가 그 향기를 맡자마자 그의 영혼과 육체가 달콤함으로 가득 차 곧 그는 무아경 속에서 하나님께 몰입하여 의식을 잃어 버렸다.

스승께서 사라지신 후에도 그는 무아경 속에서 아침부터 저녁까지 의식을 잃은 채 누워 있었다. 그 후로 8일 동안 그는 아무 것도 먹을 수 없었고 그가 보는 모든 것들은 악취를 품어내는 것처럼 보였다.

요한 형제는 그의 고해 신부를 제외한 아무에게도 성 프란체스코와의 대화와 환상에 대하여 죽을 때까지 이야기하지 않았다. 그러나 임종이 가까웠을 때 그는 많은 수사들에게 이 사실을 밝혔다.

로마 관구의 한 경건하고 거룩한 수사도 이처럼 놀라운 환상을 보았다. 그에게는 참된 사랑으로 연합되어 있는 한 형제가 있었는데 어느 날 밤 갑자기 세상을 떠나 다음날 아침 회의실 입구 앞에 장사되었다. 살아 남은 이 거룩한 수사는 그날 밤 모든 수사들이 자러 갔을 때, 몹시 사랑하던 죽은 친구의 영혼을 위해 회의실 한 구석으로 가서 간절히 하나님께 기도하기 시작했다.

눈물과 간구로써 기도에 전념하고 있는 동안 갑자기 그는 많은 사람들이 수도원을 지나가는 소리를 들었다. 그가 큰 두려움으로 친구의 무덤을 바라보았을 때 그는 성 프란체스코와 많은 수사들이 회의실 입구에 있는 친구의 무덤 주변에 서있는 것을 보았다. 또한 복도의 한 가운데에 연옥의 불이 있고 죽은 친구의 영혼이 그 불 가운데 있는 것을 보았으며, 예수 그리스도께서 한 무리의 천사들과 성도들을 데리고 복도를 걸어가시는 것을 목격하였다.

놀라움으로 이 광경을 바라보면서 그는 그리스도께서 회의실 앞으로 지나가실 때에, 성 프란체스코가 모든 수사들과 함께 무릎을 꿇고 이렇게 말하는 것을 들었다. "가장 거룩하신 주님이시여, 간구하오니 당신께서 인간들에게 성육신을 통하여 보여 주신 그 깊은 사랑으로 부디 연옥의 불에 타고 있는 이 수사의 영혼에 자비를 베풀어 주시옵소서."

그러나 그리스도께서는 이 기도에 응답치 아니하시고 계속 그를 따르는 성도의 무리를 데리고 복도를 지나가셨다. 그리스도께서 두 번째로 다시 그 회의실 앞으로 오셨을 때 성 프란체스코는 그의 수사들과 함께 전처럼 무릎을 꿇고 그 죽은 수사를 위해 다시 한 번 간청하였다.

"가장 자비로우신 주님이시여, 당신께 구하오니 십자가 위에서 모든 인류를 위하여 죽으실 때 보여 주신 그 무한하신 사랑으로 이 수사의 영혼에 자비를 베풀어 주시옵소서."

그러나 이번에도 그리스도께서는 아무 응답 없이 지나가셨다. 그리스도께서 세 번째로 복도를 지나가실 때 성 프란체스코는 수사들과 함께 무릎을 꿇고 자신의 손과 발, 그리고 옆구리에 있는 오상을 드러내 보이면서 다시 한 번 그리스도께 기도하였다.

"가장 자비로우신 그리스도여, 당신께 구하오니 당신께서 이 거룩하신 오상을 저의 몸에 새겨주실 때 제가 느낀 그 큰 고통과 위로로 말미암아 이 연옥의 불에서 고통당하는 수사의 영혼에 자비를 베풀어 주시옵소서!"

그러자 놀랍게도 그리스도께서는 즉시 걸음을 멈추시고 성인의 오상을 바라보시더니 고개를 끄떡이시며 말씀하셨다. "프란체스코 형제여 그대에게 이 수사의 영혼을 허락하노라."

이처럼 그리스도께서 확실히 성 프란체스코의 영광된 오상을 명예롭게 하시기를 원하셨다. 또한 예전에 그리스도께서 성 프란체스코에게 오상을 새겨 주실 때 말씀했던 것처럼, 연옥으로 간 수사의 영혼들이 그 거룩한 오상의 능력보다도 더 쉬운 방법으로 고난에서 면제되고 천국의 영광으로 들어갈 수는 없다는 것을 공개적으로 나타내 보이고자 하셨다.

그런데 그리스도께서 이 말씀을 하시자마자 복도의 불길이 사라져 버리고 그 형제의 영혼은 영광 중에 성 프란체스코께로 돌아와서 그리스도와 모든 천사들 및 성도들과 함께 천국으로 올라갔다. 결국 그를 위하여 기도해왔던 형제 수사는 친구의 영혼이 고통으로부터 해방되어 천국으로 들어가는 것을 보고 크게 기뻐하였다. 후에 그는 다른 수사들에게 이 환상에 대해 이야기해 주었고 함께 하나님을 찬양하며 감사를 드렸다. 그리스도께 영광을 돌릴지어다.

구비오 마을 근처의 산에는 마사의 랜둘프라는 남작이 살고 있었다. 그는 성 프란체스코를 매우 존경하였고 믿음도 훌륭하여 성 프란체스코로부터 제3 평신도 의복을 받았던 사람이었는데, 성인의 죽음과 그의 영광스러운 오상에 대하여 다음과 같은 확신을 받았다.

성 프란체스코의 임종이 가까웠을 때 그 마을의 한 여인에게 마귀가 들어가 그녀를 괴롭혔다. 악마는 그녀로 하여금 미묘한 지식을 갖게 하고 지적인 라틴어로 말하게 하여 모든 유식한 지성인들을 논쟁에서 물리쳤다. 한번은 그 악마가 이틀 동안 그녀를 떠나 그녀를 해방시켜 주더니 3일 후에 다시 돌아와 그녀를 더욱 더 괴롭혔다. 랜둘프 남작은 이 소식을 듣고 그 여인에게 가서 악마에게 왜 이틀 동안 그녀를 떠났다가 다시 돌아와 그전보다 더 여인을 괴롭히느냐고 물었다.

악마는 대답하기를, "내가 그녀를 떠났던 것은 이 지역에 살고 있는 내 동료들을 모아서 거지 프란체스코의 임종 때에 그의 영혼을 빼앗기 위한 것이었다. 그러나 프란체스코의 영혼은 우리보다 훨씬 더 많은 천사들에 의해 보호되어 천국으로 갔기 때문에 우리는 패배하고 말았다. 그래서 우리는 이틀 동안 내버려 두었던 이 여인에게 와서 복수하고 있는 것이다"라고 말하였다.

그때 랜둘프 남작은 하나님의 이름으로 죽은 성 프란체스코의 거룩함과 살아있는 성 클라라의 거룩함에 대하여 진실을 이야기하라고 마귀에게 명령하였다. 마귀는 대답하기를,

"그렇다면 내가 원하든 원치 아니하든 진실을 말하겠다. 하나님 아버지는 이 세상의 죄악에 대하여 크게 진노하시고 사람들이 회개하지 아니한다면

모든 인류들에게 최후의 심판을 하실 것으로 보였다. 그러나 그의 아들 그리스도께서는 죄인들을 위하여 기도하시고, 한 사람 곧 가난한 작은 거지 프란체스코를 통하여 자신의 생활과 수난을 새롭게 하시기를 원하셨다.

곧 프란체스코의 생활과 교훈을 통하여 전 세계의 많은 사람들을 진리와 회개의 길로 인도하실 것이다. 또한 하나님께서는 성 프란체스코 안에서 그가 이루신 것을 세상에 보이시기 위하여, 프란체스코의 육체에 새겨 준 수난의 오상이 그의 임종 때 많은 사람에게 보여지고 목격될 수 있도록 하셨다.

마찬가지로 그리스도의 어머니께서도 여인으로서 순결과 겸손을 새롭게 하기로 약속하시고 클라라 수녀를 통하여 모범을 보임으로써 많은 여인들을 우리 마귀들의 손 안에서 데려갈 것이다. 이러한 약속의 결과로 하나님 아버지는 최후의 심판을 연기하고 계셨다."

랜둘프 남작은 거짓말의 아버지인 그 악마의 말이 사실인지 아닌지 알고 싶어서, 한 충성스러운 시종을 아시시에 있는 천사의 성 마리아 성당으로 보내 성 프란체스코가 살아 있는지 세상을 떠났는지 알아 오도록 했다. 그 시종은 알아보고 돌아와서, 그의 주인에게, 악마가 말한 바로 그 시간에 성인께서 세상을 떠났다고 보고하였다.

우리가 성 프란체스코의 생애 안에서 읽을 수 있는 그의 오상에 대한 모든 기적을 제외하고서라도 5장을 끝맺음에 있어 다음과 같은 이야기를 덧붙이고자 한다. 즉 교황 그레고리 9세가 성 프란체스코의 옆구리 상처에 대하여 의심을 가지고 있었을 때, 어느 날 밤 성 프란체스코가 나타나 오른팔을 약간 들어 그의 옆구리 상처를 보여 주면서 교황에게 작은 빈 병을 하나 가져오라고 말하였다. 교황이 성 프란체스코의 지시에 따라 그 옆구리 상처 밑에 빈 병을 놓자 그 상처에서 흘러 나오는 물과 섞인 피로 그 병은 가득 찼다. 이로써 교황의 모든 의심은 사라져 버렸다.

그 후 교황은 모든 추기경들의 동의 아래 성 프란체스코의 오상을 공적으로 인준하였고 수사들에게는 봉인된 특별 교서를 내렸다. 이때가 그의 재위 11년째 되던 해였고 그 후 12년째 되던 해 더 광범위한 다른 교서를 내렸다.

교황 니콜라스 3세와 교황 알렉산더 역시 많은 특권을 내렸으며, 성 프란체스코의 오상을 부인하는 자는 누구든지 이단으로 고발될 수 있도록 하였다.

이제 우리의 스승 성 프란체스코의 오상에 대한 마지막 묵상을 끝마치려 한다. 하나님께서 우리에게 이 세상에서 성 프란체스코의 생활을 본받을 수 있는 은총을 주시어 그의 영광스러운 오상으로 말미암아 천국에서 그와 함께 구원받을 수 있기를 간절히 바란다.

복되신 그리스도와 그의 작은 가난한 종 성 프란체스코께 영광을 돌릴지어다. 아멘.

오상(五傷)의 확인.
성인의 유해에 남아 있는 오상을 교회가 검증하고 있다.
지오토 작(作), 1296–9년경. 아시시의 성 프란체스코 성당 소재

제 3 부

주니퍼 형제의 생애

******
******
******
******
******
******
******
******

성 프란체스코 회칙의 인가

지오토 작(作), 1320년대, 아시시의 성 프란체스코 성당 소재

✳ 1. 어떻게 주니퍼 형제는 단지 병자에게 주기 위하여 돼지 다리를 잘랐는가.

　　성 프란체스코의 첫 번째 제자들 중의 하나였던 주니퍼 형제는 흔들리지 않는 겸손과 인내와 믿음을 소유한 사람으로서 어떠한 시험과 고난의 물결도 그를 움직일 수 없었다. 그의 인내력은 너무도 뛰어나서 큰 고통 가운데서 그가 영적으로 방해받는 것을 아무도 보지 못했다.

　그는 그가 얼마나 완전한 사람인지를 모르는 사람들 사이에서 어리석고 우둔한 자로 여김을 받을 정도로 자신을 경멸하는 사람이었다. 한번은 성 프란체스코가 제자들의 뛰어난 덕에 대하여 이야기할 때 이렇게 이야기했었다. "주니퍼 형제처럼 진실로 자기 자신과 세상을 경멸할 줄 아는 자는 누구든지 훌륭한 수사가 될 것이다."

　하루는 주니퍼 형제가 포르티운쿨라의 성 마리아 성당에서 어느 병든 수사를 방문하고 있었다. 그가 매우 심한 병으로 고통당하는 것을 보고 주니퍼 형제의 마음은 연민과 뜨거운 사랑으로 타올랐다. 그리하여 그는 병든 수사에게 물었다. "내가 어떻게 도울 길이 없을까? 그대는 무엇을 먹고 싶은가?"

　그 병든 수사는 힘없는 목소리로 "구할 수만 있다면 돼지 다리를 먹고 싶은데 … "하고 대답하였다.

　주니퍼 형제는 "나에게 맡기시오, 내가 곧 그대가 원하는 것을 구해 주리다!" 하고 얼른 대답하고는 부엌에서 칼을 찾아 들고 들판으로 나갔다. 때마침 그는 들판에서 한 떼의 돼지들이 이것저것 먹고 있는 것을 보았다. 그는 곧장 한 마리의 돼지를 잡아서 칼로 다리를 잘랐다. 한쪽 다리가 병신이 된 돼지를 남겨둔 채 그는 다리를 들고 돌아와 깨끗이 씻고 양념을 넣어서 요리하였다. 정성으로 맛있게 요리한 돼지 다리를 그 수사에게 대접하자 그는 고마워하며 열심히 먹어 치웠고 주니퍼 형제는 크게 기뻐하였다. 또한 그 수사를 즐겁게 해 주기 위하여 주니퍼 형제는 어떻게 그 돼지를 잡았는지 흉내를 내며 이야기해 주었다.

그러나 반면에 그 돼지를 지키던 사람은 주니퍼 형제가 돼지 다리를 자른 것을 보고는 크게 분노하여 그의 주인에게 모든 이야기를 하였다. 주인은 그 이야기를 듣고 수도원으로 찾아가 그들에게 위선자이며 도둑이며 사기꾼이고 부랑자이며 악인들이라고 큰소리로 외치면서, 사악한 욕심 때문에 돼지 다리를 잘랐다고 온갖 욕을 퍼부었다.

이 모든 소란을 듣고 성 프란체스코는 다른 형제들과 더불어 밖으로 나와서 겸손히 사과하며 무슨 일이 일어났는지 확실히는 모르지만 그 모든 손해를 배상하겠다고 약속하였다. 그러나 그 농부는 진정하지 않고 계속 화를 내며 저주를 퍼붓고 협박하고 악의로 돼지 다리를 잘랐다고 소리쳤다. 그는 어떠한 사과나 약속도 받아들이려 하지 않고 더욱 큰소리로 저주와 모욕을 퍼부으며 분노를 터뜨렸다.

다른 수사들이 어안이 벙벙하여 서 있는 동안 프란체스코는 신중하게 그 문제에 대하여 생각하면서 "주니퍼 형제가 무분별한 정열로 이런 일을 행할 수 있었을까?"하고 중얼거렸다. 그는 즉각 주니퍼 형제를 개인적으로 불러 그에게 물었다. "그대가 들에 있는 돼지의 다리를 잘랐는가?"

그러자 주니퍼 형제는 자기가 한 행위가 사랑의 행위라고 믿고는 즐겁게 대답하였다. "선생님, 제가 돼지의 다리를 자른 것은 사실입니다. 제 이야기를 들어보십시오. 저는 그 병든 수사를 방문하러 갔었습니다 … " 이렇게 해서 그는 스승에게 모든 이야기를 하였다.

그의 이야기를 듣고 성 프란체스코는 매우 슬펐다. 그러나 정의를 세우기 위한 열정으로 얼굴이 달아오른 채 성인은 이렇게 말했다.

"오 주니퍼 형제여, 왜 그대는 이와 같은 불명예를 우리에게 안겨 주었는가? 그 사람이 우리에게 분노한 것은 지극히 당연하다. 그는 우리에게 불평하면서 동네 전체에 나쁜 소문을 퍼뜨릴 것이며, 그렇게 할 만한 충분한 근거가 있다! 그러므로 지금 나는 그대에게 거룩한 순종의 이름으로 명하노니, 바로 그 사람을 찾아가 그의 앞에 무릎을 꿇고 용서를 빌라. 또한 손해를 배상한다고 굳게 약속하여 그로 하여금 우리에게 계속 불평할 이유가 없게 하

라. 너의 성급한 행위는 확실히 중대한 잘못이기 때문이니라!"

주니퍼 형제는 이 말씀을 듣고 깜짝 놀랐다. 그는 어느 누가 진실한 사랑의 행위에 대하여 화를 낼 수 있는지 이상하게 생각하였다. 그는 모든 재물이 아무것도 아니며 그것은 단지 사랑을 실천하기 위하여 사용되어야 한다고 생각했던 것이다. 그래서 그는 대답했다.

"선생님, 제가 빨리 그에게 가서 그의 분노를 풀어 드릴 것을 약속하겠습니다. 하지만 그에게 속한 것이라기보다는 하나님께 속한 것을 진정한 사랑의 행위를 위하여 사용하였을 때 그가 왜 화를 내어야만 할까요?"

그러고 나서 그는 뛰어가 인내심이라고는 전혀 없고 아직도 화를 내고 있는 주인을 만났다. 주니퍼 형제는 강렬한 기쁨과 열정을 가진 자기가 사랑을 위하여 행한 일이 상 받을만한 일이라는 듯이 돼지 다리를 자른 경위를 설명하였다. 그러나 주인의 분노는 더욱 커지고 너무 격노한 그는 주니퍼 형제를 모욕하며 바보요, 정신병자요, 악한 범죄자라고 소리쳤다. 심지어는 홧김에 그를 때릴 뻔하였다.

주니퍼 형제는 이처럼 사악한 언동에 어안이 벙벙하였으나 온갖 모욕을 인내와 기쁨으로 받아들였다. 그는 이 주인이 자기가 말한 것을 잘 이해하지 못했다고 생각했기 때문에 똑같은 이야기를 차근차근히 반복해 주었다.

또한 그는 주인을 껴안으며 자신의 행동은 오로지 사랑으로부터 나온 것이라고 설명하면서, 이러한 선행을 행한 것에 대하여 자신을 축하해 주고 더나아가 그 나머지 돼지도 이처럼 선한 목적을 위하여 사용하도록 그에게 부탁하였다.

마침내 그 주인은 주니퍼 형제의 단순성과 겸손함에 압도되어 버렸다. 또한 그런 행위의 원인이 진실로 사랑의 행동 때문인 것을 인식하고 나서 그는 무릎을 꿇고 울면서 그가 주니퍼 형제와 다른 수사들을 모욕한 것에 대해 용서를 빌었다. 더구나 그는 자신이 소유한 재물에 대하여 지나치게 탐욕적이고 하나님께 배은망덕하다는 사실을 솔직하게 인정하였다.

그는 달려가서 그 돼지를 잡아 맛있게 요리하여 커다란 경건의 마음과 회

252 성 프란체스코의 작은 꽃들

개로써 천사의 성 마리가 성당으로 가지고 가서 자기가 행한 잘못에 대한 보상으로 수사들에게 바쳤다.

이것을 본 성 프란체스코는 이러한 역경 가운데서도 조금도 흔들리지 아니하고 마침내 분노한 상대방을 감복시킨 주니퍼 형제의 거룩한 인내와 단순성을 생각하면서, 그의 제자들과 둘러서 있는 다른 수사들에게 말했다. "나의 형제들이여, 그대들이 모두 주니퍼 형제와 같다면!"

그리스도께 영광을 돌릴지어다. 아멘.

✳ 2. 마귀를 대적한 주니퍼 형제의 큰 능력에 대하여.

교만한 악마들은 주니퍼 형제의 존재를 견딜 수가 없었다. 그는 너무나 겸손하고 순결하고 순진무구하였기 때문이었다. 한번은 귀신들린 사람이 갑자기 이상한 행동을 하면서 가고 있던 길을 빨리 떠나 옆길로 7마일이나 도망쳤다. 그의 친척들이 그를 따라가 왜 갑자기 그렇게 옆길로 뛰어가느냐고 물었을 때 그는 대답했다.

"저 바보 같은 주니퍼 형제가 저 길로 오고 있기 때문이요. 나는 그의 존재를 견딜 수가 없소!" 그들이 여기저기를 살펴보니 정말 주니퍼 형제가 마침 그때 악마가 말한 대로 그 길을 오고 있었다.

그러므로 성 프란체스코는 귀신들린 사람들이 고침받기 위하여 그에게로 올 때, 마귀가 그의 명령에 곧 나가려고 하지 않을 때는 이렇게 말하곤 했다. "네가 이 사람에게서 즉각 나가지 않는다면 주니퍼 형제를 불러 너를 다루게 하겠다!"

그러면 마귀는 주니퍼 형제의 존재를 두려워하면서 성 프란체스코의 덕과 겸손을 견딜 수가 없어서 곧장 도망가 버리곤 하였다.

그리스도께 영광을 돌릴지어다. 아멘.

✳ 3. 어떻게 마귀가 음모를 꾸며 주니퍼 형제의 목을
매달게 하였는가.

주니퍼 형제를 세상적인 수단으로 고통 받게 하기 위하여, 마귀는 어느 마을의 영주인 니콜라스라 하는 잔인한 군주에게로 갔다. 마침 그 영주는 비테르보 시(市)와 전쟁을 하고 있었다. 마귀는 그에게 다가가서 간교하게 말했다.

"영주님, 당신의 이 성을 조심하십시오, 곧 비테르보시의 사람들이 보낸 한 첩자가 와서 당신을 죽이고 이 성에 불을 지를 것입니다. 이제 나는 당신에게 내 충고가 사실이라는 증거를 말씀드리겠습니다. 그는 다 헤어지고 기운 옷과 찢어진 겉옷을 어깨에 걸친 채 가난한 사람처럼 옷을 입고 올 것입니다. 또한 그는 당신을 죽일 송곳과 이 성을 불태울 부싯돌을 가지고 있습니다. 만일 당신께서 제 말이 사실이 아닌 것을 발견한다면 저를 당신이 원하는 대로 처벌하십시오."

영주 니콜라스는 이 말을 듣고 깜짝 놀랐다. 그 말이 믿을 만하다고 생각하였기 때문에 그는 즉시 성문을 굳게 방비하고 만약 이와 같은 옷을 입고 온 자가 있다면 당장 잡아들이라고 명령하였다.

그때 주니퍼 형제는 혼자 묵상하며 여행을 하다가 그 마을로 들어갔다. 그는 종종 혼자 여행을 하곤 했는데, 그의 완전한 덕으로 말미암아 원장으로부터 어디든지 동행 없이 원하는 대로 다닐 수 있는 허락을 받았기 때문이었다. 도중에 그는 난폭한 소년들을 만났는데 그들은 그의 겉옷을 찢으며 그를 괴롭혔다. 그러나 그는 전혀 화를 내지 않고 오히려 그들을 동정하고 격려함으로써 더욱 조롱을 받았다.

병사들이 철통같이 문을 지키고 있을 때 주니퍼 형제가 찢어진 옷을 입고 나타났다. 그의 겉옷은 다 찢어져서 수사처럼 보이지 않았으며 군주에게 지시받던 것과 똑같은 모습을 하고 있었기 때문에 병사들은 즉시 그를 잡아 군주 앞으로 데려갔다.

그들이 조심스럽게 무기가 있는가를 살폈을 때 그의 소매 안에 송곳과 부 싯돌이 있는 것을 발견하였다. 주니퍼 형제는 그 송곳으로 자기의 신발을 고 쳤으며, 그 부싯돌은 머리가 아프거나 때때로 숲이나 한적한 장소에서 잘 때 불을 피우기 위하여 가지고 다니는 것이었다.

마귀의 말과 일치하는 옷을 입은 주니퍼 형제를 보고 니콜라스는 즉시 부 하들에게 그의 손과 목을 단단히 묶으라고 명령하였다. 그러자 부하들은 명 령대로 사납게 그의 온 몸을 결박하여 고문대 위에 올려놓고 팔을 비틀며 사 정없이 그의 온 몸을 고문하였다.

그 고통스러운 상황에서 그가 누구냐는 질문을 받았을 때 주니퍼 형제는 "나는 매우 큰 죄인입니다"라고 대답했다. 또한 그들이 왜 이 성을 배반하고 비테르보 사람들에게 넘겨 주려 하였는가 하고 물었을 때, 그는 대답하기를 "나는 지극히 악한 자이며 어떤 선(善)도 받을 자격이 없습니다"라고 말했다. 마침내 왜 그 송곳으로 니콜라스 군주를 찔러 죽이고 부싯돌로 성을 불태우 려 했었느냐는 물음을 받았을 때 "나는 하나님께서 나에게 허락하셨다면 그 보다 더 악한 일도 하였을 것입니다"라고 그는 대답했다.

니콜라스는 크게 진노하여 더 이상 심문하기를 원치 아니하고, 지체 없이 그를 첩자이며 살인자로 단정하고는 말꼬리에 묶어 마을로 끌고 가서 즉각 교수대에 목매달아 죽이라고 명령하였다. 그러나 이 모든 것에 대하여 주니 퍼 형제는 아무런 변명도 하지 않고 어떠한 슬픔도 나타내지 않았다. 오히려 이러한 고난을 하나님의 사랑을 인하여 즐겁게 받는 사람처럼 그는 매우 기 쁨에 차 보였다.

분노한 군주의 명령대로 주니퍼 형제의 다리가 말꼬리에 연결이 된 채 목 매달 장소를 향하여 땅바닥에 질질 끌려가고 있을 때에도, 그는 조금도 불평 하거나 탄식하지 않았으며 오히려 도살장으로 끌려가는 온유한 어린 양처럼 겸손함으로 이 모든 것을 인내하였다.

이 놀라운 광경과 갑작스러운 사형선고를 보고 많은 사람들이 사형 집행 을 보기 위하여 몰려들었다. 그들 중에 어느 누구도 그를 알아보지 못했으나 하나님의 뜻이 계셔서 한 선한 사람이 그 광경을 보고 그 지방의 수도원으로 달려가 원장에게 간청했다.

"부디 빨리 오십시오. 한 불쌍한 사람이 체포되어 사형선고를 받아 죽게 되었습니다! 그러니 빨리 오셔서 그의 영혼을 당신의 손에 맡기게 해 주십시오. 그는 선한 사람같이 보이는데 참회를 할 시간이 없기 때문입니다. 그들은 곧 그를 목매달아 죽일 터인데 그는 죽음이나 영혼의 구원에 관해서는 관심이 없는 것처럼 보입니다. 제발 빨리 오십시오!"

수도원장은 매우 열정적이고 동정적인 사람이었으므로 급히 그의 영혼을 구하기 위하여 나섰다. 그러나 그가 도착하였을 때는 사람들이 하도 많이 모여서 도저히 헤치고 들어갈 수 없었다. 할 수 없이 서서 기다리고 있는 동안 저쪽에서 들려오는 한 소리를 들었다. "그렇게 하지 마시오, 이 어리석은 자들이여! 그 줄은 내 다리를 상하게 하고 있소!"

이 말을 듣고 원장은 그 목소리가 주니퍼 형제의 목소리임을 알아챘다. 그는 열정적으로 사람들의 틈을 비집고 들어가 마침내 그를 만나는데 성공하였다. 그가 사형수의 얼굴을 가리고 있는 천을 들었을 때 틀림없이 주니퍼 형제임을 알고 그는 깜짝 놀랐다.

그러나 주니퍼 형제는 자기의 고통과 상처에는 전혀 관심이 없는 듯이 원장을 보고 반쯤 웃으면서 말했다. "오, 원장님. 당신은 참 뚱뚱하군요!"

그 동정심 많은 원장은 눈물을 흘리며 자신의 수도복을 벗어 주니퍼 형제에게 주었다. 그러나 주니퍼 형제는 웃으면서 "아닙니다. 원장님. 당신은 그 옷이 없으면 보기 좋지 않을 것입니다. 하지만 나는 그 옷이 필요 없습니다"라고 말하는 것이었다.

그 원장은 눈물을 흘리면서 사형 집행인들과 그곳에 있는 사람들에게 잠깐만 기다려 달라고 애원하였다. 또한 자신이 군주에게 가서 주니퍼 형제에 대한 자비를 얻게 해 달라고 간곡히 부탁하였다. 사형집행인들과 주위의 사람들은 그를 동정하여 그 수도원장이 사형수와 관련이 있다고 생각하고 군주의 대답을 기다리기로 동의하였다.

그 경건하고 동정심 많은 원장은 곧바로 니콜라스 영주에게 가서 몹시 울면서 비통하게 말했다. "영주님, 저는 제가 얼마나 놀랐으며 얼마나 슬퍼하고 있는지 이루 말할 수가 없습니다. 왜냐하면 오늘 이곳에서 우리 조상의 날 이후로 여태까지 그 어느 때보다도 더 큰 죄악이 저질러졌다고 믿기 때문입니다. 그러나 나는 그것이 오로지 무지에서 일어난 것이라고 믿습니다."

니콜라스 영주는 참을성 있게 그 원장의 말을 듣고 나서 "오늘 이 장소에서 저질러졌다는 그 큰 죄악이 도대체 무엇이요?"하고 물었다.

그러자 원장은 "오늘 성 프란체스코 수도원에 살고 있는 가장 거룩한 수사들 중의 한 사람이 당신에 의하여 사형선고를 받았습니다. 나는 그것이 불공정하다고 확실히 믿습니다"라고 대답했다.

니콜라스는 말했다. "원장님, 그가 누구인지 나에게 말해 주시오. 그 사실을 모르고 내가 큰 죄를 범했던 것 같소."

그 원장은 말했다. "당신이 사형선고를 내린 사람은 성 프란체스코의 제자인 주니퍼 형제입니다!"

그러자 니콜라스 영주는 경악을 금치 못했다. 그는 이미 주니퍼 형제의 명성과 거룩한 생활을 익히 들어왔기 때문이었다. 두려움으로 가득 차 그는 떨며 창백해진 얼굴로 그 원장과 함께 주니퍼 형제에게로 가서 그를 풀어 주고 자유롭게 하였다.

그리고 나서 그는 모든 사람들이 보는 앞에서 주니퍼 형제에게 무릎을 꿇고 눈물을 흘리며 자기 잘못을 빌었다. 나의 악한 행위로 말미암아 내 생명의 끝이 다가오고 있음을 확실히 느낍니다. 왜냐하면 나는 이 거룩한 사람을 아무 죄도 없이 그렇게 잔인하게 다루었기 때문에 — 비록 내가 모르고 한 일이지만 — 하나님께서는 나를 더 이상 관용하시지 않을 것이며 나는 곧 비참한 죽음을 맞게 될 것입니다."

그러나 주니퍼 형제는 너그럽게 니콜라스 영주를 용서하고 위로하면서 주님 안에서 즐거운 마음으로 그곳을 떠났다. 이처럼 그는 자신을 극복하고 기꺼이 그리스도의 사랑을 위하여 모든 고통과 경멸을 받을 준비가 되어 있었다. 그는 이 같은 단순함과 겸손함으로 인하여 모든 사람들에게 큰 덕을 끼쳤다.

하나님께 영광을 돌릴지어다. 아멘.

✳ 4. 어떻게 주니퍼 형제가 하나님의 사랑을 위하여 할 수 있는 한 모든 것을 가난한 자들에게 주곤 하였는가.

주니퍼 형제는 가난한 자에 대하여 크나큰 사랑과 연민을 느끼고 있었기 때문에, 헐벗은 사람을 보기만 하면 즉각 자기의 겉옷이든 어느 옷이든 가난한 자들에게 벗어 주곤 하였다. 그래서 원장은 주니퍼 형제에게 순종의 이름으로 수도복을 어느 누구에게도 함부로 주지 말라고 명령하였다.

며칠 후 이런 일이 있었다. 그는 길을 가다가 거의 벌거벗은 한 가난한 사람을 만났다. 그 거지가 주니퍼 형제에게 하나님의 사랑으로 무엇이든 달라고 간청하였을 때 주니퍼 형제는 그에게 깊은 사랑을 느끼며 말했다.

"나의 사랑하는 친구여, 나는 이 옷 말고는 그대에게 줄 것이 아무 것도 없소. 그런데 원장님은 순종의 이름으로 누구에게도 이 수도복을 주지 말라고 명령하셨소. 그러나 당신이 내 옷을 벗겨 간다면 나는 아무런 저항을 하지 않을 것이오."

그 거지는 이 말을 듣자 즉각 그의 옷을 벗겨서 주니퍼 형제를 벌거벗은 채로 내버려 두고 재빨리 그 옷을 가지고 도망쳐 버렸다.

그가 수도원으로 다시 돌아왔을 때 수사들은 그에게 옷을 어디다 두었냐고 물었다. 그는 기쁜 듯이 웃으면서 "어떤 선한 사람이 그 옷을 나에게서 벗겨 가지고 갔습니다"라고 대답하는 것이었다.

가난한 자들에 대한 동정과 사랑의 열정이 그의 마음속에 점점 자라면서 그는 자기의 옷만을 주는 것으로 만족하지 않고 제단에 있는 장식물들과 다른 수사들을 위한 옷들, 그밖에도 줄 수 있는 것은 무엇이든지 다 가난한 사람에게 주곤 하였다.

그러므로 가난한 사람들이 주니퍼 형제에게 구걸하러 왔을 때, 수사들은 할 수 없이 자기들의 소지품을 숨기곤 하였으므로 주니퍼 형제는 아무것도 찾아볼 수 없을 지경이었다. 이처럼 그는 하나님의 사랑과 높은 덕을 찬양하기 위하여 아무것도 욕심내지 않고 모든 것을 나누어 주곤 하였던 것이다.

그리스도께 모든 영광을 돌릴지어다. 아멘.

✽ 5. 주니퍼 형제가 제단으로부터 작은 은고리를 잘라 가난한 여인에게 준 일에 대하여.

한번은 주니퍼 형제가 성탄절을 지내기 위하여 아시시의 수도원에서 머무르고 있을 때였다. 그는 성탄절이 가까운 어느 날 교회 안의 제단 근처에서 기도하고 있었는데 그 제단은 성탄절을 준비하기위해 아름답게 장식이 되어 있었다. 성물(聖物)을 지키는 수사의 부탁에 의하여 그 수사가 잠시 식사하러 간 사이에 그는 제단을 지키게 되었다.

그가 경건히 묵상하고 있는 동안 한 가난한 여인이 그에게 와서 하나님의 사랑으로 무엇이든지 좀 달라고 간청하였다. 그는 깊은 사랑과 연민을 느끼면서 "잠깐만 기다리시오. 내가 이 화려한 제단에서 그대에게 줄 것을 무엇이든지 찾아보겠소."라고 대답했다.

제단 위에는 매우 비싼 휘장이 있었고 그 휘장 위에는 은으로 된 작은 고리가 아름답게 달려 있었다. 주니퍼 형제가 그 화려한 제단을 바라보았을 때 "이 은고리는 별로 쓸모없는 것이로군." 하고 중얼거리면서 그 은고리를 휘장으로부터 잘라 가난한 여인에게 사랑으로 주었다.

성물을 지키는 수사는 서너 숟갈을 먹고 나자 주니퍼 형제의 버릇을 생각하고는 그가 사랑을 위한 열심으로 그 화려한 제단에 해를 가하지 않을까 걱정이 되기 시작하였다. 그리하여 그는 즉시 식탁에서 일어나 교회로 달려갔다. 그가 제단의 장식을 바라보았을 때 은고리가 휘장으로부터 잘려진 것을 보고는 극도로 분노하게 되었다.

주니퍼 형제는 그가 얼마나 흥분했는지를 보고 차근차근히 말했다. "그 은고리에 대하여 너무 흥분하지 마시오. 왜냐하면 내가 그것을 정말 필요로 하는 가난한 여인에게 주었기 때문이오. 그것들은 여기서 단지 세상적인 허영의 전시에 불과할 뿐 그다지 쓸모가 없는 것이 아니요?"

이 말을 듣고 그 성물을 지키던 수사는 더욱 화가 나서 즉시 교회와 온 마을을 다니며 그 가난한 여인을 찾았다. 그러나 그는 여인을 찾기는커녕 그 여인을 본 사람도 전혀 만나지 못했다. 마침내 그는 다시 수도원으로 돌아와, 당시 아시시에 와있던 총장 요한 파렌티 신부에게 분노한 채 휘장을 가지고 가서 말했다.

"총장 신부님, 이 휘장을 망쳐 버린 주니퍼 형제에 대하여 조치를 해 주십시오. 이 휘장은 성물 중 가장 귀한 것이었습니다. 지금 그가 은고리를 잘라서 망쳐 놓은 이 휘장을 보십시오. 그는 조금도 뉘우침이 없이 그것을 가난한 여인에게 주었다고 말하고 있습니다." 총장 요한 신부는 대답했다. "주니퍼 형제가 아니라 그대의 어리석음이 이런 일을 저질렀도다. 어찌하여 그대는 그에게 제단을 지키라고 맡기었는가? 그대는 그의 버릇을 모르는가? 나는 분명히 말하지만 그가 다 주지 않은 것이 이상할 정도이다. 그러나 내가 이 잘못을 인하여 그를 심히 책망하리라."

그날 저녁 기도회가 끝난 후 총장은 모든 수사들을 한 회의실로 불렀다. 그리고 주니퍼 형제를 그 앞으로 불러 모든 사람이 있는 앞에서 그를 크게 책망하였다. 그의 분노가 계속되면서 그는 점점 목소리를 높여 나중에는 거의 목소리가 쉬어 버렸다.

주니퍼 형제는 그 책망에 전혀 개의치 아니하였고 책망을 받았음에도 항상 즐거워하였다. 오히려 그는 총장 신부의 목이 쉰 것에 대해 걱정하고 그것을 어떻게 치료할 것인가 생각하기 시작하였다. 그래서 책망을 받은 후 그는 시내로 나가 한 그릇의 죽과 버터를 준비하였다.

그는 밤늦게 돌아왔다. 그리고는 촛불을 켜들고 버터와 죽 그릇을 가지고 총장의 방으로 찾아가 조용히 문을 두드렸다. 총장은 문을 열고 그가 촛불을

든 채 접시를 가져온 것을 보자 조용히 물었다. "이 시간에 무엇을 원하는가? 그것은 무엇인가?"

주니퍼 형제는 대답했다. "신부님, 당신께서 저의 잘못을 인하여 저를 회의실에서 책망하실 때 너무 무리하셔서 당신의 목소리가 쉰 것을 알아챘습니다. 이제 치료약을 가지고 왔으니 부디 버터와 함께 당신을 위하여 만든 이 죽을 드십시오. 이것은 확실히 당신의 목과 가슴의 고통을 덜어 줄 것입니다."

그러나 총장은 어이없다는 듯이 "대체 그대가 사람을 괴롭히려고 이 시간에 오다니!" 하고 짜증스럽게 말했다.

주니퍼 형제는 진지한 얼굴로, "드십시오. 이것은 당신을 위하여 만든 것이니 부디 이것을 드십시오. 당신의 목과 가슴에 좋을 것입니다."

총장은 밤늦은 시각에 그가 와서 계속 고집하므로 버럭 화를 내며, "이 불손한 수사 같으니, 어서 가라! 그대는 이 시간에 내가 이것을 먹으리라고 생각하는가?" 하고 소리쳤다.

주니퍼 형제는 사정을 하거나 설득을 해도 도움이 되지 않을 줄 알고 총장에게 이렇게 말했다. "신부님, 당신께서 당신을 위하여 만든 이 죽을 드시기 원치 않으시면 이렇게 해 주십시오. 즉 이 촛불을 잠깐만 들어 주시면 제가 이 죽을 먹겠습니다."

매우 진지하게 말하는 주니퍼 형제의 모습을 보자 경건한 사람인 그 총장은 마침내 주니퍼 형제의 단순성과 순수한 사랑에 감복하여 ─ 왜냐하면 그는 사랑의 헌신으로 이렇게 하였기 때문이다 ─ "형제여, 그대가 그처럼 원한다면 같이 그것을 먹읍시다!"라고 대답했다.

이렇게 해서 주니퍼 형제의 순수한 사랑 때문에 그들은 함께 죽을 먹게 되었다. 그 음식보다도 순수한 사랑의 헌신에 의하여 그들은 더욱 새로워졌고 서로를 이해하고 사랑하게 되었다.

그리스도께 영광을 돌릴지어다. 아멘.

✱   6. 어떻게 주니퍼 형제는 6개월 동안 침묵을 지켰는가.

본래 주니퍼 형제는 모욕적인 언사에 대하여 거의 인내심이 없던 사람이었다. 그러나 하나님의 은혜로 말미암아 그는 큰 노력을 기울여서 자신을 억제하여 짧은 시간 내에 그처럼 큰 덕을 얻게 되었던 것이다.

그는 모욕적인 언사를 들을 때나 책망을 받을 때 아무런 대꾸 없이 침묵할 수 없는 자신을 발견하고는, 자신의 입이 큰 해를 끼친다는 사실을 깨닫게 되었고, 그는 드디어 무슨 희생을 치루더라도 침묵하기로 결심하였다. 그는 이 결심을 지키기 위하여 다음과 같이 행하였다.

즉 첫날에는 하늘에 계신 아버지의 사랑을 위하여 침묵하였고, 그 다음날에는 예수 그리스도의 사랑을 위하여 침묵하였다. 그 다음 날에는 성령의 사랑을 위하여 침묵하고, 그 다음 날은 동정녀 마리아의 사랑을 위하여 침묵하고, 그 다음 날은 우리의 스승 성 프란체스코의 사랑을 위하여 침묵하고 이런 방식으로 그는 계속 침묵하였다.

매일 어떤 성인의 사랑을 위하여 침묵하면서 그는 6개월 동안이나 말을 하지 않았다. 그는 침묵 안에서 큰 고통과 불안을 겪었을지라도 비록 어려웠지만 대꾸하려는 유혹을 참아낼 수 있었다.

언젠가 한번은 너무나도 참기 힘든 말을 들었을 때 그는 온갖 육체적인 노력을 다하여 그 고통을 견디었는데, 그 고통이 너무 격심하여 그의 가슴으로부터 피가 솟아 나와서 피를 뱉어낼 때도 있었다.

이러한 것을 보고 주니퍼 형제는 매우 슬퍼하며 성당으로 가서 십자가 상 앞에서 기도하였으며, 경건히 그가 견디고 있는 큰 고통과 어려움에 대하여 슬퍼하며 탄식하였다. 그는 "나의 주님, 제가 당신의 사랑을 위하여 견디고 있는 것을 긍휼히 여기소서!" 하고 기도하였다.

그러나 십자가에 달리신 그리스도께서 기적적으로 나타나셔서 십자가의 나무에 못 박히신 그의 오른손을 들어 옆구리의 상처에 대시며 "내가 너를 위하여 참고 있는 이 고통을 보느냐?" 하고 말씀하셨다.

주니퍼 형제는 너무 놀라서 거의 기절할 뻔하였으며 그의 온 심신에 크나큰 충격을 받았다. 그는 이 발현을 통하여 영혼과 정신에 큰 교훈과 감동을 받아서 그 순간부터 완전히 딴 사람으로 변해 버렸다. 전에는 모욕적이거나 해가 되는 말들을 조금도 견뎌낼 수가 없었으나 그 후부터는 하나님의 도움으로 그 모든 모욕과 욕설을 즐거움으로 참아냈을 뿐 아니라 영혼에 도움을 주는 고귀한 보석으로 여기면서 스스로 구하기까지 하였던 것이다.

그리스도께 영광을 돌릴지어다. 아멘.

✳ 7. 어떻게 육신의 유혹을 극복하였는가.

한번은 길레스 형제와 아시시의 시몬 형제 그리고 루피노 형제와 주니퍼 형제가 함께 모여 하나님과 영혼의 구원에 대하여 대화하고 있을 때 길레스 형제가 물었다. "육신의 유혹을 제거하기 위하여 그대들은 무엇을 하는가?"

제일 먼저 시몬 형제는 이렇게 대답했다. "나는 육신으로 인한 죄악의 더러움과 비열함을 깊이 생각합니다. 그러면 그러한 죄악의 무서움을 깨닫게 되어 나는 거기에서 피할 수 있습니다."

다음으로 루피노 형제가 말했다. "나는 땅바닥 위에서 기도하며 하나님의 자비를 구함으로써 내 자신이 그러한 죄악으로부터 자유로워질 수 있기를 간구합니다."

마지막으로 주니퍼 형제가 말했다. "나는 내 육신의 요새지대에서 악마의 유혹하는 소리를 들을 때에는 즉각 마음의 문을 닫아 걸고, 내 마음의 성을 지키는 안전한 호위병으로서 거룩한 묵상과 신앙의 열정에 몰두합니다. 그러므로 육신적인 유혹이 와서 내 마음의 문을 두드릴 때에, 나는 문을 열지 않고 '물러가라. 내 마음의 방은 이미 가득 차서 너는 들어올 수가 없다' 라고 대답함으로써 육신적인 생각이 내 마음속에 들어오지 못하게 합니다. 마침내 육신의 악마들은 패배하여 나뿐만 아니라 이웃으로부터도 도망가 버립니다."

이 말을 듣고 길레스 형제는 기쁜 듯이 말했다. "나도 주니퍼 형제의 방법에 동의합니다. 그러한 방법은 사람이 죄를 피하는 것보다 더 안전하고 분별 있게 악마와 싸울 수 있기 때문입니다. 말하자면 자기의 마음속에 육체적 정욕을 물리칠 수 있는 힘을 기름으로써 강력한 악마의 군대가 감히 두려워서 쳐들어오지 못하게 하는 것입니다. 만일 그렇게 하지 않으면 그는 결국 큰 싸움을 치를 것이며 승리는 거의 얻기 힘들 것입니다. 그러므로 악을 물리칠 수 있는 내적인 힘을 기르십시오. 그러면 당신은 늘 승리하실 것입니다."

하나님께 영광을 돌릴지어다. 아멘.

✳ 8. 어떻게 주니퍼 형제는 하나님의 영광을 위하여 자신을 낮추었는가.

한번은 주니퍼 형제가 자신을 철저히 낮추기 위하여 스스로 완전히 벌거벗었다. 그는 바지를 머리에 이고 겉옷을 허리띠로 묶어 그의 목 주변에 달았다. 그리고는 벌거벗은 채고 비테르보 시(市)로 가서 스스로 온갖 모욕을 받고자 했다.

그가 그곳의 시장에서 벌거벗은 채로 앉아 있는 동안에 어린 아이들과 불량배들이 그를 미친 사람으로 생각하고는 그에게 욕을 하며 모욕하는가 하면 진흙과 돌을 건지며 그를 앞뒤로 밀곤 했다. 이처럼 오랫동안 사람들로부터 조롱과 고통을 받은 후 그는 벌거벗은 채 수도원으로 돌아왔다.

수사들은 그의 벌거벗은 모습을 보자 큰 충격을 받고 몹시 분노하였다. 특히 수도복을 머리에 이고 겉옷을 목에 매단 채 온 시내를 돌아다녔다는 사실을 알게 되자 더더욱 분노를 금치 못했다. 그들은 주니퍼 형제를 매우 책망하고 위협까지 하였다.

마침내 수사들은 여기저기서 외치기 시작했다. "그를 감옥에 보내야 합니다!" "그를 목매달아야 합니다!" "그를 화형에 처해야 합니다!" "그가 오늘 자기 자신과 전체 수도회에 끼친 모욕을 생각하면 어떠한 형벌도 부족할 지경입니다."

그러나 주니퍼 형제는 즐겁게 이런 말들을 들으면서 겸손하게 대답하였다. "그대들의 말이 맞습니다. 그와 같은 모욕을 끼친 죄 때문에 그 모든 형벌과 더 큰 벌이라도 마땅히 받겠습니다."

그리스도께 영광을 돌릴지어다. 아멘.

✳ 9. 어떻게 주니퍼 형제가 자신을 낮추기 위하여 시소 놀이를 하였는가.

한번은 주니퍼 형제가 로마에 머물기 위하여 길을 떠났는데 그곳에서는 이미 그의 거룩함에 대한 명성이 널리 퍼져 있었다. 그러므로 많은 로마 사람들이 존경심으로 그를 만나보기 위하여 나왔다. 그러나 겸손한 주니퍼 형제는 멀리서 로마 사람들이 그를 마중 나오는 것을 알고 어떻게 하면 그들의 존경심을 경멸과 조롱으로 바꿀 수 있을까 생각해 보았다.

마침 두 소년이 통나무 위에 놓인 널판에서 시소 놀이를 하는 것을 보고 주니퍼 형제는 그 아이들에게 다가가서 한쪽 널판의 끝에 앉아 다른 아이와 시소 놀이를 하기 시작하였다.

마침내 주니퍼 형제 가까이에 이른 로마 사람들은 주니퍼 형제가 시소 놀이를 하는 것을 보고 깜짝 놀랐다. 하지만 그들은 매우 경건하게 인사를 하면서 그를 수도원으로 안내하여 명예를 베풀어 주려는 열심에 그 놀이가 끝날 때까지 조용히 기다렸다.

그러나 주니퍼 형제는 그들의 존경심과 경건한 인사와 혹은 그들이 기다리는 열성에는 전혀 아랑곳하지 않았다. 그는 오직 시소 놀이를 하는 데만 관심을 기울이는 것처럼 보였기 때문이었다. 오랫동안 기다린 후에 어떤 사람들은 싫증이 나서 말하기 시작하였다. "이런 바보 같은 사람이 있나!"

그러나 그의 방법을 아는 어떤 사람들은 그에게 더 큰 존경심을 느꼈다.

그러나 여전히 그가 시소 놀이를 중단하지 않았기 때문에 모든 사람들이 돌아 가 버리고 결국 주니퍼 형제 혼자 남게 되었다.

그들이 모두 가 버리자 주니퍼 형제는 매우 기뻐하였다. 그는 어떤 사람들이 그를 조롱하는 것을 보았으나 오히려 그들의 조롱에 대하여 즐거워하면서 조용히 그의 길을 갔다. 이렇게 해서 그는 겸손함과 온유함으로 로마시에 들어가 머물기로 예정한 어느 작은 수도원으로 찾아갔다.

그리스도께 영광을 돌릴지어다. 아멘.

✸ 10. 어떻게 주니퍼 형제가 수사들을 위하여 2주일분의 넉넉한 음식을 준비하였는가.

한번은 주니퍼 형제가 어느 작은 수도원에 머물러 있을 때 모든 다른 수사들이 특별한 이유로 밤에 나가게 되어 원장은 그에게 말했다. "주니퍼 형제, 우리는 모두 밖으로 나간다. 그러니 우리가 돌아올 때까지 그대는 수사들을 위하여 음식을 준비하도록 하라."

주니퍼 형제는 "기꺼이 그렇게 하겠습니다. 걱정 말고 제게 맡겨 주십시오." 하고 겸손하게 대답했다. 드디어 모든 수사들이 떠나자 주니퍼 형제는 음식 준비하는 문제를 곰곰이 생각하고 나서 이렇게 중얼거렸다.

"매일 수사들이 부엌에서 음식을 만드느라 시간을 빼앗긴다는 것은 얼마나 성가신 일인가. 이 음식 때문에 바빠서 기도에 방해를 받다니 이제 내가 식사를 책임졌으니 모든 수사들을 위하여 2주일분의 음식을 만들어 놓겠다!"

그는 급히 시내로 달려 내려가 요리할 그릇과 고기와 닭과 계란과 여러 가지 야채를 얻어 왔다. 그는 재료들을 다 모아 놓고 장작에 불을 지핀 다음 모든 그릇에 물을 채우고 모아 놓은 재료들을 통째로 그 그릇 속에 넣었다. 깃이 붙어 있는 닭과 껍질을 까지 않은 계란들, 그리고 다른 야채들을 썰지도 않은 채 함께 그릇에 담아 한꺼번에 요리하려 하였다.

그동안 주니퍼 형제의 친구이며 그의 단순한 삶의 방식을 잘 이해해 주던 한 수사가 되돌아왔다. 그는 부엌에 들어와 많은 큰 그릇들이 불 위에서 끓고 있는 것을 보고는 깜짝 놀랐다. 그러나 주니퍼 형제의 단순성을 생각하고는 불 옆에 앉아 조용히 그가 하고 있는 일을 바라보았다.

그는 주니퍼 형제가 이 그릇에서 저 그릇으로 근심스럽게 뛰어다니며 그 내용물을 나무 젓가락으로 젓고, 장작을 더 갖다가 계속 불을 지피면서 잠시도 쉬지 않고 음식을 장만하는 것을 지켜보았다. 주니퍼 형제는 뜨거운 열 때문에 찌꺼기를 걷어 내려 그릇에 가까이 갈 수 없게 되자 나무판자를 취하여 끈으로 단단히 그의 몸에 묶은 다음 또 다시 이 그릇에서 저 그릇으로 부지런히 뛰어 다녔다.

그동안 모든 수사들이 돌아왔다. 그들 중의 어느 한 수사는 쥬니퍼 형제가 일하는 모습을 재미있게 바라본 후에 부엌에서 나와 수사들에게 말했다. "주니퍼 형제가 아마도 결혼식을 준비하고 있는가 봐!" 그러나 다른 수사들은 그가 농담을 하고 있다고 생각하였다.

마침내 주니퍼 형제가 그릇을 불에서 내려 놓고 식사를 위한 종을 울렸다. 수사들이 식당으로 갔을 때 주니퍼 형제는 장만한 음식을 차려 놓고 기쁜 듯이 그들에게 말했다.

"식사를 하십시오. 그리고 함께 기도하러 갑시다. 어느 누구도 앞으로는 2주일 동안 식사 때문에 성가신 일은 없을 것입니다. 왜냐하면 내가 오늘 2주일 동안 먹을 충분한 음식을 준비했기 때문입니다!"

그러나 식탁 위에는 로마의 아무리 배가 고픈 돼지라도 먹지 않을 정도로 온갖 잡동사니의 음식이 뒤범벅이 된 채 벌겋게 달구어져 있었다. 주니퍼 형제는 껍질이 그대로 있는 계란과 깃털이 있는 닭을 그대로 접시에 담아 수사들에게 나누어 주었다. 또한 수사들은 닭이 구워질 때 떨어진 깃털들이 여기 저기에 흩어져 있는 것을 발견하였다.

주니퍼 형제는 다른 수사들이 아무것도 먹으려하지 않은 것을 보고, 깃털이 있는 닭을 그대로 입으로 넣고 그것을 이빨로 찢어서 먹었다. 그는 상품을 파는 세일즈맨처럼 자기 요리솜씨를 자랑한 후 말했다. "이러한 닭들은 두뇌에 매우 좋으며 또한 이러한 야채 혼합물은 몸에 대단히 좋습니다. 드십시오. 그러면 당신에게 매우 유익할 것입니다!"

모든 수사들은 그의 단순성에 기가 막혔고 수도원장은 그의 어리석음과 낭비성에 대하여 크게 분노하였다. 그가 주니퍼 형제를 심히 책망하자 주니퍼 형제는 즉각 원장과 모든 수사들 앞에 무릎을 꿇고 자신이 매우 어리석고 악한 사람이라고 고백하면서 자신의 죄를 회개하였다. 그는 자신이 이 세상에서 저지른 죄악들을 언급하면서 이렇게 말했다.

"어떤 사람이 악한 죄를 저질렀을 때 사람들이 그의 눈을 찢었으나 이제 나는 오히려 내 눈을 찢어야 한다고 생각합니다. 또 어떤 사람이 그의 죄로 말미암아 목 매달린 것처럼 이제 나는 나의 악한 행위로 말미암아 목매달려야 합니다. 왜냐하면 나는 하나님과 수도회의 많은 선한 것들을 어리석게 낭비하였기 때문입니다!"

이처럼 그는 비통하게 회개하면서 하루 종일 어떤 수사도 만나지 않고 틀어박혀 있었다.

그러나 원장은 수사들에게 말했다. "나의 사랑하는 형제들이여, 나는 우리가 주니퍼 형제만큼 충분한 열정과 단순성, 잘못을 회개할 줄 아는 겸손을 지니고 있다면 매일 그만큼 낭비해도 아깝지 않을 것이다. 그가 이렇게 행한 것은 그의 단순성과 사랑 때문이며 우리도 이처럼 큰 덕을 얻을 수 있다면!"

그리스도께 영광을 돌릴지어다. 아멘.

❊ 11. 어떻게 주니퍼 형제가 그 자신을 낮추기 위하여 아시시로 갔는가.

한번은 주니퍼 형제가 스폴레토 골짜기에 머무르고 있었는데, 그는 아시시에 경건한 축제 의식이 열린다는 소식을 들었다. 그는 많은 경건한 순례자들이 그곳에 가는 것을 보고 자신도 그 축제에 가보고 싶은 욕망을 느꼈다. 그는 자기경멸의 정신으로 가득 차서 완전히 옷을 벌거벗고 바지조차 입지 않은 채로 스펠로 마을과 다른 두 마을을 지나 아시시의 중심을 통과하여 모든 사람들이 보는 가운데 수도원으로 들어갔다.

그곳의 수사들은 큰 충격을 받고 웅성거리기 시작하였다. 그들은 주니퍼 형제를 크게 책망하며 그를 정신병자요 바보이며 성 프란체스코 수도회의 치욕이라고 말하였다. 또 어떤 수사들은 그를 사슬로 묶어 미친 사람으로 취급해야 한다고 주장하였다.

당시 그 수도원에 머물러 있던 총장 신부는 주니퍼 형제를 불러 모든 수사들이 보는 앞에서 심하게 질책하였다. 많은 책망을 한 후에 그는 주니퍼 형제에게 "그대의 잘못은 너무 크고 심각하기 때문에 무슨 벌을 내려야 할지 모를 정도이다"라고 말했다.

그러자 주니퍼 형제는 온갖 경멸을 기쁨으로 받아들이는 사람처럼 이렇게 대답했다. "제가 말씀드리겠습니다, 신부님, 제가 벌거벗고 이곳에 온 만큼 그 길을 따라 벌거벗고 되돌아가는 형벌이 좋겠습니다."

그리스도께 영광을 돌릴지어다. 아멘.

12. 어떻게 주니퍼 형제가 미사 도중 무아경에 사로잡히게 되었는가.

한번은 주니퍼 형제가 경건하게 미사를 드리고 있을 때 오랫동안 무아경에 사로잡히게 되었다. 마침내 그가 정신을 차렸을 때 그는 수사들에게 달려가 정열적으로 말했다.

"오 나의 사랑하는 형제들이여, 이 세상에서 아무리 고귀한 사람일지라도 만일 그가 금을 얻을 수 있다면 이 수도원에서 마을까지 거름 한 동이를 기꺼이 나르지 않을 사람이 어디에 있겠습니까?"

또한 그는 덧붙여 말했다.

"오, 그런데 우리는 금과 곧 사라져 버릴 이 세상의 모든 영화보다 더 가치 있고, 더 영원한 영생을 얻기 위하여 왜 작은 수치를 견디기 원치 않는 것입니까?"

✱ 13. 주니퍼 형제가 그의 동료 텐달벤 형제의 죽음에 대하여 느낀 슬픔.

주니퍼 형제가 동료로서 매우 사랑했던 한 수사가 있었다. 그의 이름은 텐달벤이었는데 그는 순종과 인내에 있어서 극히 뛰어난 덕을 소유하고 있었다. 그는 하루 종일 매맞는다 하여도 결코 한 마디의 불평이나 반항도 하지 않을 정도로 커다란 인내심을 지니고 있었다.

또한 그의 인내는 모든 사람들에게 큰 덕을 끼쳤으므로 그는 때때로 수사들이 잘 어울리지 못하는 지역으로 보내어졌다. 그들은 그를 매우 핍박하였으나 그는 인내심 있게 아무 불평 없이 잘 견디어냈다. 그는 주니퍼 형제가 울거나 웃으라고 하면 즉시 그렇게 할 정도로 서로를 믿고 사랑하던 형제였다.

이제 하나님의 기뻐하시는 뜻을 따라 이 텐달벤 형제는 거룩한 명성을 남긴 채 세상을 떠났다. 주니퍼 형제가 그의 죽음에 대하여 들었을 때 그는 이 세상의 어떤 것에 대하여 느꼈던 슬픔보다도 더 큰 슬픔을 느꼈다. 그는 자신이 느낀 큰 슬픔에 대하여 이와 같이 표현하였다.

"나는 참으로 불쌍하구나! 이제 이 세상에 선한 것은 아무 것도 가지고 있지 않구나!"

그는 가지고 있던 도구들을 다 깨뜨리면서 그의 가장 사랑하는 텐달벤 형제의 죽음으로 말미암아 그에게는 이제 모든 세상이 조각조각 부서져 버렸다고 말하였다.

"만일 내가 수사들과 평화스럽게 지내고 그들이 내 뜻을 허락해 주기만 한다면, 나는 곧바로 그의 무덤으로 가서 그의 머리를 꺼내어 그의 해골로 두 개의 그릇을 만들겠다. 하나는 존경심을 가지고 그를 기억하기 위하여 항상

그것으로 먹으며 다른 하나로는 내가 목마를 때나 마시고 싶을 때는 항상 그
것으로 마시며 경건하게 그를 본받기 위해서이다.”

그리스도께 영광을 돌릴지어다. 아멘.

❋ 14. 주니퍼 형제가 공중에서 본 한 손에 대하여.

한번은 주니퍼 형제가 기도하고 있을 때 — 아마도 그는 어떤 비범
한 것을 생각하고 있었을 것이다 — 한 손이 공중에서 나타나 그에게 말하
는 소리를 들었다. “오 주니퍼 형제여, 그대는 이 손이 없다면 아무 것도 행
할 수 없도다.”

그는 속히 일어나 수도원을 뛰어 다니면서 하늘을 쳐다보고 춤을 추며
큰 소리로 외쳤다. “정녕 그것은 사실입니다. 주님! 그것은 정녕 사실입니
다!” 한참동안 그는 이와 같이 외치면서 즐겁게 춤을 추었다.

그리스도께 영광을 돌릴지어다. 아멘.

제 4 부

레오 형제가 쓴 길레스 형제의 생애

회교 군주(술탄)에게 불의 시험을 제안하는 성 프란체스코

지오토 작(作),1320년대,아시시의 성 프란체스코 성당 소재

✳ 1. 길레스 형제의 회심 동기

우리의 신앙을 북돋고 그리하여 우리가 하나님의 일에 더욱 열심히 일할 수 있도록 나는 하나님의 영광과 우리 영혼들의 덕을 위하여 성령께서 거룩한 길레스 형제를 통하여 행하신 주님의 일들을 기록하기로(비록 자격이 없지만) 결심하였다.

나는 이 모든 자료들을 그의 동료들과 길레스 형제 자신으로부터 많이 들어왔다. 그는 이렇게 말하곤 했다.

"우리가 선을 가꾸고 거두고 보전하는 방법을 아는 한 주님께서 다른 것을 통하여 행하시는 선을 감사할수록, 선은 우리에게 더 많은 은혜를 가져다 준다. 이는 곧 선이란 인간에게 속한 것이 아니라 하나님께 속한 것이기 때문이다."

그는 또한 이렇게 말하곤 했다.

"나는 마땅히 되어야 할 만큼 그렇게 선하지도 영적이지도 못하다. 나는 다른 사람의 선에 대하여 크게 감사하고 기뻐하지 못하며 다른 사람의 불행과 고난에 대하여 몹시 슬퍼하거나 동정을 느끼지도 못한다. 그리하여 나는 선과 악으로부터 마땅히 배워야 할 유익을 배우지 못하고 있다. 나는 사랑에 대하여 죄를 지었고 나의 선은 쇠퇴하고 있으며 결국 나는 죄에 빠져 있다."

길레스 형제의 회심 초기부터 주님은 큰 건물을 주의 종 안에 지으시기 위하여 비범한 은혜를 ― 그가 비록 세속 가운데 있을지라도 ― 허락하여 주셨다.

성 프란체스코의 회심 2년째 되던 해 그는 친척들과 다른 사람들로부터 퀸타발의 버나드 형제가 거룩한 복음의 완전함에 관련하여 성인의 모범과 충고를 따라서 그의 모든 소유물을 팔아 버리고 그 모든 것들을 성 조오지 광장(그곳에는 지금 성 클라라 수도원이 서 있다)에 모인 많은 가난한 사람들에게 나누어 주었다는 소문을 들었다. 그는 이 소문을 듣고 즉각 성 프란체스코를 만나 자기도 받아 달라고 요청하고 싶은 생각이 들었다.

즉 성 프란체스코가 그의 첫 번째 제자들로서 버나드 형제와 거룩한 베드로 형제를 받아들인 것처럼 자신도 받아주기를 원하게 되었다.

하나님의 말씀은 그가 기뻐하시는 곳으로 신속히 퍼져 나가기 때문에 그는 즉시 다음날 아침 일찍 일어나 서둘러 성 조오지 교회로 갔다. 그곳에는 마침 축제가 열리고 있었으므로 그는 미사에 참여하여 간절히 기도한 후 성 프란체스코가 두 형제와 함께 머무르고 있는 포르티운쿨라의 성 마리아 성당을 향하여 걷기 시작했다.

그러나 길레스 형제는 그 장소를 정확히 몰랐기 때문에 나병 요양소 근처의 교차로에 왔을 때, 그는 경건하게 주님께서 그의 길을 아무 장애 없이 인도해 달라고 기도하였다. 주님께서는 기도에 응답하여 그를 그가 찾는 장소 근처의 교차로로 인도해 주셨고, 그는 잠시 그곳에 서있는 동안 자신이 품고 있는 소원에 대하여 곰곰이 생각하기 시작하였다.

주님께서는 진심으로 부르는 자에게 가까이 가시고 늘 불쌍한 자의 소원을 허락하시기 때문에, 바로 그때 성 프란체스코가 기도하고 있던 근처의 숲 속에서 나왔다. 길레스 형제는 그를 만나게 되어 대단히 기뻐하였고 즉시 그의 앞에 무릎을 꿇었다.

성 프란체스코가 그에게 원하는 것이 무엇이냐고 물었을 때 그는 겸손히 무릎을 꿇은 채로 대답하였다. "저는 하나님의 사랑을 위하여 당신과 함께 있고 싶습니다."

성 프란체스코는 그에게 대답하였다. "주님께서 그대에게 큰 은혜를 주셨도다. 만일 황제가 아시시에 와서 시민들 중에서 그의 기사와 호위병을 선출한다고 가정하면 그 명예를 얻기 위하여 많은 사람들이 경쟁할 것이다. 그런데 주님께서는 모든 사람들 가운데서 그대를 택하시어 그의 궁정으로 부르셨으니 이것이 얼마나 더 큰 은혜인가!"

자신의 손으로 그를 잡고 일으켜 세운 후 성 프란체스코는 그를 성당으로 인도하여 거룩한 버나드 형제에게 이렇게 말했다. "주께서 우리에게 선한 형제를 보내 주셨도다." 그리고 나서 그들은 주님 안에서 함께 기뻐하며 식사를 하였다.

2. 어떻게 길레스 형제가 성 프란체스코로부터
수도복을 받게 되었는가.

그때 성 프란체스코는 길레스 형제에게 수도복을 주기 위하여 그와 함께 아시시의 시내를 걷고 있었다. 그들이 함께 걸어가고 있을 때 한 가난한 여인이 겸손히 성 프란체스코와 그에게 와서 '그리스도의 사랑' 으로 무엇을 좀 달라고 구걸하였다.

그녀는 다시 한 번 그 말을 반복하였으나 그들은 그녀를 도울 아무것도 가지고 있지 않았기 때문에 아무 대답도 못했다. 마침내 그녀는 그 말을 세 번째 되풀이해서 간절하게 구걸하였다.

길레스 형제는 아직 세속의 의복을 입은 채로 성인 옆에서 그녀의 구걸을 듣고 있었다. 그는 성인에 대한 경외심 때문에 감히 아무 대답도 못하고 불안하게 그녀의 구걸을 들으며 기다리고 있었다.

그때에 성인은 천사와 같은 말로 그를 돌아보며 말했다. "그녀에게 그대의 외투를 줍시다. 우리 주 예수 그리스도의 이름으로!"

그는 기다리고 있었다는 듯이 성인의 명령을 기쁜 마음으로 받아들이고 즉각 그의 외투를 벗어 그 가난한 여인에게 주었다. 그 자신이 후에 말한 것처럼 그가 외투를 벗자마자 성령께서 주시는, 말로 표현 할 수 없는 위로로 그는 가득 차게 되었다.

또한 그날 성 프란체스코는 그에게 수도복을 주었다. 그가 그 옷을 받고 난 후, 남루한 수도복을 입었을 때에 그의 기쁨은 너무나도 강렬하여 마음이나 입으로 감히 표현할 수가 없을 정도였다.

3. 성 야고보 성당으로의 순례에 대하여.

어느덧 성 프란체스코 수도회의 형제의 숫자가 7명이 되었다. 그러자 성 프란체스코는 그들을 각각 다른 지방으로 보내어, 사람들로 하여금 우리의 창조주이시며 구속자이시며 구세주이신 분을 찬양하고 회개를 촉구하도록 각기 파송하였다.

그리하여 길레스 형제는 성 야고보 성당을 향하여 경건한 순례의 여행을 떠났다. 그는 여행 도중 배고픔과 추위와 목마름과 궁핍과 많은 고통을 겪었으나 그의 회심 초기부터 많은 위로를 주셨던 주님께서는 언제나 그를 격려하여 주셨다.

그는 오직 하나의 수도복으로 만족하였으나 여행 기간 동안 가난한 사람을 만나자 사랑으로 감동되어 겉옷을 벗어서 기꺼이 그에게 주었다. 이처럼 그는 맨발로 겉옷도 없이 21일 동안 여행을 하였다.

마침내 아시시로 되돌아와서 매우 경건한 신앙인이었던 그는 미카엘 성당과 바리에 있는 성 니콜라스 성당으로 갔다. 그와 같이 세상을 여행하고 있는 동안 그는 사람들에게 하늘과 땅의 창조주이신 분을 두려워하며 사랑하고 각자의 죄를 회개하라고 촉구하였다.

하루는 그가 여행과 배고픔으로 말미암아 극도로 기진맥진하였을 때, 길가에서 휴식을 취하고 나서 잠이 들어 버렸다. 얼마 후 잠에서 깨었을 때 그는 머리맡에 빵 반 조각이 놓여 있는 것을 발견하였다. 그것은 오직 하나님께 소망을 두는 사람들을 결코 버리시지 아니하시는 하나님의 은총이었다. 하나님께 깊이 감사한 후 그는 그 빵을 먹고 기운을 차렸다.

✳ 4. 어떻게 그가 성묘(聖墓)를 방문했는가.

그는 또한 바다를 건너 성지를 방문하게 되었다. 아크레(Acre)에 머무르고 있는 동안 그는 양식을 얻기 위하여 날마다 멀리 떨어져 있는 샘물에서 물을 떠왔다. 그는 어깨에 멘 큰 가죽 부대에 물을 담아 가지고 시내에 들어가면서 사람들에게 하나님의 사랑을 위하여 빵과 물을 바꾸자고 말하였다.

그곳의 시민들은 샘물이 시내에서 너무 멀리 떨어져 있으므로 그의 제안을 쾌히 받아들였다. 이 전능하신 하나님의 종은 이처럼 자신을 낮추고 작고 정직한 노동에 결코 부끄러워하지 않았으며 그리하여 자신의 손으로 직접 노동함으로써 빵을 벌어 선한 모범을 보여 주었다.

✸ 5. 그가 추기경과 머물러 있을 때 어떻게 그의 양식을 벌었는가.

한번은 그가 투스콜리의 주교인 니콜라스 추기경을 방문하였을 때였다. 그는 밖으로 나가 올리브를 모으는 일과 다른 자잘한 노동을 하는 것을 열심히 도와 주었다. 그리하여 그는 노동의 대가로 빵을 받아 가지고 추기경의 집으로 돌아왔다.

그 추기경이 왜 가난한 사람처럼 빵을 위하여 노동하느냐고 묻자, 길레스 형제는 그에게 예언자의 말씀을 들려주었다. "너는 네 손으로 수고를 하여 빵을 먹으라." 이 말씀은 성 프란체스코가 처음부터 수사들에게 그렇게 가르쳤고 규칙에 기록해 놓았으며 임종 때에 그의 유언에도 남겨 놓은 말씀이었던 것이다.

그가 견디어낸 모든 노동과 배고픔과 목마름과 추위와 궁핍과 고난과 천대를 다 말하기에는 너무 오랜 시간이 걸릴 것이다. 그러나 그는 항상 그러한 것들을 인하여 하나님께 감사드렸다.

✸ 6. 무아경에 대하여.

그가 순례에서 돌아왔을 때 성령의 인도함을 받은 성 프란체스코는 길레스 형제가 항상 선한 모범을 보여 주는 하나님의 사람이라는 것을 깨닫고, 참으로 즐거워하며 이제부터는 원하는 곳으로 어디든지 가라고 말하였다.

그러나 길레스 형제는 아무 곳으로나 가서 자유롭고 편하게 살기를 원치 않는다고 대답하였다. 그러므로 그의 회심 7년째 되던 해에 성 프란체스코는 그를 페루자 평원의 파바로네라는 수도처로 보냈다.

하나님께서는 그의 선행을 보시고 바로 그때 주님의 손을 그에게 내려 주셨다. 이처럼 하나님이 그에게 내려 주신 은혜 가운데 이런 것이 있었다.

그가 기도하고 있던 어느 날 밤 하나님의 위로로 가득 차서 그에게는 마치 하나님이 그의 영혼을 육체로부터 빼내고자 하시는 것처럼 보였다. 또한 하나님께서는 그에게 어떤 하나님의 비밀을 계시하심으로써 그가 하나님의 일을 더욱 열심히 할 수 있도록 영감을 주시고자 하는 것처럼 보였다.

그는 자신의 영혼이 몸으로부터 빠져 나올 때까지 자신의 몸이 서서히 죽어 가고 있는 것처럼 느끼기 시작하였다. 또한 그는 자신의 영혼을 육체 안에 넣어 주신 우리 창조주의 기뻐하시는 뜻대로 그의 영혼이 몸을 빠져 나오고 있는 동안 자신을 바라보는 큰 즐거움을 가졌다.

이는 성령께서 그의 영혼을 뛰어난 아름다움으로 장식해 주셨기 때문이었다. 후에 그의 임종이 가까웠을 무렵 그가 고백한 바에 의하면 그 모습은 모든 생각을 초월하여 지극히 빛나고 아름다웠다. 그때 그의 거룩한 영혼은 환상 가운데 무아경에 사로잡혀 그가 어느 누구에게도 밝히지 않았던 하늘의 비밀을 체험하였다. 때때로 그는 이렇게 말하곤 했다.

"주님이 원하시고 기뻐하실 때 계시되지 아니하고 숨겨진 것은 아무 것도 없으므로 하나님의 비밀을 조용히 지키고 보호하는 방법을 아는 사람은 복이 있도다. 그러나 나는 스스로 두려워하나니 만약 그것이 계시되어진다면, 나 자신보다 오히려 다른 사람들에 의하여 계시되기를 바라노라."

✳ 7. 어떻게 마귀가 그를 공격하였는가.

하나님의 허락으로 인류의 적인 마귀는 항상 거룩하고 완전한 사람들을 괴롭히기 위하여 애를 쓴다. 그 위로가 있을 후 얼마 안 되어 같은 수도원에서 이런 일이 있었다.

그가 기도를 마치고 그의 골방으로 들어가고 있을 때 그는 뒤에 사탄의 천사가 있다는 것을 느꼈다. 그 공포스러운 존재를 견디어 낼 수가 없어서 그는 오로지 기도에 전념하며 마음속으로 하나님을 불렀다. 그리하여 그는 두려움 때문에 말 한마디도 할 수 없었으나 즉시 자유를 얻었다.

며칠 후에 그는 성 프란체스코에게 물었다. "선생님, 사람이 만일 한 분이신 하나님 아버지께 온전히 고백하고 도움을 받지 않을지라도 온갖 공포스러운 일들을 견딜 수 있을까요?"

성 프란체스코는 "만약 그가 하나님의 도움을 받지 않는다면, 어느 누구도 마귀의 모습을 보는 것조차 견디어 낼 수 없도다"라고 대답하였다. 길레스 형제는 이 말을 듣고 자기의 경험을 인하여 그것이 사실이라고 믿었다.

이 일이 있기 전에 그가 스폴레토의 성 아폴리나리스 교회에 있을 때(수사들은 그 당시 그곳에서 묵고 있었다), 그는 밤중에 일어나 다른 수사들보다 먼저 교회에 갔었다. 그가 그 교회 안에서 기도에 전념하고 있을 때, 그는 마귀가 머리 위에서 그를 누르며 고문하는 것을 느꼈다. 그는 간절히 기도했지만 일어날 수조차 없었다. 그러나 온 힘을 다하여 성수반(聖水盤)으로 기어가서 그가 자신에게 믿음으로 성수를 뿌렸을 때에 그는 즉각 마귀로부터 자유를 얻었다.

✳ 8. 그가 어떻게 자신의 눈으로 주 예수 그리스도를 목격하였는가.

그의 회심 18년째 되던 해 — 그 해에 성 프란체스코가 세상을 떠나 천국으로 갔었다 — 길레스 형제는 그의 동료와 더불어 세토나의 수도처로 가고 있던 중에 시보톨라의 수도원으로 들어갔다.

그날 밤 그 수도원에서 잠을 자는 동안 그는 꿈속에서 한 황제가 자신을 친한 친구로 대우하는 꿈을 꾸었다. 그것은 그 자신이 표현하였듯이 그가 나중에 받게 될 영광스러운 은혜와 무아경에 대한 하나의 전조였다.

다음날 그와 그의 동료는 일어나 목적지인 세토나의 수도처로 가서 그곳에 묵으면서 40일 동안 열렬한 헌신으로 금식하였다. 또한 그곳에서 길레스 형제는 꿈속에 성 프란체스코를 보고 이렇게 말했다. "나는 선생님과 홀로 이야기하고 싶습니다." 그러자 성 프란체스코는, "만약 그대가 나와 이야기하기를 원한다면 그대 자신을 잘 살펴라"라고 대답하였다.

그가 열심히 기도와 헌신에 전념하고 있을 때, 성탄절 3일 전날 밤 기도 중에 주 예수 그리스도께서 그에게 나타나셨다. 그는 주님을 직접 목격하였으며, 환상 가운데 느껴지는 강한 향냄새 때문에 그만 큰 소리를 질렀다. 그에게는 마치 자신이 죽어 가고 있는 것처럼 느껴졌으며 그러한 축복을 감당할 수 없을 지경이었다.

그는 갑자기 말로 표현할 수 없는 향기와 압도적인 영적 달콤함으로 가득 차는 것을 느꼈으며 삶의 마지막 고통에 들어와 있는 것처럼 느껴졌다.

어떤 수사가 그의 외치는 소리를 듣고 깜짝 놀라서 길레스 형제의 제자에게 달려가 "길레스 형제님께 가 보시오. 그가 죽어 가고 있습니다"라고 말해 주었다. 그는 즉각 일어나 길레스 형제에게 달려가서 "무슨 일입니까? 신부님!" 하고 외쳤다.

그러자 길레스 형제는 "내 아들아, 이리 오라. 나는 그대가 오기를 기다리고 있었느니라" 하고 대답했다. 그는 그 제자를 무척 사랑했고 그의 초년 시절부터 거룩한 삶의 방식을 훈련시켜 왔으므로 많은 것들을 그에게 이야기해 주었다.

길레스 형제가 조금 전 자신에게 일어났던 모든 일들을 이야기해 주었을 때 그 제자는 환상이 하나님으로부터 온 것임을 깨닫고 조용히 그의 골방으로 돌아갔다.

다음날 그 제자가 길레스 형제의 골방으로 들어갔을 때 그가 몹시 울며 탄식하고 있는 것을 발견하고는 건강에 크게 해가 될지도 모르니 더 이상 그렇게 슬퍼하지 말라고 간곡히 부탁하였다.

그러나 길레스 형제는 울며 대답하였다. "나는 내 자신이 하나님의 적인 것을 알고 있는데, 하나님께서는 나에게 너무 자비하시고 이처럼 큰 은혜를 주셨으니 어떻게 울지 않을 수가 있겠는가? 또한 내가 하나님의 크신 뜻을 행할 수 있을 것인지 두렵도다."

그는 하나님께서 주신 특별하신 은총 때문에 자기 자신이 놀랍게 새로워진 것을 느끼며 제자에게 이렇게 말했다. "지금까지 나는 내 손으로 일하면서, 내가 원하는 대로 가고 원하는 대로 행해 왔다. 그러나 이제부터 나는 내가 예전에 행하던 대로 할 수 없고, 오직 내 안에 계신 성령의 인도하심을 받는 대로 행해야만 한다. 그러므로 나는 다른 사람들이 혹 내가 줄 수 없는 것을 요청할까 두려움을 느낀다."

그러자 그 제자는 이렇게 말했다. "사랑하는 종에게 은혜를 내려 주시는 주님은 또한 그로 하여금 은혜를 보존하도록 허락하십니다. 그럼에도 불구하고 당신께서 하나님을 경외하는 것은 선한 일입니다." 그의 대답은 길레스 형제를 기쁘게 하였다.

그는 성탄절 3일 전부터 현현절까지, 지속적인 것은 아니지만 때때로 낮과 밤 동안 크고 말로 표현할 수 없는 영적 달콤함과 복된 즐거움, 하나님의 향기를 계속 느끼며 즐거워하였다. 그러나 그의 연약한 육신은 하늘의 찬란한 빛이 나타날 때 그것을 오랫동안 견디어 낼 수 없었으므로 그는 그와 같은 큰 짐을 지우지 말아 주기를 주님께 간절히 기도하였다.

또한 그는 자신이 하나님의 뜻을 이루기에 합당하지 못하며, 교육을 받지 못한 무지하고 천한 농부라고 주님 앞에 탄원하였다. 그러나 그가 자신을 무가치하게 여기면 여길수록 주님께서는 그의 영혼에 은총을 더해 주셨다. 그는 결국 하나님께서 옛 사도들에게 생명의 입김을 불어넣어 주신 것처럼 그에게도 늘 생명의 입김을 불어넣어 주셨다고 고백했다.

어느 날 밤 길레스 형제가 골방 앞에서 그의 제자와 함께 주님의 말씀에 대하여 경건한 사랑으로 서로 대화하고 있을 때, 한 밝은 빛이 그들 가운데 뚜렷이 나타났다가 지나갔다. 그의 제자가 그것이 무엇이냐고 물었을 때 길레스 형제는 "지나가게 하라" 하고 대답했다.

그 당시에 주님께서 그의 비밀 중 일부를 계시해 주셨던 어떤 거룩한 사람이 살고 있었다. 길레스 형제에게 이러한 일이 일어나기 얼마 전, 그는 길레스 형제의 골방이 있는 곳에서 해가 뜨고 지는 꿈을 꾸었다. 후에 그는 하나님의 손으로 말미암아 놀랍게 변화되고 새로운 은혜의 영으로 가득 찬 길레스 형제를 보고 그에게 이렇게 말했다.

"동정녀 아들의 온유하신 모습을 지니고 있도다."

✳ 9. 환상을 본 후 길레스 형제는 쉽게 하나님과의 무아경에 빠지다.

이런 일이 있은 후에 길레스 형제는 아주 조심스럽게 하나님께서 그에게 주신 은혜를 보존하려고 노력하였으며 늘 이렇게 말하곤 했다. "모든 은혜와 덕 가운데서도 가장 고귀한 덕은, 곧 하나님께서 우리에게 주신 은혜와 덕을 따르고 신중히 보존하는 것이다."

그는 또한 종종 말하기를, "옛 사도들은 성령의 은사를 받은 후에 고난을 견디어 내고 그들에게 주어진 은혜를 보존하기 위하여, 견디기 힘들 만큼 백배, 천배의 무거운 짐을 졌느니라"라고 말하였다.

그 이후로 그는 항상 골방에서 홀로 거하면서, 모든 악한 행위와 악한 말로부터 자신을 살피고, 기도하며 금식하며 모든 언행을 주의하려고 애썼다. 누군가 그에게 다른 사람에 대하여 나쁜 점을 말하려하면 그는 이렇게 말하곤 하였다. "나는 다른 사람의 죄에 대하여 알고 싶지 않다. 형제여, 당신에게 관련되지 않고 당신에게 유익을 주지 않는 나쁜 일에 대하여 쓸데없이 관심을 갖지 않도록 주의하시오."

그리하여 주님께서는 그가 작은 일에 선하고 신실한 종인 것을 보시고 더 큰 은혜를 부어 주셨으며, 참으로 그에게는 그럴만한 자격이 있었다. 이처럼 하나님께서는 더욱 충만한 은혜를 계속 부어 주셔서 길레스 형제는 더 이상 사람들로부터 그것을 숨길 수가 없었다. 누군가가 그에게 하나님의 영광과 달콤함과 천국에 대하여 이야기하면, 그는 곧 무아경에 빠져서 하루 밤낮을 전혀 움직이지 아니하고 아무 말도 하지 않은 채 그 자리에서 머물러 있곤 하였다.

결국 그는 평신도들과 교제하는 것뿐만 아니라, 그의 형제들과 모든 수사들로부터도 떠나 홀로 있게 되었다. 왜냐하면 그는 종종 이렇게 말하곤 하였기 때문이다.

"사람이 많은 사람들과 함께 있는 것보다는 오히려 소수의 사람들과 함께 있는 것이 그의 영혼을 구하는 데 더 안전하다. 다시 말하면 홀로 있으면서 오직 하나님과 자신의 영혼에만 관심을 갖는 것이 더욱 안전하나니 이는 태초에 영혼을 지으신 하나님 한 분만이 우리 영혼의 친구요 다른 사람은 아니기 때문이다."

또한 그는 경험으로 인하여 덧붙여 말하기를, "자신의 영혼을 알도록 허락된 사람은 얼마나 위대하며 보기 드문 영적 은혜를 받은 자인가! 이는 오직 하나님만이 아시는 일이며 하나님만이 그것을 마땅한 사람에게 나타내고자 하시느니라"라고 하였다.

그러므로 그는 종종 자기 자신에 대하여 이렇게 말하곤 했다. "만약 사도 베드로나 사도 바울이 하늘에서부터 내려와, 나와 이야기하고 싶어 하는 사람들을 만족시키기 위하여 나에게 말한다면, 나는 그들을 믿지 않을 것이다."

또 그는 말하곤 하였다. "그 자신의 영혼에게 선을 행하는 자는 또한 그 친구들의 영혼에 선을 행하는 것이다." 그리고 또한 이렇게도 말했다. "사람은 그가 결코 다시 회복할 수 없는 자신의 실수로 인하여 주님의 많은 위로와 방문을 잃어버릴 수도 있다."

그리고 그 예로써 도박을 들었다. 즉 도박은 작은 하나의 노름에 불과하지만 그로 인하여 사람은 많은 것을 잃어버릴 수 있다. 즉 비록 작은 죄일지라도 사람이 그것을 저항할 수 있는 방법을 알지 못한다면, 그 영혼을 위한 큰 은혜를 잃어버릴 수 있는 것이다.

성 프란체스코도 늘 이 같은 말을 하곤 했으며 책자에는 이렇게 기록되어 있다. "당신이 눈물로 얻은 것을 웃음 가운데 잃지 않도록 주의 하라."

이처럼 길레스 형제는 회심의 처음부터 육신에 조금의 휴식도 주지 않으면서, 오직 하나님께 자신을 바치고 영혼을 위하여 항상 주의하였으므로 그는 하나님 앞에서 큰 은총을 얻었고 하나님으로 말미암아 찬란한 명예를 얻었다. 이는 우리가 믿기로는 성 프란체스코 이후로 허락된 사람이 거의 없는 하늘의 계시가 그에게 자주 나타난 것을 보면 명백히 알 수 있다.

✳ 10. 어떻게 그는 환상에 대하여 열정을 가지고 이야기하곤 하였는가.

길레스 형제는 세토나 수도원을 늘 찬양하곤 하였다. 그가 자주 비교하였던 바다 건너의 6군데 수도원을 제외하고는, 세상에서 그 어느 수도원보다도 이 수도원에서 주님께서는 그에게 자비와 특별하신 은혜를 베풀어 주셨기 때문이었다.

그는 사람들이 성 미카엘 수도원이나 성 베드로 수도원이나 혹은 성 니콜라스 수도원, 혹은 어떤 다른 수도원보다도 더욱 큰 존경심과 헌신을 가지고 이 세토나 수도원에 가야 한다고 말하곤 하였는데 이는 주인이 종보다 훌륭한 것처럼 이 수도원에 거하시는 그리스도께서는 모든 성인보다 크시기 때문이라고 말하였다. 또한 그는 이와 비슷한 수도원은 있을 수 있으나 이보다 더 훌륭한 수도원은 없다고 말하기도 했다.

그가 이렇게 말할 때면 그의 제자는 "선생님, 알베르나 산에서 성 프란체스코께 스랍 천사가 나타났다는 것은 참으로 놀라운 일입니다. 또한 성 크리스티나와 성 캐더린을 비롯하여 많은 동정녀와 성인들이 각기 다른 나라에서 추앙을 받지 않았습니까?"라고 대답하였다.

이 말에 길레스 형제는 "내 아들아, 피조물은 창조주에 비하면 아무 것도 아니니라"라고 대꾸하였다.

또 한번은 그의 제자인 그라티안 형제와 야고보 형제, 그리고 버건디의 안드레 형제가 길레스 형제와 함께 있을 때에, 그라티안 형제가 안드레 형제에게 말했었다. "성경에 우리 주 예수 그리스도께서 부활하신 후 지중해 이쪽 편에 나타나신 적이 있다고 기록되어 있습니까?" 그는 사실 길레스 형제가 어떻게 대답할 것인가 알고 싶어서 이 말을 했던 것이다.

그러자 길레스 형제는 갑자기 큰 소리로 대답하였다. "그대는 주님께서 지중해 이쪽 편에 나타나셨느냐고 묻고 있는가? 진실로 그분은 약 12일간이나 이 땅에 나타나셨었소."

"선생님, 그곳이 어디입니까?" 하고 안드레 형제가 묻자 길레스 형제는 대답했다. "그러므로 그대가 보는 것을 잘 보고 그대가 듣는 것을 살펴서 들으라."

그때 안드레 형제는 "사실 주님께서 로마 근처에 사도 베드로에게 나타나셨을 때 베드로가 '주여 어디로 가시나이까?' 하고 물었던 것이 기록되어 있습니다."

"나는 그 장소를 말하는 것이 아니다." 길레스 형제는 대답했다. "왜냐하면 내가 말하는 장소는 그곳보다 더 위대한 장소이기 때문이니라. 나는 주님께서 내가 여태까지 들은 바 이 땅에서 그 누구에게 나타나신 것보다 더 위대한 일을 행하셨던 장소를 알고 있다. 그곳에서 주님은 내가 여태 들어보지 못한 일을 행하셨고, 또한 그 일은 주님께서 여태까지 그 누구에게 행하셨던 것보다도 더욱 위대한 일이었다."

안드레 형제는 또다시 그에게 말했다. "하나님께서는 로마에서 성 베드로에게, 그리고 아시시에서 성 프란체스코에게 큰일을 행하셨습니다. 당신께서 말씀하시는 그 일이 이것들보다도 더 위대한 일이라면 그것은 정말 위대한 일임에 틀림없습니다." 길레스 형제는 대답했다. "네가 말한 일들이 위대했던 것은 사실이다. 그러나 주님의 사역과 주님 자신과는 별개의 문제이니라." 그는 즉각 덧붙여 말하였다.

"오, 주님. 당신의 눈은 놀라우시며 당신의 귀는 표현할 수가 없습니다. 또한 당신의 다른 특징들도 참으로 아름답고 경이스럽나이다!"

"선생님, 그 장소가 어디입니까?" 하고 안드레 형제가 또 물었다.

길레스 형제는 대답하였다. "그대가 보는 것을 잘 보고 그대가 듣는 것을 살펴서 들으라. 그대는 치우시에 가 본 적이 있는가?"

"아니요, 그렇지만 그 지방 근처에는 가 보았습니다."

"좋다. 그대는 그 위대한 일이 언제 일어났는지 아는가?"

"언제입니까, 선생님?"

"성 프란체스코가 이 세상을 떠나던 해였다. 또한 그 일은 성탄절 3일 전부터 현현절까지 계속되었느니라."

"당신께서 말씀하시는 그 사건들이 계속적으로 일어났습니까? 아니면 간격을 두고 때때로 일어났습니까?"

"나는 계속적으로 일어났다고는 말하지 않는다. 그러나 낮과 밤을 두고 때때로 일어났느니라." 잠시 후에 그는 말했다. "내가 이 말을 할 정도로 지나치게 말을 많이 하였구나."

그러자 안드레 형제는 그에게 말했다. "하나님의 종들이 때때로 다른 사람들의 영적인 유익을 위하여 어떤 비밀을 말해 주는 것이 하나님의 뜻이라고 나는 믿습니다."

"그때 일어났던 일은 나의 잘못이 아니었다. 오히려 나는 주님께 그와 같은 일은 무지한 나에게는 적합하지 않다고 간청하였기 때문이니라. 그러나 그분은 나의 주님이시므로 언제나 그가 기뻐하시는 대로 행하시느니라."

❋ 11. 그가 페술라노 산 위에서 본 환상에 대하여.

한번은 안드레 형제가 길레스 형제에게 말했다. "주님은 알베르나 산에서 성 프란체스코에게 위대한 일을 행하셨습니다."

그러자 길레스 형제는 "나는 우리나라에서 페술라노 산 같은 위대한 산은 알지 못한다"라고 대답하였다.

"천사가 누군가에게 나타난다면 그것은 위대한 일이라고 생각지 않으십니까?"하고 안드레 형제가 묻자 길레스 형제는 대답했다. "나는 그대의 말에 놀라지 않을 수 없구나, 안드레 형제여, 만일 이 세상에 하늘이나 땅이나 혹은 천사나 대천사나 혹은 어떠한 피조물들이 모두 없어진다고 해도 하나님의 위대하심에는 조금도 손색이 없기 때문이니라. 그러므로 주님이 나타나는 것이 가장 위대한 일이다."

안드레 형제는 그에게 말했다. "저는 주님께서 위대한 일을 행하신 그 장소에 아름다운 교회를 세우고 싶습니다."

"과연 그대의 말이 옳도다!"

"그 교회의 이름을 무엇이라 하였으면 좋을까요?"

"성령강림절의 이름으로 하자꾸나!"

"당신은 성령께서 사도 시대의 성령강림절에 불의 형태로 나타나신 이후로 어느 누구에게 성령이 다시 나타나신 적이 있다고 생각하십니까?"

길레스 형제는 대답했다. "내가 스스로 나를 영화롭게 한다면 나의 영광은 아무 것도 아니니라. 이 일은 더 이상 말하지 말자꾸나."

오! 주님께서 그러한 영광을 허락해 주신, 참으로 거룩하고 거룩한 길레스 형제여! 그는 항상 자기 자신에 대하여 말할 때 다른 사람에 대하여 말하는 것처럼 말하곤 하였다.

"사도 바울은 두 번 무아경에 빠져 몸 안에 있었는지 몸 밖에 있었는지 나는 모르나 하나님은 아신다고 말하였다. 그러나 하나님께서 어떤 사람에게 그 일에 대하여 완전한 확신을 주신다면 이는 얼마나 위대한 일일까?"

❉ 12. 그가 어떻게 하나님과 대화 중에 무아경에 빠지게 되었는가.

한번은 길레스 형제가 페루자 지방의 아겔로 수도원에 머무르고 있을 때, 그는 저녁시간이 되자 식사를 하기 위하여 수도원으로 돌아왔다. 그는 식사를 마친 후에 그곳에 있는 수사들에게 위로와 열렬한 헌신으로 가득 찬 영감어린 말들을 해주었다. 그가 이처럼 거룩한 열정으로 불타오르고 있는 동안 그의 마음은 점점 뜨거워지고 있었다.

그때 그는 사람들 앞에서 거룩한 침묵의 무아경 속에 빠져 들었고 수탉이 처음 울 때까지 무아경 속에서 깨어나지 못했다. 창틈으로 들어온 밝은 달빛이 그를 비추어 주고 있었다. 나중에 그가 수사들을 떠나 그의 골방으로 걸어가고 있는 동안 갑자기 찬란한 빛이 나타나 그 모든 달빛을 완전히 삼켜 버렸다. 수사들은 그 광경을 보고는 놀라움과 경이로 가득 찼다.

그러나 길레스 형제는 걸음을 멈추고 돌아서서 그들에게 말했다.

"그대들이 이보다 더 위대한 일을 본다면 어떻게 하겠는가? 위대한 일을 보지 못한 사람은 작은 일을 보고도 위대하다고 믿느니라." 이 말을 한 후에 그는 그의 골방으로 들어가 조용히 문을 닫았다.

✻ 13. 어떻게 마귀가 그를 교만으로 시험하였는가?

악마들은 거룩하고 완전한 사람들에게 공포를 줌으로써 해를 끼치거나 괴롭힐 수 없었기 때문에 다른 방법, 즉 교만과 허영을 통하여 그를 시험하기로 하였다.

어느 날 밤 페루자 근처 수도원의 골방에서 기도하고 있는 동안, 그는 악마들이 그 근처에 서서 말하는 것을 들었다. "이 사람은 왜 그렇게 열심히 노력하는가? 그는 이미 성인이나 마찬가지다. 그는 이미 기름 부음을 받았고, 환상의 은사를 받은 사람이다."

후에 그는 자신의 비밀을 많이 털어 놓았던 어떤 동료에게 물었다. 이 말이 무엇을 의미하며 특별히 '환상의 은사를 받은 자' 라는 말이 무슨 의미인지 물었을 때 그의 동료는 이렇게 대답하였다. "형제여, 그 말에 전혀 신경을 쓰지 마시오. 왜냐하면 그것은 마귀의 시험이기 때문이요."

또 한번은 같은 수도원에서 그가 올리브 나무 아래 있을 때 한 수사가 그에게 말했다. "선생님, 학식 있는 자들은 이 묵상에 대하여 무어라 말합니까?"

그러자 길레스 형제는 갑자기 큰 소리로 외쳤다. "그대는 내가 생각하는 것을 말하기 원하는가? 묵상은 불이요 기름 부음이요 무아경이며 향기이며 휴식이며 영광이니라!"

그 수사는 길레스 형제가 그토록 열정을 가지고 말하는 그 심오한 말에 깜짝 놀라고 말았다.

✳ **14. 그의 훈계는 얼마나 유익했는가.**

한번은 길레스 형제가 겸손과 사랑의 마음으로 잘못을 저지른 한 수사를 훈계하고 지도하였을 때, 그 수사는 속으로 분노하였다. 그러나 그날 밤 환상 가운데에 한 사람이 나타나 그 수사에게 말했다.

"형제여, 길레스 형제의 훈계에 대하여 분노하지 말라. 그를 믿고 따르는 자는 복을 받을 것이니라.

다음날 아침 그 수사는 깊이 반성하고 길레스 형제에게 가서 자신을 심히 책망하여 달라고 간청하였다.

✳ **15. 그가 사망하기 전에 세토나 수도원에서 마귀가 공격한 이야기.**

길레스 형제의 임종이 가까웠을 때, 주님께서는 그에게 큰 수고와 싸움의 승리 후에 영원한 면류관과 안식을 주시고자 하였다. 그리하여 그는 전보다도 더욱 더 많은 마귀의 공격을 견뎌 내어야만 했고, 모든 일에 있어서 더 많은 시험을 받게 되었다.

어느 날 밤 그가 오랫동안 기도한 후 잠시 휴식을 취하고자 했을 때 마귀는 그를 꽉 움켜잡고 전혀 움직이지 못하도록 좁은 장소에 그를 가두었다. 그가 불안한 가운데 일어서려고 계속 애를 쓰는 동안 그를 돌보고 있던 그라티안 형제가 그의 신음소리를 듣게 되었다. 그가 이상히 여기고 골방에 가까이 갔을 때 그는 명백히 길레스 형제의 고통 하는 신음소리를 들었다.

"만약 내가 가까이 갔을 때 그가 기도하고 있다면 그대로 기도하도록 내버려두고, 그렇지 아니하다면 무슨 일인지 알아보도록 하자"라고 중얼거리면서 그라티안 형제는 조심조심 그의 골방 문 앞으로 가서 귀를 기울여 듣기 시작하였다. 그는 다시 한 번 길레스 형제의 신음하는 소리를 들었을 때 그를 부르며 말했다.

"무슨 일입니까? 선생님!"

그러자 길레스 형제는 "아들아, 들어오라. 어서 들어오라"라고 대답하였다.

그는 문을 열려고 했으나 도무지 문을 열 수가 없었다. "왜 문을 열 수가 없습니까?"하고 묻자 길레스 형제는 말했다. "밀라. 온 힘을 다하여 강하게 밀라. 나는 지금 마귀에 의해 문에 끼어서 도저히 일어날 수가 없다."

그라티안 형제가 온 힘을 다하여 문을 열고 방안에 들어가자 그곳에는 길레스 형제가 힘없이 누워 있었다. 그는 또다시 온 힘을 다하여 그를 일으켜 세우려 하였으나 왠일인지 그렇게 할 수 없었다. 그러자 길레스 형제는 "우리 자신을 잠시 주님의 손에 맡기자꾸나" 하고 말했다.

그 수사는 마지못해 동의하고는 얼마동안 기다린 후에 다시 한 번 온 힘을 다하여 그를 그 좁은 장소에서 끌어내었다.

길레스 형제는 잠시 휴식을 취한 후에 그 제자에게 말했다. "어찌하여 마귀는 그토록 하나님의 은혜를 방해하는 것일까? 어려울 때에 그대가 와 주어서 나에게 참으로 좋은 일을 해 주었도다. 아들아, 하나님께서 그대에게 그것을 보상해 주시리라!"

그러자 그의 제자는 말했다. "선생님, 왜 이런 일이 일어났습니까? 왜 저를 부르시지 않았습니까? 만약 당신께서 돌아가셨다면 우리는 얼마나 죄책감을 느껴야 했을까요? 자칫하면 선생님으로 인하여 저희들은 크나큰 비난을 받을 뻔 했습니다!" 길레스 형제는 대답했다.

"내 원수들이 나에게 앙갚음을 하려 들진대 그것이 너희와 무슨 상관이 있겠는가?"

그는 또한 이렇게 덧붙였다. "어찌하여 마귀는 그토록 하나님의 은혜를 방해하는 것일까? 이것이 한 번이라면 견딜만하다. 혹은 두 번, 세 번, 네 번이라도. 그러나 마귀들은 항상 악한 짓을 꾀하고 있다. 그대들은 이 사실을 확실히 알아야 하나니, 즉 마귀들이 방해를 하면 할수록 그들은 더 지옥으로 내려갈 뿐이다. 이는 그들이 하나님을 대적하고 있기 때문이며 모든 일은 결국 하나님의 자비로우신 뜻대로 될 것이다.

또한 마귀가 우리 같은 죄인들을 몹시 괴롭히는 것은 조금도 놀라운 일이 아니니라. 이는 인간이 죄 가운데서 태어나 끊임없이 죄의 유혹을 받고 있다는 것을 마귀가 알고 있기 때문이며 또한 자기 자신이 떨어져 버린 그 하늘로 인간이 예수 그리스도를 통하여 올라가고 있는 것을 보기 때문이다. 그러므로 마귀는 이를 방해하려고 자주 나에게 고통을 주어 왔으며 지금도 나를 괴롭히면서 조금의 휴식도 주지 않으려 들고 있느니라."

✳ 16. 세토나 수도원에서 악마가 행한 다른 공격에 대하여.

성 베네딕트 축제일이 가까웠을 무렵, 어느 날 밤 길레스 형제가 하나님께 경건하게 기도하고 있을 때, 악마는 또다시 하나님께서 그에게 주시는 은혜를 방해하기로 작정했다. 그리하여 악마는 길레스 형제에게 심한 공포를 주어 그로 하여금 두려움으로 외치게 만들었다. "형제여, 도와 주시오. 도와 주시오!"

그 근처의 골방에 있던 그리티안 형제가 이 외침을 듣고는 재빨리 일어나 그에게로 달려가서 큰 소리로 외쳤다. "두려워하지 마십시오, 선생님. 두려워하지 마십시오, 제가 돕겠습니다! 무슨 일입니까, 선생님?"

길레스 형제는 그에게 말했다. "걱정하지 말라, 형제여, 이젠 신경 쓸 것 없다."

그러나 그라티안 형제는 "제가 여기서 함께 머물겠습니다. 마귀들이 당신을 매우 괴롭히고 있기 때문입니다"라고 대답했다.

"아들아, 하나님께서 그대에게 보상을 주실 것이니라. 그대가 나에게 와 주어서 참으로 고맙다. 이제 그대의 골방으로 돌아가도록 하라."

저녁 식사 후 길레스 형제가 그의 골방으로 돌아왔을 때 그는 말했었다. "나는 오늘밤 순교할 것을 각오하고 있도다."

또한 그가 다른 형제와 이야기하고 있을 때에 그는 이렇게 말했다. "이 세상의 처음부터 오늘날까지 어떠한 수도회도 우리 작은 수도회보다 하나님을 섬기는 데 있어서 더 아름답고 효과적인 수도회는 없었느니라."

✳ 17. 그가 세토나 수도원에서 받았던 하나님의 위로에 대하여.

한번은 길레스 형제의 임종이 극히 가까웠을 무렵 그가 골방 밖으로 나와 이리저리 거닐고 있다가 그의 제자들 중 하나에게 말로 표현할 수 없는 기쁨으로 가득 차서 이렇게 말했다.

"내 아들아, 그대는 이것을 어떻게 생각하는가? 나는 어떠한 인간의 언어로도 표현할 수 없는 너무나도 밝고 찬란하며 고귀한 보물을 발견하였노라. 그래서 나는 지금 큰 기쁨 속에 빠져 있다! 내 아들아, 그대가 만일 이 같은 하나님의 축복을 받는다면 그대는 무엇이라고 말하겠는가?"

그는 자주 이 말을 반복하였으며 이렇게 말할 때마다 그는 기쁨과 열정으로 압도되어서 마치 성령에 취하여 있는 것처럼 보였다.

어떤 수사가 그에게 와서 식사를 하시라고 말했을 때 그는 "나는 모든 양식 중 가장 훌륭한 양식을 얻었느니라"라고 대답했다.

그러자 그 수사는 마치 그를 시험하는 것처럼 농담으로 대답했다. "신부님, 그와 같은 일로 신경 쓰지 마시고 어서 와서 드십시오." 그러나 성인은 그 대답을 농담으로 받아들이지 않고 큰 소리로 말했다. "형제여, 그대는 잘못 말하였다. 그런 대답보다는 오히려 그대가 피가 날 만큼 내 뺨을 때리는 것이 더 낫겠다."

추호의 의심도 없이 그의 거룩한 영혼은 주님께서 늘 그에게 말씀하신 대로, 이제 그의 영혼을 하늘로 올려 가장 영광스러운 보물을 즐기게 하실 것을 이미 알고 있었던 것이다. 주님께서는 그에게 오랫동안 예언해 왔고 소원해 왔던 죽음을 허락해 주심으로써 그의 소원을 성취시키셨던 것이다.

한번은 어느 수사가 성 프란체스코께서 '하나님의 종은 항상 순교자로서 죽기를 원하며 이를 두려워하지 않는다.' 고 말씀 하셨다고 그에게 말했다. 그러자 길레스 형제는 "나는 오히려 명상 가운데 죽기를 원하노라" 라고 대답하였다.

사실상 그는 옛날에 이미 그리스도의 사랑을 위하여 순교자로서 죽고 싶은 소원을 가지고 사라센 제국으로 갔었던 일이 있었다. 그러나 다시 돌아온 후에 그는 명상의 높은 경지에서 큰 가치를 발견한 후 이렇게 말했다. "나는 그때 순교자로 죽지 않은 것을 기뻐하고 있다."

18. 그의 행복한 죽음에 대하여.

임종이 가까웠을 무렵에 그의 몸은 높은 열에 시달렸다. 그는 머리와 가슴에 심한 기침과 고통을 겪었으며 먹거나 자거나 쉴 수가 없었다. 그러므로 수사들은 그의 침대 머리에서 그가 조금이라도 휴식을 취할 수 있도록 밤낮으로 그를 간호하였다.

순교자 성 조지의 축제일에 철야 기도하던 날 밤, 새벽기도 시간에 수사들은 그의 몸을 침대에 누인 채로 모시고 나왔다. 그는 머리를 침대 밑으로 향하고 누워 있었으며 그렇게 휴식을 취하는 것처럼 보였다. 그러나 그의 눈과 입술은 굳게 다물어져 있었으며 그의 거룩한 영혼은 이미 지체 없이 하늘로 올라간 이후였다.

이렇게 해서 가장 거룩한 길레스 형제는 주님께서 그를 성 프란체스코에게 인도하여 그를 따르게 하시고 그가 수도복을 입은 지 바로 52년이 되는 그 날 주님의 인도하심을 따라 천국 성도들과의 만남을 위하여 하늘로 올라갔던 것이다.

어떤 거룩한 사람은 그때 주님께서 직접 만군의 천사들과 복된 영혼들과 함께 나오셔서 공중에서 그를 영접하여 영화롭게 하시며 천사들이 찬양하는 가운데 그를 천국으로 인도하시는 환상을 보았다고 말하였다.

복된 길레스 형제는 지극히 찬양할 만한 7가지의 완전하고 거룩한 덕을 지니고 있었다. 그는 회심의 처음부터 죽는 날까지 겸손한 태도로 더욱 더 완전해지기 위하여 끊임없이 노력했으므로 주님께서는 풍성하게 그의 은혜를 더해 주셨으며 더욱 훌륭한 선물을 허락하여 주었다.

첫째로 그는 열정적이며 신실한 신앙인이었다. 둘째로 그는 공손한 사람이었으며, 셋째로는 경건한 사람이었고, 넷째로는 인내심 있고 동정심이 많았으며, 다섯째로는 사리를 분별할 줄 아는 지혜가 있었고, 여섯째로는 언제나 순종적이었으며, 일곱째로는 그가 자신에게 부어진 은혜로 말미암아 하나님과 사람들로부터 사랑을 받았다는 것이었다.

그는 살아 있을 때와 마찬가지로 죽고 나서도 많은 기적을 보여 주었으며 이 장(章)을 기록한 필자도 직접 그 기적을 체험하였던 것이다. 아멘.

여기서 복된 길레스 형제의 생애가 끝나며 이는 레오 형제가 그 자신의 손으로 직접 편집하고 기록한 것이다.

하나님은 영원토록 찬양을 받으실지로다!

제 5 부

길레스 형제 어록

****
****
****
****
****
****
****
****

서론

"하나님의 말씀은 살아 있고 효험이 있어 좌우에 날선 어떤 검보다도 예리하여" — 죽은 자에게 생명을 줌으로써 살아 있고, 약을 병자에게 줌으로써 효험이 있으며, 또한 마음이 굳은자를 뚫고 들어감으로써 좌우의 날선 어떤 검보다도 예리하다. 또 미덕으로부터 악을 분리하여 냄으로써 "혼과 영을 찔러 쪼개기까지 한다."

그러므로 인간의 지혜에서 나온 것이 아닌 우리 주 예수 그리스도의 원천으로부터 나온, 말로 표현할 수 없는 기쁨에 근거한 하나님의 종들의 말씀을 후세의 덕을 위하여 기록하는 것이 마땅하다고 여겨진다.

그리고 전능하신 하나님의 영광과, 이 말씀을 읽거나 들을 동료들의 덕을 위하여 우리는 이것을 기록하였다. 길레스 형제가 영적인 대화 가운데 충만한 진리로 이야기한 아름답고 달콤한 말씀들은 이것을 읽는 많은 영혼들에게 큰 유익을 줄 것이다.

✳ ## 1. 덕과 은혜와 그 영향력에 대하여,
   ## 그리고 악과 그 영향력에 대하여

하나님의 은혜와 덕은 천국으로 올라가는 사다리요 길이다. 그러나 악과 죄는 지옥으로 내려가는 파멸의 길이요 사다리이다.

악과 죄는 독이며, 덕과 선행은 이의 해독제이다.

은혜는 은혜를 끌어내지만 악은 또 다른 악을 이끌어낸다.

은혜는 칭찬받기를 원하지 않으며, 악은 경멸받기를 원하지 않는다. 즉, 은혜를 소유한 사람은 칭찬받기를 원하거나 스스로 칭찬을 구하지 않는다. 또한 악을 소유한 사람도 경멸을 받거나 모욕받기를 원하지 않으며 이는 교만으로부터 나온다.

사람의 마음은 겸손 가운데 참된 평안을 발견하며 인내는 그것의 딸이다.

순결한 마음은 하나님을 보며 경건은 하나님을 이해하느니라.

만약 당신이 남을 사랑한다면 당신은 사랑을 받을 것이다. 당신이 두려워한다면 또한 당신은 두려움의 대상이 될 것이요, 당신이 봉사한다면 당신은 봉사를 받을 것이다. 마찬가지로 당신이 다른 사람을 선하게 대한다면 다른 사람도 당신을 선하게 대할 것이다.

사랑하면서도 사랑받기를 구하지 않는 사람은 복이 있으며, 남을 경외하면서도 또한 경외의 대상이 되기를 원치 않는 사람은 복이 있도다. 남을 섬기고 남으로부터 섬김받기를 원치 않는 사람은 복이 있으며, 다른 사람을 선하게 대하면서도 선하게 대접받기를 구하지 않는 사람은 복이 있도다. 또한 이 모든 것들은 위대한 것이므로 바보들은 이와 같은 것들을 얻지 못하느니라.

세상에는 3가지 위대한 일들이 있으니 이를 소유하고 있는 사람은 악에 빠지지 않을 것이니라 ― 첫째, 당신이 하나님을 위하여 당신에게 닥치는 모든 고난을 평안 가운데 견딜 수 있는가. 둘째 당신이 행하고 받는 모든 일에 있어서 더욱 겸손할 수 있는가. 셋째. 당신의 눈으로 볼 수 있는 선한 것들을 당신이 신실하게 사랑할 수 있는가.

세상적인 사람들이 회피하고 경멸하는 것들은 하나님과 그의 성도들에게 영광을 받고 높임을 받는다. 또한 세상 사람들에게 사랑받고 명예롭게 여겨지는 것들은 하나님과 그의 성도들에게는 경멸을 받고 도피의 대상이 된다. 이처럼 세상적인 사람들은 사랑해야 할 모든 것을 미워하고 미워해야 할 모든 것을 사랑하느니라.

한번은 길레스 형제가 어느 수사에게 물었다. "그대는 선한 영혼을 가지고 있습니까?"

그가 "저는 모르겠습니다. 형제여"라고 대답하자 길레스 형제는 이렇게 말했다. "거룩한 회개, 거룩한 겸손, 거룩한 사랑, 거룩한 헌신, 그리고 거룩한 기쁨이 영혼을 거룩하고 선하게 만듭니다."

✳   ## 2. 믿음과 하나님의 불가해성에 대하여

우리가 생각하고 말하고 보고 그리고 만질 수 있는 모든 것은, 우리가 생각하고 말하고 보고 만질 수 없는 모든 것에 비하면 아무 것도 아니다.

과거에 존재했으며 현재에도 존재하고 앞으로 존재할 모든 현인들, 또한 하나님과 대화하며 앞으로 대화할 그 모든 현명하고 거룩한 사람들은 하나님이 어떠한 분이신가에 대하여 결코 아무 것도 말하지 못했고 앞으로도 말하지 못할 것이다. 단지 바늘의 작은 구멍이 하늘과 땅과 그 안에 있는 모든 피조물에 비유될 수 있다는 것밖에는.

왜냐하면 모든 성경은, 마치 아이가 어머니의 말을 이해할 수 없으므로 어머니가 아이 같은 말을 하는 것처럼 우리에게 말하고 있기 때문이다.

길레스 형제가 한번은 세속 판사에게 이런 말을 물어 보았다. "당신은 하나님의 은혜가 위대하다는 사실을 믿습니까?"

그러자 판사는 "예. 저는 믿습니다"라고 대답했다.

"안 믿는다는 것을 제가 보이겠습니다. 당신의 재산은 얼마나 됩니까?"

"천 파운드 정도 됩니다."

길레스 형제는 이 말을 듣고 그에게 말했다. "당신은 그것을 나에게 일만 파운드에 줄 수 있습니까?"

"예. 기꺼이 그렇게 하지요."

길레스 형제는 그에게 다시 말했다. "모든 세상의 것들은 하늘의 것에 비하면 아무 것도 아닌 것은 확실합니다. 그러니 당신은 일만 파운드(하늘의 것)를 위해 천 파운드(세상의 것)를 포기할 수 있겠습니까?"

그러자 판사는 "당신은 사람이 믿는 모든 것을 누구나 실천한다고 믿습니까?" 하고 되물었다.

길레스 형제는 조용히 대답했다. "거룩한 사람들은 그들이 믿고 할 수 있는 모든 선한 것들을 실천하려고 노력해 왔습니다. 또한 그들은 실천으로 성취할 수 없었던 것을 거룩한 소원으로 성취했습니다. 그들의 거룩한 소원은

실천 가운데 부족한 것을 보상해 줍니다. 만약 누군가 완전한 믿음을 가지고 있다면, 그는 완전한 구원의 확신을 얻는 자리에까지 이를 것입니다. 그러므로 만약 당신의 믿음이 선하고 확실하다면 당신의 행위는 선할 것입니다."

완전한 믿음을 가지고 위대하고 영원한 선을 추구하는 사람에게 어떠한 악이 해를 끼칠 수 있을까? 반면에 크고 영원한 악을 기대하는 자에게 어떠한 선이 자비를 베풀어 줄 수 있을까? 모든 선한 것 가운데 가장 좋은 것들을 잃어버린 사람들에게 하늘의 천사와 성도들이 무슨 선을 회복시켜 줄 수 있을까? 어떻게 그가 위로를 받을 수 있으며 누가 그를 위로할 수 있을까? 하나님께서 직접 나타나지 아니하시면 어느 누구도 그렇게 할 수는 없다.

그러나 어떤 죄인도 그가 살아 있는 한 하나님의 자비에 대하여 절망하면 안된다. 사람들이 아름답고 부드럽게 만들지 못할 만큼 가시가 많고 혹이 많은 나무는 없듯이 마찬가지로 하나님께서 여러 가지로 은혜와 미덕으로 무장시킬 수 없을 만큼 악한 죄인은 없기 때문이다.

❋ 3. 사랑에 대하여

사랑은 모든 다른 덕보다 더 위대하다.

항상 소원하는 모든 것에 대하여 물리지 않는 사람은 복이 있도다.

길레스 형제가 그의 영적인 친구였던 한 수사에게 말하였다. "당신은 내가 진심으로 당신을 사랑하는 줄로 생각합니까?" 그 수사는 "그렇습니다"라고 대답했다. 길레스 형제는 그에게 말했다. "내가 당신을 깊이 사랑한다고 믿지 마십시오. 왜냐하면 창조주 한 분만이 피조물을 사랑하시는 유일한 분이시며 피조물의 사랑은 창조주의 사랑에 비교하면 아무것도 아니기 때문입니다."

그러자 다른 수사가 물었다. "길레스 형제여, 예언자가 말하기를 '모든 친구는 속일 것이다' 라고 말한 것의 의미는 무엇입니까?" 길레스 형제는 대답했다. "내가 당신의 선을 나의 선으로 생각하지 않고 있다면 나는 당신을 속이고 있는 것입니다. 내가 당신의 선을 나의 선으로 생각하면 할수록 나는 당신을 덜 속이는 것입니다. 그러므로 누군가 이웃의 선을 즐거워한다면 그는 그 선을 나누고 있는 것입니다. 즉 당신이 모든 사람의 선을 나누고 싶다면 모든 사람의 선을 기뻐하십시오.

또한 선이 당신을 기쁘게 한다면 다른 사람의 선을 당신 자신의 선으로 생각하고 악이 당신을 불쾌하게 한다면 다른 사람의 악을 당신 자신의 악으로 생각하십시오. 이는 곧 구원의 방법입니다. 즉 당신은 이웃의 선을 즐거워하고 그의 죄악을 슬퍼하십시오. 그리고 다른 사람의 선과 당신 자신의 죄악을 생각함으로써 다른 사람을 존경하고 당신 자신을 경멸하십시오."

다른 사람을 존경하기 원치 않는 사람은 존경하지 못할 것이다. 또한 알기를 원하지 않는 자는 알려지지 못할 것이며, 피로를 참기 원하지 않는 자는 휴식하지 못할 것이다.

경건과 친절을 계발시키는 것은 그 모든 작업보다 더더욱 열매있는 작업이니라.

사랑이 없는 행위는 그 무엇이든지 하나님과 그의 성도들을 기쁘게 하지 못한다.

사람은 그 자신의 행위를 통하여 가난해지고, 하나님의 행위를 통하여 부유해진다. 그러므로 사람은 하나님의 행위를 사랑하고 자신의 행위를 경멸하여야 한다.

하나님의 은사를 찬양하고 자신의 악한 행위에 대하여 자신을 책망하는 방법을 아는 것보다 더 위대한 것이 무엇인가? 나는 내가 살아 있는 한 세상의 처음부터 하나님의 학교에서 공부할 수 있었으면 좋겠다 ─ 하나님의 은사를 생각하고 찬양하면서 그리고 자신의 악행 때문에 자신을 돌아보고 책망하면서.

그리고 내가 나 자신의 악행을 책망하는데 불완전할지라도, 나는 하나님의 은사에 대하여 묵상하는데 있어서 불완전하기를 원하지 않을 것이다.

당신은 광대와 음유시인들이 자신에게 옷 한 벌이라도 주는 사람들에게는 얼마나 칭송을 하는지 알 것이다. ― 그러면 우리는 우리 주 하나님께 대하여 얼마나 더 찬양을 해야 할 것인가?

당신은 당신을 모든 악으로부터 자유하게 하시며 당신에게 모든 선한 것을 주시기 원하시는 하나님의 사랑 안에서 신실해야만 하느니라.

✳ 4. 거룩한 겸손에 대하여

어느 누구도 겸손을 통하지 않고는 하나님의 지식에 이를 수 없다. 겸손으로 올라가는 길은 스스로 내려가는 것이다.

이 세상에 일어났던 모든 위험과 큰 타락은 머리를 높이 들지 않았으면 일어나지 않았을 것이다. 그것은 하늘에서 지음을 받은 마귀와 아담과 복음서에 나타난 바리새인들과 그 밖의 많은 경우에 우리가 곧 알 수 있는 것이다. 그리고 여태까지 일어났던 모든 위대한 선은 머리를 숙였을 때 일어난 것이었다. 그것은 동정녀 마리아와, 세리와, 선한 강도의 이야기에서 곧 알 수 있다.

길레스 형제는 또한 말했다. "만약 우리가 큰 깊이와 무게를 지닐 수 있다면 그것은우리가 우리의 머리를 숙일 때입니다!"

한 수사가 그에게 말했다. "어떻게 우리는 이러한 교만을 피할 수 있습니까?"

길레스 형제는 조용히 대답했다. "그대의 손을 들고 입을 다리가 있는 쪽으로 향하시오. 만약 그대가 하나님의 은사에 대하여 생각한다면 그대는 머리를 숙여야만 합니다. 또한 그대가 죄에 대하여 생각한다면 마찬가지로 그대의 머리를 숙여야 합니다. 악행을 저지르고도 도리어 명예를 받고자 하는 자에게 저주가 있을 것입니다!"

사람에게 있어서 겸손의 위대한 정도는 그가 항상 그 자신의 선과 대적되어 있다는 것을 아는 것이다. 또한 겸손의 열매는, 우리에게 속하지 않고 우리 자신의 것으로 만들 수도 없는 것을 하나님께 돌려 드리는데 있다고 생각한다. 즉, 모든 선한 것을 그것이 속한 하나님께 돌리고, 모든 악한 것을 우리 자신에게 돌리는 것이다.

그 자신이 하나님 앞에서 스스로 악한 것을 깨닫고 사람의 눈앞에서 자신을 악하다고 여기는 자는 복이 있도다.

지금 자신을 반성하고 심판하는 자는 복이 있나니 이는 더 큰 다른 심판을 받지 않을 것이기 때문이다.

하나님의 심판과 다른 사람에 대한 순종 아래서 믿음으로 행하는 자는 복이 있도다. 이는 사도들도 성령으로 충만한 후에 그와 같이 행했기 때문이다.

평안과 고요함을 가지기 원하는 자는 모든 사람을 그의 윗사람으로 생각하라.

자기의 말과 습관을 하나님의 은혜가 그에게 허락한 것과 다르게 나타내기를 원치 않는 자는 복이 있다.

다른 사람을 세상에서 가장 거룩한 사람으로 생각하고 자신을 가장 사악한 사람으로 여긴다면 그것은 겸손이다.

겸손은 드러내어 말하고 있을 때 선하지 못하며 인내는 감히 말하려 하지 않는다.

겸손은 번개와 같은 것이다. 왜냐하면 번개가 갑자기 내리치고 난 후에는 어느 누구도 그것을 발견할 수 없는 것처럼, 겸손도 모든 악을 해결하고 난 후 사람으로 하여금 자신을 아무 것도 아닌 것처럼 여기도록 만든다.

겸손을 통하여 사람은 하나님 앞에서 평화를 발견한다. 만약 한 위대한 왕이 그의 딸을 어떤 곳으로 보내려 한다면, 그는 훈련받지 않고 거만하며 고집 센 말을 태워 보내지 않고 타기 쉬운 온순한 말에 태워 보낼 것이다. 마찬가지로 주님께서도 교만한 자에게가 아니라 겸손한 자에게 그의 은혜를 허락하신다.

✳ 5. 주님을 경외함에 대하여

주님을 경외함은 모든 악을 두려워하지 않게 해주고, 또한 말로나 생각으로나 표현할 수 없는 온갖 선한 일들을 보호한다. 이러한 힘을 얻는 것은 매우 큰 은사이므로 모든 사람에게 주어지는 것은 아니다.

하나님에 대한 경외는 사람을 지배하고 그로 하여금 주님의 은혜 가운데 나아가도록 만든다. 만약 사람이 주님의 은혜를 지니고 있다면 주님에 대한 경외심이 그 은혜를 지킬 것이요, 만약 그러한 은혜를 지니고 있지 않다면 주님에 대한 경외심이 그를 은혜로 인도할 것이다.

타락한 모든 이성적 피조물은 만약 그들이 이러한 은사를 지니고 있었다면 결코 타락하지 않았을 것이다. 이러한 거룩한 은사는 오직 거룩한 사람들에게만 주어졌으며 사람이 많은 은혜를 소유하면 할수록 그는 더욱 더 겸손하고 하나님을 두려워하게 된다. 사람들이 별로 실천하지 않는 이러한 미덕은 다른 미덕 못지않게 중요한 미덕이다.

하나님을 매우 진노케 함으로써 죽음을 받기에 합당한 한 인간이 어떻게 감히 하나님의 존전에 나아갈 수가 있을까?

죄 많은 이 세상의 감옥 안에 있으면서 항상 자신이 하나님을 분노케 하고 있다는 것을 확실하게 깨닫는 사람은 복이 있도다.

사람은 그의 교만이 타락을 야기시킬 수 있다는 사실을 매우 깊이 두려워해야만 한다.

항상 자신을 두려워하고 조심하라 — 또한 자기 자신처럼 다른 사람에 대하여도 그렇게 하라.

사람이 원수들 안에 있을 때는 결코 안전을 도모할 수 없다. 우리의 육체는 악마들과 더불어 우리의 영혼과 싸우는 우리의 원수이다. 그러므로 사람은 이 세상에서 그 무엇보다도 먼저 자신을 더 두려워해야 하며 그 자신의 악의가 자신을 이기지 못하도록 노력해야만 한다. 이는 사람이 하나님의 은혜를 넘어서거나, 혹은 거룩한 경외심이나 두려움 없이는 은혜 안에서 견인

한다는 것이 불가능하기 때문이다. 이러한 경외심을 지니지 못한 자는 멸망할 징조를 가지고 있는 자이다.

경외심은 우리로 하여금 겸손히 순종하도록 만들며 거룩한 순종의 멍에 아래 우리의 머리를 숙이도록 한다.

우리가 더 많은 경외심을 가지면 가질수록 우리는 기도하게 되며 이처럼 거룩한 기도의 은혜를 받는 것은 결코 작은 일이 아니다.

아무리 위대한 것으로 보인다 할지라도 사람의 일들은 결코 사람의 의견으로 판단되어서는 안되며 하나님의 판단과 기쁨에 의해 판단되어야만 한다. 그러므로 우리는 모든 일에 거룩한 경외심을 가지는 것이 선한 일이다.

✳ ## 6. 인내에 대하여

하나님을 위하여 인내심 있게 고난을 참는 자는 신속히 주님의 은혜를 얻을 것이며 이 세상을 이기고 이미 한 발을 내세에 딛고 있는 것이다.

사람이 선한 일을 하든 악한 일을 하든 그것은 모두 자기 자신에게 하고 있는 것이다. 그러므로 그대는 다른 사람이 그대를 분노케 할지라도 화를 내지 말고 그를 용서하며 그의 죄에 대하여 동정심을 지녀야만 한다.

인내심을 가지고 그대의 이웃이 그대를 대적하여 행하는 모든 악한 행위를 참으라 ― 하나님을 위하여, 당신의 이웃을 위하여, 당신 자신을 위하여.

사람이 하나님을 위하여 고난과 손실을 참을 준비가 되어 있으면 되어 있을수록 그는 하나님 앞에서 더욱 더 위대해진다. 반면에 하나님을 위하여 고통과 시련을 견디는 일에 약해지면 약해질수록 그는 하나님 앞에 서 있지 못하며 하나님이 어떠한 분이신지도 알지 못하고 있는 것이다.

만약 어떤 사람이 그대에게 나쁜 것을 말한다면 지혜와 겸손으로 그를 도울 것이며, 만약 어떤 사람이 그대에게 선한 것을 말한다면 기꺼이 그것을 하나님께 바치라.

그대가 부분적으로 잘하기를 원한다면 자신을 낮추고 다른 사람의 부분을 높이라. 즉, 그의 행위와 말들을 칭찬하고 당신 자신의 행위와 말들을 비판하라. 또한 어떤 사람이 당신과 경쟁하기를 원할 때 당신이 진정으로 이기기를 원한다면 그에게 지도록 하라. 왜냐하면 결국 당신이 이겼다고 생각할 때에 당신은 졌다는 것을 발견할 것이기 때문이다. 즉, 구원의 방법은 나를 버리고 남에게 양보하는 것이다.

우리는 고난을 잘 견디는 자들이 아니며 이는 우리가 영적인 위로를 잘 추구하는 자들이 아니기 때문이다. 신실하게 영혼의 위로를 추구하며 안에서 스스로 일하는 자는 모든 일을 쉽게 참을 것이다.

다른 사람을 모욕하지 말라. 만약 누군가 당신에게 모욕을 가한다면 하나님의 사랑과 당신 죄의 용서를 위하여 그것을 인내하라. 이는 백 명의 거지를 여러 날 동안 먹이는 것보다, 많은 날들을 밤늦게까지 금식하는 것보다, 불평 없이 그러한 큰 모욕을 견디는 것이 훨씬 낫기 때문이다. 사람이 자신을 경멸하고 금식과 기도와 철야와 고행으로 몸에 고통을 준다 할지라도 그 이웃으로부터의 한마디 모욕을 견딜 수 없다면 무슨 유익이 있겠는가? 모욕을 참는 것은 그 자신의 선택으로 인내하는 것보다 더 많은 상을 얻을 수 있을 것이다. 또한 이것은 곧 경고의 표시이니 사람의 숨은 교만은 그가 받는 모욕에 의하여 시험대 위에 오르기 때문이다.

사람은 눈물로써 보다는 불평 없이 고난을 견딤으로써 그의 죄를 더 많이 속죄한다.

자신의 죄와 하나님의 선하심을 분명히 깨닫고, 모든 고난을 인내심 있게 견디는 사람은 복이 있도다. 왜냐하면 그는 더 큰 위로를 바라볼 수 있기 때문이다.

천국 아래 어떠한 피조물로부터도 위로를 구하거나 바라지 않는 자는 복이 있다. 사람이 만일 모든 일에 만족할 때에만 겸손하고 온화하다면 하나님께서 그에게 보상하실 것이라는 기대를 버려야 한다.

자신의 죄를 항상 스스로 인식하면서 겸손히 행하는 자는 어떠한 고난 가운데서도 약해지지 않을 것이다.

당신은 하나님으로부터 오는 모든 선한 일과 당신 자신의 죄로부터 오는 모든 나쁜 일들을 받아들여야만 한다. 만약 사람이 이 세상의 모든 사람들이 행했고, 지금 행하고 있으며, 앞으로 행할 모든 선을 행한다 할지라도, 자신의 죄를 살펴본다면 자신이 하나님의 선과 대립되어 있다는 것을 발견할 것이다.

한 수사가 그에게 물었다. "만약 큰 고난이 우리 시대에 닥친다면 우리는 어떻게 해야 하겠습니까?"

길레스 형제는 대답했다. "만약 주님께서 돌과 바위를 비처럼 하늘에서 내린다 할지라도 우리가 있어야 할 곳에 있다면, 그것들은 결코 우리를 해치지 못할 것입니다. 왜냐하면 사람이 마땅히 있어야 할 곳에 있다면 악은 그를 위하여 선으로 변화될 것이기 때문입니다. 마치 선 자체가 사람의 악한 의지로 말미암아 악으로 왜곡되었듯이. 악도 사람의 선한 의지로 말미암아 선으로 변화될 것입니다. 그러므로 모든 선한 일들과 나쁜 일들은 사람 안에 있는 것입니다."

가장 악한 악마들은 우리가 큰 수고와 배고픔과 모욕과 연약함을 견디어 내지 못할 때 우리에게 달려온다.

만약 당신이 구원받기를 원한다면, 어떤 사람에게든 당신에게 잘해 주기를 요구하지 말라.

거룩한 사람은 선을 행하고 악에 고통을 받느니라.

만약 당신이 창조주이시며 모든 피조물의 주인이신 주 하나님을 모욕한 사실을 안다면, 당신은 또한 주님께 대해 저지른 죄로 인하여 사람들이 당신을 핍박하는 것이 당연하다는 것을 알아야만 한다.

당신은 다른 사람에 의하여 당신에게 행해진 모든 죄악과 악행을 인내심 있게 견디어 내야만 한다. 왜냐하면 당신은 그 모든 벌을 받아야 할 죄인이므로 다른 사람에 대하여 정의를 요구할 권리가 없기 때문이다.

사람은 자기 자신을 이기는 것이 큰 미덕이다. 만약 당신이 자신을 이긴다면 당신은 자신의 모든 적을 이기는 것이요 모든 선을 얻는 것이다.

만약 사람이 다른 사람에게 자신을 양보하고 억지로 이기려 들지 않는다면 그것은 미덕이 된다. 왜냐하면 그 사람이야말로 이 세상의 승리자이기 때문이다.

만약 당신이 진정으로 구원받기 원한다면 세상의 피조물이 당신에게 줄 수 있는 어떠한 위로도 구하지 말라. 왜냐하면 그와 같은 위로로 말미암아 일어나는 타락은 고난으로 말미암아 일어나는 타락보다 더욱 크고 위험한 것이기 때문이다.

말이 아무리 빨리 달릴 수 있어도 기수가 이 길에서 저 길로 금방 명령대로 방향을 바꿀 수 있을 때 그 말이 훌륭하다고 한다. 마찬가지로 사람이 분노로 가득 차 있어도 그를 지도하는 다른 사람이 그를 바르게 이끌 수 있을 때 그는 훌륭한 사람이다.

한번은 어떤 수사가 길레스 형제의 앞에서 그에게 주어진 어려운 지시에 대하여 불평하고 있었다. 그때 거룩한 길레스 형제는 그에게 말했다. "나의 친구여, 그대가 불평하면 할수록 그대는 자신에게 더 많은 짐을 지우는 것입니다. 또한 그대가 그대의 머리를 거룩한 순종의 멍에 아래 겸손히 그리고 경건하게 숙이면 숙일수록, 그 짐은 더욱 가벼워지고 달콤하여질 것입니다.

그대는 이 세상에서 모욕받기를 원하지 않으면서 어떻게 저 세상에서 영광받기를 원합니까? 또한 그대는 저주받기를 원하지 않으면서 어떻게 복 받기만을 원합니까? 그대는 노동하기를 원치 않으면서 안식하기만을 원합니까? 그렇다면 그대는 스스로 속이고 있습니다. 왜냐하면 우리는 모욕을 통하여 영광을 얻고, 저주를 통하여 축복을 받으며, 노동을 통하여 안식을 얻기 때문입니다. 곧, 잃어버리기 싫어하는 것을 주지 않는 자는 그가 소원하는 것을 얻을 수 없습니다.

그대의 이웃이 때때로 그대에게 모욕을 가해도 놀라지 마시오. 거룩했던 마르다 조차 그 동생을 대적하여 주님을 요동케 하려 들었던 것입니다. 마르다가 마리아에 대하여 불평한 것은 올바른 일이 아니었습니다. 왜냐하면 마리아가 육신을 움직이지 않는 것은 그녀가 말도 하지 못하고, 보거나 듣거나 맛보거나 움직일 수가 없었기 때문이었습니다.

그대는 친절하고 선하게 되도록 노력하십시오. 그리고 악에 대항하여 싸우고 인내로써 고난과 천대를 견디십시오. 가장 중요한 것은 자신을 극복하는 것이니 이는 사람이 많은 영혼들을 하나님 앞으로 인도한다 할지라도 그가 자신을 극복하지 못한다면 지극히 작은 일에 불과하기 때문입니다."

✳ **7. 거룩한 고독과 마음의 경성에 대하여**

게으른 사람은 그 자신과 다른 사람에게 어떠한 선도 행함이 없이 이 세상과 내세를 잃어버린다. 고통과 노력이 없이 미덕을 획득한다는 것은 불가능하다.

만약 당신이 하나님 안에서 안전할 수 있다면 스스로 당신을 위험 속에 놓지 말라. 하나님과 영원한 나라를 위하여 일하는 자는 안전하기 때문이니라.

일하기를 거절하는 자는 천국을 거절하는 것이다.

무가치한 일을 무시하는 것은 결코 문제되거나 해로울 게 없다. 그로부터 선이 나오지 않는다면 악은 결코 해를 끼치지 않기 때문이다.

악한 게으름이 지옥으로 가는 길인 것처럼 거룩함과 고요함은 천국으로 향하는 길이다.

사람은 하나님께서 주신 은혜로 조심스럽게 보존하고 성실하게 일해야만 한다. 왜냐하면 사람은 입 때문에 열매를 잃고 지푸라기 때문에 곡식을 잃는 일이 종종 있기 때문이다. 하나님은 어떤 나무에 열매를 주시고 잎도 없이 그것을 허용하시지만, 또 다른 나무에는 두 가지를 다 주시고, 어떤 나무는 두 가지가 다 없다.

나는 하나님께서 주시는 선한 것들을 보존하는 것이 그것들을 얻는 것보다 더 위대한 일이라고 생각한다. 그것들을 얻는 방법을 알고, 보존하는 방법을 모르는 사람은 결코 풍성하게 되지 못할 것이다. 그러나 그것들은 보존하는 방법을 알고, 얻는 방법을 잘 모르는 것은 큰 문제가 아니다.

많은 사람들이 풍성하게 얻으나 풍성하게 자라지는 못한다. 이는 그들이 얻은 것을 지키지 못하기 때문이다. 또한 어떤 사람들은 조금씩 얻고도 풍성하게 자라나니 이는 그들이 가지고 있는 것을 잘 지키기 때문이다.

만약 티베르 강이 흐르지 않는다면 얼마나 많은 물을 수용할 것인가!

사람들은 하나님께 무제한의 선물을 요구하면서도 제한적으로 하나님을 섬기고자 한다. 그러므로 하나님의 사랑을 받고 무제한의 상급을 받기 원하는 자는 무제한으로 그를 섬기고 사랑해야 한다.

사람은 자기 자신의 부주의 때문에 완전에 이르지 못하느니라.

한번은 거룩한 길레스 형제가 로마로 가길 원했던 어떤 사람에게 이렇게 말했다. "그대가 길을 가고 있을 때 주위의 보이는 것에 정신을 뺏기지 않도록 주의하시오. 또한 악한 돈보다 선한 돈을 택하는 방법을 배우십시오. 왜냐하면 원수는 매우 영리하여 많은 숨겨진 덫을 가지고 있기 때문입니다."

전능하신 하나님의 사랑을 위하여 자신의 육체를 선용하며 천국을 제외하고는 아무 상급도 바라지 않는 자는 복이 있도다.

극도로 가난한 사람에게 어떤 사람이 말하기를, "형제여, 당신은 내 물건을 3일동안 선용할 수 있고, 얼마나 잘 선용할 수 있느냐에 따라서 무한한 보물을 받게 될 것이오"라고 했다고 하자. 그 말이 사실인 것을 확신한다면, 가난한 사람은 그 물건을 선용하려고 열심히 노력하지 않겠는가? 하나님께서 우리에게 빌려 주신 것은 곧 우리의 육체요, 우리 생애의 모든 시간은 이 가난한 자에게 주어진 일과도 같다. 그러므로 만일 당신이 진심으로 행복을 누리기 원한다면 그것을 얻기 위하여 열심히 일하라. 당신이 일하지 않는다면 어떻게 참된 안식을 얻겠는가?

이 세상의 모든 포도원을 소유하고 있을지라도 직접 그것을 갈지 않고 다른 사람에게 갈게 한다면, 그가 포도원에서 무슨 수확을 얻을 수 있겠는가? 그러나 비록 작은 포도원을 가지고 있을지라도 직접 그것을 애써 경작한다면 그 자신과 다른 사람을 위해 그는 많은 것을 수확한 것이다.

악행을 저지르기 원하는 사람은 거의 어떠한 충고도 구하지 않으나 선행을 원하는 사람은 많은 사람들로부터 충고를 구하려고 노력한다.

어떤 속담은 이렇게 말했다. "이웃의 울타리 옆에 놓인 불에는 냄비를 올려놓지 말라."

만약 사람이 선행할 의지가 있어도 선행을 실천하려고 노력하지 않는다면 그 사람은 축복받지 못한 사람이다. 왜냐하면 하나님께서는 선한 의지가 있는 사람에게는 그것을 실천할 수 있는 은혜도 또한 주시기 때문이다.

한번은 방랑자처럼 보이는 한 사람이 거룩한 길레스 형제에게 말했다. "길레스 형제여, 나에게 자선의 위로를 베풀어 주십시오." 그러자 길레스 형제는 "바르게 살도록 노력하시오. 그러면 그대는 위로를 받을 것입니다"라고 대답해 주었다.

사람이 자신의 마음속에 하나님을 위한 장소를 마련하지 않는다면 그는 결코 하나님의 다른 피조물 가운데서는 그 장소를 발견할 수 없을 것이다.

자신의 육체를 위하여 이 세상에서 보다 나은 것을 얻을 수 있다면 누가 기꺼이 노력하지 않겠는가? 그러나 우리는 영혼을 위하여 보다 좋은 것을 얻도록 기꺼이 노력하려 들지 않는다.

나는 이러한 진리를 맹세할 수 있나니 즉, 자신을 위하여 주님의 멍에를 가볍게 하려는 자는 오히려 더 무겁게 할 것이며, 주님을 위하여 기꺼이 무거운 멍에를 지려는 자는 그것을 가볍게 만들 것이다.

만약 사람이 이 세상에서 자신의 육체를 위해서만이라도 최선의 것을 행할 수 있다면 좋을텐데! 내세를 만드신 하나님께서는 이 세상을 만드셨고 또한 그가 내세에서 주시는 선한 것을 이 세상에서도 주고자 하신다. 육체는 영혼의 일부이니 영혼의 선과 악은 육체에 영향을 끼치기 때문이다.

어느 날 한 수사가 그에게 말했다. "아마 우리는 우리 자신의 선을 알고 또 다른 선을 경험하기도 전에 죽을 것 같습니다." 길레스 형제는 이렇게 대답했다. "가죽장이는 가죽에 대하여 알고, 구두장이는 구두에 대하여 알고, 대장장이는 쇠에 대하여 알고, 모든 기술에 있어서도 그러합니다. 그러나 사람이 어찌 전혀 연습하지 않은 다른 기술을 알 수 있겠습니까? 사람의 선도 이와 마찬가지입니다. 그대는 위대한 영주들이 어리석고 헛된 사람들에게 큰 선물을 주리라고 생각합니까? 자신의 선을 알고 부지런히 노력하는 사람들에게 더 큰 선이 내려지는 법입니다."

선행이 모든 선을 향한 길인 것처럼 악행은 모든 악으로 향하는 길이다.

하늘 아래 어떠한 것이라도 선한 사람에게 덕을 끼치지 못하는 것이 없으며, 보고 듣고 혹은 아는 모든 것이 겸손히 노력하는 자에게는 덕을 끼치느니라. 즉 이 세상의 모든 것을 선용하려고 노력하는 사람은 복이 있도다.

✳ 8. 세상을 경멸함에 대하여

자신의 마음과 소원과 에너지를 세상의 것에 바치고 그로 인하여 하늘의 것을 포기하고 상실하는 자들에게 영원히 저주가 있으리라!

높이 나르는 독수리도 그 날개가 성 베드로 성당의 대들보에 묶여 있다면 하늘 높이 나르지 못할 것이다.

많은 사람들이 그들의 육체를 위하여 애써 일하고 노력하면서도, 그들의 영혼을 위하여 일하는 사람은 지극히 드물다. 사람들은 바위를 깨뜨리고 산에 터널을 뚫으며 육체를 위하여 힘든 여러 작업에 종사한다. 그러나 누가 자신의 영혼을 위하여 그렇게 힘들고 어려운 수고를 하는가?

세상적인 욕심이 많은 사람은 마치 땅 속을 파고 살면서 땅 위에 많은 좋은 것과 보물이 있다는 것을 믿지 않는 두더지와도 같다. 그러나 두더지가 모르는 보물이 땅 위에 존재하듯이 세상적인 사람이 모르는 훌륭한 보물이 하늘에 쌓여 있다.

공중의 새와 땅의 짐승과 바다의 고기들은 자신을 위하여 충분히 먹을 것만 있으면 만족한다. 그러나 사람은 이 세상의 것만으로 만족하지 못하고 항상 다른 것을 추구하고 있으므로, 사람이 근본적으로 세상의 것들을 위하여 만들어지지 않고 다른 일을 위하여 만들어졌다는 것은 명백한 일이다. 육체는 영혼을 위하여 만들어졌고, 이 세계는 내세를 위하여 만들어졌기 때문이다.

이 세계는 일종의 들판이다. 그 들판의 많은 부분을 차지하고 있는 자는 하늘의 가장 나쁜 부분을 가지고 있는 것이다.

그는 또한 성 프란체스코는 개미를 별로 좋아하지 않았고 새들은 무척 좋아하였다고 말했다. 그 이유를 말하자면 개미는 음식을 모아들이는데 너무 집착하지만 새들은 양식을 창고에 모으지 않았기 때문이었다.

✳ 9. 거룩한 순결에 대하여

우리의 육체는 진흙으로 달려가 그곳에서 즐기는 돼지와 같다. 또한 육체는 말똥 위에서 뒹굴기를 좋아하는 벌레와 같으며 악마의 개요 악마의 숲이다.

악마는 사람이 육체를 가지고 있는 한 결코 그 사람을 유혹하려는 야망을 포기하지 않기 때문이다.

가축을 빌린 사람은 할 수 있는 한 그것을 많이 이용한다. 이처럼 우리의 몸도 될 수 있는 한 선하게 많이 이용해야만 한다.

사람이 육욕을 버리지 않는 한 은혜에 도달하는 것은 불가능하다.

가축을 소유하고 있는 사람이 아무리 잘 먹인다 할지라도 무거운 짐을 지우고 매로 다스리지 않고는 가축을 바른 길로 인도할 수가 없다. 이것이 바로 사람의 육체가 고행을 해야만 하는 이유이다.

한 수사로부터 "우리는 어떻게 육체의 악으로부터 우리 자신을 보호할 수 있습니까?"라는 질문을 받았을 때 거룩한 길레스 형제는 이렇게 대답했다. "큰 바위와 대들보를 움직이기 원하는 사람은 힘으로써가 아니라 기술로써 움직여야만 합니다. 우리도 이와 마찬가지로 지혜로써 행해야 합니다."

모든 악은 순결을 해친다. 순결은 그 위에서 숨만 내쉬어도 흐려질 수 있는 깨끗한 거울과 같은 것이다.

사람이 육체의 일에 쾌락을 추구하는 한 하나님의 은혜를 얻기란 불가능하다. 그러므로 당신은 길을 바꿀 수는 있지만, 밤낮으로 당신을 배신하기 원하는 육체에 대하여는 싸우는 것 이외에 달리 어쩔 도리가 없다. 육체를 이기는 자는 모든 적을 이기는 것이고 모든 선을 얻는 자이다.

그는 또한 이렇게 말하곤 하였다. "모든 미덕중에서 나는 거룩한 순결을 첫째로 생각합니다."

한 수사가 그에게 말했다. "사랑이 순결보다 더 위대한 덕이 아닙니까?" 거룩한 길레스 형제는 그에게 대답했다. "사랑보다 더 순결한 것이 무엇입니까?" 또한 그는 자주 노래하며 말하곤 했다. "오 거룩한 순결이여, 그대는 무엇인가? 그대는 무엇인가? 그대는 참으로 위대하며, 어리석은 사람은 그대가 무엇인지 그대가 얼마나 위대한지 알지 못하노라!"

한 수사가 "당신이 의미하는 순결이란 무엇입니까?"하고 묻자 길레스 형제는 대답했다. "순결이란 하나님의 은혜로 모든 욕망과 감정을 제어하며 지키는 것을 의미합니다."

한번은 길레스 형제가 매우 순결을 찬양하고 있을 때 한 기혼자가 그에게 와서 말했다. 저는 제 아내 이외에는 다른 여자를 멀리해 왔습니다. 저로서는 순결에 있어서 이 정도면 충분하지 않은지요?" 그러자 길레스 형제는 이렇게 물었다. "그대는 자기가 가지고 있는 유리잔 한 컵의 포도주에도 취할 수 있다고 생각하십니까?" "예, 취할 수 있습니다" "그렇다면 당신의 경우도 이와 마찬가지입니다. 그러나 육체적 순결뿐 아니라 영혼과 마음의 순결을 위하여 기도하십시오."

또 다른 사람이 그에게 물었다. "길레스 형제여, 사도께서 '쾌락을 추구하는 여자는 살았으나 사실상 죽어 있다'라고 말씀하실 때 단지 과부만을 의미하는 것입니까" 길레스 형제는 대답했다. "그 말씀에서는 과부를 의미하지만 또한 누구에게든지 그것은 적용될 수 있습니다."

또한 길레스 형제는 주위에 둘러서 있는 사람들에게 말했다. "어떤 땅은 오랫동안 경작하지 않아서 가시와 잡초들이 우거져 있고 마치 수풀과도 같습니다. 그런 땅을 경작하기란 매우 힘든 일입니다. 이와 마찬가지로 오랫동안 죄악 속에 파묻혀 악으로 가득 찬 죄인들도 그들을 회개시키고 구원과 선행의 길로 인도하기 위해서는 참으로 많은 전도와 설득의 노력이 필요합니다."

그 후 그는 말했다. "오 사람들이여, 그대가 무엇을 사랑하며, 왜 그것을 사랑하는지 자세히 보시오: 하늘 혹은 땅 ─ 창조주 혹은 피조물, 빛 혹은 어둠, 육체 혹은 영혼, 선 혹은 악. 그렇게 한다면 그대는 선을 악으로부터 더 잘 구별할 수 있을 것이며, 그대가 사랑해야만 하는 것과 미워해야만 하는 것을 잘 알 수 있을 것입니다."

✳ 10. 시험을 극복함에 대하여

큰 은혜는 평안 가운데 소유할 수 없다. 왜냐하면 많은 갈등이 항상 그것을 대적하여 일어나기 때문이다. 사람이 은혜를 받으면 받을수록 마귀는 그를 더욱 더 공격한다. 그러나 그로 인하여 사람이 은혜의 지도를 거절해서는 안된다. 왜냐하면 마귀와의 싸움이 거세어지면 거세어질수록 승리하여 받을 면류관은 더 커질 것이기 때문이다

그러나 우리는 우리가 마땅히 되어야 할 만큼 은혜를 받은 사람이 되지 못하므로 그대는 많은 장애물을 갖고 있지는 않다. 만약 어떤 사람이 참된 주님의 길을 가고 있다면 그는 언제나 피로하거나 지치지 않을 것이다. 그러나 세상의 길을 가고 있다면 그는 이내 피곤하고 지쳐 결국 고독하게 죽을 것이다.

한 수사가 "선한 사람들이 더 많은 고통과 방해를 받아야 하다니 당신의 말씀은 좀 모순된 것 같습니다"라고 말했을 때 거룩한 길레스 형제는 대답했다. "악마들이 다른 사람보다도 선한 사람을 더 쫓아다니지 않겠습니까? 그것이 곧 장애물입니다. 그러나 만약 사람이 값싼 상품을 그 가치의 천 배 이상으로 팔 수 있다면 피곤을 느끼겠습니까?

사람이 더 많은 덕을 지니면 지닐수록 더 많은 악의 유혹을 받으므로 그는

더욱더 그것을 이겨내고 극복하고자 노력해야 합니다. 또한 그대는 공격해 오는 모든 악을 정복함으로써 더 큰 미덕을 얻습니다. 이처럼 악을 극복하여 더 큰 은혜와 미덕을 얻음으로써 보잘것없는 자신을 백배, 천배의 가치로 무장하게 되는 것입니다. ― 만약 그대가 이 모든 악을 정복할 수만 있다면."

사람이 주님의 길을 걷지 못하는 이유가 무엇이든지간에 그것이 하나님으로부터 받을 상급을 잃는 원인이다.

어떤 사람이 그에게 말했다. "저는 몹시 악한 유혹에 자주 시달리고 있습니다. 그때마다 주님께 그것을 제거해 달라고 기도했지만 주님께서는 쉽사리 그렇게 해 주시지 않았습니다." 거룩한 길레스 형제는 그에게 대답했다. "왕은 그의 부하를 무장시킨 은혜의 갑옷이 훌륭하면 할수록 그들이 더욱 더 용감히 싸우기를 원합니다."

또 한 수사가 그에게 물었다. "내 자신이 메마른 감정을 느끼고 기도의 정열이 부족할 때 기꺼이 기도하러 가기 위해서는 어떻게 해야 할까요?" 그는 대답했다. "한 왕에게 두 부하가 있다고 가정해 보십시오. 한 사람은 든든히 무장을 하였고 다른 한 사람은 전혀 무장을 하지 않았습니다. 그런데 전쟁이 터지면 그들은 전쟁에 나가야만 합니다. 무장한 사람은 용감하게 전쟁에 나가지만 무장하지 않은 사람은 그의 왕에게 이렇게 말합니다. '전하, 보시다시피 저는 무기가 없습니다. 그러나 저는 전하를 사랑하므로 무기가 없어도 전쟁에 나가겠습니다.' 그러나 왕은 그 부하의 충성심을 보고 시종에게 말합니다. '가서 이 충성스런 나의 부하에게 내 자신의 갑옷과 투구를 주어라.'

이처럼 사람이 메마름을 느끼고 신앙의 정열을 느끼지 못할 때, 그것은 마치 무기가 없는 것과 같으므로, 만약 그가 기도의 싸움에 충성으로 나아간다면 하나님은 그의 충성을 보시고 그에게 하나님 자신의 갑옷과 투구를 주실 것입니다.

자기 땅에 있는 나무숲과 우거진 가시덤불을 바라보면서도 그 땅을 경작하여 씨를 뿌리기 원하는 농부에게는 많은 시험이 일어납니다. 즉 그는 수확을 하기 전에 많은 노동과 수고를 해야만 합니다. 그는 힘든 노동과 근심 때문에 그런 일을 택한 것을 거의 후회하기도 합니다.

우선 그의 눈앞에는 우거진 가시덤불과 깨끗이 정리해야만 하는 숲이 펼쳐져 있을 뿐 곡식의 이삭은 보이지도 않습니다. 둘째로 그는 열심히 일하고 나무를 잘라내고 나무뿌리를 캐내지만 여전히 곡식을 보지 못합니다. 셋째로 그는 땅을 일구고 준비하며, 넷째로 땅을 고르게 경작하여 이랑을 만들고, 다섯째로 그는 씨를 뿌립니다. 여섯째로 그는 잡초를 제거하고, 일곱째로 수확을 하며, 여덟째로는 타작을 합니다. 그는 이 모든 일에 최선을 다하여 열심히 일합니다. 아홉째로 그는 풍성한 추수로 인하여 모든 고생을 잊어버리고 기쁜 마음으로 곡식을 창고에 들입니다. 그는 그동안에 겪었던 피나는 수고와 괴로움을 모두 잊어버리고 풍성한 추수가 주는 기쁨으로 말미암아 즐거워하게 됩니다."

다시 어떤 사람이 그에게 말했다. "저는 어떻게 해야 합니까? 제가 선을 행할지라도 저의 마음은 공허해지며 악행을 하면 점점 우울해지고 거의 절망에 빠져 버립니다."

거룩한 길레스 형제는 침착하게 대답했다. "그대가 자신의 죄를 슬퍼하는 것은 마땅합니다. 그러나 나는 그대에게 분별 있게 슬퍼하라고 충고하겠습니다. 그대는 항상 그대의 죄 짓는 능력보다 하나님의 용서하시는 능력이 더 크다는 것을 믿어야만 합니다. 하나님께서 큰 죄인에게도 자비를 베푸실진대 더 작은 죄인을 버리실 거라고 생각하십니까? 또한 허무의 유혹이 있을지라도 선을 행하는 것을 중단하지 마십시오.

만일 앞서 말한 농부가 스스로 말하기를 '나는 올해 씨를 뿌리지 않겠다. 내가 씨를 뿌리면 새들이 와서 그것을 먹어 버릴테니까 말야' 라고 하면서 씨를 뿌리지 않는다면, 그는 그의 땅에서 결코 추수를 하지 못할 것입니다. 그러나 만약 모든 두려움과 허무에도 불구하고 씨를 뿌리면 어떤 씨는 죽을지라도 그는 많은 추수를 거둘 수 있을 것입니다. 당신도 바로 이 농부처럼 허무의 유혹을 받을지라도 그것에 대적하여 열심히 선을 행하여야 합니다."

한 수사가 길레스 형제에게 "성 버나드에 대한 기록 가운데 한번은 그가 일곱 개의 참회시를 말하고 그것 외에는 아무 것도 생각하지 않았다고 하던데요"라고 말하자 길레스 형제는 대답했다. "전쟁에서 한 부대가 적의 큰 공격을 받으면 그 부대의 보초는 자신의 몸을 바쳐 누구보다도 용감하게 싸울 것입니다. 이처럼 성 버나드 형제의 참회시도 악마의 공격에 용감하게 대항하기 위한 것입니다."

❋ 11. 고행에 대하여

한 번은 세속의 판사가 말했다. "길레스 형제여, 어떻게 우리는 사람을 은혜와 미덕의 생활로 이끌 수 있습니까?" 길레스 형제는 대답했다. "첫째, 사람은 자기의 죄에 대하여 후회해야 하고, 둘째 회개를 하며, 다음엔 자신에게 주어진 고행을 하고, 이후부터는 스스로 모든 죄로부터 근신하여야 하며, 마지막으로 선행을 행하도록 노력해야 합니다."

악이 변하여 선이 된 사람은 복이 있다. 그러나 선이 변하여 악이 된 사람은 저주가 있다.

사람은 기꺼이 이 세상의 나쁜 일들을 견디어 내어야만 한다. 왜냐하면 우리 주 예수 그리스도께서 우리에게 이것에 대해 스스로 모범을 보여 주셨기 때문이다.

자기의 죄에 대하여 애통하고 밤낮으로 슬퍼하며, 모든 마음의 소원이 성취될 그 하늘나라에 도달할 때까지 이 세상에서 위로를 받지 않는 자는 복이 있도다.

❋ 12. 기도의 효력에 대하여

기도는 모든 선의 시작이며 성취이다. 기도는 영혼을 비추어 주며 그것으로 말미암아 모든 선과 악이 드러난다.

모든 죄인은 마땅히 자신의 비참함과 죄악과 하나님의 은사를 알게 해달라고 하나님께 기도해야 한다.

기도하는 방법을 알지 못하는 자는 하나님을 모르는 자이다.

수줍음을 잘 타는 한 시골 여인에게 가장 사랑하는 외아들이 있었는데, 그가 무슨 죄로 말미암아 왕에게 잡혀가서 사형 당하게 되었다고 가정하자. 그녀가 아무리 어리석고 부끄럼을 잘 타는 여자라 할지라도 큰소리로 외치며 머리를 풀어 헤치고 왕에게 달려가서 그녀의 아들을 석방해 달라고 탄원하지 않겠는가? 나는 그대들에게 묻노라. 누가 그 시골 여인에게 아들을 위하여 탄원하라고 가르쳐 주었는가?

필연적인 인성과 아들에 대한 어머니의 사랑이 그처럼 부끄럼을 잘 타는 여인으로 하여금 사람들 앞에서 담대하게 큰소리로 외치게 만들지 않았는가? 또한 지극한 사랑이 그 시골 여인을 그처럼 지혜롭게 만들지 않았는가? 진실로 자기 자신의 죄악과 위험을 깨닫고 회개하는 사람은 기도를 잘할 수 있고 또 기도하기를 원할 것이다.

한 수사가 그에게 말했다. "사람이 기도한 후 경건의 은혜를 발견할 수 없을 때는 매우 유감스러워집니다. 어떻게 하면 좋을까요?" 길레스 형제는 대답했다. "나는 그대들에게 천천히 가라고 권면하겠습니다. 왜냐하면 그대들이 잔에 앙금이 많이 섞인 포도주를 가지고 있다고 할 때 그대들은 불평하면서 그 포도주와 앙금을 함께 마셔 버리겠습니까? 앙금이 다 가라앉을 때까지 조용히 기다려야 할 것입니다.

또 만약 방앗간의 맷돌이 때때로 좋은 밀가루를 만들어 내지 못한다고 해도, 그 주인은 즉각 그것을 망치로 부수어 버리지 않고 천천히 그 맷돌을 고쳐서 후에는 그것이 좋은 밀가루를 만들어 내도록 할 것입니다. 마찬가지로 그대들도 이와 같이 하시오.

그대들은 또한 하나님으로부터 어떠한 위로도 받을 자격이 없다는 것을 생각하십시오. 만약 어떤 사람이 이 세상의 시작부터 끝날까지 살면서 매일 회개의 눈물을 흘리며 기도한다고 할지라도, 그는 세상 끝날에 하나님으로부터 단 하나의 위로도 얻을 자격이 없음을 알아야 합니다."

어떤 한 수사가 그에게 질문했다. "그 어느 때보다도 하나님께 기도하고 있을 때 사람이 더 많은 유혹을 겪는 것은 왜 그렇습니까?" 거룩한 길레스 형제는 그의 질문에 대답했다. "어떤 사람이 다른 사람에 대하여 왕의 법정에 소송을 냈다고 합시다. 그가 왕에게 가서 피고소인에 대하여 어떤 일을 이야기한다고 할 때, 피고소인은 이 말을 듣고 온 힘을 다하여 그것을 반대하여 왕의 결정이 고소인의 승소로 끝나지 않도록 노력할 것입니다.

이것이 바로 마귀가 우리를 대적하여 행동하는 방법입니다. 만약 그대가 다른 사람과의 즐거운 대화에 시간을 보냈다면, 그대는 시험의 많은 공격을 별로 느끼지 못할 것입니다. 그러나 만약 그대의 영혼을 새롭게 하기 위하여 기도하러 간다면 그대는 대적하는 원수의 타오르는 불화살을 느낄 것입니다.

그러나 그러한 이유로 기도를 포기해서는 결코 안됩니다. 그대들은 오직 강하고 담대해야 합니다. 이것이 곧 우리의 하늘 본향을 향하여 나아가는 길이므로 그것 때문에 기도를 포기하는 자는 전쟁에서 도망치는 사람과 같습니다."

어떤 사람이 그에게 말했다. "저는 기도하러 가자마자 경건의 은혜를 받고 눈물을 흘리는 것처럼 보이는 많은 사람을 보았습니다. 그러나 저는 기도하는 중에 그런 것을 거의 느낄 수가 없습니다. 왜 그럴까요?" 길레스 형제는 대답했다. "오직 신실하고 경건하게 일하시오. 하나님이 이번에 주시지 아니하시는 은혜는 다른 때에 주실 것입니다. 즉 그가 오늘에, 혹은 이번 주에, 혹은 이번 달에, 혹은 올해에 주시지 않는 그 은혜를 다른 날, 다른 주, 혹은 다른 달, 다른 해에 주실 수 있습니다.

하나님 앞에 겸손히 그대의 수고를 바치시오. 그러면 하나님께서 그의 기뻐하시는 뜻대로 그대에게 은혜를 주실 것입니다. 대장장이는 쇠를 많이 두들겨서 칼을 만들지만 결국 그 칼은 마지막 일격으로 완성됩니다."

사람은 항상 자신의 구원에 대하여 관심을 가져야 한다. 만약 전 세계가 사람들로 가득 차고 그 중에 단 한 사람만이 구원을 받는다고 해도 모든 사람은 그 한 사람이 되기 위하여 은혜 가운데 거해야만 한다. 왜냐하면 천국을 잃어버린다는 것은 마지막 자본을 잃는 것이기 때문이다.

한번은 어떤 수사가 길레스 형제에게 물었다. "길레스 형제여, 당신은 요즈음 무엇을 하십니까?" 그는 대답했다. "나는 악을 행하고 있습니다." "당신께서 악을 행하다니요? 도대체 무슨 악을 행하고 있습니까?" 길레스 형제는 옆에 서 있는 그 수사에게 대답했다. "형제여 대답해 보시오. 누가 더 준비되어 있습니까? 그의 은혜를 주시기 위한 하나님이십니까? 아니면 그것을 받기 위한 우리입니까?" 그 수사는 대답했다. "우리가 은혜를 받기 위한 것보다 하나님께서 우리에게 그의 은혜를 주시기 위하여 더 많은 준비를 하고 계십니다."

그러자 거룩한 길레스 형제는 그에게 말했다. "그렇다면 우리는 선을 행하고 있는 것입니까?" "아닙니다. 우리는 악을 행하고 있는 것입니다." "이것이 바로 내가 악을 행하고 있다고 대답한 이유입니다."

그는 또한 말했다. "많은 선행이 성경에 권면되어 있습니다. 예를 들어 벌거벗은 자에게 옷을 입히고, 굶주리는 자에게 먹을 것을 주는 일 등등입니다. 그러나 기도에 대하여 주님께서 말씀하시기를 '아버지께서는 그를 영화롭게 하는 자를 찾으신다.'고 하셨습니다. 선행은 영혼을 장식하지만, 기도는 영혼을 성장시키므로 더욱 중요하고 위대한 일입니다."

친한 친구였던 한 수사가 길레스 형제에게 말했다. "왜 그대는 때때로 당신을 만나서 얘기하기 원하는 신자들을 만나지 않습니까?" 길레스 형제는 대답했다. "나는 내 자신의 영혼을 유익케 함으로써 내 이웃을 만족하게 하기를 원합니다. 때때로 나는 내 자신의 영혼을 위하여, 이웃을 만나기보다는 돈이 있다면 오히려 천 파운드의 돈을 주고 싶습니다."

길레스 형제는 계속해서 말했다. "주님께서는 복음서에 이렇게 말씀하였습니다. '아버지나 어머니나 형제나 자녀를 내 이름을 위하여 버리는 자는 누구든지 이 세상에서 백배의 상급을 얻으리라.' 로마에 있는 가정을 떠나 작은 수도회에 가입한 한 사람이 있었습니다. 그의 재산은 6만 파운드에 달한다고 합니다. 이제 주 하나님께서 그에게 6만 파운드의 백배를 주신다는 것은 참으로 위대한 일입니다.

그러나 우리는 눈이 멀어 있고 베일을 통하여 세상을 봅니다. 만일 우리가 많은 은혜와 미덕을 갖춘 사람을 본다고 할지라고 우리는 종종 그의 훌륭한 덕을 이해하지 못합니다. 만약 어떤 사람이 진정으로 영적인 사람이라면 그는 중대한 경우를 제외하고는 이야기하면서 시간을 낭비하기를 별로 원하지 않을 것입니다. 단지 그는 항상 홀로 있기를 원할 것입니다."

길레스 형제는 또한 자신에 대하여 말했다. "나는 이 세상에서 가장 훌륭한 사람이 되거나 부유한 사람이 되거나 혹은 현명한 사람이 되거나 혹은 가장 위대한 귀족이 되는 것보다는 오히려 눈먼 사람이 되기를 원합니다. 왜냐하면 나는 그 모든 부와 지혜와 명예가 하나님을 향한 나의 길에 방해가 될 것을 두려워하기 때문입니다."

비난받을 만한 것은 어떠한 일이든지 생각하지도 말하지도 행하지도 않는 자는 복이 있도다.

❋ 13. 명상에 대하여

길레스 형제가 한번은 어떤 수사에게 물었다. "현인들이 명상에 대하여 무엇이라고 말합니까?" 그 수사는 "잘 모릅니다"라고 대답했다. "그렇다면 명상에 대하여 내가 생각하는 바를 말해볼까요?" "예, 그렇게 해 주십시오."

그러자 길레스 형제는 말했다. "명상에는 일곱 단계가 있습니다. 불-기름부음-환상-명상-맛-안식-영광이 곧 그것입니다. 불(火)이라고 하는 것은 먼저 영혼을 밝히기 위하여 들어오는 어떤 빛을 말합니다. 그리고 나서 놀라운 향기가 나오는 기름부음이 있습니다. 다음이 환상입니다. 향기가 한번 느껴지면 영혼은 육체적 감각을 잃고 무아경에 사로잡힙니다. 그리고 나서 명상이 옵니다. 즉 모든 육체적 감각을 잃어버린 후에 신비한 방법으로 하나님을 묵상하게 됩니다. 그 후에는 맛이 오는데, 즉 명상 속에서 시편에 '맛을 보아 알라' 라고 기록된 것처럼 놀라운 달콤함을 느끼게 됩니다. 그 다음으로 한번 영적인 미각이 놀라운 달콤함을 맛보고 나면 그 영혼은 그러한 달콤함 속에 깊은 안식을 누립니다. 마지막으로 영광이 있습니다. 그 영혼은 참된 안식 속에서 영광을 누리며 시편에 말한 것과 같은 큰 기쁨으로 새로워집니다. 즉, '나는 주의 영광이 나타날 때에 만족하리라' 라는 말씀과도 같습니다."

그는 덧붙여서 말했다. "어느 누구도 뜨거운 영혼의 열심과 끊임없는 기도가 아니고서는 거룩한 신의 명상에 들어갈 수 없습니다. 인간은 그의 마음이 그 존재의 안식과 더불어 자연스럽게 느끼는 바를 제외하고는 아무 것도 소원하거나 생각할 수가 없게 될 때에, 영혼의 열심에 의하여 불이 붙어지고 마침내 명상에 들어가게 됩니다."

명상의 생활은 하나님의 사랑을 위하여 모든 세상의 일을 포기하고, 오직 하늘의 일만을 구하며 끊임없이 기도하고, 자주 영적인 책들을 읽으며, 항상 하나님을 찬미하는 생활이다.

명상한다는 것은 모든 것으로부터 떨어져서 오직 하나님과만 연합하는 것이다.

그는 또한 말했다. "만약 사람이 그의 손과 발을 자르고 눈을 빼고 코와 귀와 혀를 잘라낸다면, 그는 이 세상에서 아무것도 바라거나 생각하지 않을 것입니다. 그러한 사람이 훌륭한 명상가입니다. 왜냐하면 그는 가장 달콤하고 말로 형용할 수 없는 향기와 기쁨과 위로의 위대함을 영적으로 체험하기 때문입니다.

그것은 마치 주님의 발 앞에 앉았던 마리아가 주님의 말씀의 달콤함에 사로잡혀 이 세상에서는 아무 것도 바라지 않았던 것과 같습니다. 그녀는 이처럼 깊은 명상에 빠졌기 때문에 불평하던 마르다에 대하여 말과 행동으로 아무런 응답을 하지 못했던 것입니다. 그러자 그리스도께서는 응답할 수 없었던 마리아를 위하여 그녀 대신 응답을 해주셨던 것입니다."

✤ 14. 활동적인 삶에 대하여

　　사람이 먼저 사회생활에서 신실하고 양심적으로 삶의 훈련을 받지 못한다면, 어느 누구도 명상의 생활에서 덕에 이르는 삶을 살 수 없으므로 사회생활을 진지한 노력과 열심으로 바르게 살아야 한다.

　가능하다면 이 세상의 모든 가난한 자들을 위하여 양식을 준비하고, 세상에서 필요로 하는 모든 교회와 병원과 다리를 짓고, 또한 이 세상의 모든 사람들이 자신을 악인으로 오해한다고 할지라도, 조용히 인내하면서 애써 자신의 행위가 선한 것으로 인식되기를 바라지 말아야 할 것이다.

　또한 그로 인하여 선행을 중단하지 않고 더욱더 선행에 힘을 써서, 이 세상에서는 그 선행으로부터 아무런 공적도 바라거나 기대하지 않는 사람이 되어야 한다. 곧 마르다가 매우 분주했을 때 그녀는 주님의 말씀에만 심취하여 있는 동생 마리아에게 도움을 청했다가 주님께 책망을 들었을지라도 그녀의 선행을 결코 중단하지 않았었던 것이다. 이처럼 오직 신실한 마음으로 선행을 행할 때에 진정으로 사회생활을 바르게 사는 것이다.

　이와 같이 사회생활을 바르게 사는 사람은 결코 세상 사람들의 비판이나 경멸 때문에 자신의 선행을 중단하지 않는다. 왜냐하면 그는 세상의 상급을 기대하지 않고 영원한 하늘의 상급을 바라기 때문이다.

　그는 또한 말했다. "만약 그대가 기도 가운데 은혜를 발견한다면 끊임없이 열심히 기도하십시오. 또한 그대가 기도 가운데 은혜를 발견하지 못한다고 할지라도 더욱 열심히 정성을 다하여 기도하십시오. 왜냐하면 주님께서는 염소의 머리털이라도 제물을 받으셨기 때문입니다."

　때때로 주님은 그를 위하여 큰일을 하는 사람의 온전한 몸보다도, 그를 위해 작은 일을 하는 사람의 다리를 더욱 기뻐하신다. 왜냐하면 주님께서는 행하는 자의 마음의 중심을 보시기 때문이다.

　주님께서 베드로에게 그의 사역을 의탁하실 때에 이렇게 말씀하셨다. "먼저 네가 회개한 후에 네 형제를 굳게 하라."

✳ 15. 계속적으로 영적인 주의를 훈련함에 대하여

만약 당신이 진실로 잘 보기를 원한다면 당신의 눈을 빼어 버리고 장님이 되라. 또한 당신이 잘 듣기를 원한다면 오히려 귀머거리가 되어야 하며, 감사하는 마음으로 잘 걷기를 원한다면 당신의 다리를 잘라 버리라. 당신이 기쁘게 일 잘하기를 원한다면 오히려 손을 잘라보고, 남을 진심으로 사랑하기를 원한다면 당신 자신을 미워해 보라. 또한 당신이 잘 살기를 원한다면 자신의 욕심을 억제하고, 이익을 남기기 원한다면 손해 보는 법을 배우라.

만약 당신이 부자가 되기를 원한다면 마음이 가난해져야 하며, 쾌락을 누리고 싶다면 고통의 괴로움을 배우라. 또한 당신이 안전하기를 원한다면 항상 두려워할 줄 알아야 하며, 높임 받기를 원한다면 먼저 자기 자신을 낮추라. 당신이 명예로워지기를 원한다면 당신 자신을 겸손하게 낮추고, 당신을 경멸하는 자를 오히려 명예롭게 하라.

또한 진실로 좋은 것들을 갖기 원한다면 나쁜 것들로 만족하기를 배우고, 기쁜 마음으로 쉬기를 원한다면 더욱 열심히 일하라. 복 받기를 원한다면 저주받는 것을 두려워하지 말고 인내와 믿음으로 자신을 지키라. 이와 같은 것들을 실천하는 방법을 잘 터득한다는 것은 얼마나 놀라운 지혜인가! 그러나 이 모든 것들은 참으로 행하기 어렵고 위대한 것이므로 모든 사람들이 누구나 할 수 있는 일은 아니다.

만약 사람이 천 년을 살고 난 후에 이 세상에서 외적으로 해야 할 일을 다 끝냈다고 할지라도 그는 자신의 마음 안에서 해야 할 일이 아직도 많을 것이며, 결코 이 모든 일을 완전히 끝내지는 못할 것이다 — 이처럼 사람은 자신의 마음 안에서 해야 할 일이 많은 것이다!

자기 자신을 두 사람, 즉 자기 자신에 대한 판사와 주인으로 만들지 못하는 사람은 구원받을 수 없다.

사람은 보고 듣고 말하는 것이 그의 영적인 유익을 위하여 도움이 되지 않는다면 어느 누구도 그런 것들을 소원해서는 안된다.

알기를 원하지 않는 사람은 알려지지도 않을 것이며, 불행히도 하나님의 은사를 소유하지 못한 사람들은 그것들을 추구하지도 못한다.

사람은 하나님을 자신이 생각하고 원하는 대로 인식하지만 하나님은 누구에게나 항상 동일하신 분이다.

✳ 16. 유용한 지식과 유용하지 않는 지식에 대하여, 그리고 하나님 말씀의 설교자에 대하여

충분히 알기를 원하는 사람은 겸손하게 그의 머리를 숙이고 땅에 완전히 엎드려야 한다. 그러면 하나님께서 그에게 충분히 가르쳐주실 것이다.

가장 뛰어난 지혜는 선행을 행하고 자신을 잘 지키고 하나님의 심판을 묵상하는 것이다.

한번은 그가 배우기 위하여 대학에 가려는 젊은이에게 말했다. "왜 그대는 대학에 가기를 원하는가? 모든 지식의 정점은 하나님을 두려워하고 사랑하는 것이다. 이 두 가지만 제대로 배우면 그대를 위하여 충분하다. 또한 사람은 선을 행할 만큼 충분한 지식을 갖고 있으면 그것으로도 충분하다. 그러므로 그대 자신의 지혜에 의지하지 말고 온 마음을 다하여 열심히 일하고 부지런히 선을 행하라. 옛 사도께서는 이렇게 말씀하셨다. '말과 혀로만 사랑하지 말고 행동과 진실로 사랑하자.' 너무 다른 사람에게 유용한 사람이 되려고 애쓰지 말고 그대 자신에게 유용한 사람이 되려고 노력하라."

때때로 우리는 다른 사람에 대하여 많이 알려고 하지만, 자기 자신에 대하여는 별로 알려고 하지 않는다.

하나님의 말씀은 그것을 듣고 말하는 자에게 속한 것이 아니라 그것을 실천하는 자에게 속한다.

수영하는 법을 모르는 사람들은 물에 빠져 죽어가는 사람들을 구하기 위하여 물속으로 뛰어 들어가서도 구하기는커녕 둘 다 빠져 죽는 일이 많이 있다. 이처럼 지혜가 없는 선행을 함으로써, 처음에는 한 사람이 불행을 당하였지만 후에는 두 사람이 불행을 당하였던 것이다.

만약 그대가 자신의 영혼의 구원을 위하여 선행을 한다면, 그대는 그대의 모든 친구들의 구원을 위하여서도 선행을 하는 것이 된다. 또한 그대가 스스로 바르게 행한다면 그대의 모든 친구들에게도 바르게 행하는 것이 된다.

하나님 말씀의 설교자는 하나님에 의하여 선택되어 하나님의 백성을 위하여 빛과 거울과 기수(旗手)가 되도록 부름을 받은 사람이다.

다른 사람들을 바른 길로 인도하며, 그 자신이 선의 길에 서서 다른 사람들로 하여금 선을 향하게 달리게 하고, 그들이 풍성해지도록 도우며, 자기 자신도 영적으로 가난해지지 않도록 노력하는 자는 복이 있도다.

선한 설교자는 다른 사람보다 자기 자신에게 더 많이 설교한다.

죄인의 영혼을 인도하기 원하는 자는 그 자신이 죄악에 빠질까 늘 조심하고 두려워해야 한다. 한 수사가 그에게 물었다. "그렇다면 어떻게 해야 할까요?" "그대의 눈을 돌려 허영을 바라보지 않도록 주의하라. 말하는 자는 깨닫지 못하고 듣는 자는 이해하지 못하느니라."

또 어떤 사람이 그에게 말했다. "설교를 잘하는 것과 잘 행하는 것 중 어떤 것이 낫습니까?" 그러자 그는 이렇게 대답했다. "생각해 보십시오. 성 야고보의 성당에 가는 사람과 성 야고보의 성당에 가는 길을 가르쳐 주는 사람 중 어떤 사람이 더 낫습니까?"

나는 나의 것이 아닌 많은 것들을 보며, 내가 이해하지 못하는 많은 것들을 듣고, 내가 행하지 못하는 많은 것들을 말한다. 그러므로 나에게는 사람이 단지 보고 듣고 말하는 것만으로는 구원을 받지 못한다고 여겨진다.

✲ 17. 선한 말과 악한 말에 대하여

선한 말을 하는 사람은 "하나님의 입"과 같으나 악한 말을 하는 사람은 "마귀의 입"과 같다.

하나님의 종들이 한 곳에 모여 대화할 때 그들은 곧잘 미덕의 아름다움에 대하여 토론한다. 왜냐하면 미덕은 그들에게 기쁨을 주기 때문이다. 미덕이 그들에게 기쁨을 준다면 그들은 기꺼이 그것을 실천할 것이며, 그들이 미덕을 실천하면 할수록 더욱 미덕을 사랑하게 될 것이다.

사람이 악을 많이 지니고 있으면 있을수록 그는 미덕에 대하여 더 많이 대화를 해야 할 필요가 있다. 사람이 악에 대하여 악한 대화를 자주 하면 할수록 더욱 쉽게 악에 빠지게 되는 반면에, 미덕에 의하여 자주 거룩한 대화를 하게 되면 그는 악으로부터 건져냄을 받고 미덕으로 인도함을 받는다.

그러나 우리가 무슨 말을 해야 할까? 왜냐하면 우리는 선에 대하여 선하다고 말할 수 없고 악에 대하여 악하다고 말할 수 없기 때문이다. 또한 우리는 선에 관하여 그것이 얼마나 선한지, 죄악에 대하여 그것이 얼마나 악한지 함부로 말할 수 없다. 우리에게는 그것이 둘 다 이해하기 불가능하다.

잘 말하는 방법을 아는 것 못지않게 침묵을 잘하는 방법을 아는 것도 중요하다고 생각한다. 사람은 학과 같은 목을 가지고 있어야 한다. 즉 그들의 말이 입에서 나오기 전에 많은 관절을 거쳐야 한다.

✳ 18. 꾸준히 선을 행함에 대하여

금식하고 기도하고 자선을 베풀고 자신을 죽이며 하늘의 큰 은혜를 받는다고 해도 구원의 안식처에 도달하지 못한다면 무슨 소용이 있겠는가?

때때로 아름답고 크고 보물이 가득 찬 배가 바다에 나타나지만 갑자기 풍랑이 일어나 항구에 안전하게 도착하지 못하고 불행히도 가라앉아 버린다. 그렇다면 그 훌륭한 장관과 아름다움이 무슨 소용이 있겠는가?

또한 때때로 바다에는 작고, 오래되고, 형편없는 배들도 있다. 그러나 그러한 배가 간신히 바다의 풍랑이 치는 위험 가운데서도 빠져 나와 안전하게 항구에 도달할 때가 있다. 그 과정이 어떠하든 마침내 구원의 항구에 도착하는 것이 참으로 칭찬할 만한 것이다. 이것은 세상에 있는 사람들에게도 마찬가지이다. 그러므로 우리 모두가 늘 조심하고 두려워해야 할 것이다.

나무의 성장은 갑자기 이루어지는 것이 아니며 성장했다고 금방 꽃이 만발하지는 않는다. 또한 꽃이 만발한 상태라도 금방 열매를 맺지 않으며, 열매를 맺는다고 해도 처음부터 크지는 않다. 열매가 크게 자란다고 해도 쉽게 익지 않으며, 잘 익어 있다고 해도 그 열매가 모두 먹는 사람의 입에 도달하는 것은 아니다. 많은 열매들이 땅에 떨어져 썩어서 돼지와 다른 짐승들의 먹이가 된다.

어떤 사람이 그에게 말했다. "주님께서 당신에게 유종의 미를 거둘 수 있도록 해 주시기를 !" 길레스 형제는 대답했다. "내가 백 년 동안이나 천국을 위하여 기도한다고 해도 마지막에 좋은 결과를 가져오지 못한다면 무슨 소용이 있겠습니까? 나는 사람이 지켜야 할 두 가지 위대한 선은, 하나님을 사랑하는 것과 항상 자신을 죄로부터 지키는 것이라고 생각합니다. 이 두 가지 선을 지키는 자는 모든 선한 것을 가지고 있는 자이며 유종의 미를 거둘 수 있을 것입니다."

✳ 19. 수도생활과 그 안전에 대하여

길레스 형제는 자기 자신에 대하여 이렇게 말하곤 했다. "나는 세상에서 큰 인물이 되는 것보다는 수도 생활에서 하나님의 작은 은혜를 얻는 것을 택하겠습니다. 왜냐하면 이 세상에는 수도원보다 더 많은 위험이 있고 도움이 거의 없기 때문입니다. 그러나 죄가 많은 사람은 자신에게 나쁜 것보다 좋은 것을 더 두려워하나니 이는 세상에서 죄 가운데 머무르는 것보다 수도원에서 고생하는 것을 더 두려워하기 때문입니다."

한 신자가 길레스 형제에게 충고를 구하면서 자기가 수도원에 들어가야 할 것인지를 물었다. 길레스 형제는 대답했다. "만약 가난한 사람이 보물이 숨겨져 있는 장소를 알게 되었다면 그는 먼저 보물을 급히 파내러 가겠습니까, 아니면 다른 사람의 조언을 구하겠습니까? 하물며 하늘의 보물을 파헤치는 일에 사람은 얼마나 더 서둘러야 하겠습니까!" 이 말을 듣고 그 신자는 자신의 모든 재산을 팔고 나서 수도원에 가입했다.

길레스 형제는 또한 말하곤 했다. "많은 사람이 수도생활에 들어오지만, 그들 중 많은 사람들이 수도생활의 기본적인 것을 실천하지 않습니다. 그들은 마치 갑옷을 입었으나 전쟁 때 그것을 사용할 줄 모르는 농부와도 같습니다. 모든 사람이 말을 탈 수는 없으며, 혹시 말을 탈 수 있는 사람도 주의를 기울이지 않으면 말에서 떨어질 수 있습니다.

나는 왕의 궁전에 들어가는 것과 왕의 은혜를 받는 것만이 중요한 일이라고 생각하지 않습니다. 나는 끊임없이 선을 행함으로써 왕의 궁전에 머무르면서 왕의 은혜를 보존하는 것이 더 중요한 일이라고 생각합니다. 위대한 왕의 궁전은 곧 수도원의 생활입니다. 수도원에 들어가서 하나님의 은혜를 받는 것만이 중요한 일이 아니라 바른 일을 행함으로써 그 은혜 가운데 생활하고, 경건하며 양심적인 수도생활로 끝까지 그 속에서 견딜 수 있는 것이 더 중요한 일입니다. 나는 수사가 되어서 수도생활에 싫증내는 것보다는 오히려 평범한 신자가 되어서 경건하게 신앙생활을 하는 편을 택하겠습니다."

영광스러운 동정녀 마리아도 그 조상은 죄인들이었고 어떠한 수도회에도 가입한 일이 없었다. 그러나 지금 그녀는 얼마나 위대한가!

수사는 수도생활이 아니면 참되게 사는 법을 알 수도 없고 익힐 수도 없다는 것을 믿어야만 한다.

한번은 그가 형제들에게 말했다.

"이 세상의 처음부터 지금까지 우리 작은 형제 수도회보다 더 훌륭한 수도회는 없었습니다. 작은 형제 수도회는 사람들의 큰 유익을 위하여 진정으로 이 세상에 보내진 것으로 보입니다. 그러나 우리가 마땅히 되어야 할 사람이 되지 못한다면 우리에게는 오히려 비난과 저주가 있을 것입니다! 또한 작은 형제 수도회는 이 세상에서 물질적으로는 가장 가난하면서도 정신적으로 가장 부유한 것으로 보입니다. 그러나 우리가 너무 교만하게 행동한다면 그것은 우리의 가장 큰 악이 될 것입니다.

부유한 자를 본받고자 노력하는 자는 부유해지며 현인을 본받는 자는 지혜를 얻습니다. 선한 사람을 본받는 자는 선하며 훌륭한 사람을 본받는 자는 훌륭합니다. 이처럼 고귀한 자 — 즉, 우리 주 예수 그리스도를 본받는 자는 고귀한 영혼을 얻을 것입니다."

✳ 20. 순종과 그 유용성에 대하여

수사가 하나님의 사랑을 위하여 순종의 멍에 아래 자신을 제한시키면 시킬수록 그는 더 많은 열매를 맺을 것이다. 그리고 수사가 하나님의 영광을 위하여 더욱 순종하면 할수록 그는 이 세상 사람들 앞에서 죄악으로부터 떠나 더 순결하게 될 것이다.

진정으로 순종하는 수사는 훌륭한 말 위에 탄 완전무장한 기사와 같다. 그는 적들 가운데를 안전하게 지나가며 아무도 감히 그를 해칠 수 없다. 그러나 순종하는 것을 불평하는 수사는 나쁜 말 위에 탄 무장하지 못한 기사와 같다. 그는 적의 가운데를 지날 때 사로잡혀 사슬에 묶인 채 상처를 입고 감옥에 갇혔다가 어쩌면 죽음을 당할지도 모른다.

자기 자신의 의지에 따라서 살기 원하는 수사는 지옥 불에 들어가기를 원하는 자와도 같다.

황소가 그 머리를 착실하게 멍에 아래 두는 한 창고를 곡식으로 채운다. 그러나 그 머리를 멍에 아래 두지 않고 어슬렁거리는 황소는 자기가 위대한 주인이라고 생각할지는 모르나, 창고는 곡식으로 가득 차지 못한다.

진정으로 위대하고 지혜로운 사람은 겸손하게 그들의 머리를 순종의 멍에 아래 둔다. 그러나 어리석은 자들은 거만하게 그들의 머리를 멍에에서 빼내어 순종하기를 원치 않는다.

때때로 어머니는 그녀의 아들을 양육하고 사랑으로 돌보지만, 아들은 자란 후에는 교만으로 인하여 어머니께 순종하지 아니하고 심지어는 어머니를 조롱하며 깔보기까지 한다. 어머니는 곧 수도회와도 같다. 또한 그녀의 아들은 양육을 받은 후에 수도회를 무시하고 조롱하고 순종하기를 원치 않는 수사와도 같다.

나는 하나님의 사랑을 위하여 윗사람에게 순종하는 것이 하나님의 명령을 개별적으로 순종하는 것보다 더 위대하다고 생각한다.

나는 만약 어떤 수사가 큰 은혜를 받아 천사와 얘기하고 있을 때라도 그가 순종하기로 약속한 윗사람이 그를 부를 때는 즉시 천사와의 대화를 중지하고 윗사람의 부름에 순종해야 한다고 생각한다. 왜냐하면 수사가 수도회에 있을 때는 하나님을 위하여 그의 윗사람에게 순종해야 하기 때문이다. 즉 성경의 열왕기상에 나타나는 바, 하나님께서도 사무엘의 윗사람인 엘리의 허가가 있기 전까지 그 뜻을 사무엘에게 나타내 보이시지 않으셨던 것처럼 우리는 순종의 미덕을 배워야 한다.

겸손하게 머리를 순종의 멍에 아래 두고 완전에의 길을 따르던 사람이 갑자기 그의 머리를 순종의 멍에에서 빼낸다면 그것은 그의 숨겨진 큰 교만의 증표이다.

선한 습관은 선을 향한 길이며 악한 습관은 악을 향한 길이다.

※　　**21. 죽음을 묵상함에 대하여**

만약 어떤 사람이 이 세상을 처음부터 지금까지 살아왔고 항상 살아가는 동안 온갖 악을 겪어 왔을지라도 지금 선으로 돌아선다면, 그가 여태껏 경험했던 악이 그에게 무슨 해를 끼칠 수 있겠는가? 또 만약 어떤 사람이 항상 선을 행해 오다가 지금 악을 행한다면, 그가 여태까지 지켜왔던 선이 모두 무슨 소용이 있겠는가?

한 신자가 그에게 말했다. "나는 이 세상에서 장수하며 모든 것을 풍성하게 갖고 싶습니다." 길레스 형제는 그에게 대답했다. "만약 당신이 천년을 살고 온 세상의 주인이 된다 할지라도 마침내 죽음에 이르렀을 때 당신이 섬기

던 재물과 곧 썩어 사라질 육체로부터 무슨 상급을 받겠습니까? 그러나 잠시
동안이라도 의를 행하며 자신의 영혼을 돌보던 사람은 장래에 말로 표현할
수 없는 훌륭한 상급을 받게 될 것입니다."

오상(五傷)을 받는 성 프란체스코
엘 그레코(티 Greco) 작(作), 1585–95년, 엘 에스코리알 수도원 소장

제 6 부

부가적 장(章)들

******
******
******
******
******
******
******
******

아를르의 수도원에 나타난 성 프란체스코의 환상

지오토 작(作), 1320년대, 아시시의 성 프란체스코 성당 소재

1. 어떻게 성 프란체스코는 '주님'(master)이란 이름을 싫어하였는가.

그리스도를 겸손히 본받는 자였던 프란체스코는 '주님' 이라는 이름이 오직 천지를 창조하신 주 하나님에게만 적합하다는 것을 알고 다른 모든 것은 기쁘게 행하고자 하지만 '주님' 이라는 이름은 자기에게 맞지 않는다고 늘 말하곤 했었다.

왜냐하면 주가 되지 말라고 한 그리스도의 말씀을 거역하는 것처럼 보였기 때문이었다. 또한 그는 위대한 행위를 하여 영광스러운 주님의 겸손하신 말씀에 거만하게 대적하는 것보다는 보잘것없는 지식을 가지고서 겸손하게 순종하는 것이 더 낫다고 생각했기 때문이었다.

'주님' 이란 이름은 모든 행위가 완전하신 복되신 그리스도 한 분에게만 적합한 것이므로 그는 이 세상의 어느 누구도 감히 '주님' 이란 칭호를 들어서는 안된다고 말했다. 하늘에는 오직 유일하시고 참되신 주님이 계시며 그분은 곧 하나님이시자 사람이시고, 빛과 생명이시며 세상의 창조주이시니 영원히 찬양과 영광을 받으시기에 합당한 분이시다. 아멘.

2. 성 프란체스코가 본 기적의 동상에 관하여

어느 날 밤 성 프란체스코가 전능하신 하나님께 천사의 성 마리아 수도원에서 경건히 기도하고 있을 때, 한 놀라운 환상이 그의 눈앞에 나타났다. 그것은 옛날 느부갓네살 왕이 꿈에 보았던 것과 비슷한 동상이었다.

그 동상은 머리가 황금으로 되어 있었고 아름다운 얼굴을 가지고 있었으며, 가슴과 팔은 은으로, 배와 넓적다리는 청동으로, 다리는 철로, 발은 일부는 철이요 일부는 진흙으로 되어 있었다. 또한 그것은 삼베옷을 입고 있었는데 마치 부끄러워서 얼굴을 붉히고 있는 것처럼 보였다.

그때 성 프란체스코는 동상을 바라보면서 말로 표현할 수 없는 아름다움과 그 엄청난 크기, 삼베옷을 입고 있는 것에 대해 부끄러워하는 모습 등을 보고 매우 커다란 경이를 느꼈다.

이처럼 그가 경이의 눈으로 그 동상의 아름다운 얼굴과 머리를 바라보고 있는 동안 동상은 그에게 이렇게 말했다. "왜 그대는 그렇게 놀라는가? 하나님은 그대에게 이런 모습을 보여 주어서 장래에 그대의 수도회에서 일어날 일을 그대로 하여금 깨닫게 하시려는 것이다.

나의 황금의 머리와 아름다운 얼굴은 복음적인 생활의 완전함에 근거한 이 수도회의 시작이다. 금이 본질적으로 모든 다른 귀금속보다 귀한 것처럼, 또 머리와 얼굴이 다른 부분보다 더 뛰어난 것처럼, 이 수도회의 시작도 황금과 같은 형제사랑 때문에 큰 가치가 있고, 천사와 같은 순결로 아름다울 것이며 전 세계가 깜짝 놀랄 복음적인 가난함으로 말미암아 크게 숭고해질 것이다.

그리고 사바 여왕(Queen Saba) — 즉, 거룩한 어머니 교회 — 은 수도회의 첫 번째 수사들 안에서 그리스도와 같은 아름다움과 천사의 거울에 빛나는 듯한 영적인 지혜의 찬란함을 보고 마음에 크게 기뻐할 것이다.

그리고 이 세상의 거짓된 부귀와 권세보다도 하늘의 아름다움을 더욱 따름으로써 그리스도에게 온전히 자신을 일치시키고, 황금의 머리 곧 그 첫 번째 수사들의 미덕과 관습을 본받으려고 하는 사람은 복이 있을 것이다.

이제 은으로 된 가슴과 팔은 그 수도회의 두 번째 상태이다. 은이 금보다 못한 것처럼 두 번째 수사들은 첫 번보다 못하다. 그래도 은이 큰 가치를 지니고 있고 뛰어난 것같이 성경과 거룩함에 뛰어난 훌륭한 수사들이 있을 것이다. 그들 중의 어떤 사람은 교황이 되고 추기경 혹은 주교가 될 것이다.

또한 사람의 힘이 그의 가슴과 팔에 나타나는 것인 만큼, 이 시기에 주님은 수도회의 형제들과 어울려서 그들은 지식과 덕에 있어 지극히 총명해질 것이며, 그 미덕으로 말미암아 사탄과 많은 불신자들의 공격으로부터 수도회와 교회들을 보호할 것이다. 장래의 세대는 존경할 만하지만 그럼에도 불구하고 첫 번 수사처럼 완전한 상태에 이르지는 못할 것이다. 그러므로 초대 수도회에 비교하면 이 시기는 그에 비교한 은과 같을 것이다.

그 후에는 세 번째 시기가 될 것이며, 이 시기는 청동으로 만들어진 배와 넓적다리에 비유된다. 청동이 은보다는 가치가 떨어지는 것처럼 첫 번째와 두 번째보다는 못할 것이다. 이 시기에는 수사들이 숫자적으로 증가되고 전 세계에 많이 퍼질 것이지만, 그들 중에는 자신의 배를 하나님으로 생각하고 자기의 배를 위하여 수도회의 영광을 치욕으로 만들며 오직 세상의 것만을 생각하는 자들이 있을 것이다.

그들은 지식으로 인하여 소리 나는 구리와 같이 뛰어난 웅변의 능력을 가지고 있을지라도, 배와 육체를 사랑하는 자들이므로 하나님의 눈앞에서 소리 나는 구리와 울리는 꽹과리 같이 될 것이다. 그들은 하늘의 천사와 같은 말을 하고 다른 사람들에게 생명의 원천을 보여 줌으로써 영적인 소산을 얻을지라도 그들 자신은 바싹 말라버릴 것이며 땅에 아무런 은혜도 주지 못할 것이다. 하나님의 자비가 그들을 도우시기를! 아멘.

그 후에는 그대가 철로 된 다리에서 보는 바와 같이 무서운 네 번째 상태가 될 것이다. 철은 청동과 은과 금을 이기고 부술 수 있는 것처럼 그 상태도 철과 같은 가혹함과 비행으로 이루어진 상태일 것이다. 그 위험한 시기의 타락한 도덕은, 초대 수사들의 황금과 같은 사랑과 둘째 수사들의 은과 같은 진리, 그리고 세 번째의 청동과 같은 웅변이 그리스도의 교회를 세웠던 그 모든 선행을 망각으로 돌려버릴 것이다.

그러나 다리가 몸을 유지하는 것처럼 그 수사들도 위선적이고 녹슨 힘으로 수도회의 몸을 유지할 것이다. 즉 그들은 수도복을 입고 경건을 위장하고 있으나 내적으로는 몹시 굶주린 늑대들이기 때문에 그들의 철로 된 배와 다리는 옷으로 가려질 것이다.

오직 자기 배만을 섬기는 그 녹슬고 철과 같은 수사들은 그들이 비록 세상으로부터 그것을 숨길지라도 주님 앞에서는 명백하게 드러날 것이다. 왜냐하면 그들의 사악한 생활의 망치로 말미암아 그들은 가장 고귀한 은사를 무(無)로 만들기 때문이다. 그러므로 가장 단단한 철과 같이 고난의 불과 무서운 시련의 망치로 단련을 받을 것이다. 그리하여 그들은 마치 권세 있는 자가 권세 있는 사람들로부터 고통을 당하는 것처럼 불과 마귀의 타는 석탄에 의하여 녹아질 뿐만 아니라 세속의 권력에 의해서도 녹아져 버릴 것이다.

그들은 불경과 굳은 마음으로 죄를 지었으므로 불경스런 사람들에 의해 잔인스런 고통을 받을 것이다. 이러한 시련의 결과로 마침내 그들은 인내하지 못하고 철이 모든 금속을 저항하는 것처럼 그들 자신이 모든 사람들에게 대적하고 그리하여 고집스럽게 세속의 권위뿐만 아니라 영적인 권위에도 대적할 것이다. 또한 그들은 철과 같이 모든 것을 이길 수 있다고 생각할 것이며, 이 모든 것들로 말미암아 하나님을 크게 진노케 할 것이다.

이제 다섯 번째 상태는 부분적으로는 앞에 말한 위선자를 상징하는 철이요, 부분적으로는 자신을 완전히 세상의 일에 파묻어 버리는 것을 의미하는 흙이 될 것이다. 또한 그대가 다리에 함께 나타난 불에 탄 진흙과 철을 본 것처럼 그것들은 결코 합해질 수 없지만 이 수도회의 마지막 상태가 될 것이다. 왜냐하면 큰 혐오와 분열의 세상적인 일과 육체적 정욕의 수렁에 의하여 마음이 굳어진 야심 많고 세상적인 위선자들 사이에서 일어날 것이기 때문이다. 그리하여 큰 불화로 말미암아 그들은 마치 진흙과 철처럼 함께 합해질 수 없을 것이다.

그들은 복음과 수도회의 규칙을 경멸할 뿐만 아니라 진흙과 철로 된 발로 — 즉, 그들의 사악하고 불결한 욕망으로 — 거룩한 수도회의 모든 규례를 짓밟을 것이다. 또 진흙과 철이 분리된 실체인 것처럼 많은 사람들이 그들 사이에서 내적으로 교리상의 논쟁으로, 외적으로는 세속의 군주에 대한 당파 조성으로 인하여 갈라질 것이다. 결과적으로 그들은 모든 사람들의 적개심을 일으켜 마을에 들어올 수도 없으며, 살지도 못하고 공개적으로 수도복을 입지도 못할 것이다. 또한 그들 중 많은 사람들이 그러한 증오스런 분열을 멸시하는 세속 군주들의 무서운 고문에 의하여 벌을 받고 죽음을 당할 것이다.

이 모든 불행은 그들이 황금의 머리에서 떠났기 때문에 일어날 것이다. 그러나 이 위험한 시기에 초대 황금 머리의 경고로 되돌아오는 자들은 복이 있을 것이다. 주님께서는 그들을 용광로 안에서 금과 같이 단련할 것이며 그들에게 면류관을 씌우고 대재난의 희생자처럼 그들을 영원한 길로 인도하실 것이다.

지금 내가 입고 있는 수치스럽게 보이는 이 옷은 거룩한 가난이다. 가난이야말로 전체 수도회의 보석이며 영광이고, 후견자이며 면류관이요 모든 거룩함의 근본임에도 불구하고, 타락하여 모든 미덕의 노력을 잃어버린 아들들은 가장 거룩한 가난을 부끄러워할 것이며 그들의 거친 의복을 내어던지고 심지어 성직매매에 의하여 비싸고 화려한 의복만을 입을 것이다. 그러나 주님께 약속한 것을 끝까지 경건하게 지키고 인내한 자들에게는 복이 있도다!"

이와 같이 말한 후에 그 동상은 사라져 버렸다.

성 프란체스코는 이 환상을 보고 크게 놀라서 눈물을 흘리며 그의 현재와 장래의 양 떼들을 전능하신 하나님께 의탁하였다.

우리 주 예수 그리스도께 찬양과 영광을 돌릴지어다. 아멘.

✳ 3. 어떻게 루피노 형제가 귀신들린 사람을 자유롭게 하였는가.

루피노 형제는 하나님을 향한 마음의 열정과 영혼의 천사 같은 평화 때문에 어떤 사람이 그를 부를 때에는 마치 다른 세계에서 온 것처럼 이상하고도 오묘한 어조로 대답하곤 하였다. 한번은 그의 동료들이 그에게 빵을 구하러 가자고 하였을 때 그는 무아경에 사로잡힌 예언자처럼 대답하였다.

그가 아시시에서 빵을 구하고 있을 때에 한 귀신들린 사람이 온몸을 묶인채 많은 사람들에 의해 성 프란체스코에게 끌려가고 있었다. 왜냐하면 사람들은 프란체스코에게 가면 그를 자유롭게 할 수 있다고 생각했기 때문이었다. 그 귀신들린 자는 루피노 형제를 멀리서 보았을 때, 즉각 큰 소리로 외치며 광포하게 발작을 일으켜 끈을 풀고 사람들로부터 뛰어 도망가려고 했다. 사람들은 그 발작에 대해 깜짝 놀라서 왜 그렇게 보통 때보다 고통을 받으냐고 그에게 물었다.

그는 대답했다. "저 가난한 작은 수사 ─ 순종적이고 온유하고 거룩한 루피노 형제 ─ 가 그의 거룩한 미덕과 겸손한 기도로 나를 태우고 못박기 때문입니다. 나는 이제 더 이상 이 사람 몸 안에서 견딜 수가 없기 때문입니다!"

이 말을 한 후에 귀신은 그의 몸으로부터 즉각 도망쳐 버렸다. 이것을 본 루피노 형제는 우리 주 예수 그리스도께 찬양과 영광을 돌렸다. 또한 그는 주위에 있는 사람들에게 모든 일에 있어서 항상 하나님이시며 구세주이신 우리 주 예수 그리스도께 영광을 돌리라고 격려하였다. 이는 주님으로부터 모든 선한 일이 오고 그분만이 영원토록 찬양을 받으실 분이기 때문이다. 아멘.

✳ 4. 어떻게 성 프란체스코가 무서운 기근을 예언하였는가.

성 프란체스코는 살아 있을 때뿐만 아니라 죽었을 때에도 자주 레오 형제에게 나타나 위로를 주었다.

한번은 레오 형제가 경건히 기도를 드리고 있을 때 성 프란체스코가 나타나 말했다. "레오 형제여, 내가 세상에 있을 때 하나님께서 말씀하시기를 큰 기근이 세상에 닥칠 것이나 어떤 작고 가난한 사람을 위하여 하나님께서 그를 사랑하사 그가 살아 있는 동안에는 기근을 보내지 않을 것이라고 하셨던 것을 기억하는가?"

레오 형제는 대답했다. "선생님, 저는 그 말씀을 잘 기억하고 있습니다."

그러자 성 프란체스코는 다시 말했다. "내가 바로 그 작은 사람이었으며 하나님께서 내가 살아 있는 동안에는 세상에 기근을 보내지 않으셨다. 그러나 겸손으로 말미암아 나는 그것을 세상에 나타내기를 원치 않았다. 레오 형제여, 내가 이제는 세상을 떠났으니 무서운 기근이 전 세계에 닥칠 것이며, 많은 사람들이 굶주림으로 죽어갈 것이다."

성 프란체스코가 이 말을 한 후 6개월 내지 9개월이 지나서 큰 기근이 전 세계에 덮쳤다. 배고픈 사람들은 식물의 뿌리뿐만 아니라 나무의 껍질까지도 벗겨 먹었으나 그래도 많은 사람들이 굶어 죽어 갔다. 레오 형제의 순진 무구함과 하나님고의 깊은 교통, 성 프란체스코의 예언의 능력이 여기에서도 명백히 나타났다.

우리 주 예수 그리스도께 영광을 돌릴지어다. 아멘.

✳ 5. 어떻게 성 프란체스코의 오상의 그림에서 피가 나오게 되었는가.

성 프란체스코의 놀라운 오상은 어떤 수도원에서 일어난 기적에서도 입증이 된다. 어떤 수도원에서 성 프란체스코를 마음 속 깊이 증오하는 한 수사가 있었다. 그는 그림으로도 성 프란체스코를 보지 못했고 그에 대하여 한마디도 듣지 못하였으며 심지어 그가 거룩한 오상을 받았다는 것조차도 믿지 않았다. 이 수사가 기거하는 수도원의 식당 벽에는 성 프란체스코의 오상을 받은 모습이 그려져 있었다. 그는 오상에 대한 불신감과 증오로 말미암아 몰래 그곳에 들어가서 칼로 그 그림의 오상을 제거하여 흔적도 안 보이도록 했다.

그러나 그 다음날 식당에 앉아서 그 그림을 보았을 때 자신이 제거해 낸 자리에 오상이 그대로 있는 것을 발견했다. 그것은 오히려 전보다도 더 뚜렷하게 보였다. 그는 분노하여 처음에 제대로 갈라내지 못했다고 생각하고는 아무도 식당에 없는 때를 틈타서 두 번째로 그곳에 들어가 칼로 오상을 잘라 내었다. 그러나 그 그림이 그려져 있던 돌은 파괴하지 못하였다.

그 다음날 수사가 식탁에 앉았을 때 그는 또다시 자신이 잘라 낸 그 거룩한 오상이 더욱 더 아름답고 더 새롭게 빛나는 것을 보았다. 그때 그 수사는 악마와 사악함의 충동을 받아 세 번째로 죄를 저지르기로 결심하고는 혼자 중얼거렸다. "맹세코 내가 다시 가서 그 오상을 없애 버리겠다. 그래서 다시는 나타나지 못하도록 하겠다!"

또다시 그는 전처럼 식당에 아무도 없는 때를 기다렸다. 그러나 그는 모든 것이 하나님 앞에서는 공개적으로 드러난다는 것을 모르고 있었다. 그는 강렬한 분노로 칼을 가지고 그 그림에서 오상의 표시를 잘라 내고 그 색깔과 돌까지도 잘라내었다.

그러나 그가 파헤치기를 끝마쳤을 때 그곳에서는 피가 흘러 나오기 시작했다. 그 피는 갑자기 흘러 나와 수사의 얼굴과 손과 옷을 적셨다. 그는 깜짝 놀라서 죽은 것같이 기절해 버렸다. 그동안에도 피는 뚫린 벽으로부터 계속 솟아나왔다.

그때 그곳의 수사들이 들어와 그가 시체처럼 누워 있는 것을 발견하였다. 그들은 그가 저지른 악한 행동을 보고 매우 유감스럽게 생각하였다. 더욱이 그 피가 계속 흘러 나오는 것을 보고 솜조각으로 막으려 했으나 도저히 막을 수가 없었다. 그들은 신자들이 그것을 알고 결과적으로 소문이 나서 경멸을 받을 것을 두려워하여 성 프란체스코에게 그들을 도와달라고 경건히 기도하기로 하였다. 그리하여 수도원장과 모든 수사들은 성 프란체스코의 그림 앞에 엎드려 그들 자신에게 벌을 가하면서 눈물을 흘리며 기도하며, 그 수사의 죄악을 용서하여 주시고, 그 피가 멈출 수 있도록 해달라고 간구하였다.

그러자 그들의 간절하고 겸손한 기도는 즉시 응답을 받았다. 흘러 내리던 피는 곧 멈추고 거룩한 오상은 더욱 아름답게 그 모습을 나타냈다. 그 후부터 죄를 지었던 수사는 성 프란체스코에 대하여 극도의 존경심을 지니게 되었다. 또한 그 수사가 헌신의 마음으로 알베르나 산에 갔을 때 그는 피 묻은 솜을 그곳의 수사들에게 보여 주었다.

더욱이 그는 신앙심에서 천사의 성 마리아 성당에 와서 경건하게 성 프란체스코가 있던 곳을 방문하고 큰 존경을 나타내며 눈물을 흘렸다. 그는 성 프란체스코에게 관련된 곳과 유물을 발견할 때마다 눈물을 흘리곤 해서 다른 사람들까지도 함께 눈물을 흘리게 했다. 그는 또한 알베르나 산과 아시시에 있는 많은 수사들 앞에서 말한 기적을 생생하게 설명했다.

성 프란체스코 덕분으로 그 수사는 프란체스코 수도회에 대하여 깊은 존경심을 품게 되었고 후에 그들과 그리스도 안에서 형제 사랑으로 연합하였다.

우리 주 예수 그리스도께 영광을 돌릴지어다. 아멘.

✳ 6. 어떻게 야코포 여사가 길레스 형제를 방문하였는가.

길레스 형제가 페루자에 머무르고 있을 때 세테솔리의 야코포 여사 — 작은 형제 수도회를 깊이 존경하는 로마의 귀족 부인 — 가 그들을 만나기 위하여 방문했고, 후에 매우 영적인 사람이었던 게라르디노 형제 또한 그의 교훈을 듣기 위하여 그곳에 왔다.

여러 다른 수사들이 그곳에 함께 있을 때 길레스 형제는 이탈리아어로 이렇게 말했다. "사람이 행할 수 있는 것 때문에 때때로 사람은 원치 않는 것에 이르게 됩니다."

그때 게라르디노 형제가 길레스 형제를 자극해서 계속 말하게 하기 위하여 이렇게 말했다. "길레스 형제여, 나는 사람이 행할 수 있는 것 때문에 그가 원치 않는 것에 이르게 된다는 말을 듣고 놀랐습니다. 왜냐하면 사람은 스스로 아무것도 할 수 없기 때문입니다. 나는 그것을 여러 가지로 증명할 수 있습니다.

첫째로 무엇인가 할 수 있다는 것은 존재한다는 것을 가정합니다. 사물의 기능은 그 존재에 근거를 두고 있으므로 이는 마치 불이 뜨거워서 따뜻하게 할 수 있음과 같습니다. 그러나 사람은 그 자체로서는 아무것도 아닙니다. 그러므로 옛 사도께서는 '만약 사람이 스스로 가치 있는 존재라고 생각하면 그는 아무것도 아니요, 자신을 속이는 것입니다' 라고 말씀하셨습니다.

이처럼 아무 것도 아닌 사람은 결국 아무것도 할 수 없습니다.

둘째로 나는 사람이 아무 것도 할 수 없다는 사실을 이런 방법으로 증명하겠습니다. 즉 만약 사람이 어떤 일을 할 수 있다면 그것은 다만 영혼의 이성에 의해서든지 혹은 육체의 이성에 의해서든지, 아니면 둘 다의 이성에 의해서입니다. 만약 그것이 단지 영혼의 이성에 의해서라면 육체 없는 영혼은 어떤 공적도 얻거나 이룰 수 없기 때문에 그가 아무것도 할 수 없다는 것은 명백합니다. 혹 그것이 단지 육체의 이성에 의한 것이라면 영혼 없는 육체는 생명과 형태가 없는 것이므로 아무것도 할 수 없습니다. 왜냐하면 모든 행동은 형태로부터 나오기 때문입니다.

그리고 만약 그것이 영과 육의 이성에 의해서라고 해도 사람은 역시 아무 것도 할 수 없습니다. 내가 이미 말한 것처럼 육체 없는 영혼이 아무 것도 할 수 없다면 그것은 육체와 연결될 때 더욱 아무 것도 할 수 없습니다. 왜냐하면 썩어질 육체는 영혼에게 짐이 되기 때문입니다. 이제 나는 그대에게 이것의 예를 보일 수 있습니다.

길레스 형제여, 만약 당나귀가 짐이 없이도 걸을 수 없다면 그것은 짐을 지고는 더 걸을 수 없을 것입니다. 이처럼 육체가 없을 때 할 수 있는 것보다도 육체의 짐이 지워져 있을 때 그 영혼이 더 잘 할 수 없다는 것은 명백합니다."

이 논증은 길레스 형제로 하여금 말을 하도록 유도하기 위함이었다. 또한 그 논증을 듣는 모든 사람들은 경탄을 하였다.

길레스 형제는 대답하였다. "게라르디노 형제는 잘못 말하였도다. 그대는 그 모든 것에 대하여 '나의 죄 때문입니다' (mea culpa)라고 말하시오."

게라르디노 형제는 웃으면서 "나의 죄 때문입니다"라고 말하였다. 그러나 길레스 형제는 그가 진심으로 말하지 않는 것을 보고 이렇게 말하였다. "그렇게 하는 말은 효력이 없습니다. 게라르디노 형제여, 그대는 노래를 부를 줄 압니까?" 그가 할 수 있다고 대답하자 길레스 형제는 "자, 나와 함께 노래합시다!" 하고 말하면서 아이들이 하는 것처럼 그의 소매에서 갈대 피리를 꺼냈다. 그리고는 그 피리의 첫 선율부터 하나하나 리듬에 맞춘 말로 그의 논증을 반박하고 무효화 시켰다.

첫 선율의 시작과 함께 그는 말했다. "게라르디노 형제, 나는 창조 이전의 사람의 존재에 대해서는 언급하고 있지 않습니다. 왜냐하면 그 당시 사람은 아무 것도 아니었고, 아무 일도 할 수 없었던 것이 사실이기 때문입니다. 단지 나는 창조 이후의 사람의 존재만을 말합니다. 그때 하나님께서는 인간에게 자유 의지를 주셨고, 그것으로 말미암아 사람은 선행을 함으로써 미덕을 얻고, 선행을 반대해서 미덕을 잃기도 합니다. 그러므로 그대는 잘못 말하였으며 오류를 범하였습니다. 왜냐하면 사도 바울께서는 '내게 사랑이 없으면 나는 아무것도 아닙니다.' 라고 늘 말씀하시던 것처럼 본질이나 능력의 부족이 아닌 미덕의 부족을 말씀하고 있기 때문입니다.

더욱이 나는 육체가 없는 영혼이나 죽은 몸을 얘기하는 것이 아니라, 원하기만 하면 은혜를 받아들여 선을 행할 수 있고, 선으로부터 떨어져 나와 은혜를 저항함으로써 악을 행할 수도 있는 살아있는 사람을 말하고 있습니다. 이제 당신이 주장하는바, '타락한 육체는 영혼의 짐' 이라는 생각에 대하여 성경은 육체로 인하여 인간은 자유의지를 빼앗겨 선이나 악을 행할 수 없다고 말하지는 않습니다. 반면에 인간의 이해와 감정은 육체로 인하여 방해를 받고 있으며 또한 영혼의 생각은 현세적인 문제로 선입견을 이미 가지고 있음을 의미하고 있습니다.

성경은 계속 말합니다. '세상의 삶은 많은 것을 생각하고 명상하는 마음을 방해합니다.' 왜냐하면 세상적인 것들은 영혼으로 하여금 자유롭게 생각하고 '그리스도께서 하나님의 우편에 앉아 계신 하늘의 것' 을 추구하지 못하게끔 방해하기 때문입니다. 이처럼 영혼의 잠재력은 여러 가지 방법으로 인간의 많은 선입견과 육체적인 근심으로 말미암아 방해를 받습니다. 그러므로 그대는 잘못 말하였습니다. 게라르디노 형제여!"

그는 이와 같은 방법으로 모든 다른 논증을 반박하였다. 그래서 게라르디노 형제는 진심으로 '나의 죄입니다' 라고 말하였고 피조물은 무엇인가 할 수 있다고 솔직히 인정하였다.

그러자 길레스 형제는 "이제 당신이 '나의 죄입니다'라고 한 말은 효력이 있습니다. 그대는 내가 피조물이 무엇을 할 수 있는지를 더욱 명백히 보여주길 원합니까?"하고 말하면서 한 상자 위로 올라가서 깜짝 놀랄 만큼 큰 소리로 외쳤다. "오, 지옥에 누워 있는 저주받은 영혼이여!" 그리고 나서 길레스 형제는 그 자신이 옆에 서 있는 모든 사람이 두려워할만한 슬픈 목소리로 대신 대답했다. "나로다. 아아! 슬프도다. 아아, 나로다!" 그러면서 그는 외마디 소리를 지르며 신음하였다.

이제 길레스 형제는 또 다른 목소리로 번갈아 가며 말했다. "불쌍한 사람이여, 나에게 말하라. 그대가 왜 지옥에 갔는가를?" "내가 피할 수도 있었던 악을 피하지 않았고, 또 내가 할 수 있었고 행해야 하는 선을 행하지 않았기 때문입니다."

"오, 사악하고 저주받은 영혼이여, 그대에게 고행할 시간이 주어진다면 그대는 무엇을 하겠는가?"

"영원한 형벌을 피하기 위해서라면 이 세상의 모든 흙을 하나씩 하나씩 내 뒤로 던지는 일이라도 기꺼이 하겠습니다. 왜냐하면 그것은 그래도 끝이 있을 것이기 때문입니다. 아아, 그러나 나의 저주는 영원히 계속될 것입니다!" 대화를 마치고 길레스 형제는 게라르디노 형제에게 몸을 돌리며 말했다. "게라르디노 형제여, 그대는 피조물이 뭔가 할 수 있다는 말을 듣습니까? 그렇다면 형제여, 한 방울의 물이 대양에 떨어졌을 때, 그 작은 한 방울이 대양의 이름을 부여합니까? 아니면 그 대양이 물방울에게 이름을 부여합니까? 내게 말해 보십시오."

그때에 다른 사람이 그 작은 물방울의 본질과 이름은 대양에 흡수되어 버리고 대양의 이름을 갖게 된다고 말했다.

길레스 형제는 대답을 듣고 난 후, 그곳의 모든 사람들 앞에서 무아경에 사로잡혔다. 그는 하나님의 성품에 비교해 볼 때, 인간의 성품은 마치 영원히 찬송을 받으실 우리 주 예수 그리스도의 성육신 안에서 물 한 방울이 신의 무한한 대양 속에 흡수되는 것과 같다는 것을 깨달았기 때문이었다.

이 모든 것을 보고 들은 야코포 여사는 기쁨으로 가득차서 그곳을 떠나갔다.

7. 어떻게 길레스 형제가 한 수사의 마음속으로부터 마리아의 동정성에 대한 의심을 제거시켰는가.

한번은 거룩한 길레스 형제가 살아 있을 때에 설교자 수도회(The Order of Preachers)의 한 훌륭한 수사가 오랫동안 우리 주 예수 그리스도의 어머니이신 마리아의 동정성에 대하여 심각한 의문을 가지고 있었다. 왜냐하면 그에게는 어머니이면서 동시에 동정녀라는 사실이 불가능하게 보였기 때문이다. 그렇지 않으면 그는 진실한 신앙을 가졌을텐데, 이러한 의심으로 말미암아 큰 고통을 받았고 총명한 사람의 도움으로 그 의심에서 해방되기를 원하였다.

그때 그는 거룩한 길레스 형제가 매우 총명하다는 말을 듣고 서둘러 그에게로 갔다. 그런데 길레스 형제는 미리 성령으로 그가 올 것과 그의 영적인 갈등을 알고 있었으므로 그를 맞이하러 나갔다. 길레스 형제는 그 수사에게 이르기 전에 나뭇가지를 손에 쥐고 땅을 치면서 이렇게 말했다. "오, 설교 수사(Friar Preacher)여, 잉태 전의 동정녀여!"

그러자 막대기로 친 그 장소에서 매우 아름다운 백합 한 송이가 피어 올라왔다.

그때 그는 두 번째로 땅을 치면서 말했다. "오, 설교 수사여, 잉태 중의 동정녀여!"

그러자 또 한 송이의 백합이 솟아올랐다.

그가 세 번째로 땅을 치면서, "오, 설교 수사여, 잉태 후의 동정녀여!" 하고 말했을 때 세 번째 백합이 또 솟아올랐다. 이와 같이 한 후에 길레스 형제는 어디론가 뛰어 가버렸다.

그러나 그 설교 수사는 그 놀라운 기적을 보고 즉각 그의 시험에서 해방이 되었다. 그는 이것이 길레스 형제가 이루어 놓은 기적임을 알고 난 후부터 그에 대하여 큰 존경심을 갖게 되었고, 그와 그의 수도회를 항상 찬양하곤 하였다.

우리 주 예수 그리스도께 영광을 돌릴지어다. 아멘.

✳ 8. 야고보 형제가 무아경 속에서 행동하는 방법에 대하여 길레스 형제에게 물어보다.

거룩하고 경건한 평수사이며, 성 클라라와 성 프란체스코의 많은 제자들과 함께 생활하였던 마사의 야고보 형제는 무아경의 은사를 받고 있었는데, 그는 그와 같은 은혜를 받을 때 어떻게 행동해야 할 것인지에 관해서 길레스 형제의 조언을 듣고 싶어 했다.

길레스 형제는 대답했다. "더하지도 말고 덜지도 마십시오. 또한 그대가 할 수 있는 한 사람들을 피하십시오."

"그것이 무슨 뜻입니까? 제발 설명해 주십시오."하고 야고보 형제가 묻자 그는 다시 대답했다. "마음이 하나님의 선하시고 가장 영광스러운 빛을 접견할 준비가 되어있을 때에, 교만으로 무엇이든지 덧붙여서는 안되며, 부주의함으로 인하여 아무것도 줄여서도 안됩니다. 또한 그 은혜가 보존되고 커지기를 원한다면 가능한 한 고독을 사랑해야만 합니다." 우리 주 예수 그리스도께 영광을 돌릴지어다. 아멘.

✳ 9. 어떻게 성 로렌스 형제가 알베르나의 요한 형제에게 나타났는가?

알베르나의 요한 형제가 팔레로네의 야고보 형제로부터 하나님께 기도해 달라는 요청을 받았을 때, 야고보 형제는 그를 심히 괴롭히는 양심에 거리끼는 것, 즉 사제직에 관한 어떤 문제에 대하여 고민을 하고 있었다. 그런데 성 로렌스의 축일 전에 그는 요한 형제로부터 이러한 응답을 들었다. 즉 주님께서는 요한 형제에게 "야고보 형제는 하나님의 명령대로 따르는 사제이다"라고 말씀하셨다는 것이다.

그러나 야고보 형제의 양심은 아직도 여전히 괴롭힘을 받고 있었으므로 요한 형제에게 그것에 대하여 다시 주님께 기도해 달라고 요청하였다.

그리하여 성 로렌스의 축일날 밤에 요한 형제는 신실하게 밤을 새우며 주님께 성 로렌스의 공적을 통하여 양심의 거리끼는 것에 대한 어떤 확신을 달라고 기도하였다. 이처럼 그가 철야하며 기도하고 있는 동안에 성 로렌스는 하얀 부제복을 입고 나타나서 요한 형제에게 말했다. "나는 로렌스 부제이니라. 또한 그대가 위하여 기도하고 있는 사람은 의심 없이 하나님의 기름부음을 받은 사제로다." 또한 그때 야고보 형제는 그동안 마음속에 거리꼈던 것에 대하여 완전한 확신을 느끼고 큰 위로를 받았다.

수사들이 저녁때 모여서 찬양을 부르고 있는 동안에 성 로렌스는 다시 요한 형제의 앞에 빨간 부제복을 입고 석쇠를 든 젊은이로 나타나서 이렇게 말했다. "이 석쇠는 나에게 하늘의 영광을 가져다 주었으며 불의 고통은 나에게 하나님의 충만하신 은혜를 부어 주셨도다. 만약 그대가 진정으로 하나님의 영광과 축복을 누리기 원한다면 세상의 고통을 인내로써 견뎌라."

이와 같이 성 로렌스는 수사들이 성가를 부르고 있는 동안 계속해서 요한 형제와 함께 있었다. 마침내 수사들이 잠자러 갔을 때에도 요한 형제는 성 로렌스와 성가대석에 함께 머물러 있었으며 그 성인은 다시 한 번 요한 형제에게 확신과 위로를 주고난 후에 사라져 버렸다. 요한 형제는 하나님의 사랑과 은혜로 충만하여 그날 밤 밤새도록 잠을 잘 수가 없었으며, 놀라우신 하나님의 위로를 체험하면서 온 밤을 지새웠다.

한번은 그가 경건하게 미사를 접전하고 있을 때 성체로 봉헌한 모든 빵들이 그의 시야에서 갑자기 사라져 버렸다. 그리고는 순식간에 붉은 옷을 입고 아름다운 턱수염을 가지신 그리스도께서 나타나 그에게 달콤한 위로를 허락해 주셨다. 만약 그가 의식이 남아 있지 않았더라면 곧 무아경 속에 사로잡혔을 것이다. 환상이 나타났을 동안에 그는 주님께서 그 미사를 통하여 전세계와 화해하시고 특별히 그가 주님께 위탁하였던 사람들을 위하여 화목하셨다는 확신을 받게 되었다.

우리 주 예수 그리스도께 찬양을 돌릴지어다. 아멘.

✳ 10. 어떻게 요한 형제가 계시의 영을 받게 되었는가.

어떤 사람들이, 신의 계시 외에는 아무도 알 수 없었던 무서운 죄를 숨기고 있었다. 그들 중 어떤 사람들은 죽었고, 어떤 사람들은 살아 있었는데 요한 형제는 그 살아 있는 사람들에게 신의 계시로 말미암아 그들의 숨겨진 죄를 밝히 보여 주었다. 결국 그들은 참회하여 생명의 길로 나오게 되었다.

그들 중의 한 사람은 요한 형제가 태어나기도 전에 범한 죄를 요한 형제가 하나님의 계시를 통하여 밝히 보여 주었다는 이야기를 내게 들려주었다. 또한 그들은 요한 형제가 그들에 대해 말한 것이 사실임을 인정하였다.

그리고 요한 형제는 죽은 사람들 중의 어떤 이들은 현세적인 죽음 뿐 아니라 영원한 죽음으로 멸망을 당하였으며, 어떤 사람들은 오직 현세적인 죽음만 겪었다는 것을 계시를 통하여 알게 되었다. 이러한 계시는 그에게 확실하게 증명되었으며 나는 그 죽은 사람들을 알고 있는 신뢰할만한 수사를 만나 보았다.

✳ 11. 어떻게 한 폭군이 회개하고 작은 수도회의 수사가 되었는가.

성 프란체스코의 수도회가 하나님에 의하여 창설되었다는 것은 다음과 같은 사실에 의하여 명백히 나타난다. 즉 수도회가 수적으로 증가하기 시작하자 전 세계로 확장되기에 이르렀다. 자신을 모든 것에 있어서 그리스도와 일치시키기 위하여 노력하였던 성 프란체스코는 그의 제자들을 둘씩 짝 지워 모든 나라에서 복음을 전하도록 보내곤 하였다. 그리고 주님께서는 그들을 통하여 기적을 행하셨으니 즉 '그들의 소리가 땅 끝까지 이르고 그들의 말이 세상 끝까지 이르게' 하셨다.

한번은 성인의 새로운 제자들 중의 두 사람이 외국을 여행하고 있는 동안 이 악한 사람들로 가득 찬 어느 성에 이르게 되었다. 그곳에는 모든 강도들과 악인들의 우두머리인 매우 잔인스럽고 믿음이 없는 한 폭군이 살고 있었다. 그는 원래 귀족 출생이었으나 행위에 있어서는 극악무도하였다.

그 두 수사가 저녁에 성으로 들어갔을 때 그들은 굶주림과 추위와 피곤으로 지쳐 있었으며 마치 늑대 굴속으로 들어가는 어린 양들과도 같았다. 그들은 성의 영주인 폭군에게 주 예수 그리스도의 사랑으로 그들을 하룻밤의 손님으로서 영접하여 줄 것을 요청하였다. 그 폭군은 하나님의 감동을 입어 수사들에게 따뜻한 환영을 베풀고 동정과 예의를 보여 주었다. 그는 큰 불을 피워 그들을 귀족처럼 대우하고 음식을 마련해 주었다.

수사들과 모든 다른 사람들이 쉬고 있는 동안, 두 수사 중에 하나님으로부터 뛰어난 설교의 은사를 받은 한 수사는 그곳에 살고 있는 사람들 중에 아무도 하나님에 대하여, 혹은 영혼의 구원에 대하여 대화하는 사람은 없고, 단지 강도와 살인에 대한 이야기들과 그들의 여태껏 저지른 사악한 행위의 이야기들을 나누면서 그러한 행위들 가운데 즐거움을 추구하고 있다는 것을 알게 되었다. 그러므로 그들로부터 육신의 양식을 받은 그 수사는 보답으로 그들에게 하늘의 양식을 제공해 주기를 원해서 영주에게 말했다.

"영주님, 당신께서는 저희에게 큰 예의와 사랑을 베풀어 주셨습니다. 그러므로 우리가 만약 하나님으로부터의 선한 일로 보답하지 않는다면 배은망덕한 것입니다. 그러니 당신의 모든 부하들을 한 곳으로 모아서 당신으로부터 받은 육신의 양식을 우리가 그들에게 영적인 양식으로 갚을 수 있도록 허락해 주십시오."

영주는 그 수사의 요청에 동의하고 모든 사람들로 하여금 그 수사들 앞에 모이도록 하였다. 그리하여 그 수사는 천국의 영광에 대하여 열정으로 설교하기 시작하였다. 천국에는 영원한 즐거움이 있으며, 천사들과 복 받은 사람들이 거하고, 영원한 영광과 하늘의 보물, 영생의 빛과 평안, 그리고 부패하지 않는 건강과, 하나님께서 존재하시며 악은 전혀 없이 선한 것만 존재한다고 말해 주었다. 그러나 사람들은 자신의 죄악과 사악함으로 말미암아 그러한 모든 선물을 잃고 지옥으로 가며 그 지옥에는 영원한 고난과 슬픔과 마귀들, 뱀과 용과 끊임없는 불행, 죽음과 심한 어두움과 사탄이 존재하는 곳이라고 말해주었다. 또한 그곳에는 고통과 분노와 영원한 불과 얼음과 벌레와 진노와 배고픔과 목마름이 존재하며, 또 영원한 죽음과 신음과 이를 가는 영원한 고통이 있으며, 선한 것은 전혀 없고 모든 악한 것만이 존재한다고 말해 주었다.

그는 계속해서 말했다. "그런데 내가 듣고 본 것처럼 여러분들 모두는 악한 곳을 향하여 급히 달려가고 있습니다. 왜냐하면 당신들의 말과 행동에는 어떤 선도 나타나지 않기 때문입니다. 그러므로 나는 여러분들에게 충고하고 경고합니다. 이 세상에서 악한 일들과 육신의 쾌락만 구하는 것 때문에 영원히 계속될 하늘의 가장 좋은 선물들을 잃어버리지 마십시오. 또한 그 모든 무시무시하고 괴로운 고통을 향하여 급히 달려가지 마십시오!"

그 수사가 성령의 능력으로 말씀을 증거하였을 때 그 성의 영주는 마음에 큰 감동을 받아 회개하게 되었다. 그는 그 수사의 발 앞에 엎드려 다른 사람들이 보는 앞에서 비통하게 눈물을 흘리면서 구원의 방법을 알려 달라고 간청하였다.

그가 많은 눈물을 흘리며 회개하면서 수사에게 자기의 죄를 고백한 후에, 수사는 그에게 성지를 순례하며 금식과 철야로써, 또한 사랑의 자선과 선행을 베풂으로써 그의 죄를 속죄해야 한다고 말했다.

그러나 그 성의 영주는 대답했다. "신부님, 나는 이 지방 밖으로 나가본 일이 없습니다. 또한 나는 하나님 아버지께 기도하는 방법을 모릅니다. 그러므로 다른 고행을 내게 주십시오."

그러자 거룩한 수사는 "영주님, 나는 당신의 영혼이 멸망하지 않도록 하나님의 사랑으로 당신의 보증인이 되어 우리 주 예수 그리스도와 당신의 죄를 위한 중재를 하고 싶습니다. 그러므로 이제 당신이 당신의 손으로 나의 동료와 내가 잘 수 있는 짚을 좀 갖다 주시기 바랍니다."

그는 기쁘게 짚을 가져다가 아직도 불이 타고 있는 그 방 안에 잠자리를 만들어 주었다. 또한 영주는 수사가 얼마나 거룩하게 설교하였는지를 기억하고는 그가 성인이라고 생각하게 되었다. 그리하여 그는 수사가 밤중에 하는 일을 주의 깊게 살펴보기로 결심하고는 그 거룩한 수사가 잠자러 가는 것을 지켜보았다. 그러나 모든 사람이 깊이 잠들었다고 생각하자 수사는 조용히 한밤중에 일어나 두 손을 주님을 향하여 펼쳐들고, 자신이 보증인이 된 그 영주의 죄를 용서함 받기 위하여 기도하기 시작하였다.

그런데 수사가 기도하고 있는 동안에 그는 성의 천정까지 공중으로 들어 올려졌다. 그는 공중에서 눈물을 흘리며 영주의 죄에 대하여 슬퍼하면서 뜨거운 마음으로 그 죄가 용서받기를 간구하였다. 아마도 그 수사가 영주의 죄를 슬퍼하는 만큼 어느 누구도 죽은 친척이나 친구를 위하여 그렇게 슬퍼하지는 못했을 것이다.

그날 밤 그 수사는 경건한 눈물을 흘리면서 세 번이나 공중으로 들어 올려졌으며 몰래 이 모든 것을 지켜보고 있던 영주는 그의 뜨거운 사랑에서 나오는 애통과 눈물을 보았다.

다음날 영주는 아침에 일어나자마자 수사의 발 앞에 엎드려 회개의 눈물을 흘리면서 구원의 길을 지도해 달라고 간청하였다. 또한 그는 수사가 명하는 것은 무엇이든지 행할 결심이 되어있다고 말했다.

그리하여 수사의 충고에 따라서 영주는 그가 소유한 모든 것을 팔아서 진 빚을 모두 갚고 나머지를 복음서의 말씀에 따라 가난한 자에게 모두 나눠 주었다. 그리고 자신을 하나님께 바쳐 작은 수도회에 가입한 후 죽을 때까지 칭찬받을 만한 인내로 거룩한 삶을 살았다.

그의 동료들은 그가 더 나은 삶을 위하여 자신의 삶을 바꾸는 것을 보고 큰 감동을 받았다. 그와 같은 일은 위대한 아리스토텔레스의 철학에 대해서가 아니라 단지 지옥의 고통과 천국의 영광에 대해서 설교하는 수사들의 거룩한 열성과 단순성에 의하여 얻어진 열매였다.

우리 주 예수 그리스도께 영광을 돌릴지어다. 아멘.

✳ 12. 어떻게 성 프란체스코가 볼로냐의 수도원장에게 저주를 내렸는가.

성 프란체스코의 시대에 볼로냐 지역 수도회를 책임지고 있는 수사는 스트라키아의 요한 형제였으며 그는 대단히 유식한 사람이었다. 그런데 성 프란체스코가 그곳에 없을 때 허가도 없이 성인의 뜻에 반하여 요한 형제는 볼로냐에 학교를 설립하였다.

그러한 학교가 볼로냐에 세워졌다는 소식이 성 프란체스코에게 전해졌을 때 그는 즉각 그곳에 와서 심하게 그를 꾸짖으며 말했다. "그대는 나의 수도회를 망치기를 원하고 있도다! 왜냐하면 나는 나의 수사들이 읽는 것보다는 우리 주 예수 그리스도의 모범을 따라 열심히 기도하기를 더 원한다."

그러나 성 프란체스코가 볼로냐를 떠난 후 요한 형제는 그의 말을 듣지 않고 다시 학교를 세워 전에 하던 대로 운영하였다. 성 프란체스코가 이 말을 들었을 때 깊이 근심하며 요한 형제에게 무거운 저주를 내렸다.

성인의 저주를 받자마자 요한 형제는 중병에 걸리고 말았다. 그는 몇몇 수사들을 성 프란체스코에게 보내어 그가 내린 저주를 철회해 달라고 간청하였다.

그러나 성 프란체스코는 대답했다. "우리의 복되신 주 예수 그리스도께서 내가 그에게 내린 저주를 하늘에서 확증해 주셨느니라. 그러므로 그는 저주를 받았도다!"

그 병든 수도원장은 병상에 누워 슬퍼하였다. 그런데 갑자기 유황불이 그의 몸속으로 내려와 그와 그의 침상을 태워 버렸고, 그 불행한 사람은 악취 가운데 죽었으며 그의 영혼은 마귀에게 사로잡혔다.

부디 우리를 위해 십자가에 못 박히신 주 예수 그리스도께서 우리를 악마로부터 지켜주시기를! 아멘.

❋ 13. 왜 성 프란체스코는 신참 수사들의 소유물을 취하기를 반대하였는가.

한번은 성 프란체스코의 대리자인 베드로 카다니 형제가 포르티운쿨라의 성 마리아 수도원이 많은 다른 곳에서 온 수사들로 꽉 차 그들이 필요로 하는 것을 공급할만한 물질이 충분하지 못한 것을 보고 성 프란체스코에게 말했다. "선생님, 저는 다른 곳에서 오는 많은 수사들을 어떻게 해야 할지 모르겠습니다! 저는 그들을 먹일만한 충분한 음식이 없습니다. 제발 필요할 때 우리를 위하여 수도원에 새로 들어오는 신참 수사들의 소유물을 약간 비용으로 쓸 수 있도록 허락해 주십시오."

그러나 성 프란체스코는 "사랑하는 형제여, 누구를 위해서든지 간에 본 수도회의 규칙에 어긋나는 그런 종류의 경건을 버리시오!"라고 대답했다.

그러자 베드로 형제는 물었다. "그러면 저는 어떻게 해야 합니까?"

성 프란체스코는 대답했다. "성모 마리아의 제단을 비우고 그 화려한 장식들을 떼어 내시오, 왜냐하면 다른 방법으로는 그 가난한 사람들을 먹일 수가 없기 때문입니다. 나를 믿으시오. 성모님은 그녀의 제단이 화려하게 장식되고 그녀의 아들 예수님이 조롱을 받는 것보다는 예수님의 복음이 지켜지고 그녀의 제단이 비워지는 것을 더 원할 것입니다. 주님은 성모님의 제단을 회복할 사람을 또한 보내실 것입니다."

성 프란체스코는 자주 이런 불평을 말하곤 했다. "수사들이 가난으로부터 등을 돌리면 돌릴수록 세상은 그 수사들에게서 등을 돌릴 것이며 그들이 구하고자 하여도 얻지 못할 것입니다. 그러나 만일 그들이 우리의 귀부인인 가난을 진심으로 포옹한다면 세상은 그들을 먹일 것이니, 이는 그들이 세상의 구원을 위하여 세상에 보내졌기 때문입니다."

성 프란체스코는 또한 수사들에게 자주 이렇게 말하곤 했다. "나는 그대들에게 다음과 같은 세 낱말을 권면합니다. 우선 오만하고 무절제한 지식욕과 대조되는 거룩한 단순성, 둘째로 마귀가 항상 많은 외적인 일들과 근심을 통하여 방해하는 경건한 기도, 그리고 가난 그 자체라기보다는 우선 주 예수 그리스도의 배우자이자 나의 배우자인 가난을 열심과 진심으로 사랑하는 마음입니다."

✳ 14. 그리스도께서는 레오 형제에게 수사들에 대한 불만을 어떻게 말씀하셨는가.

한번은 주 예수 그리스도께서 성 프란체스코의 제자인 레오 형제에게 말씀하셨다. "나는 수사들에 대하여 슬퍼하고 있도다." 레오 형제는 주님께 물어 보았다. "왜 그렇습니까, 주님?"

주님은 말씀하셨다. "세 가지 이유 때문이로다. 즉 그대가 잘 알고 있듯이 나는 그들이 씨를 뿌리거나 거두지 않았어도 그들에게 매일 풍성하게 은혜를 부어 주었으나 그들이 나의 은혜를 모르기 때문이니라. 그들은 게으르고 빈둥거리면서 늘상 불평을 말하고 있기 때문이며, 끝으로 곧잘 서로서로 화를 내며, 사랑으로 행하지 않고 남이 저지른 잘못이나 실수를 너그러이 용서하지 못하기 때문이니라."

한번은 포르티운쿨라의 성 마리아 성당에서 기도 중에 받은 하나님의 은혜가 기도 후에 말해지는 게으른 말들로 말미암아 상실된다는 것을 생각하고 나서 성 프란체스코는 게으른 말을 내뱉는 잘못에 대하여 다음과 같은 처방을 지시하였다. "게으르고 쓸모없는 말을 하는 자는 누구든지 즉각 자신을 꾸짖고, 게으른 말 한마디마다 주기도문을 암송해야만 한다. 또한 그가 스스로 잘못을 발견하여 꾸짖으면 자기 자신의 영혼을 위하여 주기도문을 말하고, 만약 다른 사람에 의하여 지적을 받는다면 그는 가르쳐 준 사람의 영혼을 위하여 주기도문을 암송해야 한다."

✳ 15. 레오 형제가 꿈속에서 무서운 환상을 보다.

한번은 레오 형제가 꿈속에서 최후의 심판을 준비하는 환상을 보았다. 그는 천사들이 나팔과 그 밖의 많은 악기들을 불면서 들판에 있는 수많은 사람들을 불러 모으는 것을 보았다. 그 들판의 한구석에는 땅에서 하늘까지 닿은 붉은 사다리가 있었고, 그 들판의 다른 쪽 구석에는 하늘에서부터 땅으로 내려온 하얀 사다리가 있었다.

붉은 사다리의 맨 위에는 그리스도가 계셨고 성 프란체스코는 그리스도의 근처에서 약간 몇 계단 아래에 있었는데, 그는 사다리에서 조금 내려와 큰 소리로 외쳤다. "나의 수사들이여, 두려워 말라. 자신을 갖고 주님께 가까이 오라. 그분은 항상 그대들을 부르신다."

성 프란체스코의 이 말을 듣고 수사들은 자신을 갖고 그 붉은 사다리를 올라가기 시작했다. 그들이 모두 사다리 위로 올라가는 도중에 어떤 사람은 세 번째 계단에서 떨어지고, 어떤 사람은 네 번째 계단에서, 어떤 사람은 다섯 번째 혹은 여섯 번째 계단에서 떨어져 결국 모든 사람이 아무도 사다리 끝까지 올라가질 못했다.

성 프란체스코는 수사들이 떨어지는 모습을 보고 동정심이 생겨 사랑이 많은 아버지처럼 주님께서 그들에게 긍휼을 베풀어 주시도록 간절히 기도하였다.

그때 그리스도께서는 피 흐르는 그의 상처를 성 프란체스코에게 보여 주시며 말씀하셨다. "그대의 수사들이 나에게 이와 같이 하였도다."

성 프란체스코는 얼마동안 기도한 후에 다시 사다리를 몇 계단 내려와 붉은 사다리에서 떨어진 그의 수사들을 불렀다. "나의 아들들이며 수사들이여, 일어나 오라. 자신을 갖고 결코 절망하지 말라. 빨리 하얀 사다리로 뛰어올라 가라. 그곳을 통하여 그대들은 하늘나라에 들어올 수 있을 것이니라."

스승의 조언에 따라 수사들은 흰 사다리로 뛰어갔다. 그 흰 사다리의 꼭대기에는 예수 그리스도의 어머니이신 성모 마리아가 매우 자비로운 모습으로 서 있었다. 그녀는 수사들을 따뜻하게 받아 들였으므로 그들은 아무 어려움 없이 영원한 나라로 들어갔다.

그리스도께 영광을 돌릴지어다. 아멘.

✳ 16. 수도원의 고난에 대하여

거룩한 콘라드 형제는 그가 레오 형제에게서 들은 내용을 다음과 같이 보고하였다. 한번은 성 프란체스코가 천사의 성 마리아 성당의 제단 뒤에서 기도하고 있을 때였다. 그는 하늘을 향하여 손을 높이 들고는 "주여, 당신의 백상에게 자비를 베푸시고 그들을 긍휼히 여기소서!"라고 간절히 기도하였다.

그러자 그리스도께서 나타나셔서 이렇게 말씀하셨다. "그대가 열심히 기도하였으니 내가 기꺼이 그대의 기도를 받아들이겠노라. 왜냐하면 주의 백성들은 내게 중요하며 나는 그들을 위하여 큰 희생을 치루었기 때문이니라. 그렇지만 나와 언약을 맺자. 즉 그대의 수도회는 항상 나에게만 머물러 있으라. 그러면 내가 모든 백성에게 자비를 베풀리라. 그러나 때가 이르면 그대의 수도회가 나를 떠날 때가 있을 것이다. 하지만 나는 세상을 위하여 이 수도회를 얼마동안 유지하리니, 왜냐하면 세상이 이 수도회를 세상의 인도자와 횃불로 여기기 때문이니라. 그러나 후에 나는 악마들에게 권세를 주어 이 수도회를 대적하여 수사들로 하여금 모든 곳에서 많은 추문과 고난을 야기시키도록 허락하겠다. 곳곳에서 그들은 추방당할 것이며 모든 사람들이 그들을 피할 것이다. 그리고 만약 한 수사가 아버지의 집에 빵을 얻으러 간다면, 아버지는 아들의 머리를 막대기로 때릴 것이다. 또한 수사들이 그날의 고난을 안다면 그들은 도망치기 시작할 것이며, 내 영광을 위하여 열심인 사람은 광야로 도망가야 할 것이다."

그러자 성 프란체스코는 주님께 여쭈었다. "그들이 어떻게 하면 그 환난 중에 살 수 있겠습니까?" 그리스도께서 대답하셨다. "이스라엘의 아들들을 광야에서 먹인 것처럼 내가 그들을 약초로 먹일 것이다. 또한 그들에게 만나처럼 다양한 맛으로 약초들을 허락할 것이니, 후에 그들은 다시 돌아와 처음과 같은 완전한 상태로 그 수도회를 재건할 것이다."

"그러나 단지 회개의 모습만을 보일뿐 게으름으로 나태해지고 택함 받은 자에게 허락되는 시험을 극복하지 못하는 자들은 저주를 받을 것이니라. 왜냐하면 연단 받은 자만이 영생의 면류관을 얻을 수 있기 때문이니라."

우리 주 예수 그리스도께 찬양을 돌릴지어다. 아멘.

❋ 17. 한 군인의 회심에 대하여

많은 전쟁에서 승리를 거두고 후에 작은 수도회의 수사가 된 어느 훌륭한 군인이 있었다. 그가 아직도 전쟁에서 싸울 수 있고 많은 공적을 세울 수 있는 기사단이나 이와 비슷한 단체가 아니라 작은 수도회에 가입한 것을 보고 다른 군인들이 그를 비웃었을 때 그는 이렇게 대답했다. "내가 목마르고, 배고프고 추울 때에도 교만과 정욕의 충동이 나를 공격한다. 그렇다면 내가 갑옷을 입고 훌륭한 말 위에 앉아 있을 때라면 이와 같은 교만과 욕정이 얼마나 더 악하겠는가!"

그는 덧붙여서 말했다. "여태까지 나는 남과 싸우는 데에만 강했다. 그러나 이제부터는 내 자신과 싸우는 데에 강해지기를 원한다!"

하나님을 찬양할지어다. 아멘.

❋ 18. 구걸하기를 부끄러워했던 귀족 출신의 수사에 대하여

키비타노바 지방에는 귀족 출시의 미카엘이란 수사가 있었는데, 그는 단순히 수치스럽다는 이유로 구걸하러 나가지를 않았다.

어느 날 성 프란체스코가 그곳에 이르렀을 때 그는 그 수사에 대한 얘기를 들었다. 성 프란체스코는 그를 매우 꾸짖고, 거룩한 순종의 이름으로 그에게 벌거벗은 채 짧은 바지만 입고 그곳으로부터 1마일 떨어진 어떤 마을에 홀로 가서 구걸을 하라고 지시를 하였다.

그는 겸손히 순종하여 옷을 벗은 채 모든 수치심을 팽개치고 구걸하러 나갔다. 한참 후에 그는 충분한 빵과 곡식과 다른 것들을 얻어 가지고 돌아왔다. 그날부터 그는 수도생활의 큰 기쁨과 은혜를 느껴 누구보다도 솔선하여 구걸하러 나가곤 하였다.

✳ 19. 어떻게 한 수사가 여러 수사들이 저주받는 환상을 보았는가.

이것은 영국을 방문했던 어느 수사가 그곳의 매우 경건하고 거룩한 인물이었던 수도원장으로부터 들은 이야기이다. 그곳에는 자주 무아경에 빠지는 한 수사가 있었는데 한번은 그가 온종일 눈물을 흘리면서 무아경 속에 머물러 있었다.

원장은 그를 보고 "이 수사가 죽어 가고 있도다!"라고 중얼거리면서 그 수사에게 "형제여, 순종의 이름으로 명하노니 무아경으로부터 빠져 나오라"라고 외쳤다.

그 수사는 곧 의식을 차리고 음식을 찾았다. 그가 음식을 먹고 난 후에 원장은 그에게 말했다. "순종의 이름으로 그대에게 명하노니 그대가 운 이유를 말하라. 우리는 여태까지 그대에게서 이러한 일을 보지 못했노라. 진실로 그것은 환상의 성격과는 반대되는 것으로 보인다."

그 수사는 이유를 밝히지 않을 수 없음을 깨닫고 다음과 같이 말했다. "저는 주 예수 그리스도께서 높은 보좌 위에 천군천사들에게 둘러싸여 심판을 하시는 것을 보았습니다. 그런데 저는 신자들뿐만 아니라, 성직자들과 많은 수도회의 수사들까지 저주를 받는 것을 보았습니다." "그때 나는 매우 우아하고 값비싼 의복을 입고 있는 작은 수도회의 한 사람을 보았습니다. 그가 누구냐는 질문을 받았을 때, 그는 작은 수도회의 수사라고 말했습니다. 그러자 재판관께서는 성 프란체스코에게, '프란체스코 형제여, 그대는 그가 말한 것을 들었는가? 그대는 무엇이라고 말하겠는가?' 하고 물었습니다.

성 프란체스코는 대답했습니다. '그를 보내십시오, 주님! 왜냐하면 나의 수사들은 검소한 옷을 입지 그와 같이 비싼 옷을 입지 않습니다.'

그리하여 그 불행한 사람은 즉각 악마에 이끌려서 지옥에 던져졌습니다.

그밖에도 어느 고귀한 신분의 사람이 많은 사람들의 영광을 받으면서 나타났습니다. 그가 작은 수도회의 수사라고 대답했을 때 다시 재판관은 성 프란체스코의 의견을 물었습니다.

그러자 성 프란체스코는 '주님, 나의 수사들은 기도와 영적인 성장을 추구하며 세상적인 영광으로부터 도피합니다' 라고 말했습니다.

그래서 첫 번째 사람과 똑같은 일이 그에게도 일어났습니다.

또 다른 사람이 비싸고 쓸모없는 책들을 잔뜩 짊어지고 나타났으나 그에게도 역시 두 번째와 같은 일이 일어났습니다.

그때에 매우 크고 값비싼 건물을 짓는 일에 온전히 몰두하여 근심하고 있던 사람이 나타났는데 성 프란체스코는 여전히 그가 수도회에 속하고 있다는 것을 부인했습니다.

마지막으로 옷과 외모가 아주 보잘것없는 사람이 나타났습니다. 그가 누구냐는 질문을 받았을 때 자신이 큰 죄인이며 어떤 선도 받을 자격이 없다고 고백했습니다. 그리고는 겸손하게 자비를 구하였습니다.

성 프란체스코는 그를 포용하고 천국의 영광으로 그를 인도하며 말했습니다. '주님, 이 사람이야말로 작은 수도회의 수사입니다.'"

그 수사는 말을 마치며 원장에게 말했다.

"제가 본 이 모든 것이 바로 제가 운 이유입니다."

✳ 20. 태양 형제의 찬가

(이 시는 성 프란체스코가 산 도미아노에서 병석에 누워있을 때 하나님을
찬양하고 영광을 돌리기 위하여 지어진 것임)

가장 고귀하고 전능하시며 선하신 하나님.
모든 찬송과 영광과 존귀와 축복이
지극히 높으신 오직 당신 한 분께만 합당하나이다!
또한 어떤 인간도 당신을 논할 가치가 없나이다.

찬양을 받으소서, 나의 주님,
당신의 모든 피조물들, 특히 태양 형제를 인하여!
그를 통하여 당신께서는 저희에게 하루의 빛을 주셨으니
그는 커다란 광채와 더불어 눈부시도록 빛나고 아름답도다!
오! 가장 높으신 주님, 그는 곧 당신의 상징이나이다!

찬양을 받으소서, 나의 주님, 달과 별 자매들을 위하여!
당신께서 지으신 그들은 하늘에서 밝고 사랑스럽고 아름답게
빛나고 있나이다.

찬양을 받으소서, 나의 주님, 바람 형제를 인하여!
또한 대기와 구름과 모든 날씨를 인하여!
이들에 의하여 당신께서는 피조물들에게 음식물을 주시나이다.

찬양을 받으소서, 나의 주님, 물 자매를 인하여!
그녀는 매우 유용하고 겸손하며, 사랑스럽고 정숙하나이다.

찬양을 받으소서, 나의 주님, 불 형제를 인하여!
그를 통하여 당신께서는 저희에게 빛과 열을 주시나니
그는 아름답고 명랑하며, 힘이 세고 강하나이다.

찬양을 받으소서, 나의 주님, 우리의 어머니인 대지를 인하여!
그는 우리를 지배하고 유지해 주며
아름다운 꽃과 열매를 맺나이다.

찬양을 받으소서, 나의 주님, 당신의 사랑 때문에
용서하고 모든 병과 고통을 인내하는 사람들을 인하여!
평화롭게 이 모든 고통을 감내하는 자들은 축복받을지니
가장 높으신 주님에 의해 면류관을 얻으리로다.

찬양을 받으소서, 나의 주님, 우리의 자매인 육신의 죽음을 인하여!
살아 있는 자는 어느 누구도 그를 피할 수 없나니
죄를 짓고 사랑하는 자에게는 화가 있으리로다!
그녀에 의해 고귀하고 거룩한 회심이 밝혀지는 자들은
복이 있으리니
두 번째의 죽음이 그들을 해치지 못하리로다.

나의 주님께 감사하고 찬양과 축복을 돌릴지어다.
또한 거룩한 순종과 겸손으로 그를 섬길지어다!

옮긴이 **박명곤**

총신대학 신학과와 장로회 신학대학원을 졸업하고, 미국 휘튼 대학원과 칼빈 대학원에서 공부하였다. CH북스와 현대지성의 대표이며, 40여 년간 기독교 문서 출판에 전념하였다.

세계기독교고전 5

성 프란체스코의 작은 꽃들

3판 1쇄 발행 2020년 12월 1일

발행인 박명곤
사업총괄 박지성
편집 채대광, 김준원, 박일귀, 이은빈
디자인 구경표, 한승주
마케팅 박연주, 유진선, 이호
재무 김영은
펴낸곳 CH북스
출판등록 제406-1999-000038호
대표전화 070-4917-2074 **팩스** 031-944-9820
주소 경기도 파주시 회동길 37-20
홈페이지 www.hdjisung.com **이메일** main@hdjisung.com
제작처 영신사 월드페이퍼

ⓒ CH북스 2020

"크리스천의 영적 성장을 돕는 고전"
세계기독교고전 목록